1권

자치경찰, 현장에서 답을 찾다

자치경찰 에세이

박동균

박영사

머리말

대구시는 2021년 5월 20일 자치경찰위원회 출범과 함께 자치경찰제를 시범 실시하고, 그해 7월 1일부터는 공식적으로 시작했다. 경찰 창설 이후 76년 만에 시행된 자치경찰제도이다. 아무도 가보지 않은 길이다.

이 저서는 대학에서 학생들에게 경찰행정학을 가르치고 연구한 필자가 자치경찰제가 공식적으로 출범하면서 자문이나 평가자의 입장이 아닌, 실제로 정책을 설계하고 집행하는 공직자로서의 3년간의 활동을 생생하게 정리한 것이다.

첫 출근 날 입었던 노란색 민방위복, 국정감사, 시의회 행정사무감사 등 모든 것이 어색했다. 시간이 지나고 공직 생활에 익숙해지면서 펼쳐낸 공직자로서의 실제 활동을 중심으로 기록했다. 구체적으로는 대구시청 산격청사에 있는 대구시 자치경찰위원회 첫 출근에서부터 3년간의 공직을 마칠 때까지의 기록을 필자의 다이어리(일기)와 칼럼, 방송 인터뷰, 언론 기사 등을 중심으로 기술한 것이다. 여기에 필자가 과거에 저술한 논문 등을 추가하여 독자들의 자치경찰에 대한 이해를 높이고자 하였다.

필자는 대구시 자치경찰위원회 상임위원 겸 사무국장으로 3년간 근무했다. 위원장의 공석으로 인해 2개월간 위원장 권한대행으로도 일했다.

2021년 5월 20일 비가 무척이나 많이 내리던 날, 대구시 자치경찰위원 위촉식, 현판 제막식을 시작으로 5월 24일 제1차 회의에서 필자가 상임위원(사무국장)으로 선출되었다. 그 이후 대구시 관내 10개 경찰서 치안현장을 직접 찾아가서 현장 경찰관들과 소통하였고, 홈페이지와 CI, 중기 발전계획과 각종 규정을 새로 만들었다. 우리 사무국 직원들의 자치경찰 역량 강화를 위해 워크숍을 3차례 실시하였다. MZ 세대를 위한 SNS 홍보, 동영상·카드뉴스 제작, 찾아가는 주민자치 설명회, 칼럼 기고, 방송 출연 등으로 자치경찰 홍보에 주력하였다. 대구시, 경찰청, 교육청, 소방본부의 안전 관련 담당과장들로 구성된 '실무협의회'를 만들어 정보를 교환하고, 소통·협력해서 촘촘한 사회 안전망을 만들기 위한 시민안전 정책들을 실행하였다.

대구시 자치경찰위원회가 가장 중점을 둔 분야가 셉테드(CPTED, Crime Prevention Through Environmental Design, 환경설계를 통한 범죄 예방)이다. 셉테드는 물리적인 환경 개선을 통해서 범죄를 예방하는 기법을 말한다. 제복을 입은 경찰의 예방 순찰에 CCTV, 비상벨, 가로등의 조명 밝기 등을 결합하면 범죄 예방에 훨씬 긍정적으로 작용한다. 대구시는 자치경찰이 출범하면서부터 이와 같은 셉테드에 공을 들였다. 아울러 '과학 치안'을 중요한 정책과제로 채택하여 주민이 실질적으로 안전을 체감할 수 있도록 지역의 치안 수요를 발굴하고, AI 등 첨단 과학 기술을 활용해서 최상의 자치경찰 치안 서비스를 제공하고 있다. 또한 상대적으로 주거환경이 취약한 가구를 대상으로 스마트 초인종, 문 열림 센서, 가정용 CCTV, 창문 잠금장치 등 안심 물품을 지원하여 범죄에 대한 물리적, 심리적 불안감을 완화시키는 주거안전 취약가구 세이프-홈 지원사업을 시행하고 있다. 이 모든 것이 자치경찰이 출범하면서 활성화된 시민안전 프로젝트이다.

아울러 자치경찰에서 중요한 개념이 협력과 소통이다. 지방자치단체와 경찰, 시의회, 교육청, 시민단체, 대학, 병원 등 지역 사회를 구성하고 있는 기관 간의 협력과 소통이 무엇보다 중요하다. 쉬운 사례로 학교폭력을 예로 들면, 이 문제는 단순히 학교만의 노력으로 해결할 수 있는 것이 아니다. 학교는 물론 교육청, 경찰, 지역 사회 모두가 능동적으로 참여해야 해결할 수 있는 것이다. 2023년 우리 사회를 경악하게 만들었던 묻지마 범죄(이상동기 범죄)도 마찬가지다. 이 문제는 경찰의 순찰이나 수사만으로 해결할 수 있는 것이 아니다. 경찰의 예방 순찰은 물론이거니와, 조현병 환자에 대한 철저한 치료, 은둔형 외톨이에 대한 맞춤형 복지 등 촘촘한 사회 안전망 구축이 중요하다. 자치경찰제도는 이런 점에서 주민안전을 위해 활성화할 필요가 있다.

필자가 경험한 자치경찰 시행 3년을 회고해 보면, 사회적 약자 보호, 교통안전과 생활안전 같은 자치경찰 업무는 국가경찰보다 자치경찰이 더 잘할 수 있다고 생각한다. 주민자치행정을 책임지고 있는 지방자치단체는 예산과 인력, 시설 측면에서 인프라가 튼튼하고, 여기에 경찰행정이 합쳐지니까 상승효과가 배가되는 것이다. 앞으로 국가경찰과 자치경찰을 이원화해서 자치경찰을 활성화해야 한다. 그 첫 번째 단계로 국가경찰 소속인 파출소와 지구대를 자치경찰 소속으로 환원해야 한다. 각자 더 잘할 수 있는 것에 집중할 필요가 있다.

우리나라의 자치경찰제는 이제 3년이 지났다. 첫 술가락에 배부를 수는 없다. 지역 주민과 친밀하게 소통하고, 사회적 약자를 배려하는 대한민국형 자치경찰제로 정착시켜야 한다.

지난 3년, 대구시 1기 자치경찰위원회를 같이 한 2명의 위원장과 자치경찰위원들, 사무국 직원들, 대구시청, 대구시의회, 대구경찰청, 대구교육청 등 관계자 여러분들에게 진심으로 감사의 말씀을 드린다.

저자 박동균

목차

아무도 가보지 않은 길,
함께 가는 길

자치경찰제의 시작

1948년 정부수립 당시부터 지속적으로 논의돼 온 자치경찰제는 이미 선진국들 대부분이 그 나라에 적합한 자치경찰제도를 운영하고 있다. 자치경찰제가 가장 잘 자리 잡고 있는 미국부터 영국, 독일 등이 그렇다. 우리나라의 자치경찰제는 지역 주민들에게 맞춤형 치안 서비스를 제공하는 것을 목적으로 2021년 7월 1일부터 전면적으로 시행되고 있다. 현재 시행되고 있는 자치경찰제는 국가경찰과 자치경찰을 구분한 '이원형 자치경찰제'가 아니다. 정치권에서 막판에 경찰관 신분은 국가경찰 그대로 두고 사무만 분리한 '일원형 자치경찰제'로 바뀌었다.

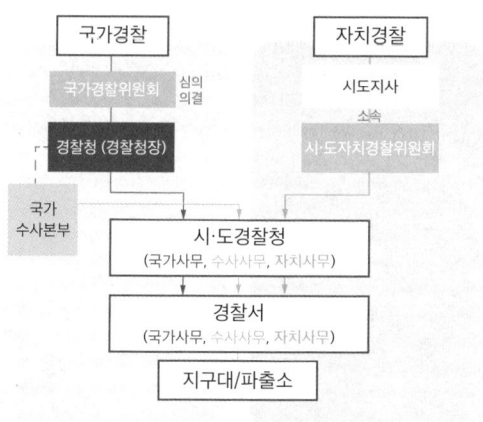

일원형 자치경찰제 모델

또한, 시·군과 같은 기초지방자치단체가 아닌 광역자치단체 중심으로 설계되었다. 현재 우리나라의 자치경찰제는 경찰 이원화에 따른 업무혼선을 최소화하고, 코로나19로 인한 막대한 비용을 절감한다는 명분으로 별도 조직을 신설하지 않고, 지휘·감독체계만 따로 운영하는 구조로 변경되었다.

기존의 경찰조직을 국가경찰사무, 수사사무, 자치경찰사무로 3등분해 주민 생활과 밀접한 생활안전, 여성청소년, 교통 및 안전관리 기능을 자치경찰이 담당하는 것이다.

　자치경찰을 운영하는 데 있어 핵심적인 역할을 수행하는 자치경찰위원회는 시도지사 소속으로 합의제 행정기구라고 할 수 있다. 7명으로 구성된 시·도 자치경찰위원회는 주민들의 일상생활 속 안전과 지역 치안을 개선하는 등 자치경찰과 관련된 주요 정책을 심의·의결하는 역할을 한다. 아울러 자치경찰 업무에 한해 시도경찰청장을 지휘, 감독하는 역할도 수행한다. 하지만 자치경찰위원회가 추진하는 사업의 범위가 좁고, 예산도 한정되어 있어 주민 밀착 자치경찰 서비스를 제공하기엔 역부족이다. 아울러 자치경찰의 업무를 국가경찰이 맡고 있어 일반 시민들도 자치경찰에 대해 잘 알지 못하고 있다.

　그러나 제도만을 탓할 수는 없다. 어떤 제도든 첫술에 배부를 수는 없는 법이니까. 제도가 시행되면서 나타나는 오류를 수정하면서 한국형 자치경찰제가 자리를 잡을 것이다. 아무도 가보지 않은 길, 함께 가는 길. 역사를 만들어 봅시다.

　"선(先) 시행, 후(後) 보완"

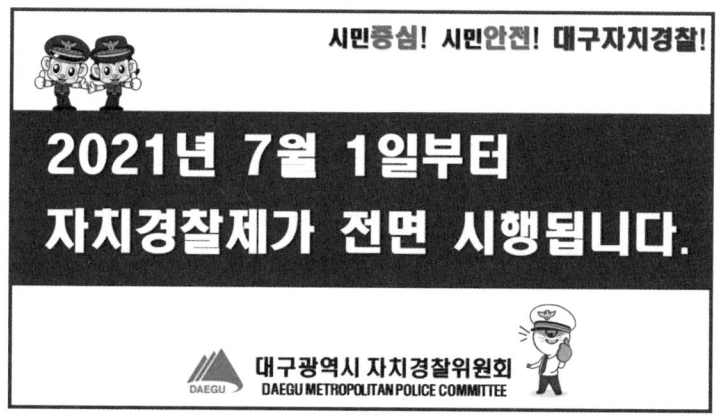

　서산대사의 '답설야중거(踏雪夜中去·눈 덮힌 들판을 걸어갈 때) 불수호란행(不須胡亂行·함부로 걷지 마라) 금일아행적(今日我行蹟·오늘 내가 걸어간 발자국은) 수작후인정(遂作後人程·뒷사람의 이정표가 되리니)' 시구가 참으로 가슴에 와 닿는다.

대구시 자치경찰위원회 초대위원 임명

대구시는 초대 3년간 생활안전, 여성·청소년·아동, 교통 등 주민 생활과 밀접한 자치경찰사무를 지휘·감독하는 대구시 자치경찰위원회 위원 7명을 내정했다.

대구시는 2021년 2월부터 자치경찰제 관계 법령에서 정한 추천기관이 자체적인 절차를 거쳐 추천한 위원들에 대한 자격요건과 결격 사항에 대한 검증을 최근에 마쳤다.

대구시의회는 경찰 근무 경험(12년)과 경찰학 교수 경력(8년) 등 경찰행정의 실무와 이론을 겸비한 김상운 대구가톨릭대 경찰행정학과 교수와 치안현장 및 경찰사무를 두루 섭렵한 경찰 경력(28년)으로 경찰 분야의 지식과 노하우가 풍부한 박헌국 계명문화대 경찰행정과 교수를 추천했다.

국가경찰위원회는 경찰학 교수(25년)로서 자치경찰제도 도입과 인권 문제 개선을 선도적으로 연구해 온 박동균 대구한의대 경찰행정학과 교수를 추천했다.

대구시교육감은 오랜 기간의 교사 및 교육행정 경력(42년)을 통해 아동·청소년 및 학교폭력 문제에 관한 식견을 갖춘 김기식 전 대구남부교육지원청 교육장을 추천했다.

위원추천위원회는 경찰(15년) 및 경찰학 교수(19년) 경력으로 자치경찰에 대한 학문적 역량을 갖추고 인권전문가로 활동 중인 허경미 계명대 경찰행정학과 교수와 법률학 교수(19년)로서 중앙과 지방정부의 다양한 위원회 활동을 통해 행정에 대한 이해도가 높고 여성 분야에 전문성이 있는 양선숙 경북대 법학전문대학원 교수 등 여성위원 2명을 추천했다.

권영진 대구시장은 최철영 대구대학교 법학부 교수(20년)를 시민의 관점에서 민생 치안을 살피고 경찰 분야 자치분권의 법 제도화에 기할 수 있는 적임자로 판단해 위원으로 지명했다.

대구시는 5월 중순경 대구시장이 위원장과 위원을 임명해 위원회를 공식 출범하고 6월 말까지 시범 운영을 거친다.

이후 7월 1일 자로 자치경찰제를 전면 시행할 예정이며, 상임위원(사무국장 겸임)은 위원회 의결을 거쳐 위원장 제청으로 대구시장이 임명한다.

대구시는 위원회 출범에 앞서 5월 10일 위원회 사무국 조직(1국 2과 6팀)을 신설하고, 대구시 공무원과 경찰 공무원 등 25명을 배치해 위원회 운영을 지원할 계획이며 시청 별관 113동에 위원회 사무공간을 마련했다.

권영진 대구 시장은 "추천기관들이 심혈을 기울여 적임자를 추천한 만큼 위원들이 처음 도입되는 자치경찰제의 첫 단추를 잘 끼워 줄 것으로 기대한다"며, "자치경찰제가 시민이 안심할 수 있는 치안 서비스의 제공으로 지역에 안정적으로 뿌리내릴 수 있도록 차질 없이 준비하겠다"라고 말했다(경북신문, 2021. 4. 27).

대구시 자치경찰위원회 공식 출범

대구시는 2021년 5월 20일 오전 대구시청 별관에 마련된 대구시 자치경찰위원회(이하 위원회) 청사에서 위원회 출범을 위한 위원 임명식과 현판 제막식 행사를 개최했다.

이날 행사에는 권영진 대구시장과 장상수 대구시의회 의장, 강은희 대구시 교육감, 윤영애 시의회 기획행정위원장, 김창룡 경찰청장, 최장혁 자치분권위원회 기획단장, 김진표 대구경찰청장이 위원회 출범을 축하하기 위해 참석했다.

위원 임명식은 내빈들이 함께하는 가운데 권영진 시장의 위원 임명장 수여, 내빈들의 축사와 기념 촬영으로 이뤄졌으며, 이후 내빈들과 위원들이 함께 위원회의 공식 출범을 알리는 위원회 현판 제막식을 가졌다.

위원장인 최철영 대구시민센터 이사장을 비롯한 김기식 전 대구남부교육지원청 교육장, 양선숙 경북대 법학전문대학원 교수, 허경미 계명대 경찰행정학과 교수, 박헌국 계명문화대 경찰행정과 교수, 박동균 대구한의대 경찰행정학과 교수, 김상운 대구가톨릭대 경찰행정학과 교수 등 7명의 초대 위원 임기가 시작됐다.

이들의 임기는 2024년 5월 19일까지로 '위원회는 시민의 자치경찰로 한 걸음 더 나아가기 위한 본격적인 활동에 들어가게 된다.

권영진 대구시장은 "시민의 관점에서 지역의 민생 치안체계를 만들어 가는 것이 자치경찰제의 본질적인 내용"이라며 "시민들에게 더욱 안전하고 촘촘한 치안 서비스를 제공할 수 있도록 위원회를 중심으로 대구시와 대구경찰청이 함께 협력하고 노력해야 한다"라고 말했다.

김창룡 경찰청장은 "자치경찰제를 통해 경찰이 시민의 곁에 더 가까이 다가갈 수 있게 됐으며 분권의 가치를 실현하는 대구시 자치경찰위원회의 역사적인 출범을 뜻깊게 생각한다"며 "대구의 자치경찰이 모범적인 사례로 자리 잡을 수 있도록 물심양면으로 지원하겠다"라고 밝혔다.

최장혁 대통령 소속 자치분권위원회 기획단장은 "대구시 자치경찰위원회가 지방행정과 치안행정이 잘 조화된 특화된 치안 모델을 만들어 자치경찰제를 성공적으로 운영할 수 있도록 자치분권위원회가 뒷받침하겠다"라고 말했다.

최철영 위원장은 "주민 참여를 통해 지역의 특성에 맞는 치안 수요를 발굴하고 해결하는 등 치안거버넌스를 활성화해 자치경찰제가 성공적으로 안착할 수 있도록 모든 노력을 다하겠다"라고 밝혔다.

한편 위원회는 오는 24일 1차 회의를 개최해 상임위원(사무국장 겸임)을 선정하고, 6월 30일까지 시범 운영을 거친 후 전국적으로 7월 1일 자치경찰제 전면 시행에 나선다(뉴시스, 2021. 5. 20).

대구시 자치경찰위원회 출범식(산격청사)

출범 당시 대구시 자치경찰위원회 현황
(2021. 5)

▨ 법적근거 : 국가경찰과 자치경찰의 조직 및 운영에 관한 법률

▨ 지 위 : 시장 소속의 합의제 행정기관 ※ 독립적 업무수행

▨ 소관사무(경찰법 제24조)

  ◖ 자치경찰사무에 관한 목표수립 및 평가

  ◖ 자치경찰사무 관련 인사·예산·장비 등 주요 정책 및 운영 지원

  ◖ 자치경찰사무와 관련된 중요 사건·사고 및 현안 점검

  ◖ 자치경찰사무 감사(감사의뢰), 감찰·징계요구, 고충심사

  ◖ 국가·자치경찰사무의 협력·조정과 관련한 경찰청장과 협의 등

▨ 위원구성 : 7명 [위원장, 상임위원(사무국장 겸임), 비상임위원 5명]

  ◖ 위원임기 : '21. 5. 20. ~ '24. 5. 19.(3년)

  ◖ 위원명단

직 위	성 명	성별	주 요 경 력	추천기관
위 원 장	최철영	남	• 대구대학교 법학부 교수 • (사)대구시민센터 이사장	시장
상임위원 (사무국장 겸임)	박동균	남	• 대구한의대학교 경찰행정학과 교수 • 한국자치경찰학회 부회장	국가 경찰委
비상임위원	김기식	남	• 대구시교육청 창의인성과장 • 대구남부교육지원청 교육장	교육감
	양선숙	여	• 경북대학교 법학전문대학원 교수 • (재)대구여성가족재단 이사	위원 추천委

허경미	여	• 계명대학교 경찰행정학과 교수 • 법무부 인권강사	위원 추천委
박헌국	남	• 경북경찰청 보안수사대장 • 계명문화대학교 경찰행정과 교수	시의회
김상운	남	• 대구가톨릭대학교 경찰행정학과 교수 • 대구경찰청 치안정책 자문위원	시의회

조직 : 1국 2과 6팀

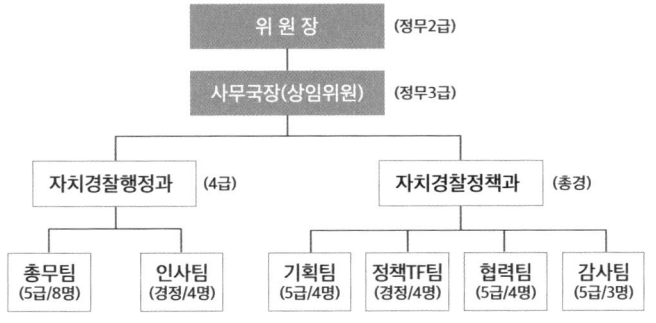

인력 : 31명 (정무직 2, 일반직 19, 경찰관 10)

구 분	계	정무직	일반직			경 찰 관		
			4급	5급	6급 이하	총경	경정	경감 이하
편성인원① (①=②+③)	32	2	1	4	15	1	2	7
정원②	25	2	1	4	15	1	1	1
비별도③	7	•	•	•	•	•	1	6
현원④	31	2	1	4	14	1	2	7
과부족⑤ (⑤=①-④)	-1	•	•	•	-1	•	•	•

*편성인원 : 자치경찰제 시행 초기 업무혼선 방지 및 사무의 조기 안착을 위해 대구시- 대구경찰청 협의에
따라 정원(25명) 외 추가 파견(7명) 경찰인력 포함(총 32명)

 분장사무

구 분		주 요 업 무
자치경찰 행 정 과	총무팀	○ 자치경찰위원회 주요 업무계획 및 시의회 업무 ○ 위원 구성 및 위원추천위원회 구성·운영 ○ 자치경찰위원회 회의 개최 등 위원회 운영 ○ 자치경찰사무 예산 및 결산에 관한 사항
	인사팀	○ 대구경찰청장 임용 협의 및 경찰서장 자치경찰사무 수행 평가 ○ 지구대장·파출소장 보직 협의 ○ 자치경찰사무 담당 공무원 임용·평가 ○ 자치경찰사무 담당 공무원 포상, 사기 진작 및 고충심사
자치경찰 정 책 과	기획팀	○ 자치경찰사무에 관한 목표수립 및 평가 ○ 자치경찰사무에 관한 규칙 제·개정 및 폐지 ○ 자치경찰사무에 관한 주요 업무계획 및 시행계획 수립 ○ 자치경찰사무 장비, 통신 등에 대한 정책수립 및 운영 지원
	정책TF팀	○ 자치경찰제 주요 정책 기획 ○ 시민 밀착형 치안 서비스 및 시책 개발 ○ 자치경찰제 제도 개선에 관한 사항
	협력팀	○ 국가경찰사무와 자치경찰사무 협력·조정 ○ 지방행정과 치안행정의 연계·협력에 관한 사항 ○ 실무협의회 구성·운영 ○ 중앙부처, 경찰청 및 민간 분야 등 대외협력에 관한 사항 ○ 자치경찰제 및 자치경찰위원회 홍보
	감사팀	○ 자치경찰사무에 대한 감사 및 감사 의뢰 ○ 비위 사건·민원 관련 조사, 감찰 요구 및 징계 요구 ○ 부패방지 및 청렴도 향상에 관한 사항 ○ 인권침해 방지를 위한 제도 개선 ○ 중요 사건·사고 및 현안 점검

저는 저를 추천합니다.
초대 상임위원(사무국장) 선출

자치경찰위원회 상임위원은 '국가경찰과 자치경찰의 조직 및 운영에 관한 법률' 제20조에 따라 위원회 의결을 거쳐 위원장의 제청으로 시도지사가 임명하며, 앞으로 3년간 위원회 사무국장의 직무를 수행하게 된다.

2021년 5월 24일(월) 대구광역시 자치경찰위원회 첫 회의, 상임위원(사무국장)을 선출하는 날이다. 상임위원(사무국장)은 사무국의 업무를 실질적으로 총괄하며, 위원회에 참석해서 의결권을 갖는 중요한 자리다. 보통은 위원 중에서 가장 적임자를 추대하고, 나머지 위원들이 박수를 치는 형식이 많다. 드디어 회의가 시작되었다.

회의를 주재하는 자치경찰위원장이 모두 발언에 이어 바로 OOO 위원을 상임위원(사무국장) 후보로 추천하였다. 게다가 참석한 위원들에게 자치경찰위원장은 위원장으로서 OOO 위원이 가장 적임자로 생각되어 추천한다고 발언하였다. 그리고 추천하는 이유까지 1–2분에 걸쳐 설명하였다. 대체로 경찰관 경험이 있어 추천한다는 취지인 것 같았다. 이러한 불공정한 선출방식에 필자는 당황했다. 회의를 주재하고, 위원회를 대표하는 위원장이 편파적으로 어느 한 명을 지지하면서 위원들에게 지지를 부탁하는 것은 부당하다고 생각했다. 하지만 어쩔 수 없었다. 눈물이 날 정도로 답답했다. 순간 정신을 바짝 차렸다.

자치경찰위원장이 "더 추천할 분이 있습니까?"라고 물었다. 필자는 손을 들고, 이야기했다. "저는 저를 추천합니다." 순간 장내 분위기가 엄숙해졌다. 필자는 "(생략) 현재 대학교수로서 경찰학과 범죄학을 학생들에게 가르치고 있고, 자치경찰을 오랫동안 공부했습니다. 우리나라 역사상 처음으로 시행되는 자치경찰제도를 대학교수가 아닌 공무원으로서 현장에서 직접 운영해보고 싶습니다. 만약 상임위원(사무국장)으로 일을 하게 되면 대학에서도 3년 휴직을 해야 합니다. 대학으로부터 미리 허가도 받았습니다. 여러 위원님들과 함께 소통하면서 대구형 자치경찰제를 잘 만들어보고 싶습니다."라고 침착하고 진정성 있게 이야기했다.

드디어 투표가 진행되었다. 7명이 투표를 하니 시간은 5분도 채 걸리지 않았다. 당연히 개표도 간단했다. 투표 결과, 과반수 이상으로 필자가 선출되었다. 무척 긴 하루였다.

첫 출근하기 전날 필자의 일기장에 적힌 메모

나는 이제 3년간 공직자이다(대학교수가 아니다)

근태(출퇴근, 조퇴, 외출) 철저

업무추진비 및 공금 사용 엄격 규정준수

출장 등 공적인 업무수행 규정 철저 준수

선공후사(先公後私)

견리사의(見利思義)

지금 리더는 "나를 따르라"라고 하는 것 보다는 "현재 너의 업무가 전체 그림에서 이런 역할을 하고 있다"라고 설명해 주는 멘토 역할을 해야한다.

모든 위험이 사라질 때까지 항해를 떠나지 못하는 사람은 결코 바다로 나갈 수 없다.

권영진 대구시장으로부터 임명장 수여

대구한의대학교 경찰행정학과

필자가 가장 망설이면서 결정한 것이 근무 중인 대구한의대학교 경찰행정학과 교수직을 3년간 휴직하는 것이었다. 가뜩이나 대학의 중요한 발전의 시점에서 3년이나 자리를 비우는 것은 필자에게도 쉬운 결정이 아니다. 이 결정을 흔쾌히 지지해주신 대구한의대학교 변창훈 총장님께는 늘 감사하고 죄송하다. 변창훈 총장님은 2013년 대학이 위기에 처해 있을 때, 총장으로 취임하셔서 위기를 기회로 만들어 지금의 명품대학으로 성장시킨 글로벌 리더 총장님이다. 필자는 비서실장(대외협력처장)으로 6년간 변창훈 총장님을 보좌했다.

그리고 제자들에게도 많이 미안했다. 제자들이 산격동 자치경찰위원회 사무실로 자주 방문해서 학교 소식도 전해주고, 상담도 하고 수다를 떨고 갔다. 졸업한 제자들도 많이 찾아 와서 상담도 하고, 밥도 먹었다.

대구한의대학교 경찰행정학과 무술 수업(지역의 청소년들이 참관)

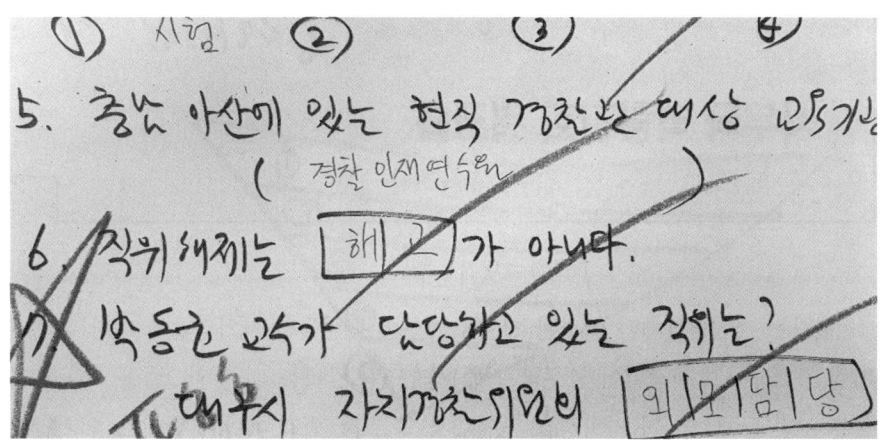

2021년 1학기 경찰학개론 기말고사 시험 문제 중 답안지.
외모담당이라는 답안에 사랑스러운 제자의 얼굴이 떠오른다

사무국 역량강화 워크숍

필자는 자치경찰제가 실시된 첫 해, 사무국 직원들의 자치경찰에 대한 이해가 가장 중요하다고 생각되어 사무국 직원들의 역량 강화를 위한 워크숍을 기획했다. 많은 고민 끝에 필자가 자치경찰, 경찰인사 및 조직, 범죄 예방과 셉테드, 위기관리 등의 주제로 3차례에 걸쳐 사례위주로 특강을 했다. 사비(私費)로 상품을 준비해서 참석한 직원들에 퀴즈를 내어 정답을 맞춘 직원들에게는 조그만 상품을 주었다. 나름 재밌게 진행해서 만족도가 높았고, 권영진 대구시장님도 자치경찰의 전문가인 필자가 직원들에게 강의를 하니, 외부전문가를 초빙하는 것보다 많은 의미가 있다고 격려해 주셨다.

필자가 진행하는 사무국 자치경찰 역량강화 워크숍

대구시 자치경찰위원회는 2021년 7월 16일 직원 역량 강화를 위한 워크숍을 개최했다.

7월 자치경찰제 전면 시행을 전후해 지역 자치경찰제의 조기 정착에 기여하고 위원회의 업무 역량 강화 및 직원 간 소통체계를 구축하고자 진행한 두 번째 워크숍이다.

이날, 워크숍에서는 '자치경찰사무 담당 경찰 공무원 인사 제도의 이해'를 중심으로 박동균 상임위원(사무국장)의 특강 형식으로 진행됐다.

워크숍에 참석한 한 직원은 "서로 간 업무를 더욱 이해하고 아이디어를 공유하면서 자연스럽게 업무 연찬의 장이 마련됐다는 데 의미가 있다"며 "이런 기회를 지속적으로 가져 대구형 자치경찰제 발전의 밑거름이 되도록 하겠다"라고 말했다.

박동균 상임위원은 "위원회 직원들의 자치경찰제도에 대한 이해도를 높여 시민에게 다가가는 생활 밀착형 시책 발굴의 토대를 만들기 위해 워크숍을 진행했다"며 "앞으로도 꾸준히 직원 교육의 기회를 확대해 치안 서비스의 질을 높이고 진정한 대구 자치경찰 시대를 열 수 있도록 직원들과 함께 철저한 준비를 해 나가겠다"라고 밝혔다(대구일보, 2021. 7. 18).

대구 자치경찰위원회 사무국 역량강화 워크숍 특강 내용

▨ **5대 범죄** : 살인, 강도, 성폭력, 절도, 폭력

▨ **현장경찰 시스템**

파출소: 지구대 등의 체제가 효율성이 없어 전환된 파출소로 예전의 파출소와 같은 기능을 한다. 그리고 정원은 지역마다 다르지만 20~30명 정도이다.

지구대: 예전의 파출소 2~3개를 묶어 통합한 형식으로 정원이 40~60명 되어, 순찰차도 2~4개 정도로 기동성과 집단대응성을 갖춘 일선 경찰조직이다.

치안센터: 통합하면서 남는 파출소 건물을 개조한 것으로 24시간 근무체제가 아닌 주간 위주의 업무를 보는 민원상담전용 조직이다.

▨ **경찰계급 : 11단계**

경찰은 국가 공무원 중 특정직 공무원으로 분류되며, 계급은 경찰청장인 치안총감을 정

점으로 모두 11개 체계로 짜여져 있다.

구체적으로 '순경(巡警) - 경장(警長) - 경사(警査)' 등 비간부와 '경위(警衛) - 경감(警監) - 경정(警正) - 총경(總警) - 경무관(警務官) - 치안감(治安監) - 치안정감(治安正監) - 치안총감(治安總監, 경찰청장)' 등 간부로 나눠진다.

경찰승진 방법 : 시험승진, 근속승진, 심사승진, 특별승진

◢ 셉테드(CPTED, 환경설계를 통한 범죄 예방)

셉테드는 'Crime Prevention Through Environmental Design(환경설계를 통한 범죄 예방)'으로 도시 환경설계를 통해 범죄를 예방하는 선진국형 범죄 예방 기법을 말한다. 셉테드는 각종 범죄로부터 피해를 제거하거나 피해를 당할 가능성이 있는 잠재적인 피해자들을 보호하기 위해 나온 기법이다. 즉, 범죄의 구성요건이 되는 가해자와 피해자, 대상 물건, 장소들 간의 상관관계를 논리적으로 분석해서 범죄를 예방하기 위한 일련의 물리적 설계이다.

◢ 깨진 유리창 이론

유리창이 깨진 자동차를 거리에 방치하면 사회의 법과 질서가 지켜지지 않고 있다는 메시지로 읽혀서 더 큰 범죄로 이어질 가능성이 높다는 이론이다. 즉, 일상생활에서 경범죄가 발생했을 때 이를 제때 처벌하지 않으면 결국 강력 범죄로 발전할 수 있다는 것을 경고하는 이론이다. 깨진 유리창 하나를 방치하자 그 지점을 중심으로 점차 범죄가 확산되어 간 것이다.

◢ 범죄 수사는 실패한 범죄 예방이다

◢ 자치경찰의 필요성

자치경찰은 지방자치단체 소속 공무원이기 때문에 지역 치안 유지에 있어 상대적으로 국가경찰보다 높은 책임감을 가질 수 있고, 또한 지역 주민을 더 우호적으로 대할 가능성이 높다. 지역 주민은 이러한 자치경찰에 대해 높은 호감을 갖는다. 이것이 자치경찰제도가 갖는 매력이다.

◢ 풍선효과

풍선의 한쪽을 누르면 다른 쪽이 불룩 튀어나오는 것처럼 어떤 부분의 문제를 해결하면 다른 부분에서 문제가 다시 발생하는 현상을 가리키는 말이다. 풍선효과의 사례로는 성매

매 문제 해결을 위해 집창촌을 단속하자 주택가에서 은밀한 성매매가 이루어진 일이 있다.

◩ 오기 장군의 "서번트 리더십"

중국이 일곱 개 나라로 쪼개져 서로 다투던 전국시대, 그 일곱 중에서 위(魏)나라에 전쟁에 나갔다 하면 이기는 상승장군 '오기'가 있었다. 그는 군사를 이끌고 전쟁에 나가면 가장 낮은 계급의 병졸들과 같은 음식을 먹고 같은 잠자리에 들었다. 하루는 한 병사가 다리에 난 종기가 곪아 잘 걷지를 못하자, 오기 장군은 손수 종기를 짜주고 입으로 고름을 빨아냈다. 그 소식을 듣고 그 병사의 어머니가 슬피 울었다. 사람들이 이상히 여겨 그 까닭을 묻자 그 여인이 대답했다.

"십수 년 전 오기 장군이 전쟁에 나갔을 때도 지금처럼 애 아비의 종기를 짜주었습니다. 애 아비는 감격한 나머지 싸움터에서 한 발짝도 물러서지 않고 싸우다 전사했습니다. 이제 또 오기 장군이 제 아이의 종기를 짜주고 고름을 빨아내니, 저는 아들도 아비처럼 전사하지 않을까 두렵습니다."

◩ 탄력 순찰

국민이 직접 순찰을 희망하는 시간과 장소를 선택하면 경찰이 그 지역과 시간을 참고해 순찰하는 새로운 방식의 국민안전 치안 서비스다. 순찰 장소 신청은 순찰 신문고나 스마트 국민제보를 통한 온라인 신청과, 경찰서 민원실·지구대·파출소를 직접 방문해 신청하는 방법이 있다. 신청을 받은 경찰은 주민이 요청한 순찰 시간·장소와 112 신고를 비교분석해 순찰 우선순위를 결정하게 된다.

◩ 넛지효과

넛지(nudge)는 '옆구리를 슬쩍 찌른다'는 뜻으로 강요에 의하지 않고 유연하게 개입함으로써 선택을 유도하는 방법을 말한다. 이들에 의하면 강요에 의하지 않고 자연스럽게 선택을 이끄는 힘은 생각보다 큰 효과가 있다. 예를 들어 네덜란드 암스테르담의 스키폴 공항에 남자 소변기 중앙에 파리 그림을 그려놓았더니 변기 밖으로 튀는 소변의 양이 80%나 줄었다고 한다.

◩ 신문배달 10계명

1. 배달을 빼먹지 말라.

2. 늦게 배달하지 말라.

3. 아프지 말라.

4. 휴가를 내지 말라.

5. 캠프도 가지 말라.

6. 젖고 찢어진 신문을 배달하지 말라.

7. 자전거를 고장 내지 말라.

8. 길을 잃어버리지 말라.

9. 피곤해하지 말라.

10. 변명하지 말라.

- 제프리 J. 폭스, '왜 부자들은 모두 신문배달을 했을까' -

경찰은 거리의 판사다

예전에는 경찰을 '민중의 지팡이'라고 표현했다. 어려운 시민들을 도와주는 존재라는 뜻이다. 민갑룡 경찰청장 재직 시에는 경찰을 '제복 입은 시민'이라고 표현했다. 필자는 경찰을 '거리의 판사'라고 줄곧 표현한다. 물론 많은 사람이 이런 표현을 사용한다. 경찰관이 실제 법정에서 판결은 하는 것은 아니지만 실제 순찰 중에 결정할 부분이 많이 있다. 그래서 많은 공부를 해야 한다. 경찰 시험에 합격해서 인사 오는 제자들에게 필자는 "책을 많이 읽으라"라고 주문한다. 물론 운동도 열심히 해야 한다고 조언한다.

경찰관을 대상으로 하는 특강에서도 "책 읽는 경찰"을 강조한다. 경찰은 위기 시에 긴급하고 중요한 결정을 해야 할 때가 많다. 통찰력 있는 합리적인 결정을 해야 한다. 책을 많이 읽어야 한다. 물론 경험과 역량도 중요하다.

근무하는 책상과 집 거실에 항상 책이 있어야 하고, 출퇴근하는 버스나 지하철에서도 책을 읽는 버릇을 가져야 한다. 자녀가 있는 경찰관들은 더욱 그렇다. 책 읽는 아빠, 책 읽는 엄마는 자녀에게는 최고의 멘토이다.

충남 아산에 있는 경찰인재개발원에 경감기본교육이나 경정기본교육 강의를 나가면, 지금 연수 기간 중에 내가 추천하는 책 두 권을 꼭 읽으라고 강조한다.

바로 '논어'와 '목민심서'이다. 논어는 공자님이 쓴 책이 아니다. 공자님의 제자들이 공자님의 말씀을 기록한 것이다. 목민심서는 다산 정약용 선생님이 쓴 공직자들이 읽어야 할 책이다. 목민심서(牧民心書)는 행정 지침서로, 지방행정을 어떻게 해야 하는지에 대해 공부할 수 있다. 이 책의 중요한 두 가지 사상은 청렴(淸廉)과 애민(愛民)이다. 필자는 이 책은 경찰관뿐만 아니라 대한민국의 모든 공직자가 읽어야 할 필독서라고 말하고 싶다.

필자는 대학교수 25년간 최우수강의상을 3번 받았다. 경찰청이나 경찰서, 경찰인재개발원 등에서 자주 초빙되는 교수이다. 목소리가 크고, 발음이 명확하며, 경찰에 대한 이해도가 높아 교육을 받는 경찰관들에게는 동질감이 생기는 것 같다.

최근에는 인권특강, 신뢰와 소통 같은 주제로 많이 초빙된다. 대구시 자치경찰위원회 상임위원 공직을 맡고서는 '자치경찰' 주제 이외에는 특강을 사양하고 있다. 거리의 판사인 경찰관들에게 인권, 신뢰와 소통 주제로 특강을 할 때는 다음과 같은 내용을 포함한다.

인권, 신뢰와 소통 특강 주요 내용

📝 논어 중에서

자공이 정치에 관하여 여쭈어보자 공자께서 "식량을 풍족하게 하고, 군비를 풍족하게 하고, 백성들로 하여금 믿게 하는 것이다"라고 하셨다. 자공이 "부득이하여 한 가지를 버려야 한다면 이 세 가지 중에서 어느 것을 먼저 버립니까?"라고 하자 공자께서 "군비를 버린다"라고 하셨다. 자공이 "부득이하여 한 가지를 버린다면 이 두 가지 중에서 어느 것을 먼저 버립니까?"라고 하자 공자께서 "식량을 버린다. 옛날부터 누구에게나 다 죽음은 있었지만 백성들이 믿지 않으면 국가가 존립할 수 없다"라고 하셨다. 공자께서 말씀하셨다. "사람이 만약 신의가 없다면 그것이 옳은지 모르겠다. 큰 수레에 소의 멍에가 없고 작은 수레에 걸이가 없다면 무엇으로 그것을 운행하겠는가?" (멍에 없는 수레가 수레 구실을 못 하는 것처럼 신의 없는 사람은 사람 구실을 할 수 없다.)

→ 경찰관에 대한 국민의 신뢰가 없다면?
경찰관에 대한 국민의 신뢰가 없는 국가는 거의 후진국이 대부분이다.
좋은 국가는 정부의 신뢰에서부터 시작된다.

📝 목민심서 중에서

벼슬살이에서 가장 중요한 점은 '두려워할 외(畏)' 한 자뿐이다. 백성을 두려워하라.

천하에 가장 천해서 의지할 데 없는 것도 백성이요, 천하에 가장 높아서 산과 같은 것도 백성이다.

행동으로 가르치는 자에게는 따르고, 말로 가르치는 자와는 다툰다.

유리걸식하는 자는 천하의 가난한 백성으로 호소할 데가 없다. 어진 수령으로서 마음을 다하고, 소홀히 해서는 안 된다.

서명에 홀아비, 과부, 고아, 늙어 자식 없는 자, 곱사등이, 불치병자들도 모두 우리 형제 중에 역경에 처해 호소할 데가 없는 자들이다.

공정(公正): 상관의 명령이 공법(公法)에 어긋나고 민생(民生)에 해를 끼치는 것이면 굽히지 말고 꿋꿋이 자신을 지키는 것이 마땅하다.

청렴(淸廉): 선물로 보내온 물건은 아무리 작아도 은혜로운 정(情)이 맺어지면 이미 사사로운 정이 행해진 것이다.

백성을 도와주고 편안히 모여 살게 하는 방법은, 첫째 양식을 돕는 것이며, 둘째 소를 돕는 것이며, 셋째 조세를 가볍게 하는 것이며, 넷째 빚을 탕감해주는 것이다. 수령이 때때로 마을과 들을 돌아다니면서 질병과 고통을 살펴보고, 하고자 하는 것을 물어서 그 뜻을 이루게 해주며, 근본을 북돋워 주고 흔들지 않으면 이것이 큰 병을 고치는 방법이다.

◾ 경주 최부자집 가훈

첫째, 진사 이상의 벼슬을 하지 마라. 한 번 당쟁에 걸려들어 역적으로 지목되면 남자는 사약을 받거나 아니면 유배형을 당했고, 그 집안 여자들은 졸지에 남의 집 종 신세로 전락할 수밖에 없었다.

둘째, 만 석 이상의 재산을 모으지 말며, 만 석이 넘으면 사회에 환원하라. 최부잣집은 만석 이상의 재산 불가 원칙에 따라 나머지 재산은 사회에 환원했다. 환원 방식은 소작료를 낮추는 방법이었다.

셋째, 흉년에는 남의 땅을 사지 마라. 조선시대에는 흉년이 들어 아사 직전의 위기 상황에 직면하면 쌀 한 말에 논 한 마지기를 넘기기도 했다. 우선 먹어야 목숨을 부지할 수 있으니 논 값을 제대로 따질 겨를이 없었던 것이다.

넷째, 과객(過客)을 후하게 대접하라. 최부잣집의 1년 소작 수입은 쌀 3,000석 정도. 이 가운데 1,000석은 집안에서 쓰고, 1,000석은 과객을 접대하는 데 사용했고, 나머지 1,000석은 주변 지역의 어려운 사람들을 도와주는 데 썼다고 한다.

다섯째, 며느리들은 시집온 뒤 3년 동안 무명옷을 입어라. 최씨 집안의 며느리는 삼베 치마를 하도 오래 입어 이곳 저곳이 누덕누덕 기워져 있었는데, 서 말의 물이 들어가는 '서말치 솥'에 빨래를 하기 위해 이 치마 하나만 집어넣으면 솥이 꽉 찰 정도였다고 전해진다.

여섯째, 100리 안에 굶어 죽는 사람이 없게 하라.

대구경찰청 사이버 특강 '자치경찰과 인권'

시민들이 알기 쉬운 자치경찰제
교통방송 라디오 2021년 5월 13일 인터뷰

1. 올해부터 경찰이 국가경찰, 수사경찰, 자치경찰로 나누어지고, 본격적으로 자치
경찰제가 실시된다는데, 박동균 교수님!! 잠깐 설명해주세요. 특히 올해 7월 1일
부터 실시될 자치경찰제도, 어떤 제도인지 자세히 설명해주신다면?

올해부터 우리나라 경찰조직에 큰 변화가 생겼다. 경찰청장이 직접 지휘하는 국가
경찰은 경비, 보안과 정보, 외사 업무 등 공공의 안전과 관련된 업무를 주로 담당하게
된다. 자치경찰제는 자치경찰사무의 책임, 지휘권을 시·도 지방자치단체에 부여한다.
자치경찰은 지역 내 범죄 예방활동, 아동·청소년·여성 보호, 교통지도·단속 및 교통질
서 유지 업무를 수행하게 된다. 정부는 자치경찰제를 2021년 7월 1일에 본격적으로 실
시할 예정이다. 1948년 정부수립 당시부터 지속적으로 논의돼 온 자치경찰제는 경찰
공무원의 생활안전 및 경비, 교통 문제, 범죄 등 주민 밀착 서비스에 대한 책임과 권한
을 지방자치단체장이 갖는 제도이다.

2. 자치경찰제도의 매력, 장점은 무엇일까요?

국가경찰은 치안 업무의 통일성과 체계성을 갖춰 법집행의 신속성과 효율성을 높일
수 있고, 전국적 치안행정 서비스의 균형성을 기할 수 있는 좋은 제도이다. 하지만 지역
마다 가지고 있는 특성을 반영하는 데는 일정 부분 한계가 존재하고, 중앙정치에 휩쓸
려 자칫 정치적 중립성을 해할 수 있는 문제의 소지가 있을 수 있다. 자치경찰제도는 지
방분권화의 이념에 따라 지방자치단체에 경찰권을 부여하고, 경찰의 설치와 운영에 관
한 책임을 지방자치단체에 일임하는 것을 의미한다. 이는 국가경찰에 대비되는 개념이
다. 즉, 국가 전체가 아닌 일부 지역에 소속되어 그 지역과 주민을 위한 범죄 예방과 치
안활동을 전담하는 경찰이 자치경찰이다.

자치경찰은 지방자치단체 소속 공무원이기에 지역 치안 유지에 있어 상대적으로 국
가경찰보다 높은 책임감을 가질 수 있고, 또한 지역 주민을 더 우호적으로 대할 가능성

이 높다. 지역 주민은 이러한 자치경찰에 대해 높은 호감을 가져 보다 높은 지지와 협력을 보낼 수 있다. 아울러, 자치경찰은 지역의 특수성과 지방자치단체의 독립성을 근간으로 조직에 적합한 운영상 개혁을 전개해 나갈 가능성이 높다. 특히 다른 지방자치단체와의 선의의 경쟁으로 그 지역 주민을 위한 질 좋은 치안 서비스 공급과 바람직한 개혁을 촉진해 나갈 수도 있다. 이것이 자치경찰제도가 갖는 매력이다.

3. 자치경찰은 어떤 역할을 담당하게 됩니까?

자치경찰은 주민의 가장 가까운 곳에서 범죄 예방, 생활안전, 여성청소년, 교통, 지역경비 등 주민 밀착 민생활동을 한다.

4. 왜 이렇게 자치경찰제도 도입이 늦어졌나요?

요즘 정치계 및 학계에서는 지방분권 이슈가 화두다. 중앙에 집중되어 있는 권한을 지방에 주자는 것이다. 그 중심에 있는 주제가 바로 자치경찰제도인데, 국민의 안전은 자치 업무의 성격에 적합하기 때문이다. 이미 선진국 대부분은 그들 나름의 역사와 문화, 사회적인 배경에 따라 그 나라에 적합한 자치경찰제도를 운영하고 있다. 우리나라두 제주도에 한해 부분적으로 자치경찰제도를 시행하고 있다. 자치경찰제도는 앞서 말한 대로 지방분권과 연계되어 있다. 자치경찰제 도입에 있어 그동안 많은 학자와 정치권으로부터 논의가 이루어져 왔다. 김대중 대통령을 비롯한 역대 여러 대통령도 자치경찰제 도입을 추진했지만 번번이 실패했다. 여야 정치권의 합의실패, 광역지방자치단체와 기초지방자치단체 간의 미묘한 입장차이, 거기에다 보수적인 국가경찰의 소극적 태도 등으로 지금까지 결실을 맺지 못하였다.

5. 이번에 도입되는 자치경찰제는 일원화 모형이라고, 무늬만 자치경찰제하고 비판하는 시각도 많은데, 설명을 부탁드립니다.

원래 자치경찰 업무는 자치단체 소속의 자치경찰 신분으로 수행하는 것이 맞다. 하지만 이번 모형은 일원화 모형으로, 국가경찰 신분으로 자치경찰 업무를 수행한다. 실제로 경찰운영은 분리되지만, 경찰소속은 그대로 국가경찰로 유지된다. 따라서 지방자치단체가 별도로 부담하는 인건비는 없다. 다만 자치경찰 업무와 관련한 예산은 지방자치단체가 20% 부담하게 된다. 코로나19로 인해 비용을 절감하기 위해 새로운 자치경찰을 만드는 대신 국가경찰과 자치경찰을 사실상 함께 근무하도록 한 고육지책으로 생각된다. 많은 논란과 고민이 있었던 만큼 시범 운영 과정에서 나타나는 문제점을 보완해 한국형 자치경찰로 정착해 나가야 한다.

6. 기대도 높지만, 우려도 많이 나오고 있는데요. 아무래도 지자체 예산으로 시행 되니까 지자체 재정여건에 따라서 치안도 편차가 커질 수 있는 것 아닌가요?

치안의 빈익빈, 부익부 현상, 재정자립도가 높은 잘사는 지방자치단체와 재정자립도 가 낮은 자치단체 간의 치안 서비스 불균형을 걱정하는 것이 크다. 그러나 걱정하지 않 아도 될 것은 대구·경북을 예로 들면, 치안 수요가 높은 대구 수성구, 성서는 재정자립 도가 높고, 치안 수요가 낮은 경북의 봉화, 영양, 청송은 재정자립도가 상대적으로 낮아 그나마 불균형 문제는 심각한 것으로 아니라고 생각한다. 아울러 이번 정부안은 자치 경찰 예산은 국가부담을 원칙으로 한다. 시범예산은 우선 국비로 지원하고, 장기적으로 '자치경찰 교부세' 도입을 검토한다고 하니 이런 점은 크게 우려하지 않아도 될 것이다.

7. 경찰인력에 대한 인사권을 시도지사가 갖게 되고 감사를 광역의회에서 하게 되 면 줄대기 인사, 토호세력과 자치경찰 간의 유착 같은 부작용도 나올 것 같은데. 어떻습니까?

지역에는 자치단체장이 결코 무시할 수 없는 지역유지, 토호세력이 있는 것이 사실 이다. 이들 간의 유착 내지 인사 청탁 등이 있을 수 있고, 자치경찰의 정치오염 등을 우 려할 수 있는데, 이 부분은 자치경찰위원회를 합리적으로 구성하고, 운영함으로써 제어 할 수 있다. 이 부분에 대한 좀 더 세밀한 보완책이 필요하다. 시민들의 참여와 감시 등 이 중요하다.

8. 다른 국가의 경우는 어떻습니까? 선진국의 경우 자치경찰제를 시행하고 있는 경우가 많다고요?

여기서 각 국가의 자치경찰 특징을 다 설명할 수는 없지만 한 가지 확실한 것은 거 의 모든 선진국이 각 나라의 실정에 맞는 자치경찰제도를 운영하고 있다. 전 세계 국가 들은 그들 나름의 역사, 문화, 사회적 배경에 따라 나라에 적합한 경찰 제도를 가지고 있으며, 특히 미국, 영국, 일본 등과 같은 주요 선진국들은 각각의 특색에 맞는 자치경찰 제도를 운영하고 있다. 미국과 영국은 가장 자치경찰제도가 발전한 국가이다. 독일과 프 랑스도 그렇고, 일본은 국가경찰과 자치경찰의 혼합형이라고 할 수 있다.

9. 자치경찰제가 앞으로 어떤 식으로 시행되어야 할지 말씀해주신다면?

첫째, 주민 참여가 활성화되어야 한다. 둘째, 사회적 약자 보호가 중요하다. 셋째, 현장경찰의 목소리를 잘 들어야 한다. 현장에 답이 있다. 넷째, 지차체와 경찰 간의 상호협력 시스템이 중요하다. 하지만 자치경찰제도는 만병통치약이 아니다. 자치경찰제도가 갖는 장점과 단점이 분명히 존재한다. 국가경찰과 자치경찰 간의 효율적 협업을 통해 진정으로 국민의 안전을 담보해낼 수 있는 꼼꼼한 대한민국 경찰 시스템 모형이 만들어져야 한다. 자치경찰제 도입은 결국은 시민의 안전을 위해 시행하는 것이다. 자치경찰은 오로지 시민안전을 위한 시스템이어야 한다는 점이다.

자치경찰제의 성공적인 정착을 위한 과제

"교수(학자, 비판, 자문역)에서 공직자(실행과 집행의 당사자)로!!!"

필자는 교수 재직 기간 25년간 자치경찰과 범죄 예방과 관련된 많은 논문과 칼럼, 방송, 강연, 자문, 연구용역 등을 해 왔다. 한 번도 실시해 보지 않은 초기 대구형 자치경찰제를 외부에서 학자로서 자문하기보다는 실제로 내 손으로 만들어 보고 싶다는 간절함과 학자적 사명감으로 상임위원(겸 사무국장)에 도전하여 제1회 자치경찰위원회 회의에서 상임위원으로 의결, 선임되었다. 필자가 선임 되기 전 자치경찰에 대한 생각과 흔적을 적은 글을 보면 다음과 같다.

자치경찰제 도입과 지역의 과제
대경 CEO 브리핑, 2021.03.18. 620호

• • • • •

김광석(대구경북연구원), 최근열(경일대), 박동균(대구한의대)

▨ **지방자치 부활 30년 맞는 해, 자치경찰제로 주민체감형 자치행정 실천해야**

☾ 올해는 지방자치가 부활한 지 30년을 맞는 해다. 현행 국가경찰제도는 국가안보 및 사회 질서유지에 있어 강력하고 전국 일률의 신속한 집행력을 발휘할 수 있으나, 지역 사회에 유연하고 신속하게 대처하기 힘든 것이 사실이며, 자치경찰제 도입을 계기로 다양한 지역 치안 수요를 적극적으로 반영하고 지방행정과의 연계를 강화하는 계기로 삼아야 한다.

☾ 우리나라의 자치경찰제는 2004년 지방분권특별법에 최초로 명문화되었고, 2007년 제주특별자치도에서 처음 도입되어 2021년 3월 현재 151명이 근무하고 있다.

☾ 해외 선진국의 자치경찰제는 국가경찰 시스템과 기능적 보완관계로 도입되어 미국·영국·독일·일본 등 다수 국가에서 범위와 사무는 다르지만 자치경찰제를 시행 중이다.

▨ 시민 참여형 경찰행정의 확대 계기 마련

☾ 일반 시민은 치안 서비스의 단순 수혜자로서의 지위를 누려 왔으나, 자치경찰제 도입을 통해 치안 서비스 생산과 소비에 있어 주민의 적극적 참여가 이루어지는 치안자치를 주민자치 영역으로 확장할 필요가 있다. 자치경찰은 주민 생활안전과 지역 내 교통안전, 공공시설·행사장 경비 등 주민 생활 밀착형 사무를 수행하도록 국가경찰 조직 내 기능적으로 분리되어 운영된다.

☾ 시·도경찰청과 경찰서 단위의 민·관·경 협력기구로 치안행정협의회, 경찰발전협의회, 생활안전협의회, 모범운전자회, 자율방범대 등 치안정책 의견수렴과 치안현장지원을 위한 다양한 기구가 조직되어 운영되고 있으나, 자문기구 성격으로 운영되는 경우가 많고 일반 주민과의 다양한 접점을 통한 실질적 소통과 공감 노력이 더 활성화되어야 할 것이다.

☾ 자치경찰 도입 취지인 경찰에 대한 민주적 통제 강화는 곧 주민에 의한 감시와 통제를 의미하므로, 치안 서비스의 투명성과 주민 참여에 기반한 상호 간 공감과 소통은 자치경찰에 대한 주민의 신뢰를 높일 수 있다.

▨ 주민중심의 자치분권 취지 살릴 수 있도록 제도 시행 필요

☾ 자치경찰 시행을 계기로 주민 참여형 치안자치 활성화를 위해 주민 조직화 사업에 기반한 치안 공동체 조성, 통·반 단위 치안자치 활성화, 자치경찰 주민 옴부즈만 운영, 주민 참여형 자치경찰 예산제 도입 등을 검토해 볼 수 있다.

☾ 여성, 청소년, 노인 등 취약계층을 대상으로 한 맞춤형 치안 서비스를 지자체, 시·도 경찰청, 시·도 산하 공기관 등 공공부문이 상호 협력하여 개발하는 것이 필요하다.

☾ 자치경찰과 지방행정 간 연계협력 강화를 위해 시·도 자치경찰조직과 지자체 관련 부서 간 업무연계가 원활하도록 지자체 생활안전, 여성·청소년, 교통 관련 부서의 업무분장 재검토가 필요하다. 또한 지구대·파출소-행정복지센터 간 업무연계로 주민 수요 기반의 통합적 행정서비스 제공이 바람직해 보인다.

☾ 제도 시행 초기 지휘체계 혼선 등을 최소화하기 위해 자치경찰위원회와 사무기구 구성에 있어 시·도와 시·도경찰청 간 긴밀한 협조가 필요하며, 상호 간 견제보다는 협력이 우선되어야 할 것이다.

☾ 시장·도지사 소속의 합의제행정기관으로 설치되어 자치경찰사무에 대하여 시도경찰청장을 지휘·감독하게 되는 시·도 자치경찰위원회는 그 운영의 투명성 제고와 주민의 알권리 보장을 위해 개정 지방자치법의 주민참여제도를 자치경찰 분야에 적용

하여 주민감시제도에 의한 정치적 중립성 확보가 필요하다.

◪ 자치경찰제 도입 배경과 추진 경과

◪ 지방자치 영역 확대와 지역맞춤형 치안 서비스 강화를 위해 자치경찰제 도입 추진

- ◖ 다양한 지역 치안 수요의 적극적 반영 및 지방행정과의 연계로 맞춤형 치안 서비스
  로 전환
  - 현행 국가경찰제도는 국가안보 및 사회 질서유지에 있어 강력하고 전국 일률의 신
    속한 집행력을 발휘할 수 있으나, 풀뿌리 민주주의(자치) 및 지방행정(분권)과는 다
    소 동떨어져 운영
  - 지역경찰행정은 그 특성상 지역 사회에 유연하고 신속하게 대처해야 함에도 불구
    하고, 중앙 지침과 반응을 고려하여 지역 치안 수요에의 창의적이고 자율적인 대응
    이 미흡하였음
- ◖ 1990년대 지방자치제 실시와 함께 제도 도입 논의 본격화
  - 2004년 지방분권특별법[1]에 자치경찰제 도입이 최초로 명문화되었고, 2007년 제주
    특별자치도에서 처음 도입되어 출범 당시 38명이던 제주자치경찰은 2021년 현재
    151명이 근무
- ◖ 해외 선진국의 자치경찰제는 국가경찰 시스템과 기능적 보완관계로 도입 중
  - 현재 미국·영국·독일·일본 등 다수 국가에서 범위와 사무는 다르지만 자치경찰제
    시행중
  - 프랑스(기초단위로 시행), 스페인, 이탈리아, 미국은 광역·기초 단위로 자치경찰을 도
    입하고 있으나, 영국, 독일, 일본은 광역단위로 자치경찰제 운영

◪ 시민 참여형 경찰행정의 확대 계기 마련

- ◖ 치안 서비스 공급자로서 경찰의 역할과 더불어 일반 국민은 치안 서비스의 단순 수
  혜자로서의 지위를 누려왔으나, 자치경찰제 도입을 통해 치안 서비스의 생산과 소비
  에 있어 주민의 적극적 참여가 이루어지는 치안자치를 주민자치 영역으로 확장
- ◖ 범죄자 검거 위주에서 일반 주민 삶의 질까지 돌보는 치안 서비스로 확대
  - 경찰의 역할은 범죄자 검거와 법집행을 넘어서 일반 시민의 범죄에 대한 두려움, 무
    질서, 안전 등 시민 일상 깊숙한 영역까지 임무로 간주되며, 치안행정에서 치안 서

---

1 제10조 제3항(現 지방분권법 제12조 제3항) : 국가는 지방행정과 치안행정의 연계성을 확보하고 지
   역 특성에 적합한 치안 서비스를 제공하기 위하여 자치경찰제도를 도입하여야 한다.

비스로 전환 가속

- 제주자치경찰이 코로나19로 인한 지역경기 침체 극복을 위해 친서민 경찰활동을 추진한 것처럼 주민과 밀착된 유연한 치안행정서비스 구현 가능

◢ 경찰법 개정 과정에서 일원화 모델로 도입 결론

◖ 문재인 정부 국정기획위원회의 100대 국정과제에 '광역단위 자치경찰 전국 확대' 포함
  - 2017년부터 자치경찰 관련 법률을 재개정하고, 2018년 시범 실시를 거쳐 2019년 전면실시라는 구체적 로드맵을 제시한 바 있음

◖ 광역단위 자치경찰 모델은 기존 조직의 실질적 분리(이원화)와 기능적 분리(일원화) 측면에서 두 가지로 구분
  - 자치경찰제는 2019년 제20대 국회에서 이원화 모델로 추진된 바 있으나, 국회 임기만료로 폐기 후 2020년 제21대 국회에서 일원화 모델 경찰법 개정안 통과
  - 일원화 모델에서 기존 국가경찰조직은 그대로 두고 정보·보안 사무, 수사 사무, 생활치안 사무로 기능 구분
  - 자치경찰은 주민 생활안전과 지역 내 교통안전, 공공시설·행사장 경비 등 주민 생활 밀착형 사무를 수행하도록 기능적으로 분리

◖ 이원화 모델은 검경수사권 조정 이후 상대적으로 강화된 경찰권에 대한 통제방안으로 국가경찰과 자치경찰로 분리하는 방식으로 재편할 계획이었으나, 일선 경찰관 의견 반영, 경찰업무 이원화로 인한 단기적 업무혼선, 국가재정 여건 등을 고려하여 일원화 모델로 결정

☀ 자치경찰 일원화-이원화 모델 비교

구분	이원화 모델 자치경찰	일원화 모델 자치경찰
인사·조직	국가경찰과 완전분리(조직, 인사, 예산)	기존 국가경찰과 통합운영
경찰 공무원 신분	지방직	국가직
예산	지자체 별도 편성(특별회계)	통합편성, 지자체 협의
사무	생활안전, 여성·청소년, 교통 등 업무 담당	사무는 동일하나 국가경찰과 구분 및 상호연계 수행
지휘·감독	시·도자치경찰위원회	경찰청장, 국가수사본부, 시·도자치경찰위원회

◪ 시·도 자치경찰위원회가 자치경찰사무와 인력 지휘·감독

- ◖ 시·도 자치경찰위원회는 시장·도지사 소속의 합의제행정기관으로 설치되어 자치경찰사무에 대하여 시도경찰청장을 지휘·감독
  - 위원회 주요 사무로 자치경찰활동 목표수립 및 평가, 자치경찰 인사·예산·장비 등 주요 정책과 시도경찰청장 임용 협의, 부패방지·인권남용 제도 개선, 중요 사건 및 현안 점검, 자치경찰감사·감찰과 고충심사 등을 담당
  - 위원회 구성은 시도지사 지명 1명과 시·도 의회 추천 2명, 시도교육감 추천 1명, 추천위원회 2명, 국가경찰위원회 추천 1명으로 총 7명으로 구성하고, 별도의 사무기구를 설치
- ◖ 자치경찰인력과 장비 등에 소요되는 비용은 국가가 의무적으로 지원
  - 예산은 경찰청장의 의견을 들어 시·도 자치경찰위원회의 심의를 거쳐 시도지사가 수립하며, 시도지사는 조례 및 예산 범위 내 재정적 지원 가능

◪ 자치경찰 추진 과제와 실행방안

◪ 주민 참여형 치안자치 활성화

- ◖ 주민 조직화 사업에 기반한 치안 공동체 조성
  - 주민 조직화(community organizing) 사업은 주민이 지역 사회 문제에 주체적으로 참여하여 더불어 사는 지역을 만들어가도록 하는 사회복지사업으로, 마을공동체 사업, 복지 네트워크 구축 사업 등 지역 사회를 조직화하는 사업임
  - 치안행정과 연계한 주민 조직화 사업으로 자치 치안 학교, 안전마을 만들기 추진 등 지역 단위의 치안 공동체 의식을 키우는 데 활용 가능
  - 공공근로형 동네 안전지킴이사업은 공공근로 사업에 참여하는 지역 청년들에게 자치경찰 직업 경험을 제공하고 지역 사회에 대한 관심을 높이는 계기로 활용
- ◖ 통·반 단위 치안자치 활성화
  - 통·반·리는 주민 관점의 최소 단위 행정구역으로 자치경찰과 협력하여 자치 순찰 활동단위로 활용
  - 여성·어린이 대상의 범죄 발생을 예방하기 위한 통·반·리 중심의 생활관계망 형성 및 유지로 주민자치형 치안체감도 제고
- ◖ 자치경찰 주민 옴부즈만 운영
  - 자치경찰제도 운영 혁신, 신뢰 제고, 시민 참여 활성화를 위해 자치경찰활동에 대한

주민 감시장치 마련 필요

- 자치경찰 주민 옴부즈만제를 통해 자치경찰 관련 민원 상담과 관계기관 시정조치 권고 등 권한 부여

◖ 주민 참여형 자치경찰예산제 도입

- 자치경찰 분야의 주민 참여 예산제는 예산의 책임성·투명성과 주민신뢰를 제고하고, 공동체 치안 및 협력 치안을 통한 민생치안 분야 예산사업 발굴에 활용

- 자치경찰 예산편성 권한을 주민과 공유하여 주민의 치안 서비스 수요와 선호, 각종 공동체 치안활동에 대한 의견을 예산에 반영함

◧ 공공부문 협력형 취약계층 맞춤 치안 서비스 개발

◖ 여성 및 청소년 안심 귀갓길 제공

- 통계청이 발표한 '2018년 사회조사 결과'에 따르면 우리나라 여성의 47%가 '밤에 집 근처 혼자 걷기 두려운 곳이 있다'고 응답

- 지자체와 자치경찰 간 상호 협업을 통해 안심 귀갓길을 확대·운영함과 동시에, 민간부문과 함께 여성 및 청소년 밤길 안전확보를 위한 시스템 개발

◖ 학교폭력 피해 학생 등 위기청소년 돌봄

- 학교폭력 피해·가해, 가출, 비행 등 위기청소년에 대해 상담, 보호, 자립을 위해 청소년활동 시설 등과 공동사업을 발굴하고 위기청소년이 건전한 사회구성원으로 성장할 수 있도록 프로그램 개발·운영

- 지자체, 자치경찰 및 청소년 보호기관·단체 등과 연계하여 위기청소년 돌봄프로그램 개발

◖ 데이트·가정폭력 예방

- 데이트 폭력과 가정폭력 피해 발생이 매년 큰 폭으로 증가하는 추세임

- 지자체 여성·가족·청소년 부서 및 산하 유관기관과 협력하여 피해 예방 교육 및 상담, 홍보프로그램을 개발·운영하고, 피해자 보호 시스템을 구축하여 피해자 사후 지원 도모

◖ 노인 교통·안전사고 예방

- 최근 5년(2014~2018년)간 보행 중 교통사고 사망자 가운데 만 65세 이상 노인이 차지하는 비율은 2014년 48.1%에서 2018년 56.6%로 꾸준히 상승

- 지자체 복지 및 교통 관련 부서와 자치경찰 간 협업을 통해 병원, 시장, 노인시설 주변 등 고령자 밀집지역을 중심으로 노인 보호구역을 확대 운영하고, 해당 지역의 교

통안전시설 현황을 진단하고 위험 요인을 분석해 맞춤형 개선방안 마련 필요

공공부문 협력형 전문 지원체제 구축

취약계층별
민·관·경 전문 지원체제 구축

시/도
공기관
(공기업,
출자·출연기관,
민간위탁)

자치경찰과 지방행정 간 연계협력 강화

◖ 시·도 경찰청과 시·도 간 긴밀한 협력은 제도 성공의 선결요건이며, 두 주체 간 공조에 기반한 치안자치 모델 창출 필요
  - 자치경찰조직과 지자체 관련부서 간 업무연계가 원활하도록 지자체 생활안전, 여성·청소년, 교통 관련부서의 업무분장 재검토
  - 일반행정과 자치경찰조직 간 업무추진 효율성 개선을 위한 상호벤치마킹 기회로 활용

◖ 지구대·파출소-행정복지센터 간 업무연계
  - 주민들과 가장 가까운 거리에 있고 지방행정의 일선 주민 접점기관인 읍·면·동 단위 행정복지센터는 치안행정에 있어 지구대, 파출소, 치안센터와 비교될 수 있으며, 양 관서 관할구역 간 연계성 확보를 통해 주민 수요 기반 통합적 행정서비스 제공
  - 행정복지센터 업무 중 복지행정이 많은 비중을 차지하며, 기초생활수급자, 소년소녀가장, 아동학대 피해자, 독거노인 등에 대한 현장 방문과 상담, 확인과 지원이 필요한 경우, 현장 방문 시 자치경찰관 동행으로 업무의 효율성 개선

◢ 자치경찰위원회 구성의 전문성과 독립성 확보

◖ 제도 시행 초기 지휘체계 혼선 등을 최소화하기 위해 자치경찰위원회와 사무기구 구성에 있어 시·도와 시·도 경찰청 간 긴밀한 협조가 필요하며, 상호 간 견제보다는 협력이 우선되어야 함

  - 시도지사 소속의 시·도 자치경찰위원회가 국가경찰조직 내 자치경찰 부서를 지휘·감독하게 되므로, 위원회의 적정한 구성은 자치경찰의 취지를 살리고 제도를 성공적으로 운영하는 데 있어 핵심적 요소로 볼 수 있음

◖ 주민감시제도에 의한 정치적 중립성 확보

  - 자치경찰위원회 운영의 투명성 제고와 주민의 알권리 보장 등 개정 지방자치법의 주민참여제도를 자치경찰 분야에 적용 필요
  - 주민감사[2] 및 주민소환[3] 청구요건 완화를 자치경찰 분야에 적용하여 자치경찰의 중립성 확보와 주민의 자치의식 제고

◢ 지역 특화형 자치경찰 운영 모델 개발

◖ 정기적 직무분석과 기능진단을 통한 치안 업무 효율성 개선 필요

자치경찰부에서는 기존 상명 하달식 경찰조직 업무 특성 한계를 극복할 수 있는 창의적, 창의적 업무방식 개발 필요

◖ 지치경찰부 소속 경찰관은 공무원교육원의 지방자치, 주민자치 관련 교육과정 이수

  - 경찰의 주민자치, 주민 참여, 주민과의 소통 및 공감 노력 없이 진정한 자치경찰제 정착 불가
  - 자치경찰과 관련된 기본적 교육훈련은 경찰학교 등 기존 국가경찰 교육 훈련시설을 활용하되, 주민자치 등 자치경찰과 관련된 내용에 관해서는 시·도 공무원교육원에 교육 위탁

◖ 자치경찰 정책성과 제고를 위한 상시적 연구 및 지원기능의 자치경찰 정책연구센터 설치

  - 제도 시행 과정에서 발생할 수 있는 상황별 개선방안 체계화 및 우수사례의 대외

---

2 주민감사청구는 18세 이상의 주민이 해당 지방자치단체의 행정행위가 위법하거나 공익을 현저하게 저해한다고 판단될 때 조례로 정한 일정 수 이상의 주민연서로 직접 감사를 청구하는 것(전부개정 지방자치법 제19조, 2022년 1월 13일부터 적용)

3 주민소환은 주민들이 지방의 선출직 지방 공직자에 대해 소환 투표를 실시하여 그 결과에 따라 임기 종료 전에 해직시키는 제도를 말함

전파를 위한 매뉴얼화 추진

- 사업이 당초 계획대로 추진될 수 있도록 자치경찰 관련 지역 대학 중심의 전문가-
  자치경찰 학습활동을 지원하는 연구 거점으로 활용

◖ 초광역 단위 자치경찰 협력체계 구축으로 대구-경북 자치경찰 협력 모델 개발

- 시·도 단위 자치경찰제 시행으로 인한 한계점 보완을 위한 협력 범위의 광역화 추진

- 지역별 자치경찰 전문가 교류를 통한 제도 추진상의 문제점과 해결방안 모색

우리나라 자치경찰제의 도입방향에 관한 연구

한국경찰연구 제18권 제1호, 2019년 봄 pp. 55-92

박동균*, 이행준**

차 례

국문초록

　자치경찰제도는 세계 각국의 역사와 지역여건, 사정에 따라 다양한 형태로 시행되고 있다. 우리나라에서도 자치경찰제는 그동안 많은 연구와 논의가 오랜 기간 지속적으로 이루어졌다.

　이 연구는 지방분권과 경찰의 역사를 새롭게 만들어 가고 있는 현재의 시점에서 자치경찰의 다양성을 대표하고 있는 일본, 미국, 영국, 독일 자

*   대구한의대학교 경찰행정학과 교수, 주저자
** 동국대학교 행정학 박사, 교신저자

치경찰의 특징과 현황을 분석함으로써, 우리나라 경찰 제도의 현 위치를 파악하고, 향후 도입방향을 모색해 보는 데 큰 의의가 있다.

이러한 맥락에서, 본 연구에서는 자치경찰제의 기초논의로서 개념과 필요성을 검토하고, 주요 국가의 자치경찰제도 특징과 시사점을 살펴 본 후, 우리나라 자치경찰제도의 도입모형(안) 세 가지를 집중적으로 분석하였다.

이를 토대로 해서 본 연구에서는 우리나라 자치경찰제 도입의 바람직한 방향으로 네 가지를 제시하였다.

첫째, 자치경찰이 지역 치안사무를 주체적으로 수행할 수 있을 정도의 충분한 권한과 조직, 인력이 확보되어야 한다. 둘째, 국가경찰과 자치경찰 간의 업무가 확실하게 배분되어야 한다. 셋째, 지방권력과 자치경찰의 유착을 감시하고 차단할 수 있는 시스템이 필요하다. 마지막으로, 자치경찰제 시행에 있어 제일 중요한 것은 치안의 '안정성'이다. 즉, 국가경찰과 자치경찰 간의 효율적 협업으로 국민의 안전을 보장할 수 있는 대한민국 경찰 시스템 모델이 마련되어야 한다.

현재 정부안은 국가경찰과 자치경찰을 같이 운영하는 이원형 시스템이다. 따라서, 현재 경찰법을 '국가경찰과 자치경찰의 조직 및 운영에 관한 법률'로 개정하려는 계획을 갖고 있다. 지역의 재정자립도에 따른 치안의 불균형 문제, 자치경찰의 수당 등 복지 및 처우에 관한 문제, 정치적 중립성 문제, 자치경찰과 국가경찰 간의 업무중복 또는 업무 떠넘기기 등의 문제 등에 대한 심층적인 제도가 뒷받침되어야 한다. 시범 실시 과정에서 나타나는 문제점을 착실하게 보완해서 우리나라의 특성을 고려한 최적의 모델을 마련해 치안의 안정성을 유지해야 한다. 자치경찰제 도입은 결국은 국민의 안전을 위해 시행하는 것이다. 절대로 자치경찰이 도입되면서 오히려 치안력이 나빠지거나 국민안전이 후퇴해서는 안 된다. 자치경찰은 오로지 국민안전을 위한 시스템이어야 한다.

■ **주제어: 지방분권, 자치경찰, 국가경찰, 치안 서비스, 지방정부, 협업 시스템**

I 서 론

문재인 정부의 자치경찰제는 "왜 자치경찰제를 도입해야 하는가?"의 문제를 해소할 수 있도록 두 가지 정책적 목표를 달성하는 방향으로 설계되었다. 첫째, 경찰권을 민주적으로 재설계하고 경찰의 정치적 중립성을 확보하려고 한다. 둘째, 자치경찰제를 통해 주민 밀착 치안활동력을 증진하고자 한다(황문규, 2019: 2).

정부는 이와 같은 자치경찰제를 올해 서울과 세종, 제주 등 5개 광역지방자치단체에서 시범 실시하고, 문대통령 임기 내 전국으로 확대될 예정이다. 1948년 정부 수립 당시부터 지속적으로 논의되고 있는 자치경찰제는 이미 선진국 대부분이 역사, 문화, 사회적 배경을 바탕으로 각 나라에 적합한 제도를 운영하고 있다. 우리나라는 현재 제주도에 한해 부분적으로 자치경찰제도를 시행하고 있다.

일반적으로, 국가경찰제도와는 달리 자치경찰제도는 지방자치단체 소속 공무원이 수행하는 역할이기 때문에 지역 치안에 대한 책임감이 높다. 또한, 지역 주민에게 친절하게 우호적으로 대할 가능성이 높다. 지역 주민들은 이러한 자치경찰에 대해 보다 높은 관심과 협력, 지지를 보낼 수 있다.

아울러, 자치경찰은 지자체의 독립성과 지역의 특수성을 바탕으로 조직에 맞는 혁신을 제시할 가능성이 높다. 특히 다른 지방자치단체와의 선의의 경쟁으로 해당 지역 주민에게 질 높은 치안 서비스를 공급할 수도 있다. 이런 것들이 자치경찰제도가 갖는 장점이라고 할 수 있다.

그렇지만 타 지역 자치경찰과의 원활한 업무협조가 어려우며, 지방자치단체의 영향력에 휘둘리거나 지역 토착세력과의 유착 등으로 인한 문제점도 있다. 실제로 지방에는 지방자치단체장을 압도하는 권력을 가진 토착인사가 많이 있다. 또한 지역 내 안일한 인사행정으로 인하여 경찰조직 내 무사안일주의, 복지부동 문화가 발생하는 등 문제점이 나타날 가능성도 있기 때문에 이를 간과해서는 안 된다.

그 동안 자치경찰제 도입에 있어 정치권과 학계에서 많은 논의가 이루어져 왔다. 역대 대통령들 또한 자치경찰제 도입을 추진하였지만 번번이 실패했다. 여야 정치권의 힘겨루기, 광역지방자치단체와 기초지방자치단체 간의 입장차이, 보수적인 국가경찰의 소극적인 태도 등으로 현재까지 도입추진이 온전한 결실을 보지 못하였다.

전 세계 국가 중에서 가장 치안 시스템이 좋은 국가 중의 하나가 대한민국이다. 자치경찰제가 조금 더 안전한 대한민국을 위해 자리매김할 수 있도록 신중해야 한다.

이 연구에서는 자치경찰제의 기초연구로서 자치경찰의 개념과 필요성, 주요 국가의 자치경찰제도의 특징을 살펴본 후, 우리나라 자치경찰제도의 도입방안을 비교 검토하고, 이를 토대로 바람직한 도입 방향을 제시하고자 한다.

이를 위해 각종 연구보고서, 단행본, 관련 학술논문 및 인터넷 검색자료 등 2차 자료를 분석하여 탐색적으로 조사하는 기술적 접근방법(descriptive approach)을 활용하였다.

Ⅱ 기초논의 : 자치경찰제도의 의의와 선행연구의 검토

1. 자치경찰제도의 의의

1) 자치경찰제도의 도입 필요성 및 정의

미국이나 영국, 독일 등 주요 선진국들의 경찰은 각각 그들의 역사적인 배경과 문화적 환경 속에서 각각 그들 고유한 형태의 경찰 제도를 마련하여 발전시켜 왔다.

우리나라는 1894년 갑오경장을 거치면서 일본식 경찰 제도를 참고해서 "경무청"이라는 이름으로 근대경찰을 시작한 이후 120여년이 지난 오늘에 이르기까지 국가경찰체제를 유지하고 있다.

그간 경찰은 창경 이래 많은 발전을 거듭해왔다. 그러한 과정 속에서 경찰은 대내외적으로 여러 가지 불균형의 문제에 직면해 있다. 그 중 국가와 지방 간의 사무의 불균형이다. 이것이 자치경찰제도 도입에 관한 문제이다.

자치경찰의 문제는 특히 국가와 지방자치단체에서 "경찰사무"를 두고 그 역할을 어떻게 설정하느냐가 핵심이라고 할 수 있다. 물론, 그러한 역할의 설정 변화는 결국 경찰집행권에 대한 지배구조를 어떻게 변화시키느냐의 문제로 귀결된다. 즉, 치안 서비스의 제공이라는 공권력의 행사에 대한 최종 통제권한을 누가 갖는 것이 좋으냐의 문제로 수렴된다.

자치경찰제도의 본질은 지방자치의 실현과 지역 주민의 치안행정 서비스의 요구 및 수요에 대한 기대에 다가가는 것으로서 이해할 수 있다. 또한 경찰의 사무 중에서 자치단체에서 수행하는 것이 적합한 사무를 지방자치단체에 이양함으로써 지역 주민들의 참여를 통한 지방자치단체의 지역적 민주주의 본질을 보다 명확하게 한다는 점에서 자치경찰제도의 도입은 필요하다.

따라서 자치경찰의 도입을 통해 지역의 치안과 종전에 경찰 서비스를 담당하고 있는 치안행정 서비스를 지방자치단체에 이양함으로써 지역 주민들의 치안 유지에 대한 참여를 높이고, 지역의 안전을 위한 지방자치단체장의 지위 하에 자치경찰제를 운영함으로써 지역 치안행정을 보다 효율적으로 유지할 수 있을 것이다. 또한 지역 주민들과 자치경찰과의 밀접한 치안행정 연계성과 더불어 지방자치단체의 지역적 특수성을 반영한 지역 주민의 의사에 기초한 자율적·개방적·효율적인 지역 치안행정 서비스를 구현할 수 있는 '맞춤형' 그리고, '현장형' 경찰 서비스를 제공하므로 지방자치의 장점을 구현할 수 있을 것으로 기대된다.

자치경찰제도는 지방경찰이 지방자치권에 근거하여 지방자치단체의 권한과 책임하에 지역 주민의 의사에 따라 자주적인 치안 업무를 수행하는 경찰 제도로 "지방경찰제도", "지방자치경찰제도", "자치체경찰제도" 등으로 정의되고 있으며, 지방자치단체장 선거 등에 의해 제시된 주민의사가 치안행정에 직, 간접적으로 반영되는 주민을 위한 경찰 제도라고 할 수 있다(양영철, 2008; 신현기, 2017).

자치경찰은 국가경찰과 대비되는 개념으로서 '지역 주민의 의사에 기반하여 치안임무를 자주적으로 수행하는 제도' 또는 '지방분권의 이념에 따라 지방자치단체에 경찰권을 부여하고, 경찰의 설·유지·운영에 관한 책임을 지방자치단체가 담당하는 제도' 등으로 정의될 수 있다(조성규, 2017: 26; 윤태웅·신용식, 2018: 4).

이상의 논의를 기초로 이 연구에서 자치경찰제를 정의하면, "자치분권의 이념에 기반하여 경찰이 자치단체장의 권한과 책임 하에 지역 주민의 치안 업무를 자주적으로 수행하는 제도"로 개념 정의할 수 있다(양영철, 2008; 신현기, 2017; 최종술, 2017).

2) 자치경찰제도의 발전

자치경찰제 도입에 대한 최초 논의는 1948년 7월 17일 「정부조직법」 제정 시절로부터 거슬러 올라갈 수 있으며, 각 정권별로 자치경찰제 도입 논의가 지속적으로 이루어졌다(정부혁신지방분권위원회, 2007: 146). 국민의 정부는 민주당 추미애 국회의원을 단장으로 하는 자치경찰추진단을 만들고 수차례 회의를 통해, 일본과 유사한 광역 중심의 자치경찰제 도입을 위한 「경찰법」 일부 개정 법률안을 확정하였으나, 정치적 이유로 국회에 발의되지도 못하고 사장되었다(윤태웅, 2015; 양영철, 2008; 신현기, 2017).

2003년 4월 경찰청에서는 경찰혁신위원회에서 자치경찰분과위원회를 설치하였고 2004년 1월에는 정부혁신지방분권위원회에서는 민간 전문가 중심으로 '자치경찰 T/F'를 운영하였다. 그리고 2004년 10월에 심의·자문기구인 '자치경찰특별위원회'를 확대 운영하였다. 또한, 관할 부처에서는 행정자치부 장관 소속하 '자치경찰제 실무추진단'을 구성하여 운영하였다. 2005년 11월 정계, 학계, 시민 사회 등 다양한 이해관계자들의 의견을 반영하여 기초 단위의 「자치경찰법(안)」을 마련하여 국회에 발의하였다. 시·군·자치구 기초단위 「자치경찰법안」은 2006년 2월 15일 정부발의로 국회 행정자치위원회에 상정되었다. 그러나 법안의 심의 과정에 있어서, 2005년 12월 14일 한나라당 유기준 의원이 전국시도지사협의회의 의견을 수용하여 국회에 대표 발의한 "시·도 광역단위 자치경찰제 도입" 중심의 「자치경찰법안」과의 의견 차이를 좁히지 못하고, 결국 2008년 5월 29일 제17대 국회의 임기만료로 폐기되었다(윤태웅, 2015).

한편, 2006년 7월 1일 「제주특별자치도 설치 및 국제자유도시 조성을 위한 특별법」이 제정됨에 따라, 제주특별자치도에 한하여 자치경찰제를 도입·운영하고 있는데, 제90조에 따르면, 제주자치경찰은 주민의 생활안전활동[4], 지역교통활동에 관한 사무[5], 공공시설 및 지역 행사장 등의 지역경비에 관한 사무, 「사법경찰관리의 직무를 행할 자와 그 직무 범위에 관한 법률」에서 자치경찰 공무원의 직무로 규정하고 있는 사법경찰관리의 직무, 「즉결심판에 관한 절차법」 등에 따라 「도로교통법」 또는 「경범죄 처벌법」 위반에 따른 통고처분 불이행자 등에 대한 즉결심판 청구 사무 등을 담당하고 있다(김재광, 2017: 33-84).

이명박 정부의 출범과 함께 '자치경찰제의 도입'을 5대 국정지표, 193개 국정과제에 포함시켰으며, 2008년 5월 27일 청와대 주관 관계기관 조정회의에서 시·군·자치구 기초 단위 자치경찰제 도입방안을 확정하였다. 이에 지방분권촉진위원회에서는 2008년 12월 16일 '자치경찰제 도입'을 지방분권과제로 채택하였고, 2010년 발족한 지방행정체제 개편추진위원회와 함께 다음과 같은 방향으로의 자치경찰제 도입계획을 마련하였

---

4 생활안전을 위한 순찰 및 시설 운영, 주민 참여 방범활동의 지원 및 지도, 안전사고와 재해·재난 등으로부터의 주민 보호, 아동·청소년·노인·여성 등 사회적 보호가 필요한 사람의 보호와 가정·학교 폭력 등의 예방, 주민의 일상생활과 관련된 사회 질서의 유지와 그 위반행위의 지도·단속 등이다(황문규, 2017: 5).

5 교통안전과 교통소통에 관한 사무, 교통법규위반 지도·단속, 주민 참여 지역교통활동의 지원·지도 등이다(오재환, 2017: 65-88).

다(지방분권촉진위원회, 2013: 412-414).

첫째, 자치경찰제 실시단위 분야로서 기초(시·군·자치구) 중심으로 자치경찰제를 전면 실시하도록 하였다. 둘째, 조직 분야로서 국가경찰과 자치경찰로 이분화하고 자치경찰의 주체는 시·군·자치구 자치경찰로 단일화하며, 인구 50만 이상 시(市)의 경우 하부 행정조직인 자치경찰조직(기구)을 설치하는 것이었다. 셋째, 인사 분야로서 지방 공무원(일반직 등)의 효율적 인력활용과 지방 공무원 간 인사교류 시스템 도입, 국가경찰 공무원과 자치경찰 공무원 간 그리고 자치경찰 공무원 상호 간 인사교류, 자치경찰대장 임명 시 정치적 중립성과 의회 독립성을 보장할 수 있는 임명절차를 마련해 추진하는 것이었다. 넷째, 사무 분야로서 기초자치단체에 자치경찰사무 권한을 부여하고 광역자치단체에 조정위원회를 두어 분쟁조정 권한을 부여하였다. 다섯째, 재정부담 분야로서 자치경찰이 정착될 때까지 국비 지원 의무화(법령 명시), 범칙금 및 과태료 등을 지방재정 확충을 위한 재원으로 활용하는 등이었다.

그러나 2012년 6월 11일 지방행정체제 개편추진위원회에서 대통령과 국회에 보고한 「지방행정체제 개편 기본계획」에서는 전국적 실시를 기본원칙으로 하되, 도입 단위(광역, 기초)에 대해서는 추후 검토 예정임을 주장하였으며, 2006년 7월 1일 출범한 제주특별자치도 자치경찰단의 기본 업무(생활안전, 지역교통, 지역 경비 등) 외에 음주 단속권을 추가로 부여하는 방안을 검토 중이라고 밝혔다(지방행정체제 개편추진위원회, 2012: 30-31). 이후 정권교체 등을 이유로 더 이상의 구체적인 자치경찰제 도입방안이 논의 및 마련되지 못함에 따라, 미완의 과제로 남게 되었다.

한편, 국회 차원에서도 자치경찰제 도입을 위한 노력이 있었는데, 2009년 11월 17일 한나라당 유기준 의원이 광역 단위에 시·도 경찰본부를 두고, 기초 단위에 시·군·구 자치경찰대를 설치하는 「경찰법」 및 「경찰공무원법」 전부개정 법률안을 다시 대표발의하였으나, 2012년 5월 29일 제18대 국회의 임기만료로 폐기되었다(윤태웅, 2015).

박근혜 정부의 지방자치발전위원회에서는 이명박 정부(지방분권촉진위원회)에서 추진하였던 시·군·자치구 단위 자치경찰단 설치를 추진하였으며, 자치경찰이 지역의 방범·교통 등 주민 생활 밀착형 사무 62개 사무, 특사경 사무 23종에 대한 수행을 하고 음주 운전 단속권을 부여할 계획을 제시하였다.

이에 국회에서는 2013년 7월 11일 이철우 의원(새누리당)이 국가경찰과 자치경찰로 이원화하여 국가경찰은 경찰청-시·도 경찰청-경찰서까지 존치, 시·도 및 시·군·자치구 단위에 자치경찰조직을 신설하는 「경찰법」 및 「경찰공무원법」 전부 개정 법률안을 발의 하였지만, 제19대 국회의 임기만료로 폐기되었다(최종술, 2017: 19-32).

현 정부에서는 많은 논의 끝에 2018년 11월 13일, 대통령 소속 자치분권위원회[6]에서 자치경찰제 도입안(정부안)을 발표하였다.

2. 자치경찰제도 도입에 관한 선행연구의 검토

자치경찰제도에 관한 우리나라 선행연구들은 자치경찰제를 도입함에 있어 기초가 되는 연구로서 치안, 방범, 순찰 업무를 강조하고 자치경찰의 범위 및 사무영역, 조직 및 구성, 인사, 감독행정, 재정, 조례, 규칙 등에 초점을 맞추어 연구를 진행해 왔다(김성호 외, 1998; 안영훈 외, 2008; 행정자치부 자치경찰실무추진단, 2008; 최종술, 2017).

그동안 진행된 선행연구들에서 자치경찰 도입이 필요한 이유로 드는 것은 경찰의 정치적 중립성 확보, 지방분권 실현, 주민이 경찰조직에 적극적으로 참여하고 통제하는 측면, 맞춤형 치안 서비스 제공, 지방자치제의 실질화 등이며, 일부 연구에서는 국가 경찰체제가 가지는 한계를 이유로 들고 있다. 일반적으로 경찰의 민주화와 정치적 중립성 확보, 그리고 현재 국가경찰제제의 한계로 주민들을 위한 치안시책의 기획 및 시행에 대한 의견충돌 등 제한이 발생할 수 있고 지역의 특성을 반영하는 치안시책의 개발과 제공이 어려우며, 각 지역에서 발생되는 치안 문제에 대한 지자체가 종합적인 측면에서 기획·조정·집행될 필요가 있다는 점을 제시하기도 한다(최진학, 1995; 최응렬, 1998; 이기우, 2003; 전희재, 2006; 강선주, 2010: 46-47). 그러나 경찰의 정치적 중립성 확보, 민주화, 민생 치안 강화, 지역실정에 맞는 경찰활동 등의 추진은 자치경찰제도에서만 가능한 것이 아니라, 현재의 국가경찰제도에서도 가능한 것들이며, 경찰조직 내에서 경찰권 행사의 정당성(합법성, 공정성), 정치적 중립성(경찰위원회 및 경찰청장의 권한과 책임 강화), 권한의 지방분권화(교통 등 지방분권), 민주화(시민 참여), 사법경찰의 전문화, 지역 사회 경찰활동의 강화 등의 경찰내부 개선을 시도해서 자치경찰제도의 도입을 주장하기보다는 먼저 중앙집권적 경찰 제도를 지방분권적 제도로 개편하는 방안이 현실적이고 효과적인 방안이라고 보는 이론도 있다(기광도, 2002: 29).

---

6 대통령 소속 자치분권위원회에서는 관련 전문가 및 시민단체 관계자 등 총 9명이 참여하는 '자치경찰제 특별위원회'를 구성하여 경찰개혁위원회 권고안, 서울시 건의안, 99년 경찰청 시안, 제주 자치경찰사례 등을 종합적으로 고려하여 자치경찰제 도입안을 제시하였다.

이종철(2006)은 "우리나라 자치경찰제도의 모형정립과 발전방향에 관한 연구"에서 경찰 공무원, 공무원, 주민 3개 집단에 대하여 경찰 제도의 실태, 자치경찰제 인식, 자치경찰제 도입 시 고려 요인, 자치경찰제 도입전략 등에 대하여 설문조사를 실시하여 결과를 도출하였다. 분석 결과, 자치경찰제 도입방안으로 실시단위는 시도 광역범위와 기초지자체 모두를 대상으로 하고, 조직형태의 경우 독립기관을 따르며, 해당사무의 경우 지역 사회 생활안전, 고유사무인 민생 치안에 대하여 독자적으로 수사권 부여하는 방안을 제시하였다. 그리고 소요경비의 경우 자치단체 부담을 원칙으로 하고 정착할 때까지 국가에서 일정 부분을 지원하는 형태를 따르며, 책임자 임명을 주민직선으로 하는 등의 방안을 제시하였다.

남재성(2010)은 "자치경찰제에 대한 일선 국가경찰들의 인식"에서 제도 도입의 필요성, 도입단위, 조직관리 형태, 인사관리, 경비부담, 제도 도입 시 기대효과 등 여섯 가지 주요 변수들에 대한 인식태도를 분석하였다. 분석 결과 자치경찰제가 조속하게 도입되어야 하고 도입단위의 경우 광역단위가 적절하며, 인권존중과 대국민 서비스 기능을 더욱 강화하고 자치경찰제 도입에 따른 문제점을 보완할 수 있는 장치를 마련하고자 하였다.

신동욱(2013)은 "자치경찰제도 인식에 따른 정책수용도에 관한 연구"에서 독립변수로 정책적 요인, 환경적 요인, 사회 문화적 요인을 설정하고 경기지방경찰청 소속 경찰 공무원을 대상으로 설문조사를 실시하였다. 분석 결과, 체계적인 교육 시스템을 마련하고 도입 시 나타난 제도적인 문제점을 보완하며, 자치경찰제도의 올바른 이해와 사회적 관심을 도출하기 위해 홍보전략 강화 등을 제시하였다.

양영철(2015)은 "역대 정부의 자치경찰 도입 정책 추진과 정책적 함의에 관한 연구"에서 연구의 범위를 미군정 시대서부터 박근혜 정부까지 지방자치이론과 자치경찰과 관련된 학술연구자료 및 단행본, 저서, 기록자료 및 각종 회의 자료를 분석한 결과를 통해 정책적 함의를 도출했다. 분석 결과, 국가경찰에 독립된 수사권 보장, 자치단체의 적극적인 의지 확보, 대통령을 비롯한 국회의원 등 최고 정책결정자들의 기존 인식 전환 요구, 추진기구의 영속화 필요 등을 방안으로 제시했다.

최근의 자치경찰 연구로서 유주성(2018)은 주요 국가의 자치경찰제도의 특징을 제시하였고, 황문규(2018, 2019)는 "자치경찰제 도입의 방향과 과제"와 "자치경찰제의 역할과 한계"라는 연구에서 자치경찰이 필요한 이유, 현재까지 소개된 안에 대한 문제점 분석, 향후 자치경찰제의 추진방향을 제시하였다.

자치경찰제 도입은 현행 국가경찰제가 공공의 안녕과 질서유지라는 경찰의 주요 기능 수행이 어렵다는 문제의식에서 시작된 것은 아니므로 지방분권에 충실하고 지방자치를 완성한다는 부분에서 논의가 이루어질 필요가 있다.

자치경찰제 도입에 따른 찬반논의가 지속적으로 제기되고 있으며, 국가경찰과 자치경찰에 대한 장단점이 존재하고 있기 때문에 자치경찰제도를 현 국가경찰체제에서 나타나는 문제점에 대한 대안으로 그 필요성을 제시하기보다는 성숙한 국민의 지방자치 인식 함양, 자치단체의 행정력 강화를 통한 지방자치제도의 완성이라는 측면에서 자치경찰제 도입의 필요성을 강조해야 한다.

자치경찰제에 대한 선행연구 분석을 통해 본 연구의 분석 틀을 도출하면, 주요 국가의 자치경찰제 사례를 분석하고, 이와 함께 현 정부의 자치경찰제 도입(안)을 분석·평가하고, 향후 도입될 자치경찰제 도입방향을 제시하고자 한다.

<그림 1> 연구의 분석 틀

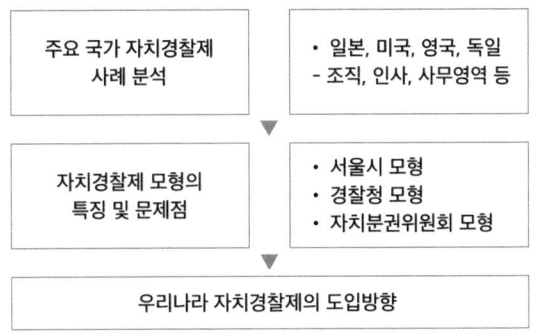

III 주요 국가의 자치경찰제도의 특징

1. 일본의 자치경찰

1) 조직

일본의 자치경찰은 국가경찰과 자치경찰로 이원화되어 있기는 하지만, 자치경찰이 광역단위로 설치되어 있다[7]는 점과 국가경찰의 자치경찰에 대한 관여를 광범위하게 인

---

7 일본의 자치경찰은 처음에는 기초자치단체로 출발하였으나 1954년부터 광역자치단체로 도입단위

정하여 사실상 통합적 구조를 나타낸다는 점이 특징이다(유주성, 2018: 22).

동경경시청에는 총무부, 경무부, 교통부, 경비부, 지역부, 공안부, 형사부, 생활안전부, 조직범죄대책부 등 9개의 부로 구성되었으며, 경시청 산하에는 경찰서 101개소, 교번 941개소, 주재소가 251개소가 있으며, 약 42,000명의 경찰관이 근무 중이다(제55조). 도도부현 경찰은 지역적 특성에 의해 부 및 지정현 경찰본부, 미지정현 경찰본부, 북해도 경찰본부 등으로 구분 설치하여 경시청과 유사한 조직구조의 특성을 가진다. 도도부현 경찰 간의 협력과 관련하여, 타 경찰의 원조요구가 가능하며(제60조), 타 경찰 관내라고 할지라도 일정 정도까지는 권한행사가 가능하며(제60조의 2), 공조수사체제의 구축을 위해 경찰청에 광역수사지도관과 관구경찰국에 광역조정부를 설치하였다. 그리고 인접한 도도부현 경찰 간 광역수사대가 편성되어 있다(강기택, 2006: 516; 유주성, 2018: 25-26)

최근 일본의 경찰 공무원은 총 294,700명으로, 국가경찰이 7,700명, 도도부현 경찰이 총 287,000명이다. 일본의 경우 역사적 배경과 현실성을 반영하여 중앙집권적 국가경찰과 지방분권적 자치경찰을 상호 조화시킨 절충형(또는 혼합형) 경찰 제도를 채택하였으며, 경찰체제가 국가경찰과 광역단위의 자치경찰로 이원화된 구조로 중앙집권과 지방분권의 조화가 특징이다(양영철, 2008; 신현기, 2017).

🚨 <그림 2> 일본 경찰조직도

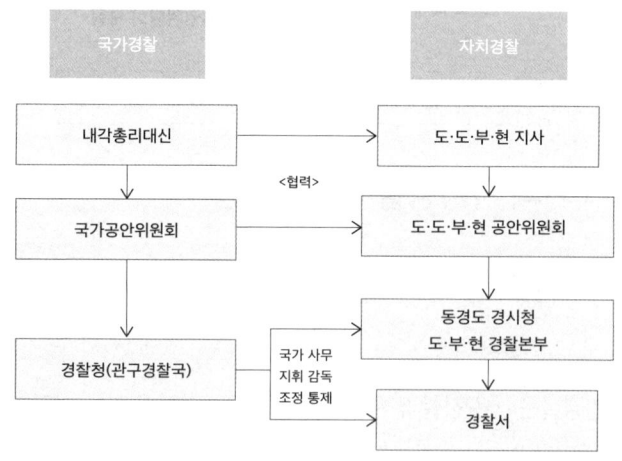

가 변경되었다(양영철, 2008: 72).

2) 인사

일본의 경찰체제는 중앙집권적인 경찰체제와 지방분권적인 경찰체제를 일본의 배경과 현실에 부합하도록 성공적으로 조화시킨 통합 절충형 체제라고 하는 평가를 받고 있는 것이 일반적이나 일본경찰제도 역시 부정적인 평가를 동시에 받고 있다[8](이황우, 1998: 50-51). 일본의 경찰조직은 실제적인 측면에서 중앙집권적 요소가 매우 강해 지방자치의 개념이 결여되어 주민으로부터 격리되어 있다는 지적이 있으며, 이러한 지적은 경찰관의 인사 측면에서 잘 나타난다.

현행 일본 경찰법에 따르면, 도도부현 경찰의 경시정 이상은 국가 공무원으로 되어 있고, 동경 경시청의 경시총감은 국가공안위원회가 도공안위원회의 동의를 얻어 내각총리대신의 승인을 얻어 임면하도록 규정되어 있다. 그리고 도도부현 경찰본부장의 임면은 국가공안위원회가 도부현 공안위원회의 동의를 얻어 임면하도록 되어 있다(김성순·최진태, 1998: 1-22). 경찰청 업무를 총괄하기 위해 경찰청장관을 두며, 경찰청장관은 국가공안위원회가 내각총리대신의 동의를 얻어 임면하고, 경찰청의 소장사무의 범위 내에서 도도부현 경찰을 지휘·감독한다(제16조). 경찰청 하부조직으로는 생활안전국, 형사국, 교통국, 경비국, 정보통신국이 있으며, 형사국 하에 조직범죄대책부가 있고, 경비국 하에 외사정보부가 있다(동법 제19조). 그리고 부속기관으로서 경찰대학교, 과학경찰연구소, 황궁경찰본부가 있다.(동법 제27조~제29조) 관구경찰국은 경찰청의 지방기관으로서 전국에 7개의 관국경찰국이 있으며(동법 제30조), 관구경찰국장이 관구경찰국의 소장사무의 범위 내에서 부현경찰을 관리한다(동법 제31조).

일본의 지방자치법 제180조의5에 따라 도도부현 경찰의 관리기관으로서 도도부현 공안위원회를 도도부현 지사의 소할 하에 의무적으로 설치·운영하고 있다. 도도부현공안위원회의 구성은 도도부 및 지정현은 5인의 위원으로, 지정현 이외의 현은 3인의 위원으로 조직된다(동법 제38조). 위원장은 위원 내에서 호선이며(제43조), 각 위원의 임기는 3년으로 2회에 한해 재임이 가능하다(제40조). 위원은 도도부현 지사가 도도부현 의회의 동의를 얻어 임면한다(제39조, 제41조). 도도부현 지사는 도도부현 공안위원회에 대하여 위원의 임면권 외의 지휘감독권을 갖지 않는데 이는 도도부현 경찰의 정치적 중

---

8 일본의 자치경찰은 무늬만 자치경찰이고, 국가경찰 일선 조직인 특별지방행정조직일 뿐이라는 비판이 있다(윤태범, 1998: 235).

립성을 보장하는 데 의미를 둔 것이다. 도도부현 공안위원회는 도도부현 경찰에 대한 관리기관으로(제38조 제2항), 동경도 경시청장, 도부현 경찰본부장 및 지방경무관에 대한 임면동의권 및 지방경무관 이외의 도도부현 경찰 직원 임면에 관한 의견진술권(제49조, 제50조, 제55조 제3항), 도도부현 경찰의 비위에 대한 감찰지시권(제34조의 제2항) 및 징계 또는 파면권고권(제55조 제4항) 등을 행사한다.

도도부현 경찰에는 동경도 경시청과 도부현 경찰본부가 있다. 경시청에는 경시총감을 두되, 예외적으로 국가공안위원회가 동경도공안위원회의 동의를 얻어 내각총리대신의 승인을 받아 임면하고(제49조), 도부현 경찰본부에는 경찰본부장을 두되 경찰부부장은 공안위원회가 도부현 공안위원회의 동의를 얻어 임면한다(제50조). 도도부현 지사는 공안위원회를 소할하에 두고 있을 뿐이므로, 경찰의 운영에 관하여 위원회를 직접지휘·감독할 권한을 가지고 있지 않으나, 위원회의 위원 임면에 관한 권한(제39조 제1항)과 도도부현 경찰에 관한 조례안 및 예산안의 의회 제출권 및 예산집행권(제149조), 경찰서 설치권(제156조 제1항)을 통해 관여할 수 있다. 도도부현 경찰의 장인 경시총감 또는 경찰본부장은 경찰의 운영 및 집행에 대해 지휘권을 행사하며, 경시 이하 경찰관에 대한 임면권을 가지는데 다만, 이 경우 도도부현 공안위원회의 의견을 청취하여야 한다(제55조 제3항).

3) 사무영역

민주경찰의 이념에 기초하여 중앙과 지방에 공안위원회제도를 유지하고, 도도부현 경찰에 대해서 원칙적으로 자치적 성격을 부여(민주성 추구)하고, 경찰운영의 단위를 도·도·부·현으로 하고, 경찰조직을 모두 도도부현 경찰로 일원화하였다(능률성 추구).

그리고 중앙의 경찰기관에서 국가가 책임을 분담할 특정사항을 명문화하고, 국가공안위원회의 위원장을 총리대신으로 하여 치안행정의 책임을 명확히 하였다.

<표 1> 일본경찰의 관련법과 사무영역

구 분	내 용
경찰법	- 제38조: 도·도·부·현공안위원회는 도·도·부와 정령지정시를 포괄하는 현(이를 일본에서는 「지정현」이라고 함)에는 5인의 위원으로, 지정현 이외의 현에는 3인의 위원으로 조직함 - 제39조 제1항: 공안위원회위원은 당해 도·도·부·현의회 의원의 피선거권을 가진 자로서 임명 전 5년간에 경찰 또는 검찰의 직무를 행한 직업적 공무원의 전력이 없는 자 중에서 도·도·부·현 지사가 도·도·부·현의회의 동의를 얻어 임명함 - 제40조: 위원의 임기는 3년이며, 2회에 한하여 재임할 수 있음 - 제47조 제2항: 경시청과 경찰본부는 도·도·부·현 공안위원회를 보좌함
형사소송법	- 제189조 제2항: 사법경찰직원은 범죄가 있다고 사료되는 때에는 범인과 증거를 수사하여야 함 - 제199조 ① 검찰관, 경찰사무관 또는 사법경찰직원은 피의자가 죄를 범한 것을 의심할 만한 상당한 이유가 있는 때에는 재판관이 미리 발부한 체포장에 의해 이를 체포할 수 있음(이하생략) ② 재판관은 피의자가 죄를 범한 것으로 의심할 만한 상당한 이유가 있다고 인정할 때에는 검찰관 또는 사법경찰관(국가공안 위원회 또는 도·도·부·현 공안위원회가 지정하는 경부 이상의 사람에 한한다)의 청구에 의해 전항의 체포장을 발부한다. 단, 분명히 체포의 필요가 없다고 인정할 때는 그러하지 아니함 - 제191조 제1항: 검찰관은 필요하다고 인정할 때에는 스스로 범죄를 수사할 수 있음 - 제192조: 검사와 도·도·부·현 공안위원회 및 사법경찰직원은 수사에 관하여 협력하여야 함
지방경찰의 사무영역	- 사법순사(순경)이상 경찰관에게 수사권 부여 - 경부(경감)이상의 경찰관은 체포영장 청구권 보유 - 대규모 재해에 관계되는 사항 - 지방의 안전을 해치는 소요, 소란행위 방지 - 긴급사태에 대처하기 위한 계획의 수립, 시행 등

2. 미국의 자치경찰

1) 조직

미국의 경찰은 국가경찰이라는 개념이 없고, 자치경찰만이 존재한다. 미국 자치경찰은 기초자치단체를 중심으로 조직되어, 국가의 관여가 최소화된 형태로 운영되는 것이 원칙이다(유주성, 2018: 16).

미국은 현재 50개의 주(State)의 연방국가이며, 각 연방의 경우 15개 부, 기타 공사 및 위원회 등 90개의 독립행정기관으로 구성되어 있다. 또한 연방단위에서는 경찰(Police)이라는 용어를 사용하지 않고 있다. 미국에서 경찰이라는 용어에 대한 명확한 의미가 없으며 연방헌법, 주헌법, 주법률 등의 제정법에서 경찰이라는 용어에 대한 명확한 정의가 없다. 보통 법집행기관이라고 부르는 미국의 법집행기관은 매우 다양하다. 예를 들어, 연방수사국(FBI), 이민국(INS), 마약수사국(DEA), 비밀경호국(Secret Service), 술·담배·총기단속국(ATF), 조세국(IRS), 연방보안국(U.S. Marshals), 세관국(U.S. Custom Services)이 대표적이다(양영철, 2008; 신현기, 2017).

기초단위의 자치적인 경찰조직을 근간으로 하지만, 연방정부, 주정부도 법집행기관 즉, 경찰기관을 자체적으로 운영하고 있다. 기초자치단체 경찰이 먼저 설치·운영되고, 나중에 군·주(郡·州) 및 연방경찰(聯邦警察)이 창설되는 "상향식 접근"의 특이한 역사적·문화적 과정을 거쳤다. 1838년 보스턴에 도시경찰이 창설된 후, 1905년 펜실베이니아주(州)의 주(州)경찰 및 1908년 연방 수사국(FBI)의 신설이 이루어져 연방 각 부처 및 각 주(州)에 다양한 형태의 법집행기관이 설립되었다.

미국의 법집행(경찰)기관(Police, Law Enforcement Agency)은 연방경찰 395개, 주(State)경찰 49개, 시읍단위 경찰 11,989개, 군(County)경찰 3,080개로서 총 15,513개가 있다. 『연방헌법 수정 제10조』에 의하여 경찰권이 주(州)에 부과되어 있고 주(州)와 인민이 연방정부에 의존하지 않는 모든 권한을 보유한다는 점을 천명하고 있다. 주(州)에 따라서는 경찰기능을 직접 담당하는 곳도 있고, 카운티(County)나 시·읍·면(City, Town, Village 등의 Municipalities)에 배분하여 담당하는 곳도 있다.

미국의 자치경찰 운영은 개인의 자유와 권리에 보다 큰 가치를 부여하고 정부의 권한을 제한하고 지방정부가 경찰권을 강제하는 영국식의 전통을 이어받았다(유주성, 2017: 16). 미국의 자치경찰은 자치단체별로 다양한 형태로 운용되고 있다. 자치경찰의 공식적 책임자는 단체장으로 자치경찰기관의 장을 단체장이 임명할 수 있지만 주민이 직접 선출하기도 한다. 또한 경찰기관의 운영은 합의제 및 독임제 형태로 운영되고 있다.

<표 2> 각국 경찰기관의 운영형태

국가 관리형태	영국	미국			일본	캐나다 (일부 州)
		L.A 시	워싱턴 시	뉴욕 시		
합의제	○	○			○	
독임제			○	○		
절충제						○

2) 인사

미국의 자치경찰조직 및 인사행정은 일정한 모형이 없다(양영철, 2008: 63). 미국 경찰은 행정단위에 따라 연방경찰, 주경찰, 지방경찰로 구분된다. 지방경찰은 도시경찰과 보안관, 검시관 및 전통적인 비도시지역인 타운을 담당하는 특수경찰(대학경찰, 공원경찰 등)이 있다. 자치도시의 경찰은 시경찰(City Police), 빌리지 경찰(Village Police) 등이 있다.

미국의 가장 대표적인 자치경찰은 자치도시의 자치경찰이고, 특히 규모가 큰 것은 시(City)로서 시 경찰은 주가 헌장(Charter)을 통하여 설치하였으며, 그에 따라 자치경찰권이 인정된다. 즉, 주(State) 단위에서 주(State) 정부는 고유한 권한으로 경찰권을 가지며, 연방수정헌법 제10조에 따라 경찰권은 각 주에 유보되어 있다. 주정부는 경찰권을 직접 행사하거나 지방자치단체인 시(City 또는 Municipality), 군(County), 면(Town) 등에 위임하여 행사한다.

3) 사무영역

포괄적 자치경찰사무의 수행을 원칙으로 하지만, 국가적·광역적 경찰사무에 관하여 연방·주정부 경찰의 권한을 인정하고 있다. 주(州)마다 조직의 형태가 다르고, 책임자는 주지사 혹은 시장이 임명하거나 주민이 직접 선출하는 방식이다. 자치경찰은 생활안전, 수사 등 전체적인 경찰사무를 수행하며, 연방경찰은 국가적 차원에서 특수적(마약 및 경제 범죄 등)이거나 중요한 사무를 담당한다.

연방경찰(Federal Law Enforcement Agency)은 각 부처에 따라 다양한 형태로 경찰기관을 설치·운영하고 있으며, 연방경찰로는 연방수사국(FBI), 마약단속청(DEA), 알콜·담배·총기단속청(ATF) 등 395개이다.

주경찰(State Law Enforcement Agency)의 경우 주경찰국으로 구성하여 고속도로 순찰대와 일반경찰 업무를 수행하고, 주경찰국장은 주지사가 임명하고 있다.

도시경찰(Muncipal Police)의 경우 자치제 경찰로서 최소 1,055명(Pittsburg)~최대 27,478명(New York City)까지 분포하고 대부분 단체장에 의해 임명하되, 합의제 경찰위원회 혹은 독임제 경찰국장으로 관리·운영되고 있다.

3. 영국의 자치경찰

1) 조직

영국의 자치경찰은 미국의 자치경찰에 비하여 자치적 요소가 적고 국가개입 범위가 넓은 특징이 있다(양영철, 2008 : 85). 2011년 '경찰개혁 및 사회책임법' 제정하여 내무부장관, 지방경찰청장, 지방경찰위원회의 3원체제를 내무부장관, 지방경찰청장, 지역치안평의회 및 지역치안위원장의 4원체제로 개편하였다. 지역치안평의회제도를 폐지하고, 선거로 선출된 지역치안위원장이 4년 임기 동안 지역 치안 문제에 대한 총체적인 권한과 책임을 지닌다. 지역치안위원장의 견제 및 감시장치로 지역치안평의회가 있는데, 마약·인신매매·아동학대·사이버 범죄 등의 조직범죄에 대하여 국가적 차원의 대응을 위해 큰 권한과 조직을 가진 국립범죄청을 신설하였다.

도(County) 단위로 52개의 지방경찰청을 설치하여 각 지방청은 지역(Area)-지역-지구 (Division)-경찰서로 나눠진다. 내무부장관, 지방경찰청장, 지역치안평의회 및 지역치안위원장의 4원체제를 구축하여 권한과 책임을 나누어 견제와 균형을 유지하고 있다(양영철, 2008; 신현기, 2017: 80).

<그림 3> 영국의 경찰 4원체제

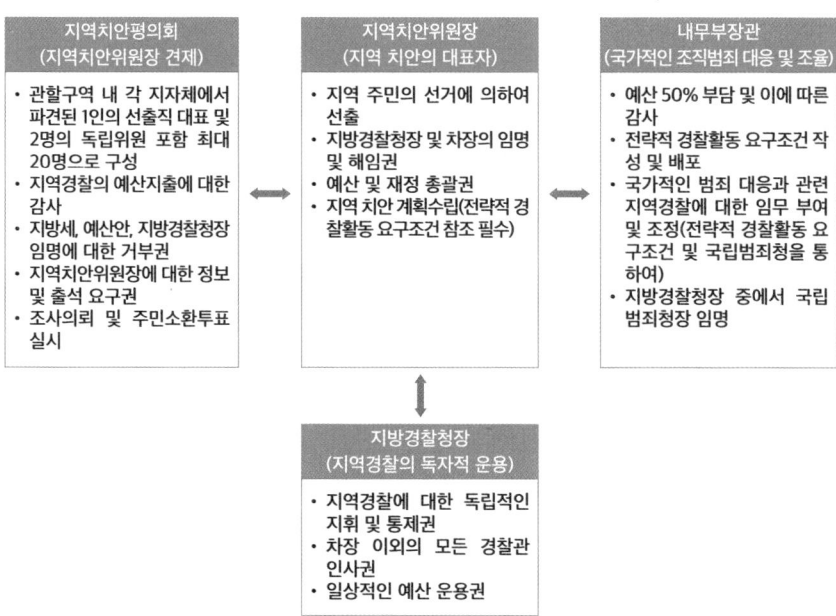

자료: 김학경 · 이성기. 2012: 164; 경찰청. 2014: 28.

2) 인사

영국은 지방분권주의에 기초한 자치경찰제로 고대로부터 자경대장(Constable) 등 주민야경제도를 근간으로 기초지방자치단체 단위의 자치경찰을 설치, 유지하다가, 1964년 『경찰법』으로 자치경찰단위를 기초자치단체에서 광역자치단체로 조정하게 되었다.

수도경찰청은 1829년 창설한 후부터 수도경찰의 특수성을 고려하여 내무성 장관 직속 국가경찰로 운영이 되었지만, 2000년에 자치경찰화되었다(양영철, 2008; 신현기, 2017).

<표 3> 영국의 관할지역별 경찰조직

관할지역 (Police Area)	경찰관리자 (Police Authority)	책임자 (Chief Officer)	경찰비출처 (Police Fund)
수도경찰청 관할지	내무성장관 (Home Secretary)	수도경찰청장	수도청기금
런던시	시의회 (Common Council)	런던시경찰청장	시비 및 반액 정부부담
주(County)	주경찰위원회 (Police Committee)	경찰국장	주기금 및 반액 정부부담
특별시	시공안위원회 (Watch Committee)	경찰국장	일반지방세 및 반액 정부부담
병합지역	병합경찰위원회 (Combined Police Authority)	경찰국장	병합경찰기금 및 반액 정부부담

자료: 김학경 · 이성기. 2012: 7.

　도(County) 단위로 지방경찰칭을 설치하고, 독립된 형태의 지방경찰위원회 산하에 두어 내무성장관, 지방경찰위원회, 지방경찰청장 간 3각체제(Tripartite System)를 구축하여 권한과 책임을 배분하여 견제와 균형을 유지하고, 지방경찰청상(혹은 경찰국장)은 지방경찰위원회가 임면할 수 있다(신현기 외, 2018).

3) 사무영역

　영국의 자치경찰은 경찰의 중심기능을 수행하고 있다. 국가경찰은 독립적인 조직으로 운영하지 않고 내무부가 그 업무를 수행한다. 반면에 자치경찰의 업무는 지방경찰청이 수행하는데 방범, 경비, 교통, 수사 등 법질서를 지키고 범죄를 예방하며, 범죄자를 추적하고, 체포하며, 증거를 수집하고 주민들을 보호하는 광의의 실질적인 경찰 업무를 수행하고 있다(양영철, 2008: 87, 244).

4. 독일의 자치경찰

1) 조직

연방국가인 독일[9]은 기본법에 의해 두 구성요소인 연방국가와 주(州)가 국가의 업무와 권한을 구분하고 있다. 연방의 입법권에 관한 내용은 기본법 제Ⅶ장에서 규정하고 있으며, 연방과 주의 입법 권한 및 연방법의 입법 절차를 규정하고 있다. 경찰·질서법의 분야와 관련하여 독일기본법 제73조 이하에서 규정한 것을 제외하고, 일반적으로 경찰법의 배타적인 입법권은 주(州)가 가진다(신현기, 2016).

독일의 자치경찰은 기본법을 바탕으로 위험방지와 관련하여 특별히 경찰권이 연방에 부여되지 않는 이상 각 주는 위험방지에 관한 일반적인 경찰사무에 대하여 법률을 제정·시행한다. 「헌법」 제73조에 따르면, 경찰사무 국경 보호와 함께 수사경찰, 자유민주적 기본질서, 연방 혹은 각 주(州)의 존립과 안전의 보호(헌법 보호), 연방범죄수사경찰관서의 설치와 국제적 테러 등에 관한 연방과 각 주(州)의 협력에 관한 사항은 연방의 전속적 입법사항에 속한다. 또한 외국인의 체류, 총포 및 화약류에 관한 법과 도로교통에 관한 사항은 제74조에 의하여 그 입법 권한을 행사하지 않는 범위에서만 주(州)에 입법 권한이 있다.

즉, 독일은 주(州)를 국가로 하는 각 주의 법률에 근거하여 독자적인 경찰운영이 이루어진다. 주 내무부가 최상위 경찰관청으로 경찰법의 시행, 각종 법규명령과 행정규칙을 제정한다. 주 내무장관이 경찰을 관리하고, 대개 경찰청장이 이를 지휘한다. 경찰청장은 민간인으로 임명하여 민주적 통제에 의한 경찰권의 균형을 유지한다.

2차 대전 후, 경찰조직들은 독일 특성에 맞게 변화되어 각 주(州)를 중심으로 하는 경찰체제의 방향으로 개편되었고, 1949년 독일기본법에서 지방경찰 행정권이 주(州) 정부권에 두도록 하여 주(州) 단위로의 경찰 제도가 채택되었다.

주경찰은 3가지 형태로 나타나며, 해당되는 주는 다음과 같다.

① 국가경찰인 주의 경우 슈레즈비히-홀스타인(Schleswig-Holstein), 함부르크

---

9 연방제 국가인 독일의 국토는 남한의 약 3.5배임에도 불구하고, 독자적인 헌법까지 갖춘 16개 지방정부로 분리되어 있다. 자치경찰제를 취하고 있는 나라가 반드시 국토가 넓은 것이 아니다. 이런 점을 감안하면, 현시점에서 어떠한 경찰체제를 선택할 것인가는 '국민을 위한 경찰'을 만들기 위한 사회적 합의 및 그에 따른 정책결정의 문제이기도 하다(황문규, 2018: 39).

(Hamburg), 니티삭센(Nieder-Sachsen), 노르트라인-베스트팔렌(Nordrhein Westfalen), 베를린(Berlin), 라인란트-팔쯔(Rheinland Pfalz) 등, ② 국가경찰이면서 자치체경찰이 가미된 주는 헤센(Hessen), 바덴-뷔르 템베르히(Baden-Wuttemberg), 싸아란트(Saarland), 브레멘(Bremen) 등, ③ 국가경찰과 자치체경찰 이원적 체제인 주는 바이에른(Bayern) 등이다.

2) 인사

독일 자치경찰의 조직을 살펴보면, 주마다 상이하지만, 주민등록, 여권 발급 등을 수행하는 질서관청을 포함한 통합형 모형과 포함하지 않는 분리형 모델이 이원화되어 구성되어 있다. 독일 자치경찰의 인사는 주의 내무부 장관이 지방경찰청장과 차장을 임명하고 지방경찰청장이 차장 이외의 모든 경찰의 인사권을 보유하고 있다(양영철, 2008; 신현기, 2017).

3) 사무영역

독일의 자치경찰은 범죄·예방·수사·경무 등 일반 경찰활동, 공공안녕과 질서, 응급 및 비상 관련 업무, 범인 소환, 압류 등 다양한 경찰사무를 수행하고 있다(양영철, 2008; 신현기, 2017).

1970년대 이후 테러 범죄가 증가하면서 독일경찰의 현대화가 추진되었고, 이때 연방범죄수사국, 연방국경수비대 등을 중심으로 전국적인 조직의 단일화와 협력관계가 추진되었다.

주(州)경찰로는 16개 주(州), 각 주(州)헌법에 따라 개별적으로 주(州)경찰을 운영하고, 주(州)내무부에 치안경찰, 수사경찰, 기동경찰, 수상경찰로 구분하였다. 자치단체(게마) 수준에서는 행정관청 등도 자치경찰의 기능을 일부 수행하고 지자체와 자치경찰은 지역에 대한 자율적인 경찰활동을 함께 수행하고 있어 주민들에 대한 신뢰가 높아지고 있다.

함부르크(Hamburg)주 경찰기구의 경우 주내무부장관(Landes Minister des Inneren)에게 책임을 지는 경찰국장(Polizei Prasident) 산하에 행정부, 집행부 그리고 교육기관인 경찰학교를 두고 있고 집행부는 인사과·공안과·수사과·교통과·해경과 등으로 조직되어 주 전체지역을 4개 관구로 구분하고, 각 관구에는 다시 수개의 경찰서를 설치, 치안 업무 수행하고 있다. 경찰국 독립기구로 특별수사대·특별정보대·교통행정실·기동대를 두고 기동대는 경찰악대와 항공대를 보유, 각 관구에 파견대 설치 운영하고 있다.

연방경찰로는 연방내무부 소속하에 연방헌법보호국·연방국경수비대·연방수사국을 설치·운영하고 있으며, 주경찰의 경우 사법경찰(수사경찰 또는 사복경찰)은 정식 복장을 착용하지 않고 사복을 착용 후에 근무하고 있다. 범죄의 수사 및 예방 업무를 담당하고 보안경찰(치안경찰 또는 정복경찰)은 전통적 경찰 업무를 수행하는 기능, 각 주 각급 경찰서에서 정복을 착용하고, 순찰근무, 교통근무, 지역근무, 경제사범단속 등의 제반 경찰 업무를 수행하고 있으며, 기동경찰의 경우 폭동이나 시위 등에 대하여 전국적으로 발생하는 긴급 치안상황에 대등을 위해 연방과 각 주정부 간의 행정협정(1950년)에 의하여 설립되었다.

<표 4> 주요 국가별 자치경찰제 비교

구분	일본	미국	영국	독일
조직	• 도도부현 공안위원회와 도도부현 경찰본부의 이원화 구조	• 경찰위원회형과 독임제형	• 지방경찰위원회와 지방경찰청장의 이원화 구조	• 통합형(질서관청 미포함) • 분리형(질서관청 포함)
인사	• 경시정 이상급은 내각총리가 임명 • 경시정 이하급은 도도부현 경찰본부장이 임명	• 경찰위원회형의 경우, 다수의 경찰위원으로 구성된 경찰위원회에서 경찰국장을 선출함 • 독임제형의 경우, 주민선출로 경찰국장을 선출함	• 내무부 장관이 지방경찰청장과 차장을 임명 • 지방경찰청장이 차장 이외의 모든 경찰을 임명	• 주의 내무부 장관이 지방경찰청장을 임명 • 지방경찰청장이 차장 이외의 모든 경찰을 임명
자치경찰사무	• 교통정리·교통사고의 수사·교통위반의 단속 등 교통 관련사무, 집회·시위·경비사무, 살인·강도·절도 등 범죄의 수사사무 등	• 주경찰은 고속도로 순찰과 주의 법집행사무 등을 담당 • 시경찰은 지역의 평온과 실서의 유지, 범죄의 예방과 수사 등에 관한 임무를 수행함 • 보안관은 카운티 관할구역의 치안유지와 질서유지 업무를 담당함 • 타운 경찰은 치안유지와 지방법원의 민사소송에 관한 사법사무를 수행함	• 수사, 생활안전, 교통, 경비 등 모든 경찰사무를 수행	• 범죄·예방·수사·경무·교통·경비 등 일반적인 경찰사무 • 공공안녕과 질서, 응급 및 비상 관련 업무, 범인의 소환, 압류, 범죄 조회와 정보 수집 등 질서관리사무
자치경찰수사권	독자적 수사권	독자적 수사권	독자적 수사권	독자적 수사권

Ⅳ 자치경찰제 모형의 특징 및 문제점

1. 서울시 자치경찰제 모형

서울시에서는 2018년 2월 바람직한 광역자치단체 단위 자치경찰제 연구용역을 통해 자치경찰제 도입방안을 발표하였다.

1) 특징

서울시(2018)가 제시한 자치경찰 모델은 광역 지방자치단체 단위로 경찰청 산하의 각 지방경찰청, 경찰서, 지구대, 파출소 등 모든 국가경찰의 조직과 인력, 기능, 예산을 자치경찰로 이관하는 안이다. 이는 실질적으로 미국과 같은 연방제 수준의 자치경찰제 도입을 의미하는 것이다.

<그림 4> 서울시 자치경찰 모형(안)

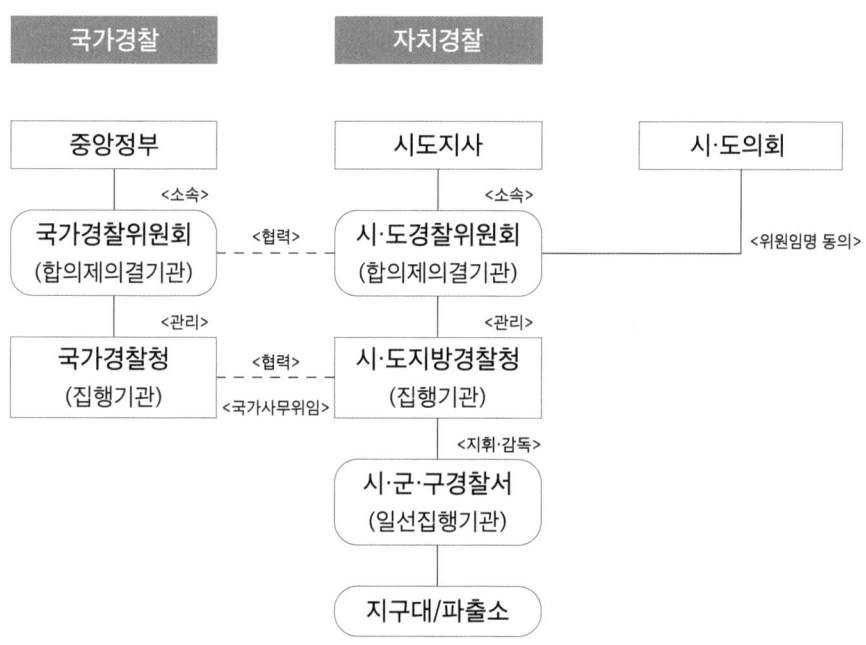

자료 : 서울시(2018). 광역단위 자치경찰제 도입 시 경찰조직.

이 안은 국가경찰의 지방경찰조직과 사무가 자치경찰로 모두 이관되고, 국가경찰의 기존 인력과 예산 역시 자치경찰로 넘겨지며, 모든 경찰사무는 주민과 가장 밀착되어 있는 자치경찰이 사무를 수행하는 것이 원칙으로 능동적인 대응을 위해 수사권을 부여하지만, 국가안보·국제 범죄·전국적 규모의 사건 등은 예외적으로 국가경찰이 수행하자는 것이다.

자치경찰 재정의 경우, 장기적인 관점에서 지방세의 조정, 세외수입 발굴 등 자주재원의 확대방안을 강구하고, 자치경찰제 도입 초기에는 국가 예산을 특별회계, 교부금 등 방식으로 자치경찰에 이관하는 방안을 제안하고 있다.

자치경찰의 정치적 중립성 보장을 위해 관리·감독 합의제 기구인 '자치경찰위원회'를 설치하여 시의회, 시장 등이 추천으로 구성하되 독립성을 확보하여 경찰권을 행사할 수 있도록 하고, 경찰청장(시·도)과 경찰서장(시·군·구)을 임명할 경우에는 3배수의 후보자를 추천하므로 시도지사가 자의적 판단으로 임명하는 것을 미연에 방지하며, 시도경찰청장과 시·군·구 경찰서장은 '자치경찰위원회'에서 후보자를 추천(3배수)하고 최종적으로 시도지사가 임명하는 것으로 하고 있다.

수사범위 및 관할에 대해서는 피의자 및 피해자가 여러 지역에 해당되는 경우 국가경찰과 자치경찰 간 또는 자치경찰 간 수사범위 및 관할을 조정할 수 있도록 별도로 위원회를 구성하는 등 사전준비가 필요하다고 제안하고 있다.

2) 문제점

서울시의 안(모델)은 제주자치경찰제 모형이 근본적으로 한계가 있다고 전제하고, 새로운 모델의 자치경찰제를 제시하는 것을 목적으로 결국 국가경찰조직은 경찰청만 남게 되는 셈이다.

이러한 서울시의 자치경찰제 도입 모델은 자치경찰의 시행 주체인 지자체가 논의에 참여하여 지역 시민을 위한 자치경찰제의 도입 가능성을 높이고 기대효과를 제시하였으며, 경찰의 지방조직과 함께 예산 또한 지자체로 모두 이관하여 시민을 위한 자치경찰이 지원예산에 따라 차이가 있으면 안 된다는 점을 강조하고 있다. 그리고 제주자치경찰의 경우처럼 지역실정에 맞는 치안 서비스를 제공하고 있지만 조직과 인력에 따른 권한이 보장되지 않아 보조자의 역할에 머물렀다는 문제점이 제시되고 있어 치안에 대한 자치경찰의 주체적인 역할을 강조한다.

하지만 서울시(안)은 너무 급격한 변화를 초래하는 것으로 국민적인 불안감, 자치단체간의 재정자립도의 차이에 따른 치안의 지역적 격차 초래 가능성, 단체장 및 지역 토호세력으로부터 정치적 중립성 확보 어려움, 국가경찰의 저항 및 절망감 등 문제점도 존재한다.

2. 경찰청 경찰개혁위원회 모형

경찰청 경찰개혁위원회는 경찰개혁을 위한 핵심과제 중 하나인 '광역단위 자치경찰제' 권고안을 제시하며, 광역자치단체 단위로 시·도에 별도 자치경찰조직을 설치하는 방안을 제시하였다.

1) 특징

경찰청 경찰개혁위원회에서 제시하는 권고안은 국가경찰과 별도로 시·도에 자치경찰을 설치하고, 국가에서 인력을 일부 이관하여 가정폭력·학교폭력·성폭력 범죄에 대한 수사권 부여 등 자치경찰의 사무영역을 확대하되, 도입 초기에는 국가재정을 지원하고 청사 및 장비 등 자원을 공동 활용할 수 있도록 한다는 것이다.

자치경찰조직 구성의 경우 시·도(광역) 소속으로 '자치경찰본부'(자치경찰 업무총괄)를 설치하고, 심의·의결을 '시·도 자치경찰위원회'에서 수행하며, 주민 밀착형 치안 서비스를 제공하고, 기초지방자치단체와의 연계를 강화하기 위하여 시·군·구 단위 '시·군·구 자치경찰대'를 설치하고(통합운영 가능), 광역자치단체의 법집행력을 강화하고 광역단위 치안행정 수요를 충족하기 위해 시·도 직속 '시·도 자치경찰대'를 설치·운영할 수 있도록 한다.

시도지사 직속 자치경찰본부가 지역경찰사무를 총괄하고 자치경찰대 및 시·군·구 자치경찰대의 경우 국가경찰에서 독립하여 시도지사의 지휘·감독을 받게 되는 형태로 시·도 소속 지방 공무원으로 한다.

자치경찰사무는 보안·외사처럼 국가사무 및 전국적 범위에 해당하는 사무를 필요로 하거나 높은 전문성이 요구되어 자치경찰이 수행하기 어려운 사무 외에 주요 예방·단속·위험방지·공공질서유지와 관련된 생활안전·교통·경비사무를 비롯한 지방 전문행정과 관련한 특별사법경찰사무를 수행한다. 이와 함께 학교폭력·가정폭력·성폭력 범죄, 사기·절도 등 지역 주민의 일반적인 사회관계를 형성하는 과정과 밀접하게 연관된 일반 범죄, 공무집행방해, 음주 운전 사건에 대한 수사권을 부여하고, '반려견 사건' 등 동물안전관리와 관련한 수사 업무를 수행한다. 그리고 자치경찰은 「도로교통법」

또는 「경범죄처벌법」 위반자에 대한 즉결심판청구권을 가진다.

자치경찰 인사에 대해서는 시도지사가 자치경찰에 대한 인사 권한을 가지고 있지만, 자치경찰본부장이 시·도 자치경찰위원회가 3배수로 추천한 후보자 가운데서 임명하도록 하고 시·군·구청장의 동의를 받아 임명한다.

자치경찰본부장은 경찰 내부 관계자뿐만 아니라 민간 등 외부 인사 중에서도 채용할 수 있는 개방직으로 운용할 수 있고 임기는 2년, 연임이 가능하다. 자치경찰인력의 규모는 사무 범위 및 영역에 따라 전국에 공통적으로 적용 가능한 인력 기준을 마련하고, 추가 인력은 지자체 특성에 따라 자율적으로 결정하고 자치경찰인력은 일괄 선발하여 시·도 혹은 시·군·구에서 운용하도록 한다. 그리고 자치경찰의 원만한 도입을 위해 초반에 소요되는 인력을 국가경찰에서 이관토록 한다.

<그림 5> 경찰청 경찰개혁위원회의 조직운영(안)

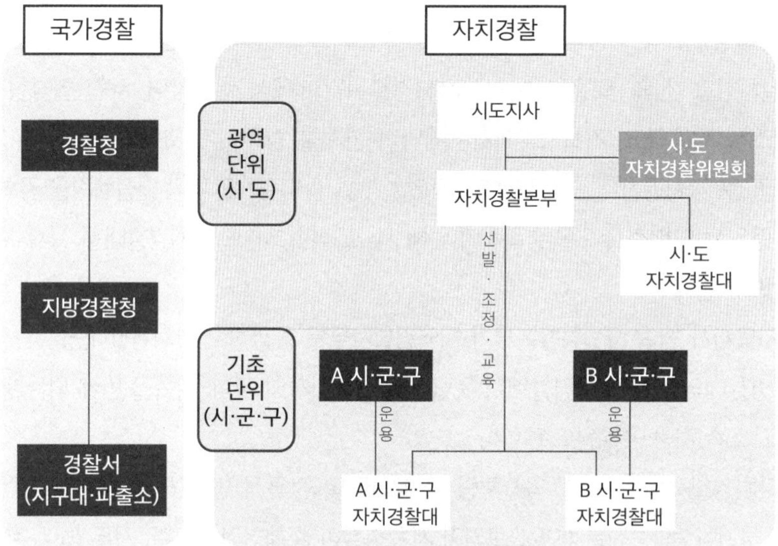

자료: 치안정책연구소(2017). 경찰개혁위원회의 자치경찰제 조직

자치경찰의 예산은 자치경찰 도입 초기에 국가경찰에서 이관되는 인력과 필요한 장비를 국가에서 지원하고, 지구대, 파출소, 치안센터 등 국가경찰 기관청사를 자치경찰과 공동 지원 및 활용하는 방안을 검토한다.

정치적 중립성을 확보하기 위해서는 소속 정당이 없는 지역 주민, 시민 사회 인사,

치안 관련 분야의 전문성과 덕망을 갖춘 자 등으로 구성한 시·도 자치경찰위원회는 자치경찰의 업무처리에 관한 적정성 검토 등 전반적인 감독을 수행하고, 임기는 3년으로 한다.

지방행정과 자치경찰 간 연계성을 강화하고 효율적인 자치경찰 운영을 위해서는 지방행정의 치안과 관련된 인적·물적 자원을 활용할 수 있도록 상호 연계운영 시스템을 구축하고 법집행 기능을 통합하여 운영할 수 있도록 한다. 그리고 국가경찰과 자치경찰 간 협력을 위해서는 시·도 의회에서 지역의 치안 현안과 관련한 (국가)지방경찰청장에게 의회 출석을 요구하여 관련 질의 및 응답을 통해 국가경찰-자치경찰 간 상호 협력하도록 제도화한다.

2) 문제점

경찰청 경찰개혁위원회의 권고안은 자치경찰제의 취지와는 관계없이 기존의 제주 자치경찰 형태의 전국 확대방안에 불과하다는 지적이 있다. 물론 현재 시행되고 있는 제주도 모델 보다는 확대된 업그레이드 안이다.

경찰청 경찰개혁위원회 권고안은 국가경찰사무는 그대로 둔 채 지역 치안, 경비·정보·교통의 일반 지역경찰사무와 성폭력, 학교폭력, 가정폭력 등 일부 수사권을 자치경찰에 배분한다는 것이다. 이 안은 국가경찰과 자치경찰이 함께 지역 치안을 중복해서 담당함으로 인하여 주민들에게 불편과 혼란을 줄 수 있으며, 치안력의 낭비를 가져올 수 있다(이영남, 2018: 7-12).

3. 자치분권위원회 모형

1) 특징

2018년 11월 13일, 대통령 소속 자치분권위원회가 제시한 자치경찰제 도입방안은 현행 국가경찰조직 시스템을 유지하면서 지방자치단체에 자치경찰을 신설해 국가경찰과 자치경찰을 이원적으로 운영하고자 하는 것이다. 광역단위에서 자치경찰을 신설하되, 그에 필요한 인력 등을 현행 국가경찰로부터 이관받는 모델이다(김순은, 2018).

자치분권위원회 안을 구체적으로 살펴 보면, 각 시·도에는 현재 지방경찰청에 대응하는 자치경찰본부가, 시·군·구에는 경찰서에 대응하는 자치경찰대(단)가 신설된다. 기존 지방경찰청과 경찰서에서 맡고 있던 생활안전과 교통 등 주민 밀착형 사무는 각각 자치경찰본부와 자치경찰대(단)로 이관된다(연합뉴스, 경향일보, 중앙일보, 서울신문, 2018. 11. 13).

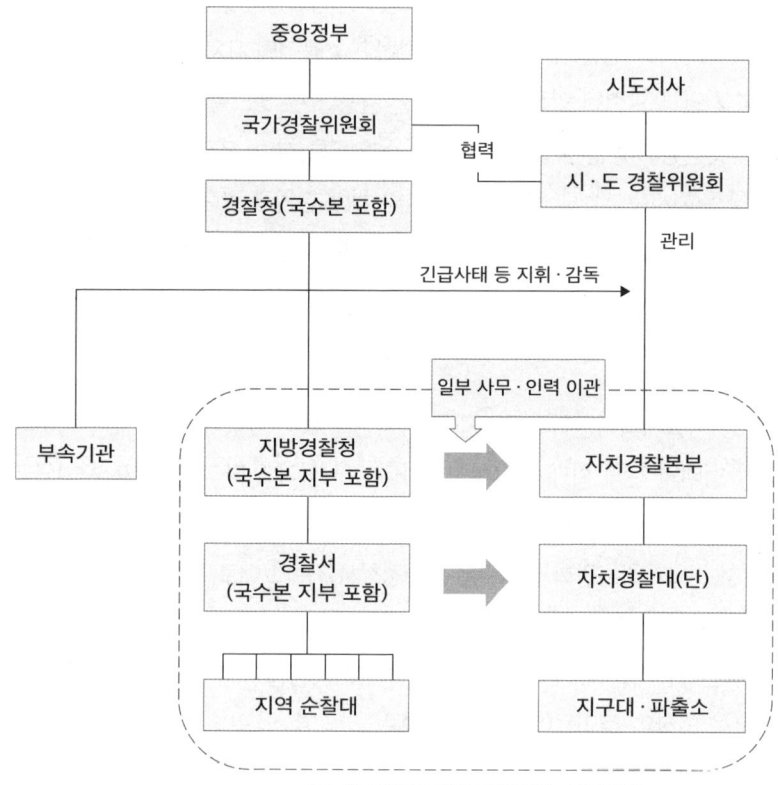

＜그림 6＞ 자치분권위원회의 자치경찰 모형

112 신고 출동과 현장 초동조치는 공동 대응

　자치경찰은 생활안전과 여성·청소년, 교통, 지역경비 등 주민 밀착형 민생 치안활동에 주력하게 된다. 성폭력과 학교폭력·가정폭력·교통사고·음주 운전·공무 수행 방해 등의 수사도 담당한다. 국가경찰은 정보와 보안·외사·수사, 전국적·통일적 처리를 요구하는 민생 치안사무만을 담당한다. 다만 긴급하게 조치해야 할 사건의 현장 보존과 범인 검거 등 초동조치는 국가·자치경찰의 공동 의무사항으로 규정, 사건 처리의 혼선을 방지하도록 규정을 강화할 방침이다(김순은, 2018).

　사건 처리의 혼선을 막기 위해 초동조치와 112 신고 대응은 국가와 지방경찰이 공동으로 하도록 했다. 즉, 자치경찰은 국가경찰 소속의 112 상황실에 합동으로 근무하고 '업무 떠넘기기' 등 현장의 혼선을 방지하고 정보 공유와 신고·출동 관련 공동 대응도 구축할 계획이다. 제주자치경찰이 수사권이나 초동조치권이 없었던 데 반해 자치분권위원회 안은 민생 치안 관련 수사권, 사건 현장에 대한 초동조치권도 부여했다.

정치적 중립을 위해 '시·도 경찰위원회'를 합의제 행정기관으로 설치한다. 시도지사의 경찰 직무에 대한 직접적인 지휘·감독은 인정하지 않고 대신 시·도 경찰위원회가 자치경찰을 관리한다. 앞서 경찰개혁위원회는 시·도 경찰위원회를 심의·의결기구로 두는 방안을 제시했지만 시도지사의 경찰권 남용 등을 우려해 합의제 행정기관으로 설치하도록 했다(이영남, 2019).

자치경찰본부장과 자치경찰대장은 시·도 경찰위원회의 추천을 받아 시도지사가 임명한다. 자치경찰대장을 임명할 때는 시·군·구청장의 의견을 듣도록 했다. 기초지방자치단체와의 연계성을 고려한 조치다. 시·도별로 경찰위원회가 설치되면서 지역의 치안 여건과 주민요구를 반영한 민주적·효율적 경찰운영이 가능해질 것으로 자치분권위원회는 판단하고 있다.

시·도 경찰위원회는 각각 5명으로 구성하고, 시도지사가 임명하게 된다. 자치단체장의 권한 남용을 방지하는 차원에서 도지사가 1명, 시·도 의회가 2명, 법원이 1명, 국가경찰위원회가 1명씩을 각각 추천하도록 했다.

자치경찰제에 필요한 예산은 국가부담이 원칙이다. 시범 운영 예산은 우선 국비로 지원하고 장기적으로 '자치경찰교부세'를 도입, 전국 자치경찰에 지원하도록 했다. 자치경찰은 국가경찰로부터 이관되는 인력을 운영하는 만큼 이와 관련한 국가경찰의 시설·장비는 자치경찰과 공동으로 사용하도록 했다(중앙일보, 경향신문, 2018. 11. 13).

2) 문제점

대통령 소속 자치분권위원회 자치경찰제 안은 현재의 제주도에서 시행하고 있는 자치경찰제의 진일보한 확대된 안이라고 평가할 수 있다. 이 정부안에 대해서 검찰에서는 경찰이 수사·정보 등 핵심 기능은 그대로 놔두고 지구대·파출소 등에 소속된 지역경찰만 자치경찰로 이관하는 것이라는 소극적인 안이라는 비판[10]을 한다.

반면에 경찰 역시 불만스러운 목소리가 나오고 있다. 경찰은 정부안대로 국가경찰

---

10 검찰은 검경수사권 조정으로 경찰에 수사권을 양보하는 대신에 그 전제조건으로 자치경찰제 도입을 통한 국가경찰의 비대한 조직을 개혁해야 한다고 요구해왔다. 영국(98%), 미국(90%), 독일(83%) 등 선진국 수준인 국가경찰의 80% 이상을 자치경찰로 전환해야 한다고 주장했다(동아일보, 2019. 2. 15).

과 자치경찰로 조직을 분리하게 되면 심각한 시행착오를 겪을 것이라는 반응이다. 범죄는 점점 광역화되고 지능화되어 가는데, 국가경찰과 자치경찰로 이원화되면 업무를 떠넘기는 현상이 분명히 발생할 것이고, 서로 자신들의 사건이 아니라고 주장하면서 업무 혼란이 올 수밖에 없다는 비판이다. 사실 현재의 국가경찰제도하에서도 경찰서 내에 특정 사건이 형사과와 여성청소년과의 어느 부서의 업무냐에 대한 구분도 쉽지 않은데, 조직이 갈린 상황에서 특정 사건에 대한 수사권마저 제한한다면 혼란이 커질 수 있다.

또한, 범죄자가 서울, 제주, 경기도에서 강력 범죄를 연속적으로 발생하면 국가경찰제에 비해 자치경찰제하에서는 관할권 다툼이 일어나 서로 눈치를 보면서 초동대응이 늦어질 수도 있다. 아울러 성폭행 현장에서 마약이 발견되는 경우, 이것이 자치경찰 업무인가, 국가경찰 임무인가 등의 혼란도 있을 수 있다.

Ⅴ 결론 및 제언

요즘 정치계 및 학계에서는 지방분권 이슈가 화두다. 그 중심에 있는 주제가 바로 자치경찰세도이다. 진징한 지방분권올 이루기 위해서는 자치경찰제 도입이 필수적이다. 국민의 안전은 자치 업무의 성격에 적합하기 때문이다.

문재인 대통령은 지방분권의 일환으로 사치경살제 도입과 경찰의 독자적 수사권 부여를 공약으로 제시하였다. 정부는 자치경찰제를 올해 서울과 세종, 제주 등 5개 시도에서 시범 실시하고, 문 대통령 임기 내 전국으로 확대할 예정이다. 2022년까지 3단계에 걸쳐 전체 국가경찰 11만 7,617명 중 35%인 약 4만 3,000명을 자치경찰로 이관할 계획이다.

1948년 정부수립 당시부터 지속해서 논의돼 온 자치경찰제는 경찰 공무원의 생활 안전 및 경비, 교통 문제, 범죄 등 주민 밀착형 서비스에 대하여 지자체장이 책임과 권한을 갖는 제도이다.

이미 선진국의 각 역사와 문화, 사회적인 배경을 바탕으로 각 나라에 맞는 자치경찰 제도를 운용하고 있다. 우리나라도 제주도에 한해 부분적으로 자치경찰제도를 2006년 7월 자치경찰제를 도입하여 시행하고 있다.

자치경찰제도는 지방자치단체 소속의 공무원이기 때문에 지역 치안에 있어 높은 책임감을 갖는다. 또한, 지역 주민에게 친절하고 우호적이다. 지역 주민들은 이런 자치경찰에 대해 보다 높은 관심과 지지, 협력을 보낼 수 있다. 그리고 지역의 특수성과 지방자치단체의 독립성을 바탕으로 조직에 적합한 안전혁신 프로그램을 전개할 수 있다. 특히 다른 지방자치단체와의 선의의 경쟁으로 해당 지역 주민에게 질 높은 치안 서비스를 공급할 수 있다. 이런 점들이 자치경찰제도가 갖는 최대 장점이다.

그동안 자치경찰제 도입에 있어 정치권과 학계에서 많은 논의가 이루어져 왔다. 역대 대통령들이 자치경찰제 도입을 추진하였지만 매번 실패했다. 여야 정치권의 힘겨루기, 광역지방자치단체와 기초지방자치단체 간의 입장차이, 거기에다 국회의원과 국가경찰의 보수적인 태도 등으로 지금까지 온전한 결실을 보지 못하였다.

이제 우리나라 실정에 맞는 최적의 자치경찰 모델을 마련하여 치안의 안정성을 유지하고 지방분권의 이념을 실현할 수 있도록 세부적인 방안을 강구해야 한다.

지금 올해 자치경찰제 시범 실시를 준비 중인 세종시는 초기 재정 부담을 국가 예산으로 충당해 부담을 최소화하고, 국가경찰로부터 많은 권한을 이관받아 제주도와 같은 '무늬만 자치경찰'이라는 지적을 극복하겠다는 계획이다. 즉, 자치경찰제 도입 후 재정은 각 시·도가 부담하는 것을 원칙으로 하되 도입 초기 인력과 장비에 드는 예산은 국가재정 지원을 가능하게 한다는 것이다.

현재까지 제시된 우리나라에 제시된 자치경찰 도입 모형을 살펴보면, 크게 세 가지로 요약할 수 있다.

첫째는 경찰청 경찰개혁위원회 안이다. 이것은 2017년 11월 경찰청 경찰개혁위원회 권고안인데, 행정안전부 - 경찰청 - 지방경찰청으로 이어지는 현행 경찰조직 시스템을 그대로 유지하고, 광역시나 도지사 산하에 별도의 가치경찰본부를 신설해 이원화된 경찰 시스템을 운용하는 것이 핵심이다. 여기서 자치경찰의 업무는 생활 관련 치안, 지역 교통, 지역 경비 등으로 한정하며, 다만 학교, 가정폭력, 성폭력 등에 대해서만 일부 수사권을 행사하도록 한다는 것이다. 이 모델에 대해서는 현재의 제주자치경찰을 전국적으로 확대하겠다는 것으로 자치경찰을 치안의 보조자로 보는 시각이 지배적이다.

둘째, 서울시 자치경찰 모델(안)은 광역단위 자치경찰 도입, 국가경찰과 자치경찰의 일원화, 예외적으로 국가경찰사무 인정, 자치경찰의 수사권 인정, 시·도 경찰위원회의 통제, 기존 국가경찰 예산 활용 등이다. 이른바 가장 개혁적이고 고도화된 자치경찰 모델이다. 하지만 서울시(안)은 너무 급격한 변화를 초래하는 것으로 국민적 불안감, 자치단체 간의 재정자립도의 차이에 따른 치안의 지역적 격차 초래 가능성, 단체장 및 지역 토호세력으로부터 정치적 중립성 확보 어려움, 국가경찰의 저항 및 절망감 등 비판도 존재한다.

셋째, 대통령 소속 자치분권위원회에서는 경찰청이 내놓은 자치경찰제 안과 서울시 안을 보완해 대한민국 자치경찰제 방안을 제시하였다. 대통령 소속 자치분권위원회 자치경찰제 안은 현재 제주도의 많이 확대된 안이라고 할 수 있다.

이 모형에 대해서 검찰 안팎에서는 경찰이 수사·정보 등 핵심 기능은 그대로 놔두고 지구대·파출소 등의 소속경찰만 자치경찰로 이관하는 것이라는 소극적인 안이라는 비판을 한다. 반면에 경찰 역시 불만스러운 목소리가 나오고 있다. 경찰은 정부안대로 국가경찰과 자치경찰로 조직을 분리하게 되면 심각한 시행착오를 겪을 것이라는 반응이다. 범죄는 점점 광역화되고 지능화되어 가는데, 국가경찰과 자치경찰로 이원화되면 업무를 떠넘기는 현상이 분명히 발생할 것이고, 서로 자신들의 사건이 아니라고 주장하면서 업무 혼란이 올 수밖에 없다는 비판이다.

향후 자치경찰제 도입은 거스를 수 없는 확정적인 제도로 보인다. 하지만 확실한 것은 자치경찰제도는 정치권의 타협이나 정쟁의 결과가 되어서는 안 된다. 오로지 국민안전을 위한 시스템이어야 한다는 점이다. 이런 점에서 이 연구에서는 가장 중요한 자치경찰의 방향으로 네 가지를 제시하고자 한다.

첫째, 자치경찰에게 치안사무를 주체적으로 처리할 수 있는 권한과 조직, 인력이 주어져야 한다. 자치경찰의 업무를 수행할 수 있는 인력이 없으면, 결국 치안활동은 국가경찰에 의해 수행될 수밖에 없다. 이는 제주 자치경찰 사례에서도 목격한 바 있다.

둘째, 현재 정부가 추진하고자 하는 안에 따르면, 자치경찰은 여성·청소년·아동·장애인 보호 및 교통법규 위반 단속, 지역경비활동 등을 주된 업무로 삼는다. 공무집행방해, 성폭력, 가정폭력, 학교폭력, 교통사고 조사 등 일부 사건에 대한 수사권도 부여됐다. 반면에 국가경찰은 광역 범죄, 일반 형사 및 수사 사건 등을 담당하고 정보 보안 경비 외사 등의 업무를 맡는다. 공무집행방해 수사권과 현장 초동 조치권은 두 조직이 함께 갖는다. 국가경찰과 자치경찰 간의 업무가 확실하게 배분되어야 한다. 실시 초기에 혼란과 치안 공백을 최소화할 수 있도록 시범 실시 등 철저하게 준비해야 한다.

셋째, 지방에는 지역 토호세력과 지역 정치세력이 있다. 이들의 눈치를 보지 않고 자칫 정치적으로 이용당하는 일이 없어야 한다. 지방권력과 자치경찰의 유착을 감시하고 차단할 수 있는 시스템이 필요하다. 이 부분은 자치경찰위원회를 합리적으로 구성하고, 운영함으로써 제어할 수 있다. 철저한 제도적 설계로 자치경찰제가 지방자치단체나 지역 유지들의 사병화로 이어질 것이라는 우려를 막아야 한다. 이 부분에 대한 좀 더 세밀한 보완책이 필요하다.

마지막으로, 자치경찰제 시행에 있어 제일 중요한 것은 치안의 '안정성'이다. 만약에 범죄가 서울, 대구, 부산, 경기도 등에서 연속적으로 발생하면 국가경찰제에 비해 자치경찰제하에서는 관할권 다툼이 일어나 서로 눈치를 보면서 초동대응이 늦어질 수 있다. 따라서, 긴급하게 출동해야 할 중요 사건의 현장보존, 범죄자 검거 등 초동조치는 국가경찰과 자치경찰의 공동의무사항으로 규정해 사건 초기의 혼선을 방지해야 한다. 자치경찰도 112 상황실(국가경찰 소속)에 합동 근무함으로써 '업무 떠넘기기' 등 현장의 혼선을 미연에 방지하고 상호 간 정보공유 및 신고, 사건 출동 관련 공동 대응 시스템을 구축해야 한다. 즉, 국가경찰과 자치경찰 간의 효율적인 협업으로 우리나라 국민의 안전을 보장할 수 있는 대한민국 경찰 시스템 모형이 마련되어야 한다.

현재 정부안은 국가경찰과 자치경찰을 같이 운영하는 이원형 시스템이다. 따라서, 현재 경찰법을 '국가경찰과 자치경찰의 조직 및 운영에 관한 법률'로 개정하려는 계획을 갖고 있다. 지역의 재정자립도에 따른 치안의 불균형 문제, 자치경찰의 수당 등 처우 및 사기에 관한 문제, 정치적 중립성 문제, 자치경찰과 국가경찰 간의 업무중복 또는 업무 떠넘기기 등의 문제 등에 대한 심층적인 제도가 뒷받침되어야 한다.

시범 실시 과정에서 나타나는 문제점을 착실하게 보완해서 우리나라의 특성을 고려한 최적의 모델을 마련해 치안의 안정성을 유지해야 한다.

자치경찰제 도입은 결국은 시민의 안전을 위해 시행하는 것이다. 절대로 자치경찰이 도입되면서 오히려 치안력이 나빠지거나 시민안전이 후퇴해서는 안 된다. 자치경찰은 오로지 시민안전을 위한 시스템이어야 한다는 점이다.

참고문헌

강기택외. (2006). 비교경찰론, 수사연구사.

강선주. (2012). 지방분권 강화를 위한 자치경찰제에 대한 연구, 경상대 대학원 박사논문.

경기개발연구원. (2009). "자치경찰제 도입에 관한 연구". 정책연구. 2008-62:32-166.

경북일보, 박동균 칼럼(2017, 2018, 2019).

경찰개혁위원회 실무팀. (1999). "자치경찰제의 이해-자치경찰제의 이념, 조직, 운영, 수사권".

경찰청. (1999). 경찰법개정법률(안).

경찰대학 치안정책연구소. (2018. 11), 치안전망 2018.

경찰청. (2018), 경찰백서.

경찰청. (2014). 범죄 정보 기반 경찰 운영. 경찰청 내부자료.

경찰청 경찰개혁위원회. (1999). "경찰개혁추진사항 보고".

경찰개혁위원회·치안연구소. (1998.9 - 1999.1). "경찰개혁위원회자료집" 제1권.

기광도. (2002). 자치경찰제도의 도입논의에 대한 비판적 고찰, 사회과학연구 제10집 제1호, 대구대학
    교 사회과학연구소.

김동규. (2017). "제주자치경찰 운영현황 및 제도상 한계", 서울시 시민과 함께하는 방향 모색 포럼.

김경태. (2015). "뉴 거버넌스 시대의 경찰조직 개혁 방안", 경찰학논총 제10권 제3호.

김경태. (2008). "경찰조직의 혁신 방향에 관한 연구", 경찰학논총 제3권 제1호.

김성순·최진태. (1998). 한국 자치경찰제도 도입 모델로서의 일본 경찰제도에 관한 연구. 논문집 인문
    사회과학편, Vol. 17.

김순은. (2018). "광역단위 자치경찰제 도입방안", 자치경찰제 특별위원회안 발표 및 정책토론회 발표
    자료집, 대통령 소속 자치분권위원회.

김원중·김윤영. (2015). "자치경찰 도입에 따른 국가경찰의 역할 검토". 치안정책연구. 29(1), 107-108.

김재광. (2017). 지방분권 개헌 관련 일반자치제와 특별자치제의 관계. 지방자치법연구 제 17권 제3
    호: 33-84.

김재정. (2015). "우리나라 자치경찰의 역할 정립방안에 관한 연구-제주자치경찰을 중심으로". 석사학
    위논문. 고려대학교 행정대학원.

김학경·이성기(2012), 영국 지방자치경찰의 새로운 패러다임: "2011 경찰개혁 및 사회책임법"과 "국
    립범죄청"을 중심으로, 경찰학연구 제12권 제1호(통권 제29호).

남재성. (2010). 자치경찰제에 대한 일선 국가경찰들의 인식. 한국지방정부학회 학술대회자료집, No. 8.

박동균. (2013). "미국 경찰의 위기관리 활동의 특징과 함의", 한국경찰연구 12권 3호: 103-124.

박동균. (2018). 9.11 테러리즘 이후 미국 대테러정책의 변화와 시사점 - 공경비와 민간경역의 파트너
십 , 한국정부학회 춘계학술대회 발표논문집.

박동균·장철영. (2018), 문재인정부 대한민국 경찰의 개혁과제, 한국정부학회 춘계학술대회 발표논
문집, 275- 289.

박준휘. (2018). 자치경찰제 도입 반대에 관한 소고(小考), 한국경찰학회보 20권 5호, 통권 72호 :
153-180.

신현기. (2016). "독일 바이에른주와 바덴-뷔르템베르크주 경찰개혁의 현황과 실태분석", 한국경찰연
구, 제15권 제2호.

신현기. (2017). 자치경찰론. 진영사.

신현기 외. (2018). 비교경찰제도론, 법문사.

심익섭. (2017). 왜 자치경찰제인가?, 지방행정, 2017. 10, 20-21.

양영철. (2015). "역대 정부의 자치경찰도입 정책 추진과 정책적 함의". 한국경찰연구. 14(1): 119.

양영철. (2008), 자치경찰론, 대영문화사.

오재환. (2017). 특별사법관리로서 자치경찰의 역할에 관한 연구. 경찰학연구 제17권 제1호. 65-88.

유주성. (2018). 주요국가의 자치경찰제와 비교법적 시사점. 자치경찰제도입 대토론회, 자치분권위원회.

윤태범. (1998), 자치경찰 제도하에서의 효율적인 경찰인사관리 방안, 자치경찰제도 공청회 자료집,
경찰개혁위원회.

윤희중. (2018). 자치경찰제 도입을 고려한 해양경찰조직의 재구조화. 한국해양경찰학회보. 17호

이영남. (2017). "자치경찰제도의 도입방향과 모델", 시민과 함께하는 바람직한 자치경찰제 방향 모색
포럼, 서울특별시.

이영남. (2018), "권력기관 개편안에 따른 자치경찰제도의 실시방향",「한국경찰연구」17(3).

이영남. (2019). "자치경찰제도안의 분석과 발전방향". 한국지방자치학회 정책기획세미나 발표논문집.

이정철·권오영. (2018), 지방분권시대의 성공적인 자치경찰제 추진을 위한 탐색적 연구, 한국경찰연
구 17권 4호, 209-242.

이종철. (2006). "우리나라 자치경찰제도의 모형정립과 발전방향에 관한 연구". 박사학위논문. 경남대
학교 대학원.

이황우. (2009). 경찰행정학. 서울: 법문사.

안영훈, "주요 선진국가 자치경찰제도 비교 및 한국적 방안 모색", 2018. 6.19. 검색

서울시, "서울시 "연방제 수준 자치경찰제 모델" 용역결과 발표 보도자료", 2018.2.6.

서울시, "시민과 함께하는 방향 모색 포럼", 2017. 7.21, 2018.6.19. 검색

최종술. (2006). 유기준의원안과 정부안의 주민입장에서 바라본 기대효과 비교·분석, 공청회 자료집,

국회의원 유기준 의원실, 84-85

최종술. (2017). "지방자치와 자치경찰의 의의", 시민과 함께하는 바람직한 자치경찰제 방향 모색 포럼, 서울특별시.

중앙안전관리위원회·국민안전처. (2015). "국가안전관리기본계획 2015-2019"

황문규. (2017). "경찰개혁: '경찰을 경찰답게' 만들기 위한 경찰조직 재설계", 법학논총, 제39집, 숭실대학교 법학연구소.

황문규. (2018). 자치경찰제 도입의 방향과 과제. 자치경찰제도입 대토론회, 대통령 소속 자치분권위원회.

황문규. (2019). 문재인 정부 자치경찰제의 역할과 한계, 2019 대한민국 국가비전회의 발표논문집.

Bayley, D. H. (1994),「Police for the Future」, New York: Oxford University Press.

http://www.newsis.com/view/?id=NISX20180621

http://news.mk.co.kr/newsRead.php?year=2018&no=300718/ 대통령 소속 위원회 "경찰 안대로 자치경찰 시행하면 최대 2조5000억원 필요", 이현정 기자, 매일경제 & mk.co.kr.

꼼꼼한 자치경찰제를 만들어야
경북일보 특별기고 (2018. 8. 20)

　　요즘 학계에서는 지방분권 이슈가 화두다. 그 중심에 있는 주제가 바로 자치경찰제도이다. 정부는 자치경찰제를 내년에 서울과 세종, 제주에서 시범 실시하고, 문 대통령 임기 내 전국으로 확대할 예정이다. 1948년 정부수립 당시부터 지속적으로 논의돼 온 자치경찰제는 경찰 공무원의 생활안전 및 경비, 교통 문제, 범죄 등 주민 밀착 서비스에 대한 책임과 권한을 지방자치단체장이 갖는 제도이다. 이미 선진국들 대부분은 그들 나름의 역사와 문화, 사회적인 배경에 따라 그 나라에 적합한 자치경찰제도를 운영하고 있다. 우리나라도 제주도에 한해 부분적으로 자치경찰제도를 시행하고 있다. 자치경찰제도는 지방자치단체 소속의 공무원이기 때문에 지역 치안에 있어 높은 책임감을 갖는다. 또한, 지역 주민에게 친절하고 우호적이다. 지역 주민들은 이런 자치경찰에 대해 보다 높은 지지와 애정, 협력을 보낼 수 있다. 아울러, 자치경찰은 지역의 특수성과 지방자치단체의 독립성을 기본으로 조직에 적합한 안전혁신 프로그램을 전개할 수 있다. 특히 다른 지방자치단체와의 선의의 경쟁으로 해당 지역 주민에게 질 높은 치안 서비스를 공급할 수 있다. 이런 점들이 자치경찰제도가 갖는 최대 장점이다. 모든 제도가 그렇겠지만 자치경찰제도 분명 한계가 존재한다. 다른 지역 자치경찰과의 유기적인 업무협조가 곤란한 점이 있고, 지방자치단체의 영향력에 휘둘리거나 지역 토착세력과의 유착 등으로 인한 폐단도 우려된다. 실제로 지방에는 지방자치단체장을 압도하는 힘센 토착 인사들이 많이 있다. 또한 지역 내 인사행정으로 인해 경찰조직 내에 복지부동이나 무사안일주의 문화가 생길 가능성도 있다. 간과해서는 안 되는 부분이다. 그동안 자치경찰제 도입에 있어 정치권과 학계에서 많은 논의가 이루어져 왔다. 역대 여러 대통령들도 자치경찰제 도입을 추진했지만 번번이 실패했다. 여야 정치권의 힘 겨루기, 광역지방자치단체와 기초지방자치단체 간의 입장 차이, 거기에다 국가경찰의 보수적인 태도 등으로 지금까지 온전한 결실을 보지 못하였다. 이번에는 대통령과 정치권의 의지가 높은 만큼 완성도 높은 자치경찰제 시행안이 나올 것으로 기대한다. 자치경찰제도는 현재 시행되고 있는 제주특별자치도의 경험을 충분히 검토해야 한다. 그동안 제주 자치경찰은 '경찰이 아니라 청원경찰이다', '무늬만 자치경찰이다'라는 비판을 받아 왔다. 이와 관련된 논문도 많이 발표되었다. 제주 자치경찰제도에서 나타난 여러 문제점을 중심으로 관계 기관과 전문가 등의 폭넓은 의견 수렴하에 자치경찰의 업무범위와 역할, 조직 및 인력운영, 재원확보 등 보다 구체화된 도입방안이 도출되어야 한다. 혹시나 자치경찰제도가 그 시대적 당위성이나 대통령 공약이행 측면에 집착함으로써 시간에 쫓기어 여야 간의 졸속합의로 만들어져서는 안 된다. 자치경찰제도가 좋은 제도임에는 틀림없으나 시민안전에 있어 만병통치약은 아니다. 전 세계 국가 중에서 가장 치안 시스템이 좋은 국가 중의 하나가 대한민국이다. 자치경찰제가 조금 더 안전한 대한민국을 위해 자리매김할 수 있도록 신중해야 한다. 국가경찰과 자치경찰 간의 효율적인 협업을 통해 진정으로 국민의 안전을 담보해낼 수 있는 대한민국 경찰 시스템 모형이 만들어져야 한다. 우리 실정에 적합한 최적의 모델을 마련해 치안의 안정성을 유지하면서 지방분권의 이념을 실현할 수 있도록 꼼꼼하게 짜야 한다. 자치경찰제는 궁극적으로 시민의 생명과 재산을 보호하기 위한 것이다.

한국형 자치경찰제의 과제
영남일보 특별기고 (2019. 4. 8)

문재인 정부의 자치경찰제는 두 가지 정책목표를 달성하는 방향으로 설계되었다. 첫째는 경찰권을 민주적으로 재설계하고, 경찰의 정치적 중립성을 확보하려는 것이고, 둘째는 자치경찰제를 통해 주민 밀착 치안활동력을 증진하고자 하는 것이다.

현재 정부는 자치경찰제를 올해 서울과 세종, 제주 등 5개 시도에서 시범 실시하고, 문 대통령 임기 내 전국으로 확대할 예정이다. 2022년까지 3단계에 걸쳐 전체 국가경찰 11만 7,617명 중 35%인 약 4만 3,000명을 자치경찰로 이관할 계획이다.

자치경찰제도는 지방자치단체 소속의 공무원이기 때문에 지역 치안에 있어 높은 책임감을 갖는다. 지역 주민들은 친절하고 책임감 있는 자치경찰에 대해 높은 지지와 협력을 보낼 수 있다. 또한 지역의 특성과 독립성을 바탕으로 지역에 적합한 안전혁신 프로그램을 전개할 수도 있다. 특히 다른 지방자치단체와의 선의의 경쟁으로 해당 지역 주민에게 질 높은 치안 서비스를 공급할 수도 있다. 이런 점들이 자치경찰제도가 갖는 매력이다.

정부안이라고 할 수 있는 대통령 소속 자치분권위원회 자치경찰제 안은 현재 부분적으로 실시하고 있는 제주도 자치경찰제도의 확대된 안이라고 할 수 있다. 이 정부안에 대해서 검찰에서는 경찰이 수사나 정보 등 핵심 기능은 그대로 놔두고 지구대와 파출소 등의 소속경찰만 자치경찰로 이관하는 것이라는 비판을 한다. 반면에 경찰 역시 불만족스럽다. 경찰은 정부안대로 국가경찰과 자치경찰로 조직을 분리하게 되면 심각한 시행착오를 겪을 것이라는 반응이다. 범죄는 점점 광역화되고 지능화되어 가는데, 국가경찰과 자치경찰로 이원화되면 업무를 떠넘기는 현상이 분명히 발생할 것이고, 서로 자신들의 사건이 아니라고 주장하면서 업무혼란이 올 수밖에 없다는 비판이다.

향후 자치경찰제 도입에 있어 가장 중요한 점은 자치경찰제가 정치권의 타협이나 정쟁의 결과가 되어서는 안된다는 것이다. 오로지 국민안전을 위한 치안 시스템이어야 한다. 이런 점에서 필자는 자치경찰제의 성공적인 정착을 위한 몇 가지 제안을 하고자 한다.

　첫째, 새로 도입되는 자치경찰은 국가경찰과 동반자적 관계가 되어야 한다. 국가경찰과 자치경찰간의 주종관계가 성립되거나 청원경찰, 무늬만 경찰이라는 소리를 들어서는 실패할 가능성이 크다. 아울러 국가경찰과 자치경찰 간의 업무가 확실하게 배분되어야 한다. 이런 점은 시범 단계에서 혼란과 치안 공백을 최소화할 수 있도록 철저하게 체크해야 한다.

　둘째, 지방에는 지역 토호세력과 정치세력이 있다. 이들의 눈치를 보지 않고, 자칫 정치적으로 이용당하는 일이 없어야 한다. 지방권력과 자치경찰의 유착을 감시하고 차단할 수 있는 시스템이 필요하다. 이 부분에 대해서 정부는 자치경찰위원회를 대안으로 제시하고 있다. 철저한 제도적 설계로 자치경찰제가 지방자치단체나 지역 유지들의 사병화로 이어질 것이라는 우려를 막아야 한다. 이 부분에 대한 좀 더 세밀한 보완책이 필요하다.

　셋째, 향후 자치경찰 운영과정에서 지역간 불균형적인 치안 서비스에 대한 논란을 예방하고, 자치경찰 도입 시 가장 우려되는 재정 문제 해결을 위해 자치경찰 교부세 신설 안을 비롯한 해결방안을 준비해야 한다.

　마지막으로, 자치경찰제 시행에 있어 제일 중요한 것은 치안의 '안정성'이다. 자치경찰제 도입은 결국은 국민의 안전을 위해 시행하는 것이다. 절대로 자치경찰이 도입되면서 치안력이 오히려 나빠지거나 후퇴해서는 안 된다. 자치경찰제 도입은 오로지 시민 안전을 위한 시스템이어야 한다는 점이다.

"지역 실정에 적합한 최적의 모델 마련 필요"

박동균 대구한의대 교수, 학술대회서 자치경찰제 관련 논문 발표

박동균(사진) 대구한의대 경찰행정학과 교수는 지난 26일 대구 엑스코에서 개최된 대한지방자치학회와 대구시 공동주최 학술대회에서 '우리나라 자치경찰제의 바람직한 방향'이라는 논문을 발표했다. 이날 세미나에서는 자치경찰제 연구를 하는 황문규 중부대 경찰행정학과 교수, 최종술 동의대 경찰행정학과 교수 등 100여명의 학자들과 현직 공무원 및 경찰공무원 등 200여명이 참석해서 열띤 토론을 벌였다.

박동균 교수는 "자치경찰제는 그동안 여야 정치권의 힘겨루기, 광역지방자치단체와 기초지방자치단체 간의 입장 차이, 국가경찰의 보수적인 태도 등으로 지금까지 온전한 결실을 맺지 못하였다. 자치경찰 제도는 현재 시행되고 있는 제주특별자치도의 경험을 충분히 검토해야 한다"며 "제주 자치경찰 제도에서 나타난 여러 문제점을 중심으로 관계기관과 전문가 등의 폭넓은 의견 수렴 하에 자치경찰의 업무범위와 역할, 조직 및 인력운영, 재원확보 등 보다 구체화된 도입방안이 도출되어야 하며 대통령 공약이행 측면에 집착함으로써 시간에 쫓기어 여·야간의 졸속합의로 만들어져서는 안 된다"고 주장했다.

박동균 교수는 "첫째, 자치경찰에게 지역적 치안사무를 주체적으로 처리할 정도의 충분한 권한과 조직, 인력이 주어져야 한다"며 "자치경찰에게 권한은 있지만 그 권한을 행사할 수 있는 인력이 없으면, 결국 치안활동은 국가경찰에 의해 수행될 수밖에 없다"고 말했다. 그는 "둘째 국가경찰과 자치경찰 간의 업무가 확실하게 배분되어야 한다. 실시 초기에 혼란과 치안공백을 최소화할 수 있도록 시범실시 등 철저하게 준비해야 한다"고 밝혔다.

또한, 박동균 교수는 "자치경찰 제도가 좋은 제도임에는 틀림없으나 국민안전에 있어 만병통치약은 아니다. 자치경찰제가 조금 더 안전한 대한민국을 위해 자리매김할 수 있도록 신중해야 한다"며 "우리 실정에 적합한 최적의 모델을 마련해 치안의 안정성을 유지하면서 지방분권의 이념을 실현할 수 있도록 꼼꼼하게 짜야 한다. 자치경찰제는 궁극적으로 국민의 생명과 재산을 보호하기 위한 것이다"고 강조했다.

김윤섭 기자 yskim@kyongbuk.com

특별기고

오직 국민을 위한 형사사법 시스템

박동균
대구한의대학교
경찰행정학과 교수

요즘 정치권에서는 국민을 위한 검찰개혁과 수사권 조정, 자치경찰제 도입 등 형사사법 시스템 개혁에 대한 논의가 한창이다. 이 시점에서 지금 제기되고 있는 이슈들이 진정으로 국민을 위한 제도인지에 대한 솔직한 논의가 필요하다.

먼저 검찰과 경찰 간의 수사권조정에 대한 문제이다. 올해 1월 13일 견제와 균형, 상호협력이라는 큰 틀에서 형사소송법과 검찰청법이 개정되었다. 이는 국민들이 원하는 민주적이고 분권적인 형사사법 시스템으로 어느 정도 안정을 받았다. 이 개정 법률에 대한 후속 조치로서 지난 8월 7일 법무부에서 형사소송법과 검찰청법의 대통령령(안)을 입법예고 하였다. 하지만 이 입법예고안은 검찰개혁과 민주적이고 분권적인 형사사법 시스템 도입이라는 근본취지를 제대로 반영하지 못하였다. 이번 대통령령(안)은 경찰청을 관할하는 행정안전부와 검찰청을 관할하는 법무부의 공동주관으로 제정되는 것이 타당하다. 하지만 아쉽게도 법무부 단독주관으로 지정되었다. 따라서 한 기관의 자의적인 해석과 개정이 가능하고 법률에도 없는 검사의 통제권한과 수사개시 범위를 확장함으로써 검찰권을 보다 강화한 측면이 있다. 아울러 경찰의 수사 주체성을 유명무실화하는 내용이 다수 포함되었다. 이는 민주적인 수사구조를 지향하는 개정 법률의 입법 취지를 무력화시키고, 과거의 권위주의적인 검사우위의 형사사법 시스템으로 돌아갈 위험성이 많다. 다시 견제와 균형, 상호협력 및 협업이라는 기본 틀 속에서 재논의가 필요하다. 사법개혁은 오직 국민을 위한 형사사법 시스템이어야 한다. 또한, 지난 7월 30일 더불어민주당과 정부, 청와대는 자치경찰제 시행안을 발표했다. 코로나 19로 인한 비용을 절감하기 위해 새로운 자치경찰 조직을 만드는 대신 국가경찰과 자치경찰이 사실상 함께 근무하도록 한 것이 주요 핵심이다. 이번에 발표한 자치경찰 시행방안에서는 별도의 자치경찰 조직이 신설되는 이전의 이원화 모델과는 달리 국가경찰과 자치경찰 조직을 일원화해 구성하는 것으로 변경하였다. 기존 경찰조직을 국가경찰과 자치경찰로 분할해서 지휘·감독 달리하는 내용을 담고 있다. 이는 조직 신설에 따른 추가 비용을 아끼고, 국가·자치경찰 이원화에 따른 업무혼란을 줄이기 위함으로 해석된다. 향후 국가수사본부가 설치되면 경찰은 현재처럼 지방경찰청이나 경찰서에서 일하며, 국가경찰, 자치경찰, 수사경찰 사무 등 3개 분야의 업무를 맡게 된다. 국가경찰 사무는 경찰청장의 지휘·감독을 받고, 자치경찰 사무는 시·도지사 소속의 독립된 행정기관인 시·도 자치경찰위원회가, 수사경찰 사무는 신설될 예정인 국가수사본부장이 지휘·감독하게 된다. 업무별로 살펴보면 정보·보안·외사·경비 등은 국가경찰이 담당하고, 지역적인 성격이 강한 생활안전·여성청소년·교통문제 등은 자치경찰이 담당하고, 수사는 수사경찰의 업무 영역에 속한다. 이번 광역단위 자치경찰제도의 핵심은 기존 조직 체계를 유지하면서 업무의 지휘·감독권을 세 곳으로 분리한 것으로 볼 수 있다. 별도 조직이 신설되지 않기 때문에 자치경찰이 지방직으로 전환되지 않고, 국가직 공무원으로 남게 될 가능성이 크다. 따라서 자칫 자치경찰이 국가경찰의 외곽조직으로 전락할 가능성이 있으며, 제복색깔만 다른 무늬만 자치경찰이 될 비판받을 가능성이 높다.

자치경찰제는 안전한 대한민국을 위해 자리매김할 수 있도록 신중하게 시행돼야 한다

'자치경찰제 성공 정착과제' 논문 발표

대구한의대학교는 경찰행정학과 박동균 교수가 대한지방자치학회 춘계학술세미나에서 '자치경찰제의 성공적인 정착을 위한 과제'라는 논문을 발표했다고 2021년 3월 9일 밝혔다.

올해부터 70년 넘게 지속돼 온 우리나라 경찰조직에 큰 변화가 생긴다.

경찰청장이 직접 지휘하는 국가경찰은 경비, 외사, 정보 업무 등 공공의 안전과 관련된 업무를 주로 담당하게 된다.

지난 1월부터 실시된 자치경찰제는 현행 국가경찰조직 체계의 기본을 유지하면서 치안행정의 민주성과 자치분권을 확보하기 위해 자치경찰사무의 책임, 지휘권을 지방자치단체에 부여한다.

박 교수는 "자치경찰은 지역 내 범죄 예방활동, 아동·청소년·여성 보호, 교통지도·단속 및 교통질서 유지 업무를 수행하게 된다. 오는 6월 30일까지 시범 운영한 뒤에, 7월 1일 본격적으로 시행할 예정이다"라고 설명했다.

또한 "경찰운영은 분리되지만 경찰소속은 그대로 국가경찰로 유지된다. 따라서 지방자치단체가 별도로 부담하는 인건비는 없다"며 "다만 자치경찰 업무와 관련한 예산은 지방자치단체가 20% 부담하게 된다. 코로나19로 인한 비용을 절감하기 위해 새로운 자치경찰을 만드는 대신 국가경찰과 자치경찰을 사실상 함께 근무하도록 한 고육지책으로 생각된다"라고 덧붙였다.

박 교수는 "우리나라의 자치경찰제도가 성공적으로 정착하려면 무엇보다 광역지방자치단체와 국가경찰의 지역안전과 자치경찰에 대한 적극적인 태도와 상호협력이 필수적이다"며 "자치경찰을 지휘·감독할 시·도 자치경찰위원회의 역할이 매우 중요하기 때문에 경찰조직에 대한 이해도와 전문성이 높고, 정치적 중립성을 갖춘 인물로 시·도 자치경찰위원회가 구성되도록 해야 한다"라고 부연했다.

또 "자치경찰조직 내에 복지부동이나 무사안일주의 문화가 생길 가능성도 있다"며

"사회적 약자를 보호할 수 있도록 자치경찰에 적절한 책임과 권한을 부여해야 한다"라고 주장했다.

박 교수는 "자치경찰제를 시작하면서 일선에 있는 현장경찰관들은 그동안 고충이 많았던 주취자, 정신병자 등의 보호 업무를 지방자치단체에서 효율적으로 할 수 있을 것이라고 기대한다"며 "지방자치단체는 이러한 업무와 아동학대 등 지방자치단체의 보호 업무를 지방자치 공무원이 아닌 자치경찰을 통해 처리할 것이라는 상반된 생각을 하고 있는 것은 아닌지 우려도 있다. 모든 자치경찰 업무의 처리기준은 국민안전이어야 한다. 국민을 위한 자치경찰제이어야 한다"라고 강조했다.

한편 박동균 교수는 치안행정 분야의 대표적인 전문가로서 20여년간 교수생활을 하면서 안전 및 치안 분야의 우수한 연구업적과 국내외 학술대회에서 다양한 정책대안 제시 및 논문 발표, 방송 출연, 언론기고, 특강 등 활발한 학술활동을 하고 있다. 이와 함께 한국치안행정학회장, 한국경찰연구학회장, 사단법인 국가위기관리학회장을 역임했으며 법무부장관 표창장과 행정안전부장관 표창 및 각종 학회 및 정부에서 수여하는 학술상과 감사장을 수상한 바 있다(뉴시스, 2021. 3. 9).

코로나19 속에서도 방역수칙을 지키면서 자치경찰제 열띤 토론

한 걸음 더 도약을 위한 경찰혁신

현재 대한민국은 많은 변화 속에 놓여 있다. 인구 구조적 측면에서는 고령화와 1인 가구 수의 증가, 다문화 가정 및 외국인 노동자들의 유입으로 기존의 인구 측면과는 다소 다른 사회적 특징을 보인다.

또한, 경제성장 둔화와 실업률 증가로 소득 불균형 현상이 심화되고, 이로 인해 사회 양극화 현상도 두드러지게 나타나고 있다. 과학기술 부문에서는 4차산업 혁명과 함께 가상공간의 확대, ICT의 급속한 발전, 신기술 개발과 발전으로 기술간 융합 현상이 하루가 다르게 변화하고 있다. 이런 급변하는 환경 속에서 범죄의 양상도 다르게 나타난다. 아동이나 여성, 노인들과 같은 사회적 약자들에 대한 문제, 보이스 피싱과 같은 사기 범죄 등이 심각한 사회 문제로 대두되고 있다. 이런 점에서 볼 때, 시민의 생명과 재산을 보호하는 시민과 가장 가까운 곳에 있는 경찰도 능동적으로 혁신해야 한다. 필자는 그동안 발표한 여러 논문에서 경찰의 현장중심 인력 및 조직 개편, 더 친근한 지역사회와의 소통과 협력, 민간 경비와의 협력을 통한 공동치안생산 등을 강조해 왔다.

첫째, 현장중심 경찰인력 운영이다. 경찰의 치안능력은 사회간접자본의 일부이자 국가 경쟁력의 핵심요소이다. 하지만 급격히 증가하는 치안 수요에도 불구하고, 이에 대한 투자가 과거에 비해 상당히 늘어났다고는 하나 아직까지 국민의 안전에 대한 기대수준에 미치지 못하고 있는 실정이라 할 수 있다. 경찰인력의 합리적 배분은 국민과의 최접점에서 가장 많은 현장근무가 이루어지는 영역에 할당할 필요가 있다. 이를 위해 지구대나 파출소, 112 치안 종합상황실, 그리고 여성·청소년 관련 부서에의 인력 증원이 요망된다. 경찰은 기획부서가 아니다. 현장에 인력을 보다 많이 배치해야 한다.

둘째, 경찰과 민간 경비 간의 상호 협력적 파트너십 구축이 필요하다. 민간 경비는 공경비가 담당해야 할 치안 공백 부분을 보충적으로 메꿔줄 수 있는 중요한 기제로 작동할 수 있다. 그러나 우리나라의 경우, 이들 간의 관계가 상호 협력적 보완관계가 아니라, 수직적 불평등 관계로 이어져 왔다.

미국과 같은 서구 선진 국가들은 경찰과 민간 경비 상호 간에 일어날 수 있는 여러 문제를 해결하기 위해 '상호협력'이라는 큰 틀 속에서 다양한 정책들을 개발하고 있다. 특히, 지방자치의 전통이 강하고 민간 경비 역사가 오래된 국가에 있어서는 지역 실정에 적합한 다양한 프로그램과 여러 단계의 협의기구를 적절하게 활용하여 상호 간의 현안을 해결하고 이해증진 실현이라는 목적을 달성하기 위해 노력하고 있다. 이는 상호 존중과 동반자적 관계라는 기본 인식하에 사회 안전망의 주체로서 시민안전욕구 충족을 위해 최선을 다하고 있다.

이처럼 우리나라도 경찰과 민간 경비 관계를 상호 협력적 파트너십 관계로 인식하고, 주기적인 합동회의나 간담회, 그리고 공동순찰 등과 같은 다양한 기제를 발동하여 상호 노력을 진전시켜야 할 것이다.

셋째, 지역 사회와의 소통과 협력 치안이 보다 요구된다. 경찰은 국민과 직접적으로 접촉하는 형사사법 시스템의 일부분이다. 경찰은 국가권위의 대표적 상징이며, 법집행의 힘과 수단, 훈련된 전문 인력을 보유하고 있는 기관이라 할 수 있다. 경찰은 위기 상황이 발생했을 경우, 가장 먼저 현장에 도착하여 대응하는 역할을 담당한다.

하지만, 이 모든 것은 경찰 혼자만의 역량으로 부족하다. 유관기관과의 소통 및 협조가 요구된다.

과거의 경찰활동은 범죄인지 능력과 범인 검거 능력을 향상해 많은 범죄를 신속하게 해결하는 것을 주된 목표로 하였다. 하지만, 현대의 경찰활동은 지역 사회 공동체 모든 분야와 협력하여 범죄 발생을 예방하고 범죄로부터 피해를 줄이는 것을 목표로 하는 지역 사회 경찰활동을 추구하고 있다. 지역 사회 경찰활동(community policing)은 지역사회 구성원들과 시민들을 대표하는 시민조직과의 파트너십을 개발하는 것으로 정의할 수 있다. 지역 사회 경찰활동에는 도보 순찰, 봉사, 지역 사회 조직화, 시민 친화적 접촉 순찰(citizen contact patrols) 등이 포함된다. 이러한 범죄 예방활동은 바로 국민의 생명·신체 및 재산의 보호와 직결되며, 또한 경찰과 지역 사회 공동체와의 접점을 이룬다는 측면에서 그 중요성이 더욱 높아져 가고 있다.

이를 위해서, 현행 민경 협력 치안 활성화를 위해 운영하고 있는 시민 경찰학교, 범죄 예방 간담회, 자율방범대활동 지원 등의 노력은 상당히 바람직스러운 현상이라 할 수 있으며, 향후에는 보다 시민 친화적 접촉 순찰 강화와 지역 사회 조직화활동 등에 더 많은 노력이 제고될 필요가 있다.

궁극적으로 '국민'은 경찰의 존립 근거이자 존재 목적으로, 국민이 경찰에 바라고 요구하는 역할을 충실히 수행하기 위해서는 단순히 범죄 예방을 넘어 국민의 불안과 위해 요인까지 사전에 배제하는 경찰로 거듭남으로써 국민의 신뢰를 확보해야 한다.

(필자가 쓴 논문 중에서 발췌)

한국 자치경찰제도 정착을 위한 광역자치단체의 과제
-경기도 사례를 중심으로-

경찰학논총 15권 1호(2020)

박동균*, 이행준**

국문요약

　자치경찰제는 지방자치단체가 자체적인 경찰력을 가지고 지역의 특성에 맞는 치안 서비스를 제공하고자 하는 제도로서 도입에 관한 논의는 정권 교체기마다 등장해 대선의 주요공약으로 채택되어 왔으나 도입을 위한 입법으로 이어지지는 못하였다. 「헌법」제1조 제2항, 제117조 제1항에 근거 자치경찰제는 지방자치의 이념에 부합하는 제도이다. 즉, 지역적 특성, 주민의 요구를 반영하는 치안 서비스를 제공함으로써 시민이 통제·참여하는 경찰권을 행사하여 민주성·효율성을 제고할 수 있다. 중앙집권적, 획일화된 치안 등 경찰행정의 한계를 극복하기 위해서 지역 특성에 부합하는 경찰행정, 그리고 주민의 생명과 재산 보호를 통한 자치경찰의 실현은 주민자치의 목적인 지역 주민의 복리 및 민생 치안 증진 및 달성에 기여하기 위한 치안행정의 분권화 대두된 것이다. 경기도의 지방행정과 치안행정의 연계성을 확보한 자치분권을 실현하기 위해 지역 주민에게 필요한 치안 서비스를 제공하고 시민이 직접 통제하거나 참여하는 경찰권 행사의 중요성이 강조되었다.

　이에 '광역단위 자치경찰제 도입'의 국정과제가 제시되어 자치분권 위원회의 도입(안)이 마련됨에 따라 경기도형 자치경찰의 특수시책 개발에

---

*　대구한의대학교 경찰행정학과 교수, 주저자
**　동국대학교 행정학 박사, 교신저자

대한 필요성이 제기되어 자치경찰과 소방, 재해·재난 부서와 연계방안, 자치경찰과 보건복지국, 평생교육국 연계방안, 자치경찰과 관내 봉사단체 등과 연계방안 등 광역자치단체 시책 개발을 제안하고자 한다.

■ 주제어 : 지방분권, 자치경찰, 국가경찰, 치안 서비스, 광역자치단체, 특수시책

차 례

I 서 론

자치경찰제는 지방자치단체가 자체적인 경찰력을 가지고 지역의 특성에 맞는 치안 서비스를 제공하고자 하는 제도로서 도입에 관한 논의는 정권 교체기마다 등장해 대선의 주요공약으로 채택되어 왔으나 도입을 위한 입법으로 이어지지는 못하였다. 「헌법」 제1조 제2항, 제117조 제1항에 근거 자치경찰제는 지방자치의 이념에 부합하는 제도이다. 즉, 지역적 특성, 주민의 요구를 반영하는 치안 서비스를 제공함으로써 시민이 통제·참여하는 경찰권을 행사하여 민주성·효율성을 제고할 수 있다. 다만 2006년 제주특별자치도에 한하여 도입되었으며 정부차원에서는 향후 기초자치단체 단위에서 도입하는 것을 전제로 논의되었다. 그럼에도 불구하고 제주특별자치도의 출범과 함께 도입

된 제주자치경찰제는 국민의 주권과 견제와 통제의 시대적 요구를 반영하는데 그 한계가 있는 것으로 평가되었다. 지방자치단체와 자치경찰의 정치적 중립성 문제, 국가·자치경찰 간의 사무와 권한의 배분 문제, 경찰의 수사권 독립 문제, 지방자치단체별 재정적 여건에 따른 치안여건의 차이, 그리고 고유사무의 부족으로 실질적 치안기능 미흡 등이 존재한다.

2018년 대통령소속 자치분권위원회에서는 관련 전문가로 구성된 '자치경찰제 특별위원회'의 운영을 통하여 자치경찰제 도입방안을 발표하였다. 발표 내용은 경찰인력(파출소, 지구대)을 자치경찰로 이관하는 것이 큰 골자인데, 자치경찰제의 도입이 지속적으로 논의된 배경은 획일화된 국가경찰제 운영으로 인해 지역의 특성에 맞는 치안활동과 서비스에 적절히 대응하기 힘든 점, 경찰서 중심의 경찰활동으로 광역적 경찰활동의 한계, 비민주적 경찰조직 운영 등 현행 국가경찰체제의 한계점에서 비롯되었다고 판단하였다.

현행 경찰서는 국가경찰의 일선 기관으로 하부 조직의 역할 수행, 지방 경찰청의 역할모호성(일선 경찰서를 지휘하는 수단에 불과하다는 비판에 직면, 수사 등 일부 기능에서 지방 경찰청의 고유사무로 수행)을 지적(이시원, 2018)하고 있는데 상명하복의 비민주적 조직운영 하에서 시민의 치안 수요 요구에 적절히 부응하지 못한 한계점이 있다.

즉, 중앙집권적, 획일화된 치안 등 경찰행정의 한계를 극복하기 위해서 지역 특성에 부합하는 경찰행정, 그리고 주민의 생명과 재산 보호를 통한 자치경찰의 실현은 주민자치의 목적인 지역 주민의 복리 및 민생 치안 증진 및 달성에 기여하기 위한 치안행정의 분권화 대두된 것이다. 경기도의 지방행정과 치안행정의 연계성을 확보한 자치분권을 실현하기 위해 지역 주민에게 필요한 치안 서비스를 제공하고 시민이 직접 통제하거나 참여하는 경찰권 행사의 중요성이 강조되었다.

'광역단위 자치경찰제 도입'의 국정과제가 제시되어 자치분권 위원회의 도입(안)이 마련됨에 따라 경기도형 자치경찰의 특수시책 개발에 대한 필요성이 제기되어 자치경찰과 소방, 재해·재난 부서와 연계방안, 자치경찰과 보건복지국, 평생교육국 연계방안, 자치경찰과 관내 봉사단체 등과 연계방안 등 다수의 시책 개발에 대한 제안을 하고자 한다.

Ⅱ 자치경찰제도에 관한 이론적 논의

1. 자치경찰의 개념 및 필요성

가. 자치경찰의 개념

자치경찰제의 개념은 크게 두 가지 방향으로 설명되고 있다. 먼저 '지방분권제도와 지방자치사상에 따라 경찰운영에 필요한 모든 책임과 권한을 지방자치 단체가 수행하는 제도'라고 주장하는 경우가 있는가 하면 '국가와 지방간의 기능배분의 원칙에 따라 경찰의 지방적 기능을 지방자치단체가 감독과 책임을 담당하는 제도'라고 주장하는 견해가 있다(장석현, 2007: 39). 지방자치를 강조하느냐 아니면 기능배분 입장에서 접근하느냐는 차이로서 이는 각국 자치경찰제도의 여건과 운영상황에 따라 달라질 수 있다.

이에 자치경찰은 '지역 주민의 의사에 기반하여 치안임무를 자주적으로 수행하는 제도' 또는 '지방분권의 이념에 따라 지방자치단체에 경찰권을 부여하고, 경찰의 설치·유지·운영에 관한 책임을 지방자치단체가 담당하는 제도' 등으로 정의된다(조성규, 2017: 26; 윤태웅·신용식, 2018: 4; 박동균·이행준, 2019: 2).

나. 자치경찰의 필요성

자치경찰제는 국민의 정부 시절부터 도입 논의가 이루어졌는데, 그 배경에는 현행의 단일화된 국가경찰체제로는 지역 치안 수요에 효율적인 대책 마련이 곤란하다는 점, 지역 치안의 자기책임성이 부족하다는 점, 그리고 치안행정에 대한 주민 참여가 미흡하다는 점 등의 비판이 존재한다(최진학, 2005; 박억종, 2008: 83; 조성택·김동현, 2008). 이에 따른 자치경찰제 도입의 필요성에 관하여 살펴보면 다음과 같다.

첫째, 지방정부의 종합행정 실현이다. 현재 주민을 대상으로 제공 중인 각종 일반 행정서비스 외에, 자치경찰제 시행을 통해 주민 생활과 밀접한 치안 서비스를 지방정부의 자율적인 권한과 책임으로 처리할 수 있는 경찰권을 확보하여 지역 주민에게 필요한 진정한 의미의 종합행정이 가능하게 된다(전희재, 2006: 50-51; 조성택·김동현, 2008; 안영진, 2014: 357).

둘째, 지방분권을 위한 수단이 된다. 치안행정을 위한 지방분권화는 지역 사회를 중심으로 선행되어야 하는 전제조건인데, 지역 사회를 중심으로 하는 경찰활동의 경우 일선 경찰관이 현장에서 바로 문제를 파악하고 해결할 방안을 마련할 수 있으므로(이만종,

2008), 치안활동과 함께 매우 효과적인 범죄 예방에 기여할 수 있다(홍의표·원소연, 2014: 40).

셋째, 민생 치안체제 확보이다. 경찰의 기본기능은 지역 주민들의 생명과 신체 및 재산의 안전을 확보하기 위한 활동이 국가 공무원으로서가 아닌 지방 공무원으로서의 경찰관 자신이 근무하는 지역에서 지방정부에 의해 임명되고, 해당 지방정부에 관한 근무의무를 지니며, 또 그 지방정부로부터 봉급을 받게 됨으로써 자기 봉급의 근원이라고 할 수 있는 지역 주민들의 안전을 보장하기 위해 헌신적인 봉사활동을 하게 될 것이기 때문이다(한국정책학회, 2017: 11).

넷째, 지역적 특성에 적합한 치안 서비스 제공이다. 현행 국가경찰의 지휘체계는 경찰청장-지방경찰청장-경찰서장-지구대장(파출소장) 등으로 획일화되어 있는데, 이러한 시스템 하에서 자율적이고 창의적인 지역적 치안활동을 기대하기에는 한계가 있다(황문규, 2018: 41). 따라서 경찰서비스의 일관성을 유지하기보다 지방정부와 경찰이 상호 유기적으로 연계하여 각 지역의 구조와 특성을 사전에 파악하고 지역 실정에 필요한 예산을 확보하여 치안 서비스를 제공받으면서 범죄를 감소시켜 삶의 질을 높일 수 있도록 하는 것이 중요하다(김봉구, 2014: 259; 안영진, 2014).

2. 자치경찰의 도입단위에 따른 유형

자치경찰제는 도입단위에 따라 기초자치경찰제도, 광역자치경찰제도, 절충형 자치경찰제도로 구분할 수 있다.

가. 기초자치경찰제도

기초자치경찰제도는 기초지자체에 도입 운영하는 형태로 각 시군구에서 주민 생활에 밀착한 형태의 자치경찰 설치 및 운영을 하는 모델이라고 할 수 있다. 장점으로 첫째, 주민과의 접촉이 원활하여 일상생활에 영향을 미칠 수 있어 주민들의 정치적 관심을 높일 수 있으며, 능동적 참여를 통한 성숙한 민주주의를 실현할 수 있다(신정현, 1996). 둘째, 기초지자체의 사무를 우선 처리한다는 지방자치법상의 보충성의 원칙에 충실할 수 있다. 관할 지역에서 제약없이 직접적인 수행이 가능해져 지역 실정 파악이 용이해지고 주민이 요구하는 업무 및 서비스를 신속하게 처리할 수 있다. 셋째, 주민과 밀착한 치안 서비스를 제공할 수 있다. 지자체가 환경·식품·위생 등의 특사경 업무를 수행하지만, 실질적 단속이 어려운 실정을 보완할 수 있다. 넷째, 지역 치안활동에 있어 주민을 참여시키고 통제가 용이하여 치안행정의 책임성을 제고시킬 수 있다(손봉철, 2005). 단점으로는 첫째, 광역 치안상황에 대한 대응이 어렵다. 둘째, 지역의 토착세력과 연결될 가능성이 매우 커 공정하고 정당한 법 집행이 어려워 질 수 있다. 셋째, 지역 내 장기간 복무로 인해 토착세력과의 유착으로 뇌물수수 등 관행이 일반화될 수 있다. 넷째, 지역 재정력에 따라 치안행정 서비스의 불균형이 발생할 수 있다. 다섯째, 기초지자체의 경우 생활안전·교통·경비와 함께 보건·위생·환경 등의 업무를 담당하므로 지역 내 발생하는 강력 범죄는 국가경찰이 담당하고 자치경찰은 보조기관으로 전락할 수 있다.

나. 광역자치경찰제도

광역자치경찰제도는 시·도의 단위에 도입 및 설치하여 운영하는 형태로 장점으로는 첫째, 정책결정(지방경찰위원회)과 집행(지방경찰청)을 설치하여 정치적 중립성과 민주성을 확보할 수 있다. 둘째, 지역 토착세력과의 연결고리 차단으로 지역 유력 정치인과의 유착을 차단하여 비리를 예방할 수 있다. 셋째, 자주적 예산 확보와 집행을 통해 지역간 균등한 치안 서비스를 제공하고 치안행정의 효율성을 증대시킬 수 있다. 넷째, 자치경찰인력을 모집하고 채용하여 교육훈련을 통해 전문성을 확보할 수 있고 기초지자체 간 순환보직이 가능하여 승진기회를 증대시킬 수 있어 지방경찰관의 사기 진작 제고 및 탄력직인 인력 관리가 가능하디. 단점으로는 첫째, 주민에 대한 밀착형 치안 서비스 제공 및 대응이 어려우며. 둘째, 자치경찰제의 보충성의 원칙에 위배된다. 셋째, 자치경찰력 등의 이관에 따른 국가경찰의 반발이 예상된다.

다. 절충형 자치경찰제도

절충형 자치경찰제도는 시도지사 소속하에 의결기관으로 시·도 경찰위원회를 설치하고 집행기관으로 시·도경찰청을 운영하며, 시군구에도 단체장 아래 자치경찰위원회를 설치하고 집행기관으로 경찰서를 운영하는 형태이다. 장점으로는 기초자치단체와 광역자치단체에 모두 자치경찰을 실시할 경우 완전한 지방분권을 실현할 수 있다. 둘째, 가치단위 자치경찰이 해결하기 어려운 치안상황을 광역자치경찰 혹은 국가경찰이 담당하여 수행 가능하여 양질의 치안 서비스 제공이 수월하다. 셋째, 광역적 치안 수요와 관련된 사무와 기초자치경찰간의 조정과 보완적 사무를 수행함으로써 자치단체별로 치안에 관한 책임성을 확보할 수 있다. 단점으로는 첫째, 중층제의 복잡한 지휘체계로 치안행정의 효율성이 저하될 수 있다. 둘째, 자치경찰 상호 간의 갈등과 혼선을 야기한다. 셋째, 지역의 유력한 정치인의 영향력을 차단하기 곤란하다. 넷째, 기초자치단체 간 치안 서비스의 형평성에 차이가 우려된다.

☀️ <표 1> 자치경찰제 도입단위에 의한 모형의 비교

구분	기초(시·군·자치구)	광역(시·도)	절충(광역+기초)
자치 경찰 조직	• 시·군·구 자치단체의 장 소속의 자치경찰대 또는 자치경찰과 • 시·도 단위는 국가경찰의 지방경찰청 운영	• 시·도 단위 자치경찰위원회 설치, 산하에 시·도 경찰청 운영 • 시·군·구 단위에는 시·도 경찰청소속하의 경찰서 운영 • 국가경찰의 지방경찰분국 운영	• 시·도 단위 자치경찰위원회 설치, 그 산하에 시·도 경찰청 운영 • 시·군·구 단위 자치경찰위원회 설치, 그 산하에 시·군·구 경찰서 운영 • 국가경찰로 중앙에는 경찰청 운영
장점	• 풀뿌리 민주주의 실현 • 보충성원칙에 충실 • 주민 생활에 밀착된 치안 서비스 제공 • 주민의 참여 및 통제로 치안행정의 책임성 제고	• 정치적 중립성과 민주성 확보 • 지역 토착세력과 거리 확보 용이 • 지역 간 치안 서비스 균질성 확보 • 사기진작및인력관리유리 • 공감대 확산으로 자치경찰제 도입에 대한 저항 최소화	• 치안의 현장성과 광역성 동시 충족 • 일반 행정과의 연계성, 종합성 강화 • 자치단체별 치안책임성 제고
단점	• 광역·기동성 치안 수요에 대응 곤란 • 지역정치 영향으로 엄정한 법집행 곤란 • 지역 토착세력과 밀착 비리 조장 • 재정형편상 지역 간 치안 불균형 심화 • 민생침해 범죄 대응력 약화	• 주민 생활과 밀착된 치안 수요에 대응 미흡 • 보충성 원칙 위배 • 국가경찰의 반발 우려	• 경찰지휘체계가 복잡·다원화로 치안 효율성 저하 • 국가경찰-자치경찰 간, 자치경찰 상호 간 갈등과 비협조 증대 • 광역-기초자치경찰 간 역할 혼선과 분쟁 발생 • 지역 정치의 영향력 차단 곤란 • 치안비용 부담 과다

자료 : 행정자치부 자치경찰제실무추진단(2008).

3. 자치경찰제도 도입에 관한 선행연구의 검토

우리나라의 자치경찰제도의 도입에 관한 선행연구들은 치안, 방범, 순찰의 역할을 강조하고 자치경찰의 범위와 조직체계, 인력, 감독 및 통제 관리, 재정, 법 제도 등에 초점을 맞춘 연구가 지속되어 연구해 왔다.

자치경찰제 도입의 역할과 범위에 관한 연구로 이윤환(2005)의 연구에서는 기초단위의 자치경찰제 도입을 통해 집행기관으로 치안행정협의회 혹은 지역치안협의회에 민주적인 통제도구 역할을 강조하였고 이영남(2005)의 연구에서는 주민대응성과 민주성을 강조하며, 지역 주민에 대한 밀착형 치안행정을 제공할 수 있는 기초단위의 자치경찰제를 도입해야 한다고 하였다. 그리고 조성택(2005)의 연구에서는 주민 참여를 통해 의사가 반영될 수 있도록 조직 구성이 가능한 기초단위의 자치경찰제 도입이 이루어져야 한다고 하였다.

경기연구원(2009)은 광역단위의 범위로 자치경찰제 도입을 제시하였고 위원회제 유형으로 독립기관화하는 방안을 제시하였다. 그리고 인사권은 국가와 지방정부가 구분하여 실시하고 사무영역에 대해서는 단순절도, 폭력, 살인, 음주 단속 등의 일반 범죄를 대상으로 자치경찰에게 수사권을 부어하며, 국가경찰과의 상호협력을 지속하고 자치경찰의 재정의 경우 지방정부의 재정력 수준과 인사 및 조정 등에 대한 국가개입을 고려하여 중앙과 지방이 사무와 권한에 따라 적절하게 부담해야 하는 등의 방안을 세시하였다.

김원중·김윤영(2015)은 "자치경찰 도입에 따른 국가경찰의 역할 검토"에 관한 연구에서 국가경찰이 주요 국가사무를 담당하고, 자치경찰의 경우 지역 치안 업무에 대한 책임을 지니며, 국가경찰이 지역경찰사무에 대해 보조 역할 및 지위를 지녀야 함을 강조하였다. 그리고 상호 대등한 관계를 통해 지역의 치안 서비스를 제공해야 함을 강조하였다.

김재정(2015)은 "우리나라 자치경찰의 역할정립방안에 관한 연구"에서 제주도 근무하는 자치경찰관과 국가경찰관을 대상으로 하여 자치경찰사무와 권한에 관한 인식과 향후 제주자치경찰의 수행해야 할 사무에 대하여 조사를 실시하였다. 연구 결과, 제주자치경찰의 역할정립을 위해서는 국가경찰과 자치경찰 간의 상호 업무협력 체제를 개선하고, 제주지역의 특성이 반영된 사무영역의 발굴(교통경찰, 관광경찰 등)해야 함을 제시하였다.

박준휘(2018)는 자치경찰제의 도입반대 논거를 형사사법체계로서 경찰활동의 특성, 정치체제와의 정합성 문제와 주요 선진국 동향, 자치경찰 간 경쟁이 제한되는 사항, 균

등하고 표준화된 치안 서비스 제공과 신뢰·형평성 문제, 부정부패와 정치적 중립, 기존 지방행정이 지니고 있는 문제(특별사법경찰 및 소방 사례 등), 특정 지역의 쏠림 현상과 경찰력 약화 등의 가능성을 제시하고 있다. 이에 대한 대안으로 국가경찰체제를 유지하고 자치경찰제가 도입될 경우에는 제기된 문제에 대한 관심과 정책대안이 마련되어야 함을 강조하고 있다.

이정철과 권오영(2018)은 우리나라 자치경찰제 도입 추진과정 및 운영현황을 검토하고, 국가경찰과 자치경찰의 협력체제 강화, 사무 및 업무배분(보충성의 원칙 적용, 재정 및 비용분담) 문제 등을 제시하였다.

자치경찰제 도입은 현행 국가경찰제의 기능 수행이 어렵다는 문제의식에서 시작된 것이 아니라 지방분권에 충실히 수행하고 지방자치를 완성한다는 측면에서 논의가 이루어져야 한다. 정부, 학자, 정계, 시민 사회, 전문가 등 자치경찰제 도입에 따라 지속적인 찬반논의가 제기되고 있고 국가경찰과 자치경찰의 각 장단점이 있으므로 자치경찰제를 현행 국가경찰체제에서 발생하는 문제점을 해결하는 대안으로 제시하기보다는 보다 성숙한 국민의 지방자치에 관한 인식을 함양하고 자치단체의 행정력 강화를 통하여 지방자치제도를 완성한다는 측면에서 자치경찰제 도입의 필요성을 강조해야 한다.

이에 경기도형 자치경찰의 도입 대안과 특수시책방안을 마련하기 위해 자치경찰 도입에 관한 선행연구를 검토하고 자치경찰이 가지는 역할과 범위에 대하여 분석하였고 광역단위 자치경찰제 도입의 문제점을 제시하여 향후 경기도형 자치경찰제도 도입방안과 특수시책을 제안하고자 한다.

<그림 1> 연구의 분석 틀

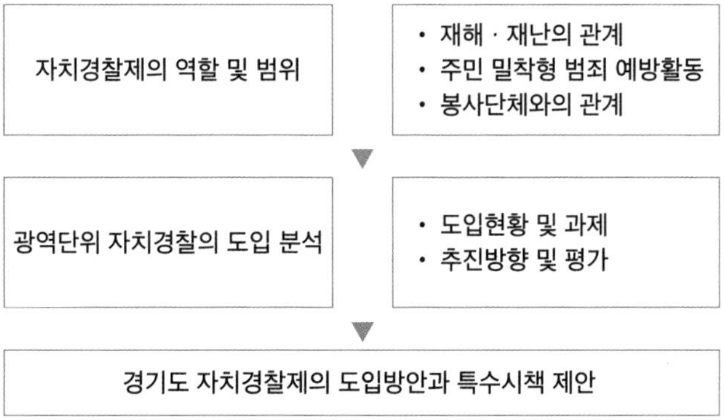

자치경찰제의 역할 및 범위	• 재해 · 재난의 관계 • 주민 밀착형 범죄 예방활동 • 봉사단체와의 관계
광역단위 자치경찰의 도입 분석	• 도입현황 및 과제 • 추진방향 및 평가

경기도 자치경찰제의 도입방안과 특수시책 제안

Ⅲ 자치경찰의 역할 및 범위

1. 자치경찰과 재해·재난의 관계

가. 경찰의 재난개입과 관련한 법적 근거

현대적 지역 사회 경찰활동의 주요 내용으로 추가되는 위기 및 재난관리는 소방청 혹은 행정안전부의 주요 업무이기에 앞서 1945년 광복 이래 대한민국 경찰의 업무영역에 속해 왔다. 법적 측면에서 보면 우리나라 헌법 제34조에서는 재난과 자연재해를 구분하지 않고 모든 재난으로부터 국가는 국민을 보호해야 할 의무가 있음을 분명하게 나타내고 있다. 「경찰법」과 「경찰관직무집행법」에서도 국민의 생명, 신체 및 재산의 보호(제2조 제1항)와 위험방지를 위한 조치(제5조)를 경찰의 직무로 규정하고 있으며 위험방지를 위한 출입(제7조) 등과 같은 규정으로 이러한 직무의 수행을 뒷받침하고 있다. 특히, 동법 제2조 제6호가 규정하고 있는 '그밖에 공공의 안녕과 질서유지'는 입법자가 예상할 수 없는 경찰상의 위해가 발생하거나 법기술상의 한계성 때문에 미리 조문화하여 규정된 개별적인 수권규정에 의하여 해결하지 못하는 위해에 있어 경찰개입을 정당화할 수 있는 '개괄적 수권조항'으로 이해되고 있다. 이러한 개괄적 수권조항은 사실상 국민의 안전을 도모하기 위한 경찰의 임무에 명확한 한계란 존재하지 않는다는 것을 확인해 주고 있다. 이는 국민의 생명과 신체, 그리고 공공의 안녕과 질서에 대한 위험이 존재하는 곳에 경찰은 언제나 개입할 수 있으며 또 개입해야 한다는 것을 의미한다.

또한, 경찰 내부의 여러 규칙도 재난관리를 경찰의 업무로 규정하고 있다. 경찰재난관리규칙 제4조도 재난관리 업무와 관련한 각 국·관별 임무를 명확히 규정하고 있으며 경찰비상 업무규칙은 제2조에서 비상상황을 "대간첩·테러, 대규모 재난 등의 긴급상황이 발생하거나 발생할 우려가 있는 경우 또는 다수의 경찰력을 동원해야 하는 치안 수요가 발생하여 치안활동을 강화할 필요가 있을 때"라고 정의하여 재난관리를 경찰의 주요 업무의 하나로 파악하고 있다. 동 규칙은 비상상황을 갑·을·병호비상과 경계강화로 단계별로 나누어 동원인력과 근무방법을 지정하고 있으며(동 규칙 제7조) 비상상황 시에는 경찰청, 지방경찰청의 치안상황실과 경찰서 등에 경찰지휘본부를 두고 상황의 효율적인 관리를 위해 필요시 현장지휘본부를 설치하도록 하고 있다(제17조). 나아가 2003년 대구지하철 화재 사건을 계기로 재정된 「재난및안전관리기본법」에 근거하여 중앙안전관리위원회가 수립한 「국가안전관리기본계획」상에 경찰청은 전체 15개 유형의 재난에 있어 유관기관으로 지정되어 있다.

나. 자치경찰과 유관기관

재해나 재난 상황 발생 시 경찰만이 책임을 지는 유일한 기관은 아니라, 소방방재청, 지방자치단체 등 많은 기관이 재해나 재난 발생 시에 역할을 수행한다. 「재난및안전관리기본법」에서는 국가와 지방자치단체의 재난 및 안전관리체제를 확립하고, 재난의 예방·대비·대응·복구와 안전문화 활동, 그밖에 재난 및 안전관리에 필요한 사항을 규정하고 있다. 그러나 동법에는 경찰의 역할보다 중앙행정기관, 지방자치단체, 소방방재청이 재난 등에 대처하도록 하고 있다. 이러한 상황하에서 경찰이 재난 관련 유관기관과 유기적인 협력체제를 구축하고 이를 주도할 수가 없다. 이는 조정과 통합의 원리측면에서도 큰 문제를 불러올 수 있다. 조정과 통합의원리란 재난 상황 극복과 예방이라는 목표를 효율적으로 달성하기 위해 각자의 조직과 단위 그리고 해당 구성원들의 집단적 노력과 행동을 질서있게 배열하고 통일시키는 일련의 작용을 의미한다(백형배, 2012).

재난 상황을 예방하기 위해서 각 기관 사이의 분업, 계층제, 명령통일, 통솔범위의 원리 등은 매우 중요하며, 동시에 이러한 원리는 재난 상황에서 조직의 목표달성에도 크게 이바지한다. 이를 위해 무엇보다도 법적 그리고 제도적 정비가 선행되어야 한다.

영국의 경우 지역위기관리포럼 또는 지방위기관리포럼을 조직하고 경찰이 이를 주도하도록 하고 있다. 각 포럼의 관할구역이 경찰의 관할 구역을 따르는 것도 그 이유이다. 포럼의 책임과 운영을 경찰이 담당하며, 위기관리 상황하에서도 경찰이 책임을 지나, 질병 등 전문성을 요구하는 상황의 경우에는 이를 담당하는 기관이 우선적으로 책임을 지도록 하는 등 탄력적으로 운영하고 있다. 또한, 포럼을 정기적으로 운영하여 각 기관의 책임자들이 서로의 정보를 공유할 수 있도록 하고 유사시 즉각적인 연락을 취할 수 있는 체계를 구축하고 있다.

우리나라의 경우 경찰은 주도적 기관이라기보다는 보조적 기관이기 때문에 영국과 같이 효과적으로 활동하기에는 한계가 있다. 경찰이 재난 및 재해 관련 기관과 유기적인 협력체계를 구축하는 것이 절실하며 이를 위해서는 관련 법률의 개정도 필수적이라고 할 수 있다.

2. 자치경찰과 주민 밀착형 범죄 예방활동

최근의 범죄 예방활동의 경우 지역에 내재된 범죄 위험요소를 미리 파악하고, 경찰과 지방자치단체, 주민 등 지역 사회 구성원들의 적극적인 참여와 협력을 통해 문제를 파악하고 해결해 나가는 과정이 주요 내용이다.

지역 사회 경찰활동은 자치경찰이 지역 주민들을 대상으로 범죄 예방 교육을 실시하여 범죄 예방을 위하여 주민이 활동할 수 있도록 조직을 구성하고 이끌면서 범죄 관련 정보를 수집하여 범인을 검거하는 등 다양한 업무를 수행하는 역할을 한다. 어린이, 여성, 노인 등의 노약자를 대상로 한 특수활동을 실시함으로써 지역 주민들의 일상생활에 밀접한 영향을 행사하고 있다. 이러한 새로운 시민친화인 경찰철학이 전 세계적으로 확산됨에 따라 각 국 경찰에서는 교육과정에 육체적 훈련 대신 대화기법과 문제해결능력, 전문적인 범죄 예방 기법 및 가정폭력 사건 처리와 성범죄 조치 요령 등에 대하여 보다 중점을 두고 있으며, 치안정책의 수립단계에서부터 범죄 예방활동에 이르는 전 경찰 과정에 걸쳐 주민의 참여와 협조를 확대해 나가고 있다.

특히 성폭력의 경우 피해자 지원체계와 관련하여 문제점이 제시되고 있는데, 일반인을 비롯한 청소년 및 장애인 상담소 모든 기관에서 공통적으로 지적된 문제로 특히 장애여성의 경우에는 수사 및 재판 진행과정에서 본인의 의견을 충분하게 반영하기가 매우 어려운 형편이며, 사건을 처리하는 과정에서 나타난 정보를 획득하기 어렵다. 또한 장애에 관한 경찰의 인식이 부족하여 초동수사가 어려워지는 경향도 있었지만, 성폭력 특별수사대가 구성되고 성폭력 교육 실시 등 다양한 변화를 모색하고 있다.

그리고 성폭력 피해자를 지원하는 체계를 살펴보면, 대부분 여성·학교폭력 피해자 원스톱 지원센터에서는 사건을 접수하고 의료 지원을 실시하고 초기상담을 통해 피해자의 의사에 따라 지속적인 상담과 지원을 통해 성폭력상담소와 연계하고 있다. 그러나 성폭력상담소와 통합 지원센터의 역할이 중복되어 현장에서 많은 어려움이 나타나고 있다. 이에 기관 간 공유와 연계를 원활하게 전개하여 신속한 서비스가 제공되어야 하고 복지관, 건강가정 지원센터 등 지역 사회 유관기관과의 연계가 지속되어야 한다.

보호시설의 경우에는 피해자가 사회복귀를 위해 복지관과의 연계를 통하여 취업훈련을 실시하고 있으며, 취업 후에도 사후관리가 요구되며, 취업훈련은 보호시설뿐만 아니라 상담소에서도 필요한 실정이다.

피해자 지원기관의 접근은 경찰, 원스톱 지원센터, 상담소 등에 의뢰되는 경우와 함께 피해자가 직접 인터넷 검색을 통해 방문한다. 그리고 청소년의 경우에는 전화상담을 통해 문의하거나 학교를 통해서도 의뢰한다.

그리고 피해 사례에 대한 관리의 필요성이 강조되고 있지만 전문인력의 확보와 비용 및 시간 부족 등으로 사례관리가 힘든 실정이다. 그리고 성폭력 피해자의 경우에는 지속적인 사후관리가 중요하지만 잘 이루어지지 않고 있다.

3. 자치경찰과 봉사단체와의 관계

녹색어머니회, 모범운전자회, 그리고 자율방범대활동은 주민들의 자율적인 참여로 이루어지고 있으나 이들에 대한 수요에 비해서 실질적으로 활동하는 참여자가 부족하여 지역 주민이 적극적으로 참여할 수 있도록 하는 다양한 유인책 마련의 필요성이 제기되고 있다. 모범운전자회의 경우 회원 수가 점차 줄어들고 참여자의 연령대 역시 고령화되고 있고 녹색어머니회도 등교 및 하교 시간대에 봉사활동이 필요하지만, 참여 인원 부족으로 인해서 교통사고가 많이 일어나는 하교 시간대에는 봉사활동에 한계가 존재한다.

그리고 지역치안협의회 등의 경우 첫째, 대다수의 지구대 및 파출소들이 협의회를 형식적으로 운영, 둘째, 협의회의 구성과 운영에서 진정성과 신뢰감을 기대하기가 어려움, 셋째, 협의회 운영에 필요한 예산 및 회의 장소 확보가 어려움, 넷째, 과거에 파출소 단위로 운영하던 방범자문위원회의 부정적 이미지가 여전히 존재한다. 따라서 협력의 주역인 지역 주민의 의식수준과 경찰에 대한 시민들의 보편적 정서에 대한 이해와 인식을 충분히 고려해야 할 것으로 판단된다.

자율방범대의 경우에도 첫째, 예산이 지원되는 구조에서 비롯되는 비효율과 정경유착의 가능성이 확인되거나 둘째, 지역치안협의회 위원들의 경우와 마찬가지로 자율방범봉사자 가운데도 '염불보다 잿밥'에 마음이 두는 사람(경력, 인맥관리 등)이 많으며, 셋째, 자율방범 봉사활동에 대한 동기부여가 매우 부족함, 넷째, 앞에 지적한 내용들은 지구대 및 파출소 차원의 자율방범대도 주도면밀한 검토와 연구를 거치지 않고 주먹구구식 판단과 모방을 토대로 운영되고 있을 개연성을 뒷받침하고 있다.

Ⅳ 광역단위 자치경찰제도의 도입과 문제점

1. 광역단위 자치경찰제 도입

가. 자치경찰의 법 제도적 현황

광역단위 자치경찰제 도입에 관한 논의는 과거 국민의 정부 시절부터 이루어져 오고 있는데, 국민의 정부 시절에는 광역자치단체의 시·도 중심의 자치경찰제 도입 논의가 이루어졌던 반면, 이후 참여정부부터 박근혜 정부에 이르기까지의 시기에는 기초자치단체인 시·군·자치구 중심의 자치경찰제 도입 논의가 이루어졌다. 그러나 역대 어떤 정부에서도 자치경찰제 도입에 관한 내용이 확정되지 못하였고, 전국시도지사협의회 등 이해관계집단과의 마찰 발생에 따라 아직까지 실질적인 자치경찰제도가 도입되지 못하고 있는 실정이다.

나. 역사적 전개과정

자치경찰제 도입에 대한 최초 논의는 1948년 7월 17일 「정부조직법」 제정 시절로부터 거슬러 올라갈 수 있으며, 각 정권별로 자치경찰제 도입 논의가 지속적으로 이루어졌다(정부혁신지방분권위원회, 2007: 146). 국민의 정부는 민주당 추미애 국회의원을 단장으로 하는 자치경찰추진단을 만들고 수차례 회의를 통해, 일본과 유사한 광역 중심의 자치경찰제 도입을 위한 「경찰법」 일부개정법률안을 확징하였으나, 정치적 이유로 국회에 발의되지도 못하고 사장되었다(윤태웅, 2015).

2003년 4월 경찰청에서는 경찰혁신위원회 내 자치경찰분과위원회를 설치하였고, 2004년 1월 정부혁신지방분권위원회에서는 민간 전문가를 중심으로 하는 '자치경찰 T/F'를 운영하였으며, 같은 해 10월에는 심의·자문기구인 '자치경찰특별위원회'로 확대 운영하였다. 또한, 관할 부처 차원에서도 행정자치부장관 소속하에 실무추진기구인 '자치경찰제 실무추진단'을 구성·운영하였다. 2005년 11월 정부에서는 다양한 이해관계자들의 의견을 수렴하여 기초자치단체 단위의 「자치경찰법(안)」을 국회에 발의하였다. 2006년 2월 15일 정부발의로 국회 행정자치위원회에 상정되었지만 법안의 심의 과정에 있어서, 2005년 12월 14일 한나라당 유기준 의원이 전국시도지사협의회의 의견을 수용하여 국회에 대표발의한 "시·도 광역단위 자치경찰제 도입" 중심의 「자치경찰법안」과의 의견 차이를 좁히지 못하고, 결국 2008년 5월 29일 제17대 국회의 임기만료로 폐기되었다(지방분권위원회, 2007: 146).

　그리고 2006년 7월 1일 「제주특별자치도 설치 및 국제자유도시 조성을 위한 특별법」이 제정되어 제주특별자치도를 대상으로 자치경찰제를 도입하고 운영하였다. 제주 자치경찰은 주민의 생활안전활동[11], 지역교통활동에 관한 사무[12], 공공시설 및 지역 행사장 등의 지역 경비에 관한 사무, 「사법경찰관리의 직무를 행할 자와 그 직무 범위에 관한 법률」에서 자치경찰 공무원의 직무로 규정하고 있는 사법경찰관리의 직무, 「즉결심판에 관한 절차법」 등에 따라 「도로교통법」 또는 「경범죄 처벌법」 위반에 따른 통고처분 불이행자 등에 대한 즉결심판 청구 사무 등을 담당하고 있다(김재광, 2017: 33-84).

　이명박 정부에서 '자치경찰제의 도입'을 5대 국정지표와 193개 국정과제에 포함시켰고 2008년 5월 27일에는 청와대 주관 관계기관 조정회의에서 시·군·자치구 기초 단위의 자치경찰제 도입방안을 확정하였다. 이에 따라 지방분권촉진위원회에서는 2008년 12월 16일 '자치경찰제 도입'을 지방분권과제로 채택하여 지방행정체제 개편추진위원회와 더불어 자치경찰제 도입계획을 마련하였다(지방분권촉진위원회, 2013: 412-414).

　그러나 2012년 6월 11일 지방행정체제 개편추진위원회에서 대통령과 국회에 보고한 「지방행정체제 개편 기본계획」에서는 전국적 실시를 기본원칙으로 하되, 도입 단위(광역, 기초)에 대해서는 추후 검토 예정임을 주장하였으며, 2006년 7월 1일 출범한 제주특별자치도 자치경찰단의 기본 업무(생활안전, 지역교통, 지역 경비 등) 외에 음주 단속권을 추가로 부여하는 방안을 검토 중이라고 밝히고 있다(지방행정체제 개편추진위원회, 2012: 30-31). 이후 정권교체 등을 사유로 구체적인 자치경찰제 도입방안에 관한 지속적인 논의가 어려워지게 되었다.

　한편, 국회 차원에서도 자치경찰제 도입을 위한 노력이 있었는데, 2009년 11월 17일 한나라당 유기준 의원이 광역 단위에 시·도 경찰본부를 두고, 기초 단위에 시·군·구 자치경찰대를 설치하는 「경찰법」 및 「경찰공무원법」 전부개정법률안을 다시 대표발의하였으나, 2012년 5월 29일 제18대 국회의 임기만료로 폐기되었다(윤태웅, 2015).

11　생활안전을 위한 순찰 및 시설 운영, 주민 참여 방범활동의 지원 및 지도, 안전사고와 재해·재난 등으로부터의 주민 보호, 아동·청소년·노인·여성 등 사회적 보호가 필요한 사람의 보호와 가정·학교폭력 등의 예방, 주민의 일상생활과 관련된 사회 질서의 유지와 그 위반행위의 지도·단속 등이다(황문규, 2017: 5).

12　교통안전과 교통소통에 관한 사무, 교통법규위반 지도·단속, 주민 참여 지역교통활동의 지원·지도 등이다(오재환, 2017: 65-88).

박근혜 정부의 지방자치발전위원회에서는 지난 정부에서 추진한 시·군·자치구 기초 단위 자치경찰단 설치를 추진하였고 자치경찰이 지역 내 방범·교통 등 주민 생활 밀착형 사무 62개 사무와 특사경 사무 23종을 수행하도록 하고, 음주 운전 단속권을 부여하였다. 소요인력은 약 12,000명~14,000명 내외로 추산하고 있으며, 재원은 지방 소비세 규모 확대, 자치경찰 단속범칙금 지자체 귀속 등 증세 없는 방안을 강구하였다.

한편, 이와 관련하여 국회 차원에서는 지난 2013년 7월 11일 새누리당 이철우 의원이 국가경찰과 자치경찰로 이원화 하고, 국가경찰은 경찰청, 광역경찰청, 경찰서까지 존치하되, 광역 및 기초 지자체 단위의 경찰조직을 신설하는 「경찰법」 및 「경찰공무원법」 전부개정법률안을 대표발의 하였지만, 제19대 국회의 임기만료로 폐기되었다.

현 정부에서는 2017년 11월 경찰개혁위원회에서 「광역단위 자치경찰제 도입 권고안」을 발표하였고, 현재 자치분권위원회 내 자치경찰제 특별위원회에서도 본 권고안을 중심으로 최종적인 '광역단위 자치경찰제 도입방안'을 마련 중인 것으로 파악됨에 따라, 권고안의 내용을 살펴보면 다음의 <표 2>와 같다.

 <표 2> 경찰개혁위원회 권고안('17.11) 주요 내용

구 분	주요내용
목 적	지방분권이념 구현, 주민 밀착형 치안 서비스 제공을 위해 「광역단위 자치경찰제」 도입 △ 조속한 법령 제·개정 △ 수사구조개혁 선행 필요 △ 시범 실시(서울, 제주, 세종 및 광역시 1곳, 도 1곳) 후 전국적 확대 시행
조 직	전국 17개 시·도에 '자치경찰본부'와 심의·의결기구인 '시·도 자치경찰위원회' 설치(시·군·구에 '시·군·구 자치경찰대' 운영)
사 무	보안·외사 등의 국가사무를 제외한 전체 경찰사무 중 생활안전·교통·경비 등 생활치안영역사무 및 특별사법경찰사무와 권한(자치경찰에 대한 공무집행방해사건 및 직무과정에서 단속한 음주 운전 사건, 주민의 기초적인 사회관계 형성과정과 밀접하게 관련된 범죄인 학교폭력·가정폭력·성폭력 사건에 대한 수사권 포함)을 자치경찰에게 부여
인 사	일반적으로 시도지사가 인사권을 보유, 다만 자치경찰본부장은 시·도 자치경찰위원회에서 공모를 통해 3배수 선발 후 시도지사에게 추천하면, 시도지사가 1인을 임명

인 력	시·도에서 자치경찰을 일괄 선발하여, 시·도나 산하 시·군·구에서 운용
재 정	지방자치단체 재정부담 완화를 위해 자치경찰 출범 시 예산 지원 및 국가경찰 건물 공동자원 활용 검토
업무협력	△ 신속한 112 처리를 위한 국가-자치경찰 무선통신망·전산망 공동활용 △ 합동단속·합동수사 △ 시·도 의회에 지방경찰청장을 출석 및 현안 관련 질의·응답
정치적 중립성 확보	△ 자치경찰본부장 후보자를 자치경찰위원회에서 시·도지사에게 추천 △ 자치경찰위원회를 시도지사, 시·도 의회 등의 추천 인사로 구성

자료 : 경찰개혁위원회(2017: 3).

2. 광역단위 자치경찰제의 추진방향 및 평가

가. 광역단위 자치경찰제의 추진방향

현 정부의 자치분권위원회에서는 지난 2018년 9월 11일 발표한 「자치분권 종합계획」을 통해, '자치와 분권'이라는 국정철학에 따라 지방행정과 치안행정의 연계를 강화하기 위한 현장과 주민 밀착형 치안 시스템으로의 개편이 필요성이 강조되고 있고 제주특별자치도에서 자치경찰제를 도입·운영하고 있지만 고유사무가 부족하여 실질적 치안기능 수행이 어렵다는 점을 지적하고 있다. 이에 '광역단위 자치경찰제 도입'을 추진하고 있는데, 기본방향으로서 중앙 위주 경찰권의 민주적 제도화와 정치적 중립성 강화, 주민 밀착형 치안활동력의 증진 등을 강조하고 있으며, 주민안전을 위하여 치안력을 강화하고 치안불균형을 방지하며, 신규재원을 투입하여 국민의 부담을 최소화, 급격한 도입으로 인한 혼란을 최소화하는 등 다양하게 나타나는 문제점을 고려하여 단계적으로 추진해 나갈 계획이다.

이에 따른 도입단위로서 치안상황의 광역화·기동화 등을 고려하여 광역자치단체 단위로 도입하고, 사무배분으로서 국가경찰은 전국적 치안 수요에 대응하되 자치경찰은 지역 주민 밀착형 치안 서비스를 제공하도록 경찰사무의 적정 배분을 추진하며, 추진방식은 자치경찰제 특별위원회를 운영하고 자치경찰제의 조직·인사·재정 등에 대하여 체계적으로 검토하여 합리적인 최종 도입방안을 마련할 계획이다. 또한, 시범 운영을 거친 후 수정·보완을 통해 전국적 확대를 추진하여 시행초기 정책 혼선 등의 부작용을 최소화하고 성공적인 제도 정착을 도모해 나갈 방침이다(자치분권위원회, 2018: 22).

자치분권위원회의 「자치분권 종합계획」에 따르면, 향후 추진일정으로서 2018년까지 「(가칭)자치경찰법」 제정 및 관계법률 개정을 완료하고, 2019년도에 서울·제주·세종 등의 광역자치단체에 시범적으로 실시하며, 현 정부의 임기 내에 전국적으로 확대해 나갈 계획이다.

나. 광역단위 자치경찰제 도입의 긍정적 평가

1) 자치경찰제 도입단위의 적정성

과거 참여정부 이후 박근혜 정부까지 이어져 온 기초자치단체 중심의 자치경찰제 도입 논의는 기초자치단체의 충분치 못한 자치역량(인력·재정·조직 등)을 고려할 때 많은 문제점을 가지고 있었던 것이 사실이다(대한민국시도지사협의회 내부자료, 2017). 따라서 기초자치단체에 비해 상대적으로 자치역량이 양호한 광역자치단체 단위를 중심으로 추진되고 있는 현 정부의 자치경찰제 도입방안 마련은 매우 적절하다고 볼 수 있으며, 향후 자치경찰이 담당하여 수행하게 될 각종 자치경찰기능을 보다 원활히 수행해 나갈 수 있다는 점에서 실효성을 확보하고 있는 것으로 판단된다.

2) 단계적 추진의 합리성

기존 정권의 자치경찰제 도입 논의 및 추진과 관련하여 도입 단위를 중심으로 많은 고민이 있었으나, 시범 실시 등과 같은 실질저 추진방안에 대한 논의는 전무하였던 것으로 평가된다. 따라서 서울·세종·제주 등을 비롯한 일부 광역자치단체에 대해 시범적으로 자치경찰제를 도입·운영하고, 그 결과에 따라 수정·보완된 방안을 전국적으로 확대해 나감으로써 전국 모든 시·도에서의 광역단위 자치경찰제 도입·운영이 안정적으로 연착륙될 것으로 기대되며, 지방자치단체의 지역 주민에 대한 양적·질적 치안 서비스 제고가 이루어질 것으로 예상된다.

다. 광역단위 자치경찰제 도입의 부정적 평가

1) 「자치분권 종합계획」상 구체적인 내용의 부재

앞서 제시한 「자치분권 종합계획」에서는 기본방향을 비롯한 추진방안의 내용과 실제가 매우 피상적이거나 불명확하게 표현되어 있다. 2017년 11월 경찰개혁위원회의 권고안이 발표된 이후 대한민국시도지사협의회를 비롯한 학계, 언론, 시민 사회 등에서 경찰개혁위원회의 권고안은 제주자치경찰 수준에 불과하며, 1개 시·도 내에 국가경찰과 자치경찰이 동시 존재할 경우 주민의 혼란과 불편 가중, 자치경찰 인건비 및 건물 건축·운영비 등 많은 예산낭비적 요소를 포함하고 있다. 따라서 「자치분권 종합계획」의 실행계획 마련 시 이러한 우려를 불식시키기 위해 명확한 내용의 광역단위 자치경찰제 도입방안이 구체적으로 제시되어야 할 것이다.

2) 시·도 의견의 미반영

대한민국시도지사협의회에서는 자치분권위원회의 요청에 따라 경찰개혁위원회의 권고안에 대한 검토의견을 공식 제출하였다. 협의회는 검토의견 마련 과정에서 전국 17개 시·도 담당 공무원과의 수차례 간담회 및 워크숍 개최를 통해 '국가경찰과 자치경찰의 일원화', 즉 현행 시·도 지방경찰청 이하의 국가경찰인력·조직·기능·재원 등을 일괄 자치경찰로 전환해야 한다는 시·도 공동의견을 마련하였다. 이에, 2018년 3월 자치분권위원회에 공식적으로 일원화 방안을 건의하였으나, 2018년 9월 발표된 「자치분권 종합계획」에서는 반영되지 않은 것으로 평가된다. 광역단위 자치경찰제 도입방안의 실질적 마련 주체가 중앙정부와 국회라고 한다면, 실질적인 집행 주체는 전국 17개 시·도임에도 불구하고, 상호 간 충분한 논의와 협의가 진행되지 않았다는 문제를 가지고 있음에 따라, 도입방안 운영과정에서 논란이 예상된다.

3. 광역단위 자치경찰제 도입의 과제

가. 지방경찰청 이하 경찰조직·기능·인력·재원 등 일괄전환

현 정부에서는 "연방제에 버금가는 수준의 자치분권 실현"를 국정운영의 핵심기조로 삼고 있으므로, 광역단위 자치경찰제 역시 연방제 수준의 자치분권실현과 주민이 체감할 수 있는 치안 서비스 제공을 실현할 수 있도록 강력히 설계 및 운영되어야 할 것으로 판단된다. 따라서 현행 국가경찰 소속의 시·도 지방경찰청 이하 경찰서, 지구대, 파출소, 치안센터 등의 모든 경찰조직을 시도지사 소속 및 관할로 일괄 지방이관해야 할 것이다. 구체적으로, 시·도 지방경찰청의 명칭을 "○○경찰청" 또는 "○○자치경찰청" 등과 같이 변경하고, 책임치안행정의 구현을 위해 시·도 경찰청(자치경찰청)의 장과 시·군·구 경찰서(자치경찰서)의 장을 모두 시도지사가 임명하도록 해야 할 것이다. 심의·의결기구인 시·도 자치경찰위원회는 시도지사, 시·도의회 등이 추천하는 6명~15명 정도의 인사로 구성하며, 담당기능과 운영 등에 관한 구체적인 사항은 해당 시·도의 조례로 결정하도록 해야 할 것이다.

또한, 현재 시·도 지방경찰청 이하 소속경찰을 모두 자치경찰로 일괄 전환하고, 부족한 인력이나 자연감소분 등에 대해서는 관할 시·도별로 신규 채용하되, 시도지사가 임명하도록 해야 할 것이다. 이와 관련하여, 현재 「지방자치단체의 행정기구와 정원기준 등에 관한 규정」에 따라 지방정부에 대한 기준인건비제를 적용하고 있는데, 자치경찰제 도입에 따라 시·도 지방 공무원의 수가 증가될 것이므로, 이에 대한 제도 개선이 병행되어야 할 것이다.

국가경찰과 자치경찰 간 사무배분 측면에서도 「지방자치법」 제10조 제3항 및 「지방자치분권 및 지방행정체제개편에 관한 특별법」 제11조 제1항에 입각한 '보충성의 원칙'과 「지방자치분권 및 지방행정체제개편에 관한 특별법」 제11조 제2항 및 제3항에 입각한 '전권한성의 원칙'에 입각하여, 현재 시·도 지방경찰청에서 담당하고 있는 사무 가운데 전국 단위로 발생되는 사무를 제외한 제반 사무(교통, 생활안전, 음주 단속, 공공질서 등)와 그에 따른 수사권을 일체 자치경찰로 이관해야 할 것이다. 또한, 자치경찰의 분담사무와 수사권한 등에 관한 구체적인 범위와 내용을 법령과 시·도 조례에 반드시 명시함으로써 자치사무로 명확히 할 필요가 있을 것이다.

마지막으로, 재원 측면에서도 경찰개혁위원회 권고안에 따르면, 자치경찰 출범 초기 이관 인력과 장비에 대해서는 국가에서 부담하고, 향후 자치경찰 운영과정에서 지역 간 균형적인 치안 서비스를 위해 국가재정을 지원할 수 있으며, 지구대·파출소·치안센터 등 국가경찰기관의 시설 및 건물에 대해 국가경찰-자치경찰의 공동자원으로 활용하는 방안을 검토하도록 제시하고 있다. 세부적으로는 시·도 자치경찰본부의 경우 시청·도청 내 등에 별도로 설치하며, 자치경찰대는 지방자치단체 건물이나 치안센터를 주로 활용하고, 필요한 경우 지구대·파출소 건물을 국가경찰과 공동으로 이용하도록 하고 있다(경찰개혁위원회, 2017: 21).

그러나 자치분권위원회 산하 자치경찰제 특별위원회에서 추산한 바와 같이, 경찰개혁위원회 권고안에 따라 약 14,000명~21,000명 가량의 막대한 자치경찰인력이 추가로 요구되는 상황이고, 지방의 재정자립도가 열악한 현실 하에서 국가가 단순히 지원할 수 있다는 정도만으로는 실질적인 자치경찰제 도입 및 운영이 불가능할 것으로 판단된다. 또한, 자치경찰로 하여금 국가경찰 건물을 공동으로 활용하도록 하는 것 역시 자치경찰의 사기 저하, 주민의 불편·혼란 가중 등으로 인해, 현실성이 크게 떨어지는 것으로 판단된다.

따라서 추가적인 인력·재정의 소요가 최소화되고 주민의 불편과 혼란을 미연에 방지할 수 있는 '시·도 지방경찰청 이하 자치경찰 일괄이관'이 가장 합리적인 대안인 것으로 판단되는데, 현재 시·도 지방경찰청 이하에 투입되는 각종 예산을 그대로 자치경찰의 재원으로 이양해야 할 것이다. 또한, 현 정부가 국세와 지방세의 비율을 현행 80% 대 20%에서 70% 대 30%, 중·장기적으로는 60% 대 40% 수준으로 개선하겠다고 밝힌 바 있으므로, 현재 약 53.4% 수준의 지방재정자립도를 고려하여 단기적으로는 국가의 전액부담으로 하되, 향후 증가하게 될 지방의 자주재원으로 부담해 나가도록 하는 것이 바람직할 것이다. 이와 관련하여, 과태료·범칙금 등을 지방정부의 자치경찰 운영 예산에 귀속시키고, '(가칭)지역 치안세' 또는 '(가칭)지역 치안 교부세' 등을 신설하여 주민의 조세부담을 최소화하는 방안을 강구해야 할 것이다.

나. 국가경찰과 자치경찰간 업무협력

국제 범죄, 외사, 대공·안보, 정보, 테러, 마약 등과 같이 전국 단위로 발생되는 경찰사무와 관련하여, 국가경찰이 이를 주도적으로 수행하되 필요시 자치경찰과의 공조·협조를 함께 수행해 나가도록 해야 할 것이다. 또한, 국가경찰이 전국 단위의 경찰사무 수행시 자치경찰이 적극 협조하도록 하는 내용을 법·제도적으로 명시함으로써 범국가적·국민적 치안행정이 원활히 수행될 수 있도록 해야 할 것이다.

다. 시도지사의 정치적 중립성 확보

국가경찰사무와 자치경찰사무의 구분 없이, 경찰사무에 대한 권력자의 정치적 개입은 주민의 생명·재산·안전 등에 관한 치안행정의 본질을 흐리게 하며 경찰에 대한 주민의 불신을 가중시킬 수 있으므로, 시도지사의 관할 자치경찰에 대한 정치적 중립성 확보가 반드시 이루어져야 한다. 따라서 시·도 자치경찰위원회가 시도경찰청장(자치경찰청장) 후보자를 1~3배수로 시도지사에게 추천하도록 하고, 시도지사가 후보자들 가운데 1명을 시·도 의회의 동의를 거쳐 임명하도록 해야 할 것이다. 그리고 시·군·구 경찰서장(자치경찰서장)을 임명하는 경우에는 시·도 자치경찰위원회와 시도지사가 서로 협의하여 결정하도록 해야 할 것이다.

또한, 지방의 내부통제 기제인 시·도 의회로 하여금 자치경찰에 관한 예산심의, 행정사무감사 등을 더욱 강화하도록 하고, 자치경찰의 업무수행에 대해 시도지사로부터 일정 수준 독립할 수 있는 장치를 법·제도적으로 확보하여야 할 것이다. 예를 들어, 자치경찰의 수사권에 대한 지방자치단체장 및 지방의회의원들의 관여를 배제하도록 법률에 규정한다거나, 자치경찰의 내부고발제도 제도화 및 활성화, 지역 주민의 모니터링 강화 등의 방안을 고려해 볼 수 있을 것이다.

Ⅴ 경기도 자치경찰 도입방안

1. 경기도 자치경찰 도입 대안

가. 국가경찰-자치경찰 일원화 방안 건의

앞에서 제시한 바와 같이, 2018년 상반기에 대한민국시도지사협의회를 중심으로 전국 17개 시·도가 모두 국가경찰과 자치경찰의 일원화를 자치분권위원회에 건의한 바, 전국 최대 인구규모와 예산규모를 가진 경기도 입장에서 이를 강력히 요구해 나가야 할 것으로 판단된다. 이를 통해, 자치경찰에 대한 주민의 혼란과 불편을 방지하고, 각종 예산낭비를 사전에 방지함으로써 지방행정의 민주성·효율성은 물론, 종합성까지 실현할 수 있을 것으로 예상된다.

나. 시범 실시 대상 지역으로 선정 추진

현재 자치분권위원회의 「자치분권 종합계획」에서는 서울특별시, 세종특별자치시, 제주특별자치도를 시범 실시 대상 지역으로 명시하고 있는데, 그 이유는 이들 3개 시·도의 경우 관련 특별법이 존재하고 있으므로, 시범 실시를 위한 관계법률 개정이 상대적으로 용이하기 때문인 것으로 판단된다. 그러나 이들 3개 시·도가 전국 17개 시·도의 특성을 대표하고 있다고 보기에는 상당한 무리가 따르는데, 서울특별시의 경우 경기도를 제외한 16개 시·도에 비해 인구규모가 매우 큰 반면, 세종특별자치시의 경우에는 16개 시·도에 비해 인구규모가 과소하며 기초자치단체가 부재하다. 또한, 제주특별자치도는 내륙이 아닌 섬 지역에 속하며, 세종특별자치시를 제외한 15개 시·도에 비해 인구규모가 작고, 기초자치단체가 부재하기 때문이다.

따라서 경기도가 우리나라의 최대 인구규모와 예산규모를 확보하고 있고, 인구 4만명 규모(연천군)에서 인구 125만명 규모(수원시)에 이르는 다양한 기초자치단체를 관할하고 있는 국내 유일의 일반 도(道)로서 2019년부터 추진될 시범 실시의 대상 지역에 반드시 경기도가 포함될 수 있도록 정부와 위원회에 적극 건의해 나가야 할 것이다.

2. 경기도 자치경찰 특수시책방안

가. 자치경찰과 특사경의 개선방안

특별사법경찰은 약 60여년 이라는 역사적 발전과정을 가지고 있으며, 행정부처의 직제와 행정환경의 변화와 함께 법률적 개정을 반복되어왔고, 특사경 운영에 관한 효율적 개선방안을 마련하고자 많은 연구가 진행되어 왔다. 그러나 부처별·지자체별로 특사경 운영에 관한 문제점이 나타났으며, 실효성 있는 조치가 요구된다.

첫째, 전담부서 신설을 위하여 지자체의 조례 제정이 필요하고 이를 통한 행정사범 단속과 수사가 가능한 특사경 조직 신설이 필요하다. 둘째, 최근 지능·신종 범죄가 증가하고 있어 전문 인력증원이 요구된다. 셋째, 직무범위에 대한 포괄적 권한을 부여하기 위해 서울시 사례와 같이 실효성 있는 단속과 수사가 가능하도록 관련 법령 개정이 필요하다.

특사경 인력은 기존에 비해 증원이 지속되고 있지만, 행정 범죄에 대응하기에는 여전히 부족한 실정이다. 즉, 기존 인력증대에 있어 주로 주민 복지 혹은 단순 범죄 단속과 범인검거 등 특정한 영역에 제한되어 문제가 지속되어 왔다. 최근 지능·신종 범죄가 증가하고 있어 모든 문제를 해결하기 위해서는 인력증원이 매우 필요하다.

나. 자치경찰과 소방, 재해·재난 부서와 연계방안

현대적 지역 사회 경찰활동에서 논하는 재난대응을 위한 유관기관 간 협력체제의 구축은 중앙부처 수준에서 이루어지는 국가 재난 통합관리 시스템상의 협력과는 구분할 필요가 있다. 재난 상황에서 긴급구조통제단장이 유관기관의 역할에 있어 상호 중복된 부분을 제거하고 부족한 부분에 대해 특정 기관에 지원을 요청하는 등의 '조정' 역할을 수행하는 것과 별도로 지역 단위에서, 그것도 주로 초동조치 상황에 있어 자치경찰과 지역 내 유관기관이 실무적·실시간적으로 '상호협력'하는 것을 의미한다. 즉 현대적 지역사회 경찰활동에 있어 국가 재난 관리 시스템이 상정하고 있는 구조기관과 구조지원기관 혹은 1·2차적 책임기관의 구분은 큰 의미를 가지지 않는다.

서로 동등한 입장에서 재난의 극복이라는 하나의 목표를 위해 협력이 가능한 상태 그 자체가 협력체제이기 때문에 앞서 설명한 바와 같이, 재난에 있어 연방재난관리청을 통한 통합관리방식을 취하고 있는 미국에서 지역 사회의 재난관리체제인 Coastwatch 프로그램이나 CERT가 오히려 자치경찰에 의해 주도되고 있는 것은 이를 잘 보여주고 있다.

또 하나의 협의체 구성방법은 지방자치단체가 주도하는 기존 유관기관 협의체에 경찰이 적극 참여하면서 재난대응에의 공동대응 촉구를 유도하고 있다. 일반적으로 시·군·구 뿐 아니라 읍·면·동 단위까지 지방자치단체장을 중심으로 유관기관 협의체는 구성되어 있고 기관장 간에는 꾸준한 접촉과 기본적인 상호이해를 가지고 있다. 이러한 기존 협의체에서 재난관리에 대한 공동대응과 역할분담안을 논의하고 자치경찰은 기타 유관기관장들의 공감대를 바탕으로 지자체에 필요한 지원과 조치를 지자체에 요청해야 한다. 예를 들어, 자율방범대와 의용소방대에 재난 순찰용 차량을 구입하여 보급하거나 재난우려지역에 대한 CCTV를 설치하여 지자체의 CCTV 관제센터에서 상시 감시토록 할 수 있도록 한다.

현재 일선 경찰서의 교통과장은 지방자치단체의 교통행정위원회에 참여 하고 각 경찰서의 교통안전위원회에는 지방자치단체의 교통행정과장이 참여하고 있다. 이러한 교차적 행정자문은 재난 분야로도 확대가 가능한데 경찰서·지구대·파출소의 재난담당과 재난안전관리팀(장)이 상호 교류하는 것이 가능하다. 최근 CPTED를 통한 경찰활동이 각 지방자치단체별로 이슈가 되면서 경찰(전문가)과 지방자치단체의 협력이 활발한 편이다. 지방자치단체는 도시 전체적인 관점에서 도로, 공원, 주택가, 상가 등 공적 공간에 대한 거시적이고 자연적인 범죄 예방적 설계를 의도하고 있다. 여기에 경찰 및 경비 전문가들이 범죄 발생 위험지역 등 특정구역 순찰, 건물의 출입통제관리, 감시 카메라의 종류와 설치방향 및 위치 등의 설정에 대하여 조언하고 있다. 지역 사회 경찰활동에 있어 안전자문가로서 자치경찰은 자문범위를 장·단기 발전계획을 심의하고 있는 도시계획위원회 등의 영역으로 확대하고 소방 등 전문기관과 협조하여 도시계획 단계에서부터 재난 예방의 관점이 반영될 수 있도록 지방자치단체에 요청하고 적극적으로 자문에 나섬으로써 효과적인 재난 예방을 실현할 수 있다.

다. 자치경찰과 보건복지국, 평생교육국 연계방안

성폭력과 관련된 지원기관 간의 연계강화 뿐만 아니라 지역 사회 유관기관과의 연계 활성화가 요구되며, 이를 위해 경기도의 보건복지국, 평생교육국의 협조가 요구된다.

성폭력 피해자의 특성상 의료, 수사, 법률, 심리상담 등 복합적인 서비스가 필요하기 때문에 관련 전문기관 간의 연계가 무엇보다 중요하다.

따라서 각 지원기관의 전문성을 극대화하여 적극적인 연계를 통해 시너지 효과가 나타날 수 있게 지원기관 간의 연계가 강화되어야 한다. 이러한 성폭력 관련 지원기관의 역할과 지원체계의 정립은 업무의 효율성을 증대시키고 피해자에 대한 중복 서비스를 미연에 방지하여 양질의 서비스 제공 등 체계적인 지원이 이루어져야 한다.

그리고 정부와 지방자치단체가 지원하는 각종 보조금 등의 투명한 관리와 집행을 위해 담당 공무원과의 협력을 통한 모니터링 시스템 마련 필요하다. 당해 단체 및 시설 등의 보조금 집행과 운영에 관하여 담당 공무원과의 협력을 통해 실질적인 감시체계를 강화해야 한다. 즉 단기적으로 보조금 수사 등과 같이 현재 시급성이 요구되는 시안, 지역 특성에 따른 범죄 등에 대한 직무 지정이 요구된다.

라. 자치경찰과 관내 봉사단체 등과 연계방안

한국의 경우 지역 사회와의 협력활동은 다양하게 존재하고 있지만, 과거에 비해 많이 멀어진 것으로 보인다. 특히 파출소 체제에서 지구대 체제로 전환되고 나서 관할 지역이 넓어지고 112 차량 순찰 위주로 변화 하면서 지역 주민들과 직접 대면하고 접촉할 기회가 감소되어 지역 사회의 협력활동이 더욱 감소되었다(석청호, 2003: 206). 소규모 농촌지역의 경우 근무인원의 부족으로 112 차량 순찰 근무 이외에 도보 순찰은 현실적으로 배치가 어려운 실정이다.

그리고 지역치안협의회, 자율방범대, 청소년육성회, 시민경찰위원회, 생활안전협의회 등 경찰기관에 협력하고 있는 단체의 경우 순수목적의 참여보다는 회원들의 친목도모나 정치적 목적을 위해 활용하려는 일부 사람들로 인하여 본래 목적과 취지에서 벗어나는 경우가 발생하고 있다. 지역 주민들이 요구하는 치안 서비스에 대하여 다양한 의견수렴을 위하여 생활치안간담회가 운영되고 있고 지역 주민들은 개인적 혹은 지엽적으로 민원을 제기하는데 그치고 경찰 또한 주요 추진계획이나 범인검거 실적 등을 대내외적으로 홍보하는 경우가 많은 실정이다.

효율적인 범죄 예방활동을 위해서는 경찰과 관련 형사사법기관과의 유기적 협력이 중요하지만, 우리나라의 경우 형사사법기관 간 협력체제가 미흡한 실정이다. 그리고 민간 경비와의 협력적 활동도 거의 이루어지지 못하고 있으며, 경찰이 지니고 있는 민간 경비의 부정적 인식과 민간 경비 측면에서 경찰을 범죄 예방의 동반자보다는 별개의 조직으로 상호 접촉을 최소화 하는 것으로 평가되고 있다(박동균·최무찬, 2007: 107-108).

지역 사회 내 포함되어 있는 지역 사회 주민의 안전과 삶의 질에 직접적으로 유관되어 있는 관계기관(예, 국가경찰, 소방 공무원, 지역 사회 마을 공동체, 시민단체, 교육관계자 대표)과 유기적인 협력관계를 통해 읍·면·동별 자치경찰활동이 가지는 한계점(읍·면·동 단위를 벗어난 지역 사회 현안 문제에 대한 공동대처 능력 향상, 지역적 특수성이 아닌 공통적으로 필요한 문제 대처)을 보완할 수 있을 것으로 판단된다. 특히, 지역 치안 문제의 공유를 위해 읍·면·동별 주민자치회위원 등 마을 공동체 단위의 대표, 시민단체의 대표가 지역 치안협의회의 위원으로 위촉될 수 있는 방안을 모색할 필요성도 제기된다.

Ⅵ 결론

경기도의 지방행정과 치안행정의 연계성을 확보한 자치분권을 실현하기 위해 지역 주민이 요구하는 치안 서비스 제공, 시민이 통제·참여하는 경찰권의 행사의 중요성이 강조된다.

'광역단위 자치경찰제 도입'의 국정과제가 제시되어 자치분권 위원회의 도입(안)이 마련됨에 따라 경기도형 자치경찰의 특수시책 개발에 대한 필요싱이 제기되어 자치경찰과 특사경의 연계·통합방안, 자치경찰과 소방, 재해·재난 부서와 연계방안, 자치경찰과 보건복지국, 평생교육국 연계방안, 자치경찰과 관내 봉사단체(지역치안협의회, 읍·면·동 단위 바르게 살기 운동) 등과 연계방안 등 다수의 시책 개발에 대한 제안을 하고자 한다.

첫째, 자치경찰과 특사경의 연계 및 통합방안으로 특사경은 부분적으로 자치경찰제의 실시로 볼 수 있다. 따라서 장기적인 관점에서 특사경의 전문성 확보를 통해 자치경찰제의 발판으로 삼아야 한다. 특사경제도의 발전에 의해 경기도 전체의 식품, 의약, 위생, 환경 등의 분야에 대한 안전도가 높아지고 체계적인 수사역량이 구비될 경우 장기적으로 지방경찰청조직 속에 있는 수사, 정보 등의 경찰조직을 경기도로 이관하여 명실상부한 자치경찰국으로 통합시킬 수 있는 기반 마련이 확보되어야 한다. 즉 특사경이 보유하고 있는 전문적인 수사역량과 정보역량을 발전시켜 공공행정의 전문성과 수사의 전문성을 보유한 조직으로 강력 범죄를 다루는 수사, 정보 등의 조직과 통합하여 전문적인 수사와 정보조직으로 태동할 수 있도록 해야 한다. 특히 수사와 정보, 외사 및 안보와 관련된 경기지방경찰청 조직이 경기도의 경찰위원회(가칭)로 통합되어 광역시도 차원의 자치경찰로 거듭날 수 있음. 결국 특별사법경찰과 일반사법경찰이 자치경찰로 통합되어 광역시도지사의 관할 하에 일정한 준 독립성을 가질 수 있을 것을 판단된다.

둘째, 자치경찰과 소방, 재해·재난 부서와의 연계로 지역 사회 경찰활동에 있어 안전자문가로서 자치경찰은 자문범위를 장·단기 발전계획을 심의하고 있는 도시계획위원회 등의 영역으로 확대하고 소방 등 전문기관과 협조하여 도시계획 단계에서부터 재난 예방의 관점이 반영될 수 있도록 지방자치단체에 요청하고 적극적으로 자문에 나섬으로써 효과적인 재난 예방을 실현할 수 있을 것이다.

셋째, 자치경찰과 보건복지국, 평생교육국과의 연계로 성폭력과 관련된 지원기관 간의 연계강화와 지역 사회 유관기관과의 연계 활성화가 요구된다. 성폭력 피해자의 특성상 의료부분과 함께 수사가 진행되어야 하고 법적 대응, 심리상담 등 복합적인 보호 서비스가 요구되어 관련 전문기관 간의 연계가 무엇보다 필요하다. 따라서 각 지원기관의 전문성을 극대화하여 적극적인 연계를 통해 시너지 효과가 나타날 수 있게 지원기관 간의 연계가 강화되어야 한다.

넷째, 자치경찰과 관내 봉사단체 등과의 연계를 통한 효율적 범죄 예방활동을 하기 위해 경찰과 검찰을 비롯하여 법원과 교정시설 등 형사사법기관 간 유기적인 협력체제가 중요한데 우리나라 현실은 형사사법기관 간 협력체제가 미흡한 실정이다(박동균·최무찬, 2007: 107-108). 지역 사회 내 포함되어 있는 지역 사회 주민의 안전과 삶의 질에 직접적으로 유관되어 있는 관계기관(예, 국가경찰, 소방 공무원, 지역 사회 마을 공동체, 시민단체, 교육관계자 대표)과 유기적인 협력관계를 통해 읍·면·동별 자치경찰활동이 가지는 한계점(읍·면·동 단위를 벗어난 지역 사회 현안 문제에 대한 공동대처 능력 향상, 지역적 특수성이 아닌 공통적으로 필요한 문제 대처)을 보완할 수 있을 것으로 판단된다. 특히, 지역 치안 문제의 공유를 위해 읍·면·동별 주민자치회위원 등 마을 공동체 단위의 대표, 시민단체의 대표가 지역치안협의회의 위원으로 위촉 될 수 있는 방안을 모색해야 할 것이다.

참 고 문 헌

◪ 국내 문헌

경찰개혁위원회, 「광역단위 자치경찰제 권고안」, 2017.

김봉구, 「제주특별자치도 자치경찰의 효율화 방안」, 동의대학교 지방자치연구소. 2014.

김성호, "국가경찰 재구조화에 관한 실증연구 : 자치경찰제 도입을 중심으로", 「GRI 연구논총」, 제14권
 2호, 경기연구원, 2012.

김재운, "지역사회경찰활동 활성화를 위한 지역치안협의회 발전방안에 관한 연구". 한국공안행정학
 회, 2012.

김찬동·이세구, "특별사법경찰제도의 장기발전방안", 서울시정개발연구원 보고 서, 2009-PR-51,
 2009.

김종오, "소방특별사법경찰의 역할 제고방안", 「한국공안행정학회보」, 제20권 제4호, 2011.

김종오·김태진, "특별사법경찰의 교육훈련 효율성 제고 방안에 관한 연구". 「한국공 안행정학회보」,
 제20권 제4호, 2011.

대통령 소속 지방자치발전위원회, "자치경찰제 도입 TFT 제16차 회의 자료", 2015.

대통령소속 지방자치발전위원회, "지방자치발전 종합계획", 연구보고서, 2014.

라광현, "미국 법집행 관할체계의 특수성 고찰 : 한국의 자치경찰제도 도입과 관련된 시사점을 중심
 으로", 「경찰학연구」, 제18권 제1호, 2018.

문성호, "런던자치경찰의 운영실태와 시사점", 「한국지방자치학회 세미나 발표논문집」, 한국지방자치
 학회, 2009.

박경래, "주요국의 자치경찰제도와 한국의 자치경찰법안 연구", 「형사정책연구원 연구총서」, 한국형사
 정책연구원, 2005.

박동균·최무찬, "경찰과 민간경비의 상호협력방안에 대한 실증적 연구", 한국공안행정학회보,
 Vol.29, 2007.

박억종, "바람직한 한국형 자치경찰제도의 방향", 「자치경찰연구」, 제1권 제1호, 한국자치경찰학회,
 2008.

박현호, "자치경찰제도 도입에 따른 한국의 일선 경찰서비스 개선 방안 연구- 일선 경찰관 설문조사
 분석을 중심으로", 한국경찰연구, Vol.6 No.1, 2007.

백형배, 「행정학개론」, 서울: 비앤엠북스, 2012.

석청호, "한국지역경찰 운영실태에 관한 연구 : 최근 바뀐 순찰지구대 운영에 대한 설문조사를 중심

으로". 한국경찰학회보, No.6, 2003.

신현기, "자치경찰의 특별사법경찰 사무수행 범위에 관한 연구". 한국자치경찰연구원, 2015.

심익섭, "한국과 독일의 자치경찰제도에 관한 연구", 한독사회과학논총, 제9권, 1999.

안영진, "자치경찰제도 도입논의의 재고", 「공법학연구」, 제15권 제1호, 한국비교공법학회, 2014.

안영훈, "주요 선진국가 자치경찰제도의 특징 및 함의 그리고 한국적 방안", 한국경 찰연구학회·대통 령 소속 지방자치발전위원회 공동주최 세미나 자료집, 2015.

양재열, "특별사법경찰 조직의 효율적인 운영방안 : 서울시 특별사법경찰 전담부서 민생사법경찰과 를 중심으로", 자치경찰연구, Vol.8 No.2, 2015

유주성, "프랑스, 미국, 일본의 자치경찰제와 비교법적 검토", 「동아법학」, 제80권, 동아대학교 법학연 구소, 2018.

윤태웅, "역대 정부의 지방분권정책에 대한 성과와 개선방안", 「2015년도 한국지방정부학회 춘계학술 대회 발표자료집」, 한국지방정부학회, 2015.

윤태웅·신용식, "자치경찰제도 도입방안에 관한 연구 : 전국 시·도 의견을 중심으로", 「지역정책연 구」, 제29권 제1호, 충북연구원, 2018.

이만종, "자치경찰법 제정 법안에 관한 주요쟁점 고찰", 「법과 정책연구」, 제8권 제1호, 한국법정책학 회, 2008.

이시원, "세종시 자치경찰제(안)의 검토", 지방분권 토론회 발표자료, 2018.

이주락, "재난안전 강화를 위한 지역사회 경찰활동 방안". 치안정책연구소, 2015.

이현우 외, "자치경찰제도 도입에 따른 법률안 제개정에 관한 연구", 경기개발연구원, 2009.

전희재, "자치경찰제 도입방안과 법안에 대한 연구", 「한국경찰연구」, 제5권 제1호, 한국경찰연구학회, 2006.

정부혁신지방분권위원회, 「참여정부의 지방분권」, 2007.

조성규, "지방자치의 본질과 자치경찰제 논의", 「행정법연구」, 제50권, 행정법이론실무학회, 2017.

조성택·김동현, "자치경찰제 도입방안의 분석과 전망", 「자치경찰연구」, 제1권 제1호, 한국자치경찰학 회, 2008.

지방분권촉진위원회, 「제2기 지방분권촉진위원회 지방분권백서」, 2013.

지방행정체제 개편추진위원회, 「지방행정체제 개편 기본계획」, 2012.

최인수, "불법 주정차 관리체계에 관한 연구", 한국지방행정연구원, 2013.

최용환, 「자치경찰제 도입 및 제도정착에 관한 연구」, 충북연구원, 2010.

최종술, "박근혜 정부의 자치경찰제도 도입방안", 한국경찰연구학회·대통령 소속 지방자치발전위원 회 공동주최 세미나 자료집, 2015.

최진학, "자치경찰제도 도입방안에 관한 연구", 「국가정책연구」, 제19권 제1호, 중앙대학교 국가정책연구소, 2005.

한국정책학회, 「서울시 특별사법경찰 10년, 자치경찰제로의 전환을 위한 발전방안 연구」, 서울특별시 연구용역보고서, 2017.

홍의표·원소연, "주민밀착형 자치경찰제도 방안 연구", 「자치경찰연구」, 제7권 제1호, 한국자치경찰학회, 2014.

황문규, "자치경찰제 도입의 방향과 과제", 「자치경찰제 도입 대토론회 : 자치경찰제 도입원칙과 바람직한 정책방향」 자료집, 자치분권위원회, 2018.

▨ 국외 문헌

Allan, S. E., Smith, B. W., & Anderson, K. A.(2012). Impact of the deepwater horizon oil spill on bio available poly cyclic aromatic hydrocarbons in Gulf of Mexico coastal waters. Environmental Science & Technology, 46(4): 2033-2039.

Borden,F.W.(1996). Community Preparedness and Disaster Response :The City of LosAngeles Community Emergency Response Team Program, Natural Disaster Reduction, 12: 323-324.

Brennan, M. A., & Flint, C. G.(2007). Uncovering the hidden dimensions of rural disaster mitigation: Capacity building through community emergency response teams. Southern Rural Sociology, 22(2): 111-126

Flint,C.&Brennan,M.(2006).Community emergency response teams: From disaster responders to community builders. Rural Realities, 1(3): 1-9.

Paulding,P.(2011). Coastwatch Program: Problem-Oriented Policing Response to the BP Deep water Horizon Oil Spill Disaster. Washington.D.C.: Center for Problem Oriented Policing.

▨ 기타

경기도 특별사법경찰단 홈페이지(https://www.gg.go.kr/gg_special_cop)

경찰학사전

한국자치경찰학회[韓國自治警察學會]

한국연구재단에 등록된 전국규모의 학술단체로 신현기(초대 학회장), 박억종, 이영남, 이만종, 박동균, 이상열, 곽영길, 조성택, 임종헌, 안영훈, 이정덕 등이 중심이 되어 2007년 10월 창설되었다. 시민이 원하고 시민을 위한 경찰을 추구하는 여러 뜻있는 학자, 시민, 경찰실무자들의 노력에 의해 창설된 것이다. 2006년 7월 1일 제주특별자치도에서 우리나라 최초로 자치경찰제가 시작되었다. 이는 노무현 참여정부의 훌륭한 노력의 결과로 평가된다.

한국자치경찰학회는 1991년 우리나라의 지방자치제가 실시된 이후 아직까지 국가경찰제만 유지하고 있는 우리나라에 지방자치 이념에 맞게 자치경찰제가 도입되어야 한다는 정체성을 살리는 데 주력하고 있다고 한다. 2012년 현재 전세계적으로 50여개 국가에서 자치경찰제가 시행 중에 있다. 한국자치경찰학회는 매년 2회의 정기학술회의와 연 2~3회의 자치경찰연구라는 학술지를 발행하고 있다. 특히 춘계학술 세미나는 자치경찰의 본고장인 제주자치경찰단을 방문해 공동학술회의를 개최함으로써 우리나라 자치경찰제 도입 및 학술연구에 선구자적 역할을 담당하고 있다.

한국자치경찰연구원[韓國自治警察研究院]

행정안전부로부터 2008년 8월에 설립인가를 받아 서울중앙지방법원에 등기를 완료한 (사단법인) 한국자치경찰연구원은 우리나라 자치경찰의 정체성을 집중적으로 연구하기 위해 창설되었다. 신현기, 박억종, 이만종, 이영남, 박동균, 안영훈, 임종헌, 이상열, 조성택, 곽영길, 이정덕 교수 등이 이사진으로 참여해 개원하게 되었다. 한국자치경찰연구원 연혁은 2008년 5월 6일 18시 서울 용산 동자동 12번지 「하노이의 아침」 식당에서 창립총회가 개최되었으며 법인사무소는 서울시 관악구 인헌동 180-535호이다. 2008년 8월 1일 행정안전부 장관 (사단법인) 한국자치경찰연구원 설립허가 받았다. 2008년 8월 19일 서울중앙지방법원 관악등기소에 등기완료<법인등록번호: 114321-0031834>했다. 2007년 11월 이후 한국자치경찰학회와 공동학술회의(2007년 겨울 이후 현재까지)를 지속적으로 개최하고 있다.

특히 (사단법인) 한국자치경찰연구원은 우리나라의 아름다운 섬 제주에서 2006년 7월 1일 자치경찰제를 전격 도입하기 훨씬 이전부터 우리나라 자치경찰제의 정착을 위해 많은 연구를 진행한 자치경찰의 중심적 대표 연구기관이다. 본 연구원은 2007년 11월에 한국자치경찰학회를 창설한 핵심 멤버들이 중심이 되어 2008년 8월 행정안전부장관으로부터 사단법인 인가를 받아 자치경찰연구를 위한 선구자로 우뚝 서게되었다.

네이버 지식백과 경찰학사전

경북일보

2021년 04월 20일 화요일 018면 여론광장

특별기고

대구경북형 자치경찰제

박동균
대구한의대
경찰행정학과 교수

올해부터 경찰조직에 큰 변화가 있다. 대표적인 것이 자치경찰제의 실시이다. 1948년 정부수립 당시부터 지속적으로 논의돼 온 자치경찰제는 이미 선진국 대부분이 그 나라에 적합한 자치경찰 제도를 운영하고 있다. 올해부터 우리나라에서 실시하는 자치경찰은 지역 내 범죄예방 활동, 아동·청소년·여성보호, 교통지도·단속 및 교통질서 유지 업무를 수행하게 된다. 올 6월 30일까지 시범 운영한 뒤에, 7월 1일 본격적으로 시행할 예정이다. 대구광역시와 경상북도도 자치경찰 관련 조례를 준비하고 있고, 시도 자치경찰위원회 구성을 위해 관련기관에서 자치경찰위원들을 추천받

아 현재 막바지 인사검증 중에 있다. 사무국 구성 등 모든 과정을 마치면 실제 운영에 들어가게 된다. 시범운영 과정에서 나타나는 문제점들을 보완해 명실공히 성공적인 대구경북형 자치경찰로 정착해 나가야 한다.

대구경북형 자치경찰 제도가 실제로 성공하려면 몇 가지 방향성을 견지해야 한다. 첫째, 자치경찰은 지역의 주민참여가 중요하다. 자치경찰을 계기로 주민참여형 치안자치를 활성화를 해야 한다. 이를 위해 주민조직화 사업에 기반한 치안공동체 조성, 통/반 단위의 치안자치 활성화, 주민참여형 자치경찰 예산제도 등을 도입하는 것도 고려해 볼 수 있다.

둘째, 자치경찰제를 계기로 사회적 약자 보호 안전망을 구축해야 한다. 아동과 여성, 노인과 장애인 등 사회적 약자들은 온전하게 스스로를 보호하기 어렵다. 주위의 도움이 절실히 필요하다. 시민의 생명과 재산을 보호하는 시민과 가장 가까운 곳에 있는

자치경찰이 더 신경을 써야 할 부분이다. 하지만 사회적 약자보호는 경찰만의 힘으로 해결할 수 있는 일이 아니다. 지방자치단체, 기업, 시민단체, 의료기관, 대학 등 지역의 모든 유관단체들이 합심하여 촘촘한 사회안전망을 만들어야 한다. 본격적으로 실시되는 자치경찰제가 사회적 약자보호를 위한 치안행정과 주민자치행정을 아우르는 좋은 기회가 될 것이다. 이것이 자치경찰의 가장 큰 장점이다.

셋째, 자치경찰은 현장이 중요하다. 자치경찰은 기획부서나 내근부서가 아니다. 현장이 답이다. 현장경찰의 목소리에 귀를 기울여야 한다. 자치경찰은 제복을 입은 경찰이다. 위험하고 긴급하고 돌발적인 전문성 있는 치안업무를 수행한다. 자치경찰은 업무의 성격상 수없이 발생하는 범죄를 예방하거나 단속하는 과정에서 늘 위험 속에 노출돼 있다. 위험한 현장에서 긴급하고 정확하게 판단해야 할 부분이 많다. 그래서 자치경찰을 '거리

의 판사'라고 한다. 자치경찰행정은 이러한 경찰업무의 특수성을 고려한 전문성 있는 행정이어야 한다. 아울러 현장경찰관이 지역주민의 안전을 위해 신바람 나게 일할 수 있도록 지원해 주어야 한다. 현장경찰관의 사기와 역량이 자치경찰제의 성공을 견인하는 중요 요소이다.

넷째, 광역지방자치단체와 시노 경찰청 간에 상호협력을 들 수 있다. 현재 몇몇 시도에서 광역지방자치단체와 시도 경찰청 간에 갈등양상이 보도되고 있다. 반면에 대구광역시와 경상북도는 시도 경찰청과 상호 신뢰와 협력, 지지하에 차근차근 자치경찰제를 준비하고 있다. 시도의회도 마찬가지다. 출발이 아주 좋다.

자치경찰은 치안행정과 주민자치행정을 연계할 수 있는 장점이 있다. 새로운 제도가 도입되면서 자칫 치안이 불안정해져서는 절대 안 된다. 대구경북 자치경찰제의 가장 큰 목적은 대구경북 지역주민의 안전이다.

대구형 자치경찰제, 성공예감
경북일보 특별기고 (2021. 6. 27)

현재 대구시에 자치경찰제가 시범 운영되고 있다. 올해부터 대구시에서 실시하는 자치경찰은 아동·청소년·여성 보호, 교통지도·단속 및 교통질서 유지, 범죄 예방과 생활안전 업무 등 대구시민의 안전과 밀접한 업무를 수행하게 된다. 올 6월 30일까지 시범 운영한 뒤에, 7월 1일 본격적으로 시행할 예정이다.

자치경찰 업무를 총괄하는 대구광역시자치경찰위원회는 5월 20일 공식적으로 출범해서 본격적인 활동에 들어갔다. 위원장과 상임위원(사무국장)을 포함한 7명의 위원회가 구성되었고, 사무국에 대구시 지방 공무원 14명과 대구경찰청에서 파견된 10명의 경찰 공무원들이 불철주야 대구시민의 안전을 위해서 일하고 있다.

현재 실시되고 있는 자치경찰제는 우리나라 경찰역사상 아직까지 한 번도 해보지 않은 제도이다. 당연히 기존 매뉴얼이나 양식도 없고 참고할 만한 정책 자료도 많지 않다. 다른 시도의 정책사례를 벤치마킹 하려 해도 그들도 마찬가지다. 오히려 대구시가 만들면 참고하게 보내 달라고 엄살을 피운다. 모든 것을 새로 만들어야 한다.

현장에서 자치경찰 업무를 하고 있는 경찰관들은 혹시나 자치경찰제도가 실시되면 늘어날지 모르는 과중한 업무 때문에 불안해하고 있다. 또한 현장경찰관들은 자치경찰제가 본격적으로 실시되면 24시간 대구시 지방 공무원들과 합동 근무를 할 수 있다는 기대를 하고 있다. 지금 현장에서는 우려와 기대가 공존하고 있다.

필자는 이 혼돈의 현장에 근무하면서 대구형 자치경찰제도가 성공적으로 정착하기 위해서는 다음과 같은 방향성이 중요하다고 제시한다.

첫째, 자치경찰은 대구시민의 참여와 관심이 무엇보다 중요하다. 자치경찰을 계기로 주민 참여형 치안자치를 활성화를 해야 한다. 이를 위해 주민 조직화 사업에 기반한 치안 공동체 조성, 주민 참여형 자치경찰 예산제도 등을 도입하는 것도 고려해 볼 수 있다. 이런 측면에서 대구시자치경찰위원회는 대구형 자치경찰의 제1호 사업으로 청소년들과 녹색어머니회, 자율방범대, 비정부기구 등이 참여하는 시민중심 네트워크 협의체를 추진할 예정이다.

둘째, 자치경찰제를 계기로 사회적 약자 보호 안전망을 구축해야 한다. 아동과 여성, 노인과 장애인 등 사회적 약자들은 온전하게 스스로를 보호하기 어렵다. 주위의 도움이 절실히 필요하다. 시민의 생명과 재산을 보호하는 시민과 가장 가까운 곳에 있는 자치경찰이 더 신경을 써야 할 부분이다. 대구시와 각 구청, 기업, 시민단체, 의료기관, 대학 등 지역의 모든 유관단체들이 합심하여 촘촘한 사회 안전망을 만들어야 한다. 대구시자치경찰위원회도 사회적 약자 보호에 역점을 둘 것이다.

셋째, 자치경찰은 현장경찰이다. 현장경찰의 목소리에 귀를 기울여야 한다. 아울러 현장경찰관과 대구시 일선 공무원들이 지역 주민의 안전을 위해 신바람 나게 일할 수 있도록 제도적으로 지원해 주어야 한다. 결국 제도는 사람에 의해서 실행된다.

끝으로 자치경찰은 주민자치행정과 경찰행정을 연계할 수 있는 장점이 있다. 자치경찰제가 안정적으로 정착되어 최고의 치안 안정성을 유지하면서 자치분권의 이념을 실현할 수 있도록 자리매김해야 한다. 새로운 제도가 도입되면서 자칫 치안이 불안정해져서는 안 된다. 대구형 자치경찰제의 궁극적인 목적은 대구시민의 안전이다. 대구시장, 대구시의회 의장, 교육감, 대구경찰청장 모두 자치경찰제에 대해 적극적이고 열정적이다. 반드시 성공한 제도로 정착될 것이다.

자치경찰, 상임위원에게 묻다
대구일보 2021년 7월 25일 인터뷰

2021년 무더운 여름, 자치경찰제를 홍보하기 위해 동분서주하던 중 필자에게 대구일보에서 취재요청이 들어왔다. 짧은 인터뷰였다.

"자치경찰제의 궁극적인 목표는 '주민안전'입니다. 새로운 제도 시행을 계기로 사회적 약자 보호 안전망을 구축하겠습니다."

대구시 자치경찰위원회 박동균 상임위원(사무국장)이 자치경찰제 시행 원년을 맞아 이와 같이 말하며 의지를 다졌다.

그는 경찰 분야에 특화된 인물이다.

경찰교육원 외래교수로 활동하면서 수많은 경찰 간부를 지도했으며 한국자치경찰연구원 부원장과 부회장, 한국경찰연구학회장, 대한지방자치학회장 등을 역임했다.

전국 시·도 자치경찰위원회 상임위원 가운데 유일하게 교수 출신인 박 상임위원에게 자치경찰에 대해 물어봤다.

1. 1호 사업인 시민중심 네트워크 협의체의 선정 배경과 현재 진행 과정이 궁금하다.

△ 시민들이 생활안전 분야나 교통 분야에서 느꼈던 문제점이나 개선방안에 대해 직접 의견을 제시하고, 그러한 의견들이 치안정책으로 반영되고 실제 집행까지 이어지는 시스템 구축을 위해 '시민 네트워크 협의체'를 마련하게 됐다. 협의체는 시민단체, 자원봉사 단체, 아동·청소년 등 시민 사회의 대표성을 가지는 분들을 모아 그룹을 만들고, 각 그룹별로 정기적인 모임을 가질 예정이다.

2. 자치경찰 시행으로 사회가 바뀌고 있다는 것을 시민들이 체감하기 위한 조건은?

△ 현재 시행되고 있는 제도는 국가경찰이 국가경찰의 신분을 유지한 채 자치경찰제 업무를 수행하고 있다. 이른바 일원형 모델이다. 따라서 시민들의 입장에 보았을 때는 크게 자치경찰제 출범을 체감하기는 어려울 것이다. 하지만 현재 시행되고 있는 자치경찰제의 핵심은 주민자치행정과 경찰행정의 결합이라고 할 수 있다. 시민들에게 보다 신속하고 지역 특성에 맞는 치안 서비스를 제공하게 된다.

예를 들면 지역 내 신호등이나 CCTV 설치 등 시간과 절차가 간소화되는 것이다.

첫 술에 배부를 수는 없을 것 같고, 좀 시간이 지나면서 자치경찰제가 자리를 잡을 것이다. 향후 지금 일원형 자치경찰제가 갖는 한계들이 조금씩 수정되면서 보다 진일보한 대구형 자치경찰제 모형이 만들어질 것이다.

3. 향후 청사진 및 대구시민에게 당부하고 싶은 말은?

△ 자치경찰제를 실시하는 가장 큰 목적은 시민들이 안전하게 생활할 수 있도록 안전한 대구를 만드는 일이다. 시민들이 적극적으로 참여해서 치안 공동체를 만들고, 아동이나 노인, 여성 등 사회적 약자들을 위한 촘촘한 사회 안전망을 구축해야 한다. 이를 위해 대구시청, 경찰청, 교육청, 소방본부 등 유관기관간의 치안협력을 강화하겠다(대구일보, 2021. 7. 25).

대구일보

2021년 07월 26일 월요일 011면 특집

지치경찰제 시행 원년, 무엇이 달라지나

구석구석 불안 타파…민생치안, 내 일상과 가까워진다

민생치안 품질 향상을 최우선으로 한 자치경찰 시대가 열렸다.

자치경찰은 각 시·도 자치경찰위원회의 관장 아래 지역 특성에 맞는 치안행정을 오롯이 주민 관점에서 민생치안 체계를 새롭게 구축한다.

1945년 경찰 창설 이후 76년 만에 체계가 바뀌는 것으로 국가경찰, 국가수사본부, 자치경찰 3원화된다.

조직이 나눠지면서 업무의 효율성 증대, 지역 사정에 맞는 정책 개발에 의한 생활밀착형 치안이 강화될 것이라는 기대가 있다.

자치경찰제 시행 원년을 맞아 대구·경북 시·도민들이 체감할 수 있는 앞으로의 변화에 대해 알아본다.

◆ 자치경찰의 핵심, '자치위'

자치경찰위원회는 생활안전·교통, 학교·가정폭력 등 자치경찰 사무를 지휘·감독하는 것이다.

광역 시·도 소속으로 분류돼 있지만 독립적인 조직으로 구분돼 있다. 현재 자치경찰위원회 위원장은 단체장이 추천하는 구조이지만 나머지 위원들의 경우 국가경찰위원회, 교육감, 시의회 등의 추천으로 임명되면서 외시결권이 분산돼다.

자치경찰은 크게 행정과와 정책과로 나뉜다.

행정과는 주요 업무계획 및 시의회 업무, 위원 구성 및 위원추천위원회를 구성·운영하는 총무팀과 대구경찰청장 임용 협의 및 경찰서장 자치경찰사무 수행 평가하는 인사팀이 있다.

정책과는 기획팀(자치경찰사무에 대한 목표수립 및 평가 등), 정책TF팀(주요정책 기획 및 시민밀착형 치안서비스, 시책 개발 등), 협력팀(국가경찰사무와 자치경찰사무 협력·조정 등), 감사팀(감사·상담 의뢰, 비위사건·민원 관련 조사 팀)으로 세분화 돼 있다.

대구시 자치경찰위원회 인력 현황은 7명의 위원과 대구시 소속 13명, 대구경찰청 10명 총 30명으로 구성된다.

경북도 자치경찰위원회는 7명의 위원과 경북도 소속 11명, 경북지방경찰청 6명, 공무직 1명 총 25명으로 이뤄졌다.

◆ 시·도민 맞춤형 사업 눈길

대구시·경상북도 자치경찰위원회는 발 빠르게 생활밀착형 치안 정책을 내놓고 있다.

대구는 △폴리스-틴·키즈 운영 △여성1인 가구 세이프-홈 지원 사업 △자치경찰와·대구도시공사 셉테드 사업 △고위험 정신질환자 응급입원 전담 의료기관 지정 등이다.

이중 가장 눈길을 끄는 사업은 고위험 정신질환자 응급입원 전담 의료기관 지정 사업이다.

코로나19 발생 후 감염 등의 이유로 대학병원 및 지역 정신병원에

■ 자치경찰이란

시·도 소속…독립조직 구분
사무 관리·감독 '자치위' 필두
주민 체감 치안 서비스 강화

■ 생활밀착형 치안정책 '착착'

고위험 정신질환자 현장 대응
응급입원 전담 의료기관 지정
대구, 여성 1인가구 '세이프-홈'
'셉테드' 매입임대주택 치안 협력
경북, 아동·청소년 성매매 정조준
근절 대책·피해자 보호에 팔걷어

서 정신질환자의 응급입원을 기피하는 실정이다.

자·타해 위험이 높은 고위험 정신질환자 및 자살시도자에 대한 현장 대응 치료체계 구축을 위한 응급입원 전담병원 지정 및 병실을 확보하는 사업이다. 다음달 전담병원 지정 공모 및 선정을 할 계획이다. 24시간 입원 가능한 1인실 4병상을 운영한다.

여성1인 가구 세이프-홈 지원사업은 범죄에 취약한 여성 1인 가구의 안전망 구축을 통해 특화된 대책이다. 거주자의 안전을 위해 스마트 초인종, 창문 잠금장치, 현관보조키, 문열림 센서 등 지원을 하는 것으로 구·군 공개모집 후 심사위원회 심의를 거쳐 운영사업지를 선정했다.

또 저소득층·한부모 가정 등 사회적 약자를 위한 셉테드(CPTED) 사업도 추진한다. 공동체 치안 협업을 통해 매입임대주택 주거환경 개선 및 범죄불안감을 해소하는 사업이다. 이를 위해 5일 대구도시공사에 매입임대주택 범죄예방 업무협약을 체결했다.

경북은 함께하는 자치경찰, 안전한 경북을 비전으로 안전하고 따뜻한 주민밀착형 치안서비스를 제공하는 것이 목표다.

경북 1호 시책 사업도 '거점 정신질환자 응급의료기관 추가 지정'이다. 정신응급의료기관을 2개소(동부권, 서부권) 지정했으나 경북의 넓은 지리적 특성으로 인해 호송시간 장거리를 등 현장 경찰관들이 업무피로와 어려움이 있다.

이 같은 문제를 해결하기 위해 북부권 거점병원 지정으로 정신질환자의 원활한 치료연계를 통해 환자의 인권 보호를 강화할 계획이다.

지난 19일에는 7월 경기의회 열리고 전국자치경찰위원회에 대한 제1호 지시 사항을 의결했다.

이번 지시사항은 최근 인천 아동학대에서 발생한 아동학대 사건에 대한 엄중 대응 및 최근 사건과 관련해 아동·청소년을 대상으로 한 성범죄 단속과 근절 대책 마련 및 피해자 보호·지원 등의 내용을 담고 있다.

세부 내용을 △아동·청소년의 성을 사는 행위에 대한 적극 단속 △아동·청소년 대상 성범죄에 대한 근절 예방대책 수립 △성매매 피해 아동·청소년에 대한 근본적 보호 대책 및 제도적 정비 등이다.

신한호 기자

① 지난 5월20일 대구시청에서 열린 '대구시 자치경찰위원회 출범식 겸 위원 임명식'에서 권영진 대구시장, 김창룡 경찰청장 등이 기념사진을 찍고 있다. ② 지난 5월20일 경북도청 화백관에서 열린 경북도 자치경찰위원회 출범식. ③ 지난 16일 열린 대구 자치경찰위원회 직원 역량 강화 워크숍에서 박동균 상임위원이 '자치경찰 바로 이해하기'라는 주제로 교육을 하고 있다. ④ 지난 5월 열린 치안정책 발굴을 위한 시민단체 방문 간담회에서 경북여 상단체협의회와 경북 자치경찰위원회가 의견을 나누고 있다.

"자치경찰제의 궁극적인 목표는 주민 안전"입니다. 새로운 제도 시행을 계기로 사회적 약자 보호와 안전망을 구축하겠습니다."

대구시 자치경찰위원회 박동균 상임위원(사무국장)이 자치경찰제 시행 원년을 맞아 이 같이 말하며 의지를 다졌다.

그는 경찰 분야에 특화된 인물이다.

경찰교육원 외래교수로 활동하며 수많은 경찰 간부들을 지도했으며 한국자치경찰연구원 부원장과 부원장, 한국경찰연구회장, 대한지방자치학회장 등을 역임했다.

전국 시·도 자치경찰위원회 상임위원 가운데 유일하게 교수 출신인 박 상임위원에게 자치경찰에 대해 물어봤다.

다음은 일문일답.

-1호 사업인 시민 중심 네트워크 협의체의 선정 배경과 현재 진행 과정이 궁금하다.

"주민자치+경찰행정
사회적 약자를 위한
촘촘한 안전망 구축"

박동균 상임위원

협의체를 마련하게 됐다. 협의체는 시민단체, 자원봉사 단체, 아동·청소년 등 시민사회의 대표성을 가지는 분들을 모아 그룹을 만들고, 가 그룹별로 정기적인 모임을 가질 예정이다.

-자치경찰 시행으로 사회가 바뀌고 있다는 걸 시민들이 체감하기 위한 조건은?

△현재 시행되고 있는 제도는 국가경찰과 국가경찰의 신분을 유지한 채 자치경찰의 업무를 수행하고 있다. 자치에 일원화 모델이다. 따라서 시민의 눈 입장에 보였을 때는 크게 자치경찰제 출범을 체감하기는 어려울 것이다. 하지만 현재 시행되고 있는 자치경찰제의 핵심은 주민자치행정과 경찰행정의 결합이라고 할 수 있다. 시민들에게 보다 신속하고 지역특성에 맞는 치안 서비스를 제공하는 것이다. 예를 들면, 대구시 내 신호등이나 CCTV 설치 등 시간과 절차

가 간소화되는 것이다.

첫째는 내부행 수는 늘을 것 같고, 좁은 시간이 지나면서 자치경찰제가 자리를 잡을 것이다. 시민들의 적극 일원형 자치경찰제가 갖는 한계점이 조금씩 수정되면서 보다 진일보한 대구형 자치경찰제 모형이 만들어질 것이다.

-향후 정치권 및 대구시민에게 당부할 말은?

△자치경찰제를 실시하는 가장 큰 목적은 시민들이 안전하게 생활할 수 있도록 안전한 대구를 만드는 일이다. 시민들이 적극적으로 참여해서 치안공동체를 만들고, 아동이나 노인, 여성 등 사회적 약자들을 촘촘한 사회안전망을 구축해야 한다. 이를 위해 일원형 지자체, 경찰청, 교육청, 소방본부 등 유관기관들의 치안협력을 강화한다.

신한호 기자

소통의 중요성
경북일보 특별기고 (2017. 3. 24)

기업과 정부, 국가에 이르기까지 소통은 무엇보다 중요하다. 혼자서는 아무것도 할 수 없는 초연결사회, 네트워크 사회, 공동체사회 속에서 소통은 없어서는 안 될 중요한 요소이다. 소통은 사람의 몸으로 비유하자면 혈액이라고 할 수 있다. 즉, 혈액이 잘 통하는 신체가 건강하듯이, 소통이 잘 되는 조직은 건강한 조직이다.

일반적으로 소통이 갖는 효용은 크게 세 가지다. 첫째, 소통을 잘 하면, 조직 내 갈등을 사전에 예방할 수 있다. 조직에서 갈등은 필연적으로 발생한다. 부처 간, 부서 간, 부서 내에서도 동료 간, 상하 간 생각의 차이와 추구하는 목표의 차이가 있기 마련이다. 다양한 형태의 소통은 갈등 관리에 있어 좋은 약이 된다. 갈등이 잘 해결되면 더 큰 발전의 원천이 될 수 있다. 비온 뒤에 땅이 굳어지듯이 말이다. 둘째, 소통은 합리적인 의사결정을 위한 수단이다. 조직의 목적달성을 위한 대안에는 수십 가지가 있다. 조직구성원 간의 소통은 향후 발생할지 모르는 부작용 및 문제점을 심도 있게 논의할 수 있는 중요한 채널이 되고, 이를 통한 대안 도출은 최적의 대안을 선택할 수 있는 합리적인 도구가 된다. 셋째, 소통은 조직을 통솔하고, 사기를 앙양시킨다. 소통을 잘 하면, 구성원들이 신이 나서 일을 하게 되고, 더욱 열심히 조직을 위해 헌신한다.

그러면 소통을 어떻게 하면 잘 활성화할 수 있을까? 첫째는 진실성이 확보되어야 한다. 진실하지 않은 소통은 독이 되고, 상황을 악화시킨다. 누군가를 영원히 속일 수는 없다. 둘째는 상대방을 인정해야 한다는 점이다. 상대방은 나와 분명히 다르다. 다름을 인정해야 한다. 셋째는 청취이다. 상대방의 의견을 인내심을 갖고 들어야 한다. 소통의 80퍼센트는 청취라고 할 수 있다. 청취와 공감을 통한 소통은 이미 우호적인 관계를 형성한 것이다. 다음은 바로 문제해결이고, 목표 달성이다.

현재 대한민국 사회를 보면, 계층 간, 세대 간, 이념 간 갈등이 심각하다. 한반도를 둘러싼 국제 관계도 마찬가지다. 사드 문제로 인한 한중 갈등, 위안부 소녀상 문제로 인한 한일 갈등, 트럼프 미국 대통령의 보호주의 정책, 북한 핵 개발 및 미사일 사태 등으로 인한 남북 갈등이 고조되어 있다. 게다가 박근혜 대통령의 탄핵과 19대 대통령 선거 등으로 더욱 많은 갈등 상황이 벌어지고 있다. 해결해야 할 정책과제들이 산적해 있다. 이 문제를 풀 수 있는 가장 좋은 방법은 바로 '소통'이다. 국가원로 및 각 정당 지도자, 정치인들의 국민과 국가를 위한 진실한 소통, 언론과의 소통, 국민과의 소통이 가장 바람직한 해법이다. 박근혜 전 대통령의 국정 실패의 가장 큰 원인으로 볼 수 있는 것이 바로 소통부재라고 할 수 있다. 야당과의 소통, 언론 및 국민과의 소통, 심지어는 그가 임명한 장관 및 청와대 비서관들과도 소통이 부족했다. 앞으로 모든 공공조직에서 소통을 활성화해야 한다.

먼저, 조직 내 대면보고를 활성화해야 한다. 일상적이고 정기적인 루틴 업무 이외에 중요한 사항은 반드시 대면보고와 토론을 통해서 정책의 본질을 정확하게 파악할 수 있어야 한다. 아울러, 외부고객 및 언론과의 소통을 확실히 해야 한다. 정부의 고객은 국민과 이해관계집단이다. 고객 만족과 함께 대언론에 대한 적극적인 PR과 공감을 통해서 정책홍보를 활성화해야 한다. 언론은 정책에 대한 비판 기능을 통해서 정책의 질을 향상시킨다.

자치경찰, 소통이 중요하다.

홍보맨 상임위원

신고합니다.
필자의 별명은 '미스터(Mr.) 자치경찰'

필자는 대구광역시 자치경찰위원회 상임위원(사무국장)을 맡고, 틈이 나는 대로 기관 홍보를 다녔다. 신고식이나 다름없었다. 워낙 생소한 직책이라 자치경찰 설명 겸 다녔다. 제일 먼저 언론방송사부터. 매일신문, 영남일보, TBC, KBS, MBC, YTN, 연합뉴스를 시작으로 임성훈 대구은행장, 홍원화 경북대 총장, 국정원, 검찰청, 수성구청 등 관공서까지.

시간 날 때마다 자치경찰의 목적, 특징, 애로사항, 협조 요청 사항 등을 홍보했다. 수행은 우리 사무국 협력팀 주경희 경위가 해 주었다. 주경희 경위는 수성경찰서 정보관(IO)으로 8년간 활동하면서 대구시내 관공서 및 언론사와의 관계가 아주 좋았다. 필자는 경찰서 정보관이 단순히 정보관이 아니라 '협력관'으로 생각하고 있다. 경찰과 지역 주민을 이어주는 정보 협력관 말이다. 정보관은 출입하는 기관의 홍보대사이고 협력관이다. 꼭 필요한 존재이다.

사실 필자는 대구한의대학교 대외교류처장으로 오랫동안 홍보 업무와 대외교류 업무를 했기 때문에 언론이나 시민단체, 관공서 출입이 낯설지 않았다. 아무튼 초기 대구형 자치경찰제 홍보 차원에서 많이 다녔다.

이제는 고인이 되신 이의근 경북도지사님이 말씀하셨다. "공무원은 두 종류가 있다. 일만 하는 공무원과 일을 하면서 홍보하는 공무원 말이다. 일을 하면서 자신의 일을 홍보하는 것이 중요하다."

필자는 유별나다고 할 정도로 홍보가 매우 중요하다고 생각한다. 우리 사무국 직원들에게 늘 강조했다. "업무를 하면서 그 업무가 시민들의 입장에서 어떤 혜택이 가는지를 적극적으로 홍보하라". 공무원이 홍보를 하지 않으면 시민들은 공무원들이 무슨 일을 하는지 모른다.

이제 필자의 별명이 생겼다. '미스터(Mr.) 자치경찰'이다.

알기 쉬운 자치경찰제
BBS 대구불교방송 라디오 아침세상 2021년 7월 1일 인터뷰

1. 오늘부터 자치경찰제가 본격 시행됩니다. 무엇이 어떻게 달라지게 되는지 자세히 알아보겠습니다. 대구시 자치경찰위원회 박동균 사무국장님, 오늘부터 자치경찰제가 시행되죠? 시민들은 아직 잘 체감이 되지 않을 것 같습니다. 어떤 것이 어떻게 바뀌게 되는 건지 설명을 해 주시죠.

과거 2004년 지방분권특별법에서 자치경찰제 도입을 규정한 후 오랜 기간 그 시행 방법에 대해 다양한 논의를 해오다가 지난해 2020년 12월에 검·경 수사권 조정과 연계하여 경찰법이 전부 개정되면서 오늘 7월 1일부터 자치경찰제를 전면 시행하게 되었습니다. 현재 시행하는 자치경찰제의 주된 내용은 경찰의 사무를 국가경찰사무, 자치경찰사무, 수사사무로 크게 세 가지로 구분하고 자치경찰사무에 대해서는 기존의 경찰청장이 아닌 시·도 자치경찰위원회가 지휘·감독하는 형태로 변경되었고, 경찰의 소속과 신분은 기존과 같이 국가경찰 공무원 신분을 그대로 유지하게 됩니다. 자치경찰사무는 생활안전, 여성·아동·청소년, 교통·지역 경비 등의 사무와 이와 관련한 수사사무 일부가 해당됩니다.

다시 말씀드리면, 주민 생활과 밀접한 경찰의 사무를 시도지사 소속의 자치경찰위원회가 관장하게 되면서 그간 국가적, 획일적으로 이루어진 경찰 업무가 지역의 특성과 주민 수요에 부응하는 맞춤형 치안 서비스 형태로 전환을 맞게 된다는 의미로 볼 수 있습니다.

2. 자치경찰위원회에는 어떤 분들이 참여하고 있는지요?

자치경찰위원회 위원은 경찰법에서 규정하고 있는 자격요건을 갖춘 적임자를 시의회와 위원추천위원회에서 각 2명, 시교육감과 국가경찰위원회에서 각 1명을 추천하고 시장이 지명하는 1명을 포함해 총 7명으로 구성됩니다. 경찰행정학 교수, 법률학 교수, 또 경찰과 교육 공무원 경력을 가진 분들로 한 분 한 분을 놓고 보면 다년간의 자치경찰과 인권 문제에 관한 연구 경력과 활동, 치안 현장의 실무와 여성·아동·청소년 분야 경험과 식견을 두루 갖춘 분들이라고 하겠습니다. 각각의 위원들이 갖춘 전문성과 장점은 충분히 잘 살리고, 위원회가 비록 대구시 소속기관이지만 위원 각자가 시민의 한 사람으로서 시민의 관점에서 민주적이고 조화롭게 뜻을 모아 '시민중심, 시민안전'이라는 캐치프레이즈를 갖고 자치경찰위원회를 잘 운영할 수 있도록 최선을 다하겠습니다.

3. 그동안 지역경찰서를 순회 방문하며 치안현장의 의견을 청취한 것으로 알고 있습니다. 느낀 부분이 있다면요?

지난 5월 20일 자치경찰위원회 출범 후 6월 8일 대구경찰청을 시작으로, 6월 24일까지 10개 일선 경찰서 현장을 직접 찾아서 일선 경찰의 목소리를 청취하고 소통하는 시간을 가졌습니다. 대구경찰청장님과 각 서장님 등 모든 분이 자치경찰에 대한 큰 기대와 관심으로 따뜻하게 맞아 주셔서 이 시간을 통해 감사의 말씀을 전하고 싶습니다. 자치경찰제 시행에 맞춰 지역의 특성에 맞게 우수한 시책을 발굴하여 선제적으로 추진한 사례가 있어 매우 고무적으로 평가하고, 우수 사례를 선별하여 확대 시행해 나갈 계획입니다. 한편으로는 최근 사회적 약자에 대한 시민들의 관심이 높은 만큼 여성청소년 부서에 업무가 가중되고 있고, 지구대의 경우 주취자, 행려자, 정신질환자 관련 업무로 인한 고충이 심하다는 사실을 다시 한번 느낄 수 있었습니다. 앞으로 자치경찰위원회는 최일선 현장 자치경찰의 복지 문제도 개선해 나갈 수 있도록 노력하겠습니다.

4. 대구시 자치경찰위원회 1호 사업으로 '시민중심 네트워크 협의체 구성'을 추진하고 있다죠? 설명을 좀 해 주시겠습니까?

그간 시민은 치안 서비스의 보호 대상이자 수혜의 대상으로만 인식되어 왔습니다. 하지만 자치경찰제가 시행되면서 시민들이 더 이상 치안의 객체가 아니라 치안의 주체로 참여할 수 있는 제도적 여건이 마련되었습니다. 이에 따라 치안 영역에서 시민중심의 치안 거버넌스를 구성해야 하는 당위성이 인정된 것이고, 시민들께서 생활안전 분야나 교통 분야에서 느꼈던 문제점이나 개선방안에 대해 직접 의견을 제시하고, 그러한 의견들이 치안 정책으로 반영되고 실제 집행까지 이어지는 시스템을 마련하게 되었습니다. 이것이 대구시 자치경찰위원회 제1호 시책인 「시민 네트워크 협의체」의 핵심적인 내용입니다.

5. 무엇보다 시민들이 치안 서비스의 주체가 되고, 시민 참여를 활성화 하겠다는 의지가 엿보이는데요. 이를 위한 구체적인 계획을 듣고 싶습니다.

시민단체, 자원봉사 단체, 아동·청소년 등 시민 사회의 대표성을 가지는 분들을 모아 그룹을 만들고, 그룹별로 정기적인 모임을 갖고 소통할 예정이며, 그룹에 속하지 않은 일반 시민들께서는 위원회 홈페이지를 통해 상시로 의견을 낼 수 있도록 운영할 계획입니다. 시민들께서 직접 치안정책에 의견을 제시하시면 실질적으로 가능한지 그 타당성과 효과성을 분석한 후 정책화가 가능한 의견에 대해서는 실제 집행까지 이루어지도록 할 예정입니다. 시민 네트워크 협의체가 지역 치안에 관한 시민들의 다양한 의견을 들을 수 있는 창구가 되고, 기존 접근방법과는 다른 새로운 방안들을 제시하는 치안정책의 아이디어 뱅크 역할을 톡톡히 할 것으로 기대합니다.

6. 그리고 고도 정신질환자의 응급입원을 위한 병상 지정을 추진할 계획인 것으로 알고 있습니다. 어떤 의미가 있습니까?

'진주 안인득 사건'이 발생한 지 2년이 지났지만 여전히 정신질환과 관련된 강력 범죄가 시민안전에 위협 요소로 상존하고 있습니다. 자살시도자나 고도 정신질환자가 자해 또는 시민안전을 위협하는 상황이 발생하면 경찰관이 출동하여 보호 및 입원을 진행해야 하는데 현재 응급입원제도가 시행되고는 있지만 실제로 병원에서는 병상 부족과 코로나19 감염 등을 이유로 응급입원을 기피하고 있는 실정입니다. 응급입원이 결렬되면 경찰관서에서 계속 보호해야 하는데 보호 도중 자해, 행패 소란 등으로 현장경찰관의 책임과 부담이 가중되고, 다른 사건에 대한 출동이 지연되는 등 치안 공백이 발생합니다. 이를 해소하기 위해 자치경찰위원회에서는 대구시 관련 부서와 협조하여 「고위험 정신질환자 응급입원 전담 의료기관 지정」을 우선 시책사업으로 선정하여 추진하고 있습니다. 이렇게 되면, 일선 경찰관서의 치안 공백 최소화하고, 정신질환자에 대한 즉각적인 보호와 치료 뿐만 아니라 지방행정과 치안행정의 연계라는 자치경찰제 도입 취지에 맞는 좋은 사례가 될 것으로 기대하고 있습니다.

7. 자치경찰제에 대한 우려의 시선 역시 있습니다. 이에 대해서는 어떻게 생각하시나요?

자치경찰제가 처음 시행되면서 기대감과 함께 일각에서는 여러 우려가 있음을 알고 있습니다. 위원 구성 편중, 무늬만 자치경찰, 정치적 중립 문제, 지휘체계 혼선, 지자체 사무 전가 등. 자치경찰위원회는 대구시 소속기관이지만 업무를 수행함에 있어서는 대구시와 대구경찰청 어느 한 곳에 쏠려서는 안되는 독립적인 지위를 갖고 있습니다. 자치경찰위원회는 (중립성을 확보하기 위해 추천위 구성단위를 엄격하게 구분해서 각각 다른 분들이 모인) 합의제 행정기관으로서 정치적 중립과 민주성을 강화하기 위해 위원회의 의결로 소관 사무를 처리하도록 되어 있습니다. 7명의 자치경찰위원의 심의·의결을 통해서 정책이나 시책 등이 결정되는 구조라 위원회의 운영 과정에서 편향성은 걸러질 것으로 생각하며, 앞서 말씀드린 시민 네트워크 협의체를 통한 시민의 목소리와 함께 다양한 분야 전문가들의 의견도 경청하여 지역 실정과 주민 눈높이에 맞는 자치경찰제를 만들어 가도록 노력하겠습니다.

8. 자치경찰제 시행으로 보다 향상된 치안 서비스를 기대하는 시민들이 많습니다. 끝으로 청취자들에게 당부하고 싶은 말씀 부탁드립니다.

7월 1일 자치경찰제의 전면 시행으로 30년 지방자치 역사는 큰 변화를 맞이하고 있습니다. 시민이 중심이 되고, 시민이 함께 참여하는 치안 거버넌스를 활성화하여 그야말로 진정한 의미의 자치경찰을 만들고 지방자치가 또 한 단계 도약할 수 있도록 노력하겠습니다. 또한 제도변화로 인한 주민들의 불안과 경찰사무의 혼선을 조기에 해소하고 범죄 예방은 물론 여성, 아동, 청소년, 노인과 장애인 등 사회적 취약계층의 안전을 보징할 수 있는 치안 서비스 마련에도 최선의 노력을 다하겠습니다. 자치경찰은 그야말로 우리들의 자치경찰, 나의 경찰이라고 생각하고 시민들의 적극적인 참여와 관심을 당부드립니다.

대구시 자치경찰위원회 CI 개발

　　대구시 자치경찰위원회를 잘 운영하기 위해 홈페이지도 만들었고, 각종 규정도 하나씩 만들어가고 있다. 이번에는 자치경찰위원회를 보다 효과적으로 홍보할 수 있는 디자인 개발을 위해 지역의 디자인 전문기업에 CI 개발 용역을 의뢰하였다. 그 후 나온 몇 가지 결과물을 가지고 대구시청, 대구경찰청 및 대구 시민들을 대상으로 선호도 조사를 거쳐 최종적으로 자치경찰위원회 회의를 통해 CI를 확정하였다.

　　이 CI는 자치경찰위원회의 인지도 제고를 위해 홈페이지와 공문서, 임용장, 표창장 등 인쇄물, 각종 현수막과 홍보물, 위원회 현판 등에 활용한다.

C I	디자인의 의미
대구자치경찰위원회	• (팔각형) 대구의 명산 팔공산 및 시민을 보호하는 방패를 형상화 • (독수리) 대구시민의 진취적인 기상과 개척자적 시민정신을 상징 • (청록색) 대구시(녹색) 및 경찰청(청색)의 조화·융합을 상징 • (별) 밤에도 빛나는 별로서, 24시간 완벽한 치안을 상징

경찰청장 초청 '소통포럼' 특강

2022년 4월 6일(수) 오전 10시, 경찰청(서울 서대문구 미근동) 본관 1층 '문화마당'에서 개최된 소통포럼에서 초청특강이 있었다. 소통포럼은 경찰청에서 치안 관련 다양한 정보를 공유하고, 미래 비전을 논의하는 자리이다.

이날, 특강에서 필자는 2021년 7월 1일부터 공식적으로 실시된 대구시 자치경찰제의 성과를 홍보하고, 아울러 발전 방향 및 과제를 제시하였다.

특히 대구시 자치경찰위원회의 초기 성과로 고위험 정신질환자들의 응급입원 전담 의료기관 지정을 우수한 성과로 제시했다. 이 사업은 현장경찰관들의 야간 근무 최고의 애로사항 중 하나였는데, 다른 시도 자치경찰위원회의 벤치마킹 대상이라고 자랑했다. 이외에도 여성 1인 가구의 안전한 주거환경 조성을 위해 도입한 세이프-홈(Safe-Home) 지원사업과 대구 서부경찰서와 서구청의 협력으로 완성된 안심 정거장 사업, 대구수성구 지하철역 안심 거울 설치, 안전한 주거환경 조성을 위한 대구 강북경찰서의 샛별로 사업 등 대구시민들의 안전을 위한 다양한 성과들을 제시하였다.

또한 필자는 향후 자치경찰제의 발전과제로 현장경찰과 시민 참여의 활성화를 가장 중요하게 주장하였다. 실제로 자치경찰 업무를 수행하는 사람은 현장경찰이다. 현장경찰의 근무여건 조성 및 사기 진작이 중요하다. 아울러 자치경찰의 성공은 시민의 적극적인 지지와 참여이다. 적극적인 소통 및 협력으로 자치경찰의 성공적 정착을 기대한다.

이날 소통포럼 특강에는 김창룡 경찰청장을 비롯한 김학관 기획조정관, 김교태 생활안전국장, 김진표 교통국장 등 20여명의 경찰청 지휘부들이 직접 참석하였고, 전국의 경찰관들이 화상으로 특강을 시청하였다. 필자는 강의가 끝난 후 항상 강의평가를 듣는다. 그래야 다음 강의 때 피드백하여 강의를 보다 개선해서 잘 할 수 있다고 생각한다. 강의가 끝난 후 몇 분들의 문자 메시지를 받았다. 이 문자 메시지에는 주로 실제 자치경찰의 현장에서 있었던 사례들을 중심으로 강의를 했기 때문에 현장을 이해하는 데 도움이 되었다는 내용이 주로 담겨 있었다.

강의를 마친 후 대구로 가는 KTX 기차안에서 받는 문자 메시지 중 하나를 소개한다.

"지금까지 매주 소통포럼을 참석했지만 항상 따분하고, 지루했는데, 오늘 박동균 상임위원님의 강의는 최고의 명강의였습니다. 소위 '날 것'이 그대로 표현되었고, 시장, 시의회를 상대로 얼마나 노력하시는지를 잘 알게 되었다는 반응입니다. 많은 분들이 감동 받으셨다고 합니다. 상임위원님의 열정에 말이죠. 최고의 명강의 정말 감사드립니다".

이 기분에 강의를 하는 것 같다. 대구로 가는 여정이 행복하다.

서울시 서대문구 경찰청 본청 1층, 소통포럼 특강(맨 우측은 김창룡 경찰청장)

홍보 관련 사무국 팀장회의

우리 자치경찰위원회 사무국 과장, 팀장들을 소집했다. 2022년 3월 22일 1층 커뮤니티 홀에서 홍보 관련 회의를 했다. 진지했다. 회의보다는 필자의 일방적인 주문이었다. 자치경찰제가 출범했는데도 여전히 시민들은 자치경찰제에 대해 알지 못한다.

언론, 시의회, 시민단체, 학계 등에서도 자치경찰의 시민과의 소통 및 홍보 필요성에 대한 지적이 많았고, 우리 사무국 내부에서도 홍보의 중요성을 중요하게 인식하고 있다. 실제로도 다양한 채널로 홍보 중이었다. 솔직히 전국의 자치경찰위원회에서도 우리 대구가 홍보만은 1등이라고 할 정도로 홍보는 잘 하고 있는 편이었다. 하지만 나는 만족할 수 없었다.

필자는 자치경찰 홍보를 우리 위원회의 제1과제로 생각하고 다음의 내용을 강조했다.

※ 홍보는 전 부서의 역할이다. 모든 부서가 홍보부서이다.

모든 업무를 할 때, 항상 홍보를 생각하라(특히, 사회적 약자 보호는 그 의미가 크다).

혼자 묵묵히 일만 하는 공직자는 바보다. 이제 바야흐로 PR의 시대

– 자치경찰의 성과가 시민들의 입장에서 어떤 혜택(효과)이 있는지를 알기 쉽게 홍보할 필요가 있다(스토리 텔링).

향후 홍보 중 검토해 볼 만한 사항

1. 대구시에서 활용 가능한 홍보 채널 최대한 확보(시군 소식지, 전광판, 현수막, 문자 등)

---

2. 우리 사무국 예산 활용 광고(도시철도 반월당 역 등)

3. 찾아가는 홍보(대학, 노인정, 여성회관, 도서관, 마을회관, 동성로 등)

4. SNS 대학생 홍보단

5. 자치경찰로 4행시 이벤트(퀴즈 이벤트)

6. 명예 자치경찰 임명(연예인, 스포츠인, 프로파일러 권일용 교수 등)

7. 달구벌 어르신 자전거 경찰 순찰대(자전거 인구의 증가)

8. 자치경찰 홍보 업적 우수 경찰관, 시 직원 특진 등 인사 혜택 추천, 부여

또한, 4월 28일(목) 언론관계관 회의에서 김종한 행정부시장이 전 직원에게 강조한 사항이다. 대외비가 아니고, 공직자들이나 자치경찰도 꼭 알았으면 하는 좋은 자료라서 소개한다.

① 보도자료의 질적 향상

◖ 보도자료는 시민들 입장에서 잘 만들어질 수 있도록 국장들께서 신경 써주시기 바랍니다. 아울러, 전문적 용어를 배제하고, 꼭 전문적 용어를 사용해야 할 경우 설명을 첨부해서 시민들께서 쉽게 이해할 수 있도록 작성해주시기 바랍니다.

② 기자설명회(언론브리핑) 활성화

◖ 단순히 보도자료만 배포하는 것과 기자설명회를 겸해서 하는 것과는 보도의 양과 질에서 차이가 크므로, 중요한 사업과 관련된 보도의 경우 국장(어려운 경우 소관 부서장)들께서 직접 기자 설명회를 해주시기 바랍니다.

③ 언론취재 대응 ※ 전 직원 공유

◖ 언론취재 시 즉시 답변을 지양하고, 취재내용에 대해 충분한 내부검토 (답변정리, 과장·국장 보고 등) 후 답변할 수 있도록 하되, 가급적 부서장이 답변할 수 있도록 하시기 바랍니다.

◖ 취재사항은 기사화되므로, 대변인실과 사전에 공유해서 대응하도록

하고, 인터넷 기사 모니터링을 철저히 해서, 기사 제목과 내용 등이 왜곡·과장된 경우 취재기자에 충분히 설명해서 바꿔질 수 있도록 노력해주시기 바랍니다.

④ 기고문 적극 활용

◖ 통상적으로 보도자료에 담을 수 없는 사업과 시정에 대한 깊이 있는 내용을 기고문에 담아낼 수 있습니다. 실국장 및 부서장, 전문가 등의 입을 빌려서 적극적으로 기고문을 내는 것이 필요합니다.

시민과 함께, 시민 속으로 들어가자

필자는 자치경찰의 성공조건으로 시민과 현장경찰을 중시한다. 즉 시민의 적극적인 참여와 관심, 그리고 현장경찰관의 자치경찰의 수용성 제고 및 사기가 중요하다고 본다. 필자는 시간 날 때마다 시민 속으로 다가갔다. 다양한 만남, 소통, 특강, 설명회 등 여러 유형의 시민들을 만났다.

의회가 묻고, 자치경찰이 답하다

대구 수성구의회는 2021년 5월 18일 수성구의회 제2회의실에서 의원들을 대상으로 "알기 쉬운 자치경찰 이야기"라는 주제로 전문가를 초빙해 특강을 실시했다.

이 특강은 필자가 맡아 진행하였으며, 7월 1일 시행하는 자치경찰제도의 개념과 추진경과, 특징과 장점, 주요 내용, 향후 자치경찰제 발전 과제에 대해 구체적인 사례를 들어 알기 쉽게 강의하였다.

특히, 이날 특강에서는 자치경찰제도의 성공 조건으로 주민 참여 활성화와 현장경찰을 중시하는 분위기 조성, 아동·여성 등 사회적 약자 보호를 위한 다양한 협력 치안 시스템 구축 및 지자체와 자치경찰 간의 긴밀한 협력과 소통을 강조했다.

필자의 특강이 끝난 이후 수성구의회 황혜진 의원님이 찾아 오셨다. 황 의원님이 내게 물으셨다. "자치경찰 출범 후 제가 가장 손쉽게 할 수 있는 일이 뭘까요?" 참으로 진지하고 중요한 질문이었다.

필자가 답을 했다. 일상생활 속에서 시민을 안전하게 만들 수 있는 것이 중요합니다. 예를 들어 지하철 에스컬레이터에 안심 거울을 설치하면, 여성들 뒤에서 몰래 불법 촬영하는 범죄를 차단할 수 있습니다. 그 이야기를 들은 황혜진 의원은 수성구청 담당자를 찾아 해결책을 모색했다. 한 달이 지난 후 수성구 사월역과 신매역 에스컬레이터에 안심 거울이 설치되었다. 이런 노력 하나하나가 모여 안전한 대구를 만드는 것이다. 시민들이 스스로 자기 지역의 안전을 고민하고, 참여해서 만드는 것이 '공동체 치안'의 핵심인 것이다.

2021년 10월 자치경찰은 청년들에게 홍보하기 위해서 수성대, 경운대, 대경대, 대구과학대를 차례로 방문하여 대학생들에게 자치경찰을 설명하였다. 일명 "청년이 묻고, 자치경찰이 답하다"

청년 속으로, 수성대 자치경찰 홍보 특강

수성대학교 경찰행정과는 박동균 대구광역시 자치경찰위원회 상임위원을 초청해 '알기 쉬운 자치경찰 이야기'를 주제로 6일 특강을 진행했다.

박동균 상임위원은 "자치경찰의 도입은 치안행정에 주민 참여기회를 확대하고 주민들의 요구를 반영한 치안 서비스를 제공해 지방분권을 완성할 수 있다"며 "지방행정과 치안행정을 연계해 지역 특성에 적합한 치안 서비스를 제공할 수 있도록 자치경찰제도를 보다 강화해야 한다"라고 강조했다.

박동균 상임위원은 대구한의대 경찰행정학과 교수 출신으로 3년 임기의 대구시 자치경찰위원회 상임위원 겸 사무국장으로 재직하고 있다(한국대학신문, 2021. 10. 6).

수성대학교 초청 자치경찰 특강

올해부터 우리나라에서 실시하는 자치경찰은 지역 내 범죄 예방활동, 아동·청소년·여성 보호, 교통지도·단속 및 교통질서 유지 업무를 수행하게 된다. 올 6월 30일까지 시범 운영한 뒤에, 7월 1일 본격적으로 시행할 예정이다. 하지만 자치경찰제도가 다소 생소한 개념으로 대학생들이 쉽게 이해하기 어려운 점이 있다. 이런 시점에서 박동균 대구시 자치경찰위원회 상임위원(사무국장)은 5월 26일(수) 10시, 경북도립대학 지방행정학과 학생들을 대상으로 '자치경찰 바로 이해하기'라는 특강을 실시했다.

박동균 상임위원은 이날 특강에서 올해부터 시작되는 자치경찰제도의 개념과 특징, 장점과 한계, 앞으로의 자치경찰제 성공적인 조건과 방안 등에 대하여 대학생들이 알기 쉽게 구체적인 사례를 들어 설명했다.

특히, 박동균 상임위원은 "자치경찰은 주민자치행정과 치안행정을 효과적으로 연계할 수 있는 장점이 있다. 대구형 자치경찰제가 안정적으로 정착되어 최고의 치안 안정성을 유지하면서 지방자치 분권의 이념을 실현할 수 있도록 자리매김해야 한다"라고 강조했다.

박동균 위원은 주민조직화 사업에 기반한 치안 공동체 조성, 통/반 단위의 치안자치 활성화, 주민 참여형 자치경찰 예산제도 등을 통한 주민 참여 활성화를 대구형 자치경찰의 성공조건으로 제시했다. 또한, 아동과 여성, 장애인, 노인 등 사회적 약자 보호를 위한 지역 사회 내의 다양한 협력 치안 시스템 구축, 실제 근무하는 현장경찰과 현장 공무원들의 목소리 청취와 사기 진작, 자치경찰 관련 기관 간의 긴밀한 협력, 소통 시스템 구축을 강조했다(잡포스트(JOBPOST), 2021. 5. 27).

대경대학교 경찰탐정과 초청 자치경찰 특강

박동균 대구시 자치경찰위원회 상임위원(사무국장 겸임)은 2021년 6월 28일 범물1동 행정복지센터에서 지산지구대 생활안전협의회 회원과 지산(1·2)·범물(1·2) 자율방범대원들을 대상으로 '알기 쉬운 자치경찰 이야기' 특강을 펼쳤다.

이날 특강은 오는 7월 1일 전면 시행하는 자치경찰제에 대한 주민들의 이해를 돕기 위해 마련했으며, 지난 5월부터 지역별 생활안전협의회와 자율방범대, 구의회, 대학 등을 대상으로 순회하며 이뤄지고 있다.

자치경찰제의 시행으로 지역 내 범죄 예방활동, 아동·청소년·여성 보호, 교통지도·단속 및 교통질서 유지 등 주민 생활과 밀접한 분야는 자치경찰사무로 분류되어, 자치경찰사무는 시도지사 소속의 시·도자치경찰위원회의 지휘·감독을 받게 된다.

박동균 상임위원은 이날 특강에서 자치경찰의 개념과 역사, 특징과 장점, 앞으로의 자치경찰제 활성화 방안에 대해 시민들이 알기 쉽게 설명했다.

또한 주민의 활발한 참여가 자치경찰제 성공의 관건임을 강조하고, 특강에 참석한 생활안전협의회와 자율방범대원들이 자치경찰제와 자치경찰위원회에 많은 관심을 가져줄 것을 당부했다.

박동균 상임위원은 "시민의 안전을 자치경찰위원회의 최우선 과제로 삼고, 시민 친화적인 대구형 자치경찰제의 기틀을 다지기 위해 최선을 다하겠다"라고 밝혔다(서울뉴스통신, 2021. 6. 29).

지산지구대 자치경찰 특강

대구시 자치경찰위원회는 박동균 상임위원이 8일 저녁 수성경찰서 4층 강당에서 자율방범대 임원 20여 명이 참석한 가운데 자치경찰제도 관련 간담회와 함께 특강을 실시했다고 11월 10일 밝혔다.

이날 행사는 평소 자치경찰제에 대해 관심이 많은 수성구 자율방범대원들의 자치경찰에 대한 궁금증을 해소하고, 동시에 범죄 예방 순찰과 협력 치안을 강조하기 위해 기획됐다.

박동균 상임위원은 이날 특강에서 자율방범대의 순찰과 지방자치단체 및 지방의회와의 협력 치안의 중요성, 시민들의 참여방법에 대해 설명했다.

박동균 상임위원은 "자치경찰제에 대한 시민들의 이해와 참여가 없다면 경찰행정이 주민과 괴리된 채 이름만 자치경찰일 뿐이어서, 자치경찰제의 가장 중요한 요소가 바로 시민"이라며 "지역의 안전을 위협하는 요인을 지역 주민과 자치경찰이 협력해 찾아내, 해결방안을 모색해야 한다"라고 강조했다.

지난 5월 20일 출범한 대구시 자치경찰위원회는 시범 실시에 이어 7월1일부터 공식적으로 활동에 들어갔다. 대구시민과 가장 밀접한 부분인 범죄 예방과 생활안전 업무, 아동, 청소년, 여성, 노인 보호 등 사회적 약자 보호, 교통업무가 자치경찰의 업무다(서울경제TV, 2021. 11. 10).

수성경찰서 자율방범대 자치경찰 특강

대구시 공무원 교육원, 자치경찰 강좌 개설!

자치경찰제를 시작하면서 필자는 시민들을 대상으로 한 자치경찰제 홍보를 중요하게 생각했다. 결국 자치경찰제의 성공은 시민들의 지지와 참여, 협력에 달려있다. 시민들이 없는 자치경찰제는 성공할 수도 없고, 큰 의미가 없다. 또한, 시민만큼 중요한 사람들이 바로 '공무원'들이다. 자치경찰제는 한 마디로 이야기하면 주민자치행정과 경찰행정의 결합이다. 대구시의 교통 문제를 예를 들어 설명해 보면, 교통사고 예방과 주차, 교통질서 유지 등은 대구경찰청 교통과와 함께 대구시 교통국의 상호협력이 없으면 업무수행이 불가능하다. 이들 관련 기관의 소통과 상호협력이 매우 중요하다. 따라서, 필자는 대구시 공무원 교육원에 공무원들을 대상으로 한 자치경찰 교육 프로그램을 제안했다. 제안된 내용 거의 대부분이 채택되어 2022년 바로 시행하게 되었다. 대구시 공무원들을 대상으로 한 자치경찰제 교육은 전국 17개 시도 중 전라북도와 함께 처음 시행되었다. "자치경찰과 시민안전"이라는 제목으로 총 7시간으로 구성했다. 이 과정은 자치경찰제와 국가경찰제도의 이해, 우리나라 자치경찰제도의 특징, 자치경찰과 셉테드, 범죄 예방, 자치경찰제 성공을 위한 과제, 그리고 국정과제로서 재난위기 대응으로 구성했다. 강사는 대구시 자치경찰위원회 위원이자 계명대학교 경찰행정학과 교수인 허경미 교수와 필자가 맡았다. 당시 코로나19(오미크론)가 대유행인 시점이어서 화상 강의로 이루어졌는데, 강의에 참여한 공무원들의 열의가 매우 높았다. 우리 대구시 자치경찰위원회 사무국에서도 김지은 주임, 이연주 주임, 김형욱 주임이 참석했다. 이 3명의 공무원은 2022년 1월에 부임한 우리 사무국의 에이스들이다. 김지은 주임은 공직에 대한 열정과 역량이 뛰어나고, 이연주 주임은 남편이 경찰관으로 경찰에 대한 애정이 무척 크다.

대구 YWCA 자치경찰 특강

2021년 12월 9일 18:30, 대구 YMCA 6층 강당에서는 2021 청소년유해환경감시단 대구지역협의회 회원들을 대상으로 '알기 쉬운 자치경찰 이야기'라는 주제로 특강을 실시하였다. 이 특강에는 (사) 패트롤 맘, 대구흥사단, 대구 YWCA 임원 및 회원들이 참석하여 많은 질문과 호응이 있었다.

대구 YWCA 자치경찰 특강

흥사단 특강, "자치경찰, 시민이 중요하다"

2022년 4월 8일(금) 저녁 7시, 대구시 범어동 소재 대구경북 흥사단의 초청을 받아 "시민이 묻고, 자치경찰이 답하다" 프로그램의 일환으로 소통의 시간을 가졌다. 먼저 "자치경찰, 시민이 중요하다"는 필자의 특강 이후 질의, 응답을 하는 순서로 진행되었다.

필자는 지역 사회에서 범죄 예방의 중요성, 셉테드(CPTED, 환경설계를 통한 범죄 예방) 사업, 자치경찰의 역사 및 중요성, 시민들의 참여 방법, 파출소와 지구대의 차이점 등을 가급적 시민들의 눈높이 맞게 쉽게 설명하려고 노력했다. 참석자들 대부분이 열정적으로 참여하였고, 다양한 질문이 있었다.

대구경북 흥사단은 1964년 9월 13일, 흥사단 고등학생 아카데미 창립과 함께 시작되었다.

참되고, 진취적인 청소년 육성을 위한 수련활동과 청소년 운동, 건전한 인격형성을 위한 사회 교육 운동, 깨끗하고 투명한 사회를 만들기 위한 투명 사회 운동, 민족 동질성 회복을 위한 통일 운동 등 다양한 시민 사회 운동을 전개하고 있다. 그 외에도 청소년센터, 청소년유해환경감시단 운영을 비롯해 대구에너지시민연대, 폭력없는 사회 만들기 국민운동 대구협의회 의장단체, 대구통일교육협의회 회장단체 등 지역의 현안과 시민의 삶의 질 향상을 위한 지역 사회 운동을 왕성하게 진행하고 있다.

대구 흥사단 초청 자치경찰 특강

대구청년위원회와 '상생협력을 위한 소통의 시간'

2022년 6월 29일(수) 오후 3시 대구시 자치경찰위원회 회의실에서 민주평화통일자문회의 대구청년위원회 관계자 등 15명이 참석한 가운데 '상생협력을 위한 소통 간담회'를 개최하였다. 이 간담회는 박민성 박사의 요청으로 이루어졌다. 박민성 교수는 대구한의대학교 대학원 석사과정 제자로서 계명대학교에서 경찰학박사를 취득하고, 경남대학교 경호학과 교수와 ㈜ 가드포유 대표로 활동한 엘리트 청년이다.

이번 간담회는 대구자치경찰위원회와 민주평화통일자문회의 대구지역회의청년위원회(이하 민주평통 대구청년위원회) 간 이해를 높이고 향후 나아갈 방향을 논의하여 협력네트워크를 구축하기 위해 마련되었다.

서로 간의 소개를 시작으로 그간 자치경찰의 성과와 과제, 민주 평통 대구청년위원회의 추진활동에 대해 공유하며 폭넓은 이해로 소통하였으며, 서로의 행보에 대해 공감하고 격려하였다. 또한 함께 발전할 수 있는 협력방안에 대해 고민하고 다양한 의견을 나누는 시간을 가졌다.

자치경찰의 성과와 과제는 필자가 직접 진행하였는데, 10여분 이내로 요약해서 질의 응답식으로 진행하였다.

특히, 상생 간담회에서는 통일시대 주역이 될 청년들의 공감대를 형성하기 위해 평화통일 골든벨, 콘서트 등으로 활발한 홍보활동을 하는 민주평통 대구청년위원회를 통해 기회가 된다면 자치경찰 관련 홍보를 연계할 수 있도록 협조 요청하였다.

민주평통 대구청년위원회 김동현 위원장은 "이번 간담회를 통해 자치경찰위원회와 민주평화통일자문회의가 지역 사회 발전과 안전을 위하여 상생협력 관계를 구축하는 계기가 될 것으로 기대한다"라고 말했다.

필자는 평화통일을 위해 힘쓰는 청년들과 함께 의견을 나누고 고민하는 좋은

시간이었다며, 자치경찰의 성공을 위해서는 시민중심의 시민안전 프로그램이 중요
하며 앞으로 더욱 활발한 활동을 통해 함께 성장해나갈 수 있도록 적극 협력하겠
다고 밝혔다.

청년 대학생이 묻고, 자치경찰이 답하다

2022년 10월 28일(금) 오전 10시 30분, 대구시 자치경찰위원회 1층 회의실에서 필자는 대구대 자치경찰학과 학생들을 초청하여 자치경찰제에 관한 설명회와 소통의 장을 가졌다. 이날 행사는 채용호 대구시 전 행정부시장이 대구대 자치경찰학과의 외래교수로 임용되어 기획된 프로그램이다.

행사는 평소 자치경찰에 대해 관심이 많은 청년 대학생들의 '자치경찰제도'에 대한 궁금증을 해소하고, 동시에 시민 참여와 자치치안의 중요성을 강조하는 내용으로 기획되었다. 자치경찰의 개념과 특징, 지방자치단체, 지방의회와의 협력 치안의 중요성, 구체적인 시민들의 참여 방법 등에 대한 설명과 함께 질의 응답이 이어졌다.

필자는 "대구광역시 자치경찰위원회의 비전이 시민중심, 시민안전, 대구 자치경찰이다. 그리고 대구시 자치경찰의 정책목표가 시민과 소통하고 사회적 약자를 배려하는 대구 자치경찰이다. 자치경찰제가 성공하기 위해서는 무엇보다 시민들의 참여가 중요하다. 이제 시민은 국가나 지방자치단체의 단순한 보호 대상이 아닌 당당한 주체로서 나서야 한다. 지역의 안전을 위협하는 요인을 지역 주민과 자치경찰이 협력하여 찾아내고 해결방안을 모색하는 것이 중요하다"라고 강조했다.

이날 행사에 앞서, 2022년 10월 27일(목) 오후 1시 30분에는 대구 그랜드호텔에서 개최된 사단법인 대한지방자치학회 학술세미나에서 대학교수들을 대상으로 기조강연을 했다. 강연제목은 "대구 자치경찰 출범 500일, 무엇이 달라졌나?"이다. 사실 대학생들을 대상으로 강의를 하고 있는 현직 대학교수들을 대상으로 한 강연은 큰 의미가 있다. 왜냐하면 그들이 바로 학생들에게 직접적으로 강의를 하기 때문이다. 필자는 대구 자치경찰이 출범한 이후 달라진 면, 성과, 한계점, 그리고 제도적 개선방안들을 중심으로 가감없이 강의를 했다. 특히, 파출소와 지구대가 자치경찰부로 환원되어야 한다는 점, 자치경찰위원회에 실질적인 인사권이 부여되어야 한다는 점을 피력했고, 자치경찰의 성과를 자랑했다.

(사)대한지방자치학회 학술 세미나 자치경찰 성과 발표

미래의 공직자를 꿈꾸는 대학생들과
자치경찰 소통·공감

2023년 11월 14일(화) 오후 1시 30분, 경북대학교 행정학부의 초청에 따라 필자는 경북대학교 법학전문대학원 강의실에서 '공공기관과 자치경찰'이라는 주제로 특강을 실시하고, 대학생들과 소통의 시간을 가졌다.

재학생 60여 명을 대상으로 한 특강에서, 필자는 2021년 7월 시행된 '한국형 자치경찰제'의 의의와 특징, 대구자치경찰의 성과와 과제 등을 알기 쉽게 설명했다. 특강은 궁금한 점에 대해 질의 응답하는 등 비교적 자유롭고 유쾌한 '소통·공감'의 분위기 속에서 진행됐다.

이날 특강에서, 필자는 "대구광역시 자치경찰위원회는 지역 대학생들이 직접 참여하는 '시민 참여형 범죄 예방 프로그램'을 운영해 많은 호응을 얻었다. 작년과 올해에 걸쳐 금융감독원 대구경북지원, 대구도시개발공사, 도로교통공단 대구지부, 한국부동산원, TBN 한국교통방송 등과 협업해 보이스피싱·부동산 전세 사기 예방 등 다양한 주제로 콘텐츠를 제작했고, 아동센터, 노인복지관, 다문화센터 등을 방문해 범죄 예방 교육과 홍보활동을 실시했다"며, "자치경찰제는 경찰행정과 주민자치행정을 잘 결합시킨 제도다. '자치경찰제 성공'을 위해서는 시민들의 참여와 민-관 협업이 중요한 만큼, 지역 실정을 잘 아는 지역 주민과 현장경찰관들이 협력해 지역 내 안전에 위협이 되는 요소를 찾아내고, 그에 걸맞은 구체적인 해결 방안을 모색하려는 시도가 필수적이다. 이로써 사회적 약자 보호를 위한, 튼튼하고 촘촘한 사회 안전망을 만들어 나가야 한다"라고 강조했다. 진지한 분위기에서 진행되었고, 이 자리에는 경북대학교 행정학과 남창우 교수, 신한대학교 행정학과 장인봉 교수도 참석해서 자리를 빛내 주었다.

필자는 10월에도 서울대학교 행정대학원에서 재학생들을 대상으로 자치경찰 특강을 실시했다. 대구시 자치경찰위원회 상임위원(사무국장) 임기 중에 서울대, 서울과기대, 경북대, 경운대, 대구대, 대구한의대, 대구과학대, 대경대, 수성대, 경북도립대 등 꾸준하게 대학생들과 소통하는 시간을 가졌다. 중학교, 고등학교 등으로 확대할 것이다.

좋아요 5개
daegumpc 😊박동균 사무국장(상임위원) 서울대학교 초청 특강😊
- 자치경찰 그간의 성과와 과제 -

대구자치경찰위원회 박동균 사무국장(상임위원)님은
서울대학교의 초청을 받아
10. 24.(화) 16시, 행정대학원 101호 세미나실에서
'자치경찰 그간의 성과와 과제'라는 주제로
재학생 50여 명에게 특강을 실시하고,
이들과 소통하는 시간을 가졌습니다😊

대구시 자치경찰위원회 인스타그램 중에서

대구일보

2023년 12월 28일 목요일 006면 사회

경북고 간 대구자치경찰, 청소년 범죄 주제 소통

**도박게임·마약중독 사례 들며
청소년 범죄 실태·예방법 설명
'폴리스-틴·키즈' 사업 소개도**

27일 경북고등학교에서 열린 '찾아가는 대구자치경찰 설명회'에서 대구시 자치경찰위원회 박동균 사무국장이 학생들을 대상으로 '청소년 범죄와 자치경찰'에 대해 설명하고 있다.

대구시 자치경찰위원회는 27일 경북고등학교에서 '청소년 범죄와 자치경찰'을 주제로 한 '찾아가는 대구자치경찰 설명회'를 개최했다.

이번 설명회에서 대구시 자치경찰위원회 박동균 사무국장은 경북고 재학생들을 대상으로 청소년 범죄의 실태와 예방법, 자치경찰제의 의의와 기능, 공동체 치안의 중요성 등에 대한 내용을 전달했다.

박 사무국장은 설명회를 통해 청소년들의 도박성 게임·마약 중독, 범죄 예고 글 온라인 게시 등의 사례를 언급했다. 이를 예방하기 위한 방안으로 △친구, 선후배들과의 '소통·공감·유대' △독서, 운동, 여행 등 본인에게 맞는 건전한 취미 생활 활성화 등을 꼽았다.

또 대구시 자치경찰위원회의 핵심 사업 중 하나인 '폴리스-틴(Teen)·키즈(Kids)'도 학생들에게 소개했다. 이 사업은 지역 청소년들이 직접 참여해 치안 문제를 발굴하고 그 해결책을 모색하는 프로젝트다.

박 사무국장은 "2021년 5월 출범한 대구시 자치경찰위원회는 '시민 중심, 시민 안전'이라는 비전 아래, 주민자치행정과 경찰행정을 융화함으로써 범죄 예방과 사회적 약자 보호 등에 앞장서고 있다"며 "우리 주변에 어떤 요소가 위험하고 이를 어떻게 개선할 수 있는지는 지역 주민들이 가장 잘 아는 만큼, 앞으로도 다양한 소통 창구를 통해 활발한 제언과 적극적인 참여를 부탁드린다"고 말했다. 이동현 기자

꼼꼼한 사회 안전망이 필요합니다

재난은 가난한 사람들에게 더 가혹하다

경안일보 특별기고 (2022. 8. 17)

영화 '기생충'에서 주인공 송강호가 사는 집은 반지하 주택이다. 영화 장면 중에 폭우가 쏟아져 집에 물이 가득 차는 장면이 나온다. 2022년 8월 9일 새벽, 서울과 인천 등 수도권에 짧은 시간에 실로 엄청난 폭우가 내려 물바다가 되었다.

서울 신림동의 다세대 주택 반지하에서 40대 자매와 10대 여아 1명이 폭우로 들어온 물에 익사했다. 이 중 한 명은 발달장애인이었다. 비는 똑같이 내렸지만 재난은 이렇게 가난한 사람들에게는 더 치명적이다.

미국 컬럼비아 대학의 머터 교수는 "재난은 평등하지 않으며, 가난한 사람들에게 더 혹독하다"라고 말했다. 아직까지도 종식되지 않은 코로나19 사태도 이런 사실을 여실히 보여주고 있다. 코로나19 바이러스는 부자와 가난한 자를 가리지 않고 공격한다. 하지만 그로 인한 위험과 고통은 가난한 자들에게 훨씬 더 위협적이다.

이는 2005년 미국 뉴 올리언즈에서 발생한 허리케인 카트리나와 2010년 아이티의 지진 사례에서도 증명된 바 있다. 강이 범람하는 지역이나 오래된 낡은 건물 등 가난한 지역에 위험이 더 노출된다. 재난피해의 크기는 재난의 크기가 아니라, 사회구조와 빈부격차, 기존에 있던 부조리와 불평등이 그 크기를 결정한다.

스톡홀름 국제경제연구소의 데이비드 스트롬버그는 과학적 분석을 통해서 재난발생 시 사망자 수와 소득수준간에 강한 상관관계가 있음을 밝혀냈다. 재난형태가 동일한 지리물리학적 사건이 발생할 때, 부유한 국가의 사망자 수는 가난한 국가의 사망자 수의 30%밖에 되지 않았다. 또 다른 연구에서는 동일한 재난이 발생해도 선진국 사망자수는 개발도상국의 30%에 그친다고 분석했다.

코로나19의 사례로 돌아가 보자. 세계 최강대국 미국은 이번 코로나19 상황에서 많은 사망자가 발생했다. 뉴욕시에서 발생한 사망자의 62%가 흑인과 히스패닉이다. 이들은 미국 사회에서 상대적으로 경제 취약계층이다. 미국은 감염확산을 막기 위해 각 주 정부마다 집에서 나오지 말라고 행정명령을 내렸지만 집 없는 사람이 수십만 명이다.

스스로를 격리할 집이 있는지, 재택근무가 가능한 직종인지, 며칠간 휴직하고도 생계를 이을 수 있는지에 따라 생명권에 격차가 생겼다. 취약계층은 재난피해를 복구하기 위한 보험 등 재정자원도 부족할 뿐만 아니라 안전한 주거와 식량, 연료를 확보하는 데도 어려움을 겪는다. 저소득층의 온열질환 발생률은 소고득층의 2~3배 높다는 통계도 있다.

우리나라 헌법 제34조에는 모든 국민은 인간다운 생활을 할 권리를 가지고, 신체장애인 및 질병·노령 기타의 사유로 생활 능력이 없는 국민은 법률이 정하는 바에 의하여 국가의 보호를 받으며, 국가는 재해를 예방하고 그 위험으로부터 국민을 보호하기 위하여 노력하여야 한다고 규정되어 있다. 국가는 가난하고 위태로운 사람들의 삶을 지탱해 줄 안전망을 확보하고, 불평등을 개선해야 한다. 재난은 자연적인 사건일 뿐만 아니라 정치적, 경제적 속성을 갖고 있다. 독거노인, 중증장애인, 아동 등 사회적 약자들은 자신만의 힘으로 여러 형태의 재난을 극복하기 어렵다. 길고 무더운 여름, 폭우와 태풍 등으로부터 국가는 이들을 보호해야 한다.

앞으로 코로나19 위기는 극복될 것이다. 하지만 경제적 양극화 및 불평등은 계속 심각한 사회 문제로 대두될 것이다. 국가가 반드시 해결해야 할 중요과제이다. 영국정부는 기후변화에 의한 건강과 사회적 불평등 해결방안 정책보고서에 보건의료뿐만 아니라 에너지, 주거, 식량정책까지 포함했다. 사회 곳곳에서 소외된 약자들에 대한 든든한 사회 안전망 구축이 시급하다.

아동학대 예방 특강

대구시 북구 산격동 대구광역시 자치경찰위원회 사무실 바로 앞에는 국공립 연암동산 어린이집이 있다. 정순화 원장을 비롯한 열다섯 분의 선생님이 근무하시는 대구 최고의 어린이집이다. 자치경찰 홍보차 방문한 필자에게 원장님이 연암동산 어린이집 교사들을 대상으로 진행될 아동학대 예방 특강의 강사를 소개시켜 달라고 해서서 필자가 재능 기부하기로 하였다.

2021년 11월 3일(수) 오후 5시, 대구시 자치경찰위 회의실에 열다섯 명의 교사를 초청하여 "아동학대 예방 교육"을 실시하였다. 다양한 자료수집과 PPT는 우리 사무국 장영희 경감이 수고해 주었다. 필자의 강의 핵심(아동학대의 진실)은 이렇다.

아동학대의 진실

1. 아동학대 행위자의 80% 이상이 친부모
2. 부모라는 이유로 누구나 무조건적인 사랑과 헌신으로 자녀를 양육한다는 것은 편견
3. 연쇄살인범 유영철, 김길태 등 강력 범죄자들의 어린 시절 66.7%가 어린 시절 부모의 이혼과 불화로 고통받았다고 증언. 성장 과정에서의 가정폭력 목격, 아동학대 피해 경험은 가족과 개인의 불행, 모든 범죄의 근원
4. 단순 체벌(×) 아동학대(○)
5. 애가 맞을 짓을 했겠지 (×)
6. 부모 자식 사이에 있을 수 있지(×)
7. 사랑의 매(×)
8. 한 통의 전화가 아이의 행복을 약속합니다(아이의 生과 死를 결정할 수도)
9. 아동학대 근절은 112 신고입니다

    2023년 8월, 연암동산 어린이집과 대교어린이집 교사 30여명을 대상으로도 이루어졌다. 이른바 Again 특강이다. 앞으로 다른 어린이집, 유치원으로 특강을 확대할 것이다.

연암동산 어린이집 교직원 아동학대 예방 교육

아동학대 범죄
대구교통방송 2019년 5월 29일 인터뷰

1. 오늘은 어떤 내용으로 시작해 볼까요?

30대 계부가 중학생 의붓딸을 목 졸라 살해한 사건을 계기로 사회적 경각심이 높아지고 있는 가운데, 아동학대로 인한 사망 아동 수가 정부 공식 발표보다 최대 4배 넘게 더 많다는 연구 결과가 나왔습니다. 한국형사정책연구원이 지난 2016년 만0세에서 18세까지 변사 사례 341명의 국과수 부검 결과를 전수조사한 결과, 아동학대로 인한 사망이 최소 84명에서 최대 148명인 것으로 나타났다고 합니다. 반면, 정부 공식 통계에는 2016년 아동 학대 사망자가 36명에 그쳤는데요. 아동학대로 인한 실제 사망 건수가 정부 통계에 견줘 최대 4배 더 많다는 얘긴데, 정부에 공식 보고된 아동 학대 사망자 수는 아동보호전문기관에 신고되거나 인지된 사건에 한정돼 있기 때문이라고 합니다. 최근 끊이지 않게 보도되고 있는 아동학대 범죄에 대해 알아보고자 합니다.

2. 최근에 매스컴 등에서 부쩍 아동학대에 대한 보도가 많은데요. 아동학대는 어떤 범죄인가요?

아동의 부모 또는 보호자가 아동에게 계속적으로 폭력을 가하거나 방임함으로써 아동이 심각한 해를 입는 것입니다. 아동학대는 신체적 학대, 정서적 학대, 언어적 학대, 성적 학대, 방임 등으로 구분됩니다. 신체적 학대는 구타, 폭력, 감금 등 아동의 신체에 직접적인 해를 입히는 행위이며, 정서적 학대는 아동에 대한 애정과 관심을 주지 않는 행위, 아동을 다른 아동과 부정적으로 비교하는 행위, 아동이 보는 앞에서 부부간의 싸움 등을 하는 행위입니다. 언어적 학대는 아동에게 욕을 하거나 심하게 고함을 지르는 행위, 아동의 단점을 계속적으로 놀리는 행위이며, 성적 학대는 근친상간, 강간, 아동의 생식기를 가지고 놀리는 행위, 다른 성적 행위를 포함합니다. 또한 방임은 아동의 의식주 등 기본적인 욕구를 충족시키지 못하는 행위, 적절한 수면과 안전감독 등의 불이행으로 인한 의료적 치료행위를 방치하는 행위를 말합니다.

3. 아동학대가 어느 정도 심각한가요?

아동학대를 막으려는 전 사회적인 노력에도 불구하고 학대사례는 해마다 증가하고 있는 것으로 나타났습니다. 학대 행위자는 부모인 경우가 매년 70% 이상을 차지하는 것으로 조사됐습니다. 보건복지부 산하 중앙아동보호전문기관의 '2017년 전국아동학대 현황 보고서'에 따르면 연도별 아동학대 사례 건수는 아동학대 예방사업이 시작된 2001년부터 최근까지 단 한 번의 감소 없이 매년 증가했습니다. 아동학대 사례 건수는 2001년 2천105건에서 거의 해마다 늘어가 2014년 처음으로 1만 건을 넘었습니다. 2017년에는 2만 2천367건으로 약 10배로 늘어났습니다. 아동보호전문기관에서 보호하는 피해 아동수는 2014년 1만 명을 상회했고, 2017년에는 1만 8천254명이었습니다. 아동학대로 인한 가장 치명적인 결과는 사망입니다. 아동학대 현황을 집계한 2001년부터 2017년까지 총 216명이 아동학대로 숨졌습니다. 아동학대로 숨진 어린이 수는 2001년부터 2015년까지 적게는 3명에서 많게는 17명 사이를 오갔으나 2016년과 2017년에는 각각 36명과 38명으로 크게 증가했습니다. 하지만 이런 사망 아동 현황은 아동보호전문기관에 들어온 사례만을 집계한 것으로 실제 아동학대로 인한 사망 아동은 더 많을 것으로 추측됩니다. 수사기관이 직접 접수한 아동학대 사망 사건은 아동보호전문기관에 전달하지 않아 누락될 수 있고, 의료기관에서 사망한 아동의 사인이 학대로 판명되더라도 아동보호전문기관에 보고되지 않을 수 있기 때문입니다. 학대 행위자와 피해 아동과의 관계를 연도별로 보면, 2001년부터 2017년까지 학대 행위자가 부모(친부모, 계부모, 양부모 포함)인 경우가 매년 70% 이상을 차지합니다. 대리양육자(유치원·초중고교 교직원, 보육 교직원, 시설 종사자 등)에 의한 학대는 2001년 3.0%에 불과했지만, 2017년에는 14.9%로 느는 등 지속해서 증가하고 있습니다. 2017년의 경우 전체 아동학대 사례(2만2천367건)에서 부모가 학대 행위자인 것이 1만 7천177건으로 76.8%를 차지했습니다. 이어 초중고교 교직원 1천345건(6.0%), 친인척 1천67건(4.8%), 어린이집 교직원 840건(3.8%), 아동복지시설 등 종사자 285건(1.3%), 유치원 교직원 281건(1.3%) 등이었습니다.

4. 대구지역의 경우도 마찬가지인가요. 어느 정도 심각한가요?

초록우산어린이재단 대구아동보호전문기관에 따르면, 대구지역 아동학대 신고 건수는 2015년 639건, 2016년 1천98건, 2017년 1천739건으로 매년 급증했습니다. 아동학대 발생 사례 역시 2015년 347건, 2016년 733건, 2017년 1천129건으로 매년 증가추세입니다.

아동 학대 사례 발생 원인을 살펴보면 가정불화가 80%로 가장 큰 비중을 차지합니다. 또 자녀를 소유물이라고 생각하는 부모의 욕설, 부부싸움 등에 의한 부적절한 양육 기술 및 태도, 스트레스 풀이 대상 등도 있었습니다.

5. 아동학대가 이웃에서도 관심을 가져야 할 것 같아요.

아동학대는 가정이나 어린이 집 등 은밀한 공간에서 일어나 발견이 어렵지만 그 징후를 살펴보면 첫째, 아동의 울음, 비명 등이 이웃에서 지속되는 경우 둘째, 몸에 상처가 있거나 어른들을 회피하거나 집에 가는 것을 두려워하는 경우 셋째, 물건을 계속 빨고 물어뜯고 파괴적인 행동을 하는 경우 넷째, 성적 행동이나 성적 묘사 그림을 그리면서 혼자 있기를 거부하는 경우 다섯째, 비위생적인 신체 상태와 계절에 맞지 않는 옷차림이나 음식을 구걸하거나 훔치는 경우 등으로, 이웃이나 주위의 작은 관심과 신고가 한 생명을 살리고 인생을 바꾸는 소중한 싹이 될 수 있다는 것을 명심할 때 우리 주변에서 빈번하게 일어나는 아동학대를 예방할 수 있을 것입니다.

6. 아동학대의 원인은요?

아동학대는 다양한 원인으로 인해 나타나는 복잡한 현상입니다(Fontana, 1984). 아동학대와 관련된 요인들을 실펴보면 다음과 같습니다.

1) 부부 갈등 및 폭력

배우자에게 물리적으로 학대당하는 사람은 그렇지 않은 사람보다 자식에게 아동학대를 할 가능성이 더 높습니다(Ross, 1996). 그러나 부부 갈등이 아동 학대의 원인이 되는지 또는 학대자의 어떤 경향으로 인해 부부 갈등과 아동 학대가 발생하는지는 확실히 규명되지 않았습니다(Ross, 1996).

2) 원하지 않는 임신

원하지 않은 임신으로 인해 태어난 아이는 그렇지 않은 아이보다 학대 당하거나 방치될 확률이 더 높습니다(Bethea, 1999). 원하지 않은 임신을 한 관계에서는 임신 기간에 물리적 폭력이 발생할 위험성이 증가합니다. 따라서 원하지 않은 임신을 한 여성은 정신 건강에서 취약해질 확률이 더 높고, 아이와 좋은 관계를 형성하지 못할 가능성이 증가

합니다.

3) 부모의 아동학대 경험

부모가 어린 시절에 아동학대를 경험했을 경우에 자식에게 심리적 학대를 가할 확률이 높아집니다.

4) 물질 관련 문제

물질 관련 문제(예: 알코올 중독, 마약 등)는 아동학대에 주요하게 작용하는 요인입니다. 한 연구에서, 물질 관련 문제를 가진 부모는 자식들에게 학대를 가할 확률이 매우 높았으며, 또 다른 연구는 아동학대 사례 중 2/3 이상의 부모가 물질 관련 문제를 가지고 있다고 보고했습니다.

5) 기타 요인

고용 문제, 재정적 어려움 등의 사회 경제적 문제도 아동학대와 관련 있습니다. 또한 장애를 가진 아동은 그렇지 않은 아동보다 학대당하는 비율이 더 높습니다.

7. 아동학대의 결과, 엄청난 상처가 남겠지요. 어떤 결과가 있나요?

1) 심리적 결과

성적 학대로 인해 피해 아동에게 나타나는 정신 장애 증상은 우울 장애, 외상 후 스트레스 장애, 불안 장애 등이며, 후유증이 성인기까지 이어지는 경향이 있습니다. 또한 가족 구성원에게서 받은 성적 학대는 보통의 성적 학대보다 더 심각하고 장기적인 정신적 외상을 남깁니다. 심리적 학대를 받은 아동은 크게 소리를 지른다거나, 거칠고 무례한 태도를 보인다거나, 냉소주의적 성격을 가지는 등 아동 발달 측면에서 많은 영향을 받습니다. 또한 스스로를 비난하는 경향이 나타나고, 애착 발달이 부적절하거나 이루어지지 않을 수 있으며, 학습된 무기력, 매우 수동적인 행동 등을 보입니다.

2) 신체적 결과

학대 당하는 아동들은 골절 등의 신체적 부상을 빈번하게 입으며, 장기적으로는 암에 걸릴 위험이 더 높아진다는 보고도 있습니다. 미국 아동학대 통계(National Child Abuse Statistics)에 의하면, 아동학대를 경험한 사람은 청소년기에 범죄를 저질러 체포된 비율이 그렇지 않은 사람보다 59% 더 높으며, 성인기에 범죄를 저질러 체포된 비율은 28% 더 높고, 폭력 범죄를 저지른 비율은 30% 이상 높았습니다.

8. 아동학대, 대책은 어떤 것이 있나요?

아동학대는 피해 아동에게 씻을 수 없는 정신적 육체적 피해를 남길 뿐 아니라 이를 경험한 아이들은 앞으로 학교폭력은 물론 성인이 되어서 데이트 폭력과 가정폭력을 낳는 씨앗이 될 수 있음을 간과해서는 안 될 것입니다. 잔혹한 아동학대 사례가 빈번하게 발생하는 것은 참으로 부끄러운 일입니다. 이대로 방치하다가는 세상이 더 끔찍해질 수밖에 없습니다. 아동학대는 주변 사람들이 직접 보고 느끼는 관심과 관찰로 이어져 인지하는 것이 가장 중요합니다. 이웃 주민, 부모 등 다양한 사람들이 아동학대 예방을 위한 교육을 받아 기존의 양육방식에 문제점을 인지하는 등 아동학대에 더 많은 관심을 가져야 피해를 줄일 수 있습니다. 부모, 보육교사, 사법부 등 모두 아동 인권에 대한 올바른 인식을 갖는 게 중요합니다. 또한 보육교사들의 열악한 근무환경 개선과 처벌 강화가 병행돼야 합니다. 대법원 양형위원회는 지난해 7월 갈수록 포악해지는 아동학대를 근절하기 위해 아동학대 치사죄에 대한 형량 상한을 9년에서 10년으로 올렸습니다. 하지만 힘없는 아이들의 억울한 죽음을 막기 위해서는 더 강력히 처벌해 아동학대에 경종을 울려야 합니다.

9. 아동학대에 대해 대구지역이 대책을 내 놓았다고 하던데요?

대구시의회에서 대구지역 아동학대 예방 및 보호 촉진에 관한 조례를 개정했습니다. 아동학대 신고 건수가 매년 급증하고 있는 가운데 피해를 최소화하기 위한 대책의 일환입니다. 대구시의회는 최근 제266회 임시회의 제3차 본회의에서 '대구시 아동학대 예방 및 보호 촉진에 관한 조례'를 개정했다고 밝혔습니다. 개정안 주요 내용은 아동학대 예방 교육 확대 실시, 3년 주기의 아동학대 실태조사 의무화, 비밀유지의무에 대한 사항 등입니다. 특히 이번 개정으로 어린이집 및 초·중·고 교사, 아동 상담원 등 신고의무자를 대상으로만 이뤄지고 있던 아동학대 예방 교육이 부모 등 일반인에게도 확대 시행됩니다. 아주 잘한 일입니다.

대구·경북 지역 아동학대 신고 건수는 2016년 3천여 건에서 지난해 약 4,200건으로 급증했습니다. 이처럼 아동학대 범죄가 급증하고 있지만 이를 예방하고 학대 아동을 보호하는 시설과 인력은 턱없이 부족합니다. 대구와 경북 지역 아동보호전문기관은 각각 3곳과 4곳, 한 곳이 네다섯 개 지자체의 아동학대 문제를 맡고 있을 정돕니다. 학대 피해 아동들이 발생하면 아동학대 쉼터나 SOS 보호 센터로 의뢰를 하거든요. 전문 상담원 1명이 많게는 70개의 가정을 관리하고 있지만 학대를 일삼는 부모로부터 폭언과 협박에 시달리는 등 근무환경은 매우 열악합니다. 아동보호전문기관 확충과 학대 예방을 위한 예산 지원들이 좀 더 늘어나야 합니다. 학대 아동에 대한 조기 발견과 사후 관리까지, 매 맞는 아이들을 제대로 보호하기 위해선 무엇보다 아동보호시설과 전문 인력 확충이 절실합니다.

아동학대, 남의 일이 아니다
경안일보 특별기고 (2022. 12. 5)

정부 통계에 의하면, 지난해 발생한 아동학대 사건 중 학대 행위자로 부모가 차지하는 비중은 전체 사건의 약 83.7%를 차지한다. 반면에 형사처벌이 이뤄진 사례는 전체 사건의 약 2%에 불과했다. 또한 아동학대는 정부에서 파악하고 있는 공식적인 통계보다 훨씬 많을 것으로 추정된다. 이른바 암수 범죄(hidden crime)이다. 즉 실제로는 발생했지만 신고를 하지 않아서 공식통계로는 잡히지 않는 것이다.

아동학대는 보호자를 포함한 성인이 아동의 건강 또는 복지를 해치거나 정상적 발달을 저해할 수 있는 신체적, 정신적, 성적 폭력이나 가혹 행위를 하는 것을 말한다. 아동을 유기하거나 방임하는 것도 당연히 포함된다. 아동은 성인과는 달리 자신의 피해를 직접적으로 신고하거나 항변하기 어렵다. 이른바 사회적 약자이다. 누군가 도와주지 않으면 그 피해를 구제할 수 없다. 심지어는 많이 다치거나 생명을 잃을 수도 있다. 아동학대 등 상담소로 이관된 가정 보호 사건 유형을 보면, 단순폭력을 넘어 흉기로 위협하는 일이 발생하는 등 강도가 강해지고 있다는 것을 알 수 있다.

우리나라 아동학대의 가장 큰 문제점 중 하나는 '낮은 신고율'이다. 사회적으로 아동학대(체벌 포함)를 부모의 훈육이라고 생각해서 신고하지 않는 경우가 많다. 특히 가정 등 은밀한 공간에서 일어기 때문에 발견하기도 어렵다. 그리고 아동학대 범죄에 대한 처벌수위가 낮다.

아동학대 행위에 대한 법정형은 성적 학대의 경우 10년 이하의 징역 또는 1억 원 이하의 벌금, 그 밖에 학대는 5년 이하의 징역 또는 5,000만원 이하의 벌금으로 규정한다. 2014년 아동학대처벌법이 마련되면서 아동학대 사건의 피해 아동 보호를 위한 조치가 마련됐다. 다만 현재 아동학대처벌법이 시행된 때로부터 상당한 기간이 지났고, 여전히 피해 아동의 보호 관점에서는 아동학대 행위를 한 부모에 대한 법적 조치가 제한된 측면이 있다.

법이 만능일 수는 없지만 아동학대의 심각성에 비추어 볼 때, 아동학대 범죄에 대한 처벌 형량을 높여야 한다. 힘없는 아이들의 억울한 죽음을 막기 위해서 강력하게 처벌해야 한다. 또한 정부, 지역 사회, 언론 등의 아동학대 문제에 대한 지속적인 관심이 필요하다. 아동학대는 중대 범죄라는 인식을 갖고, 예방과 피해자 지원에 대한 여론이 확산되어야 한다.

아동학대에 대해서 꼭 알아야 할 것들이 있다. 첫째, 아동학대의 상당수(약 80%)는 친부모에 의해 이루어진다. 둘째, 부모의 체벌도 아동학대이다(사랑의 매는 없다). 셋째, 아동학대는 남의 일이 아니다(남의 가정일에 개입하는 것이 아니라 한 아동의 생명을 구하는 일이다). 친밀한 공간에서 일어나면 발견이 어렵기 때문에 주위에서 관심을 두고 신고하는 자세를 가져야 한다. 울음이나 비명 등이 지속되거나 어른들을 회피하거나 집에 가는 것을 두려워하는 모습 등을 그냥 스쳐 가서는 안 된다. 따라서 반드시 신고해야 한다. 주위의 작은 관심과 신고가 한 아동의 생명을 살리는 것이다.

인공지능 아동 심리분석

최근 심각한 아동학대 사건이 언론을 통해 여러 차례 보도되면서 아동학대에 대한 사회적 관심이 높아졌다. 실제로 아동학대 신고 건수도 매년 증가 추세를 보이고 있다. 2021년 아동학대 피해 경험률은 아동 10만 명당 502.2건으로 2020년 (401.6건)에 대비해서 큰 폭으로 상승하였다. 이는 코로나19 확산의 영향으로 늘어난 아동학대가 뒤늦게 반영된 영향으로 보인다. 아동이 집에서 많은 시간을 보내고 외부활동이 줄어들면서 가정 내 부모에 의한 아동학대가 코로나19 발생 이전보다 늘어났다.

아동학대는 범죄의 특성상 주로 아동과 가장 가까운 양육자(부모, 친척, 보육 교직원 등)에 의해서 발생한다. 따라서, 이웃이나 신고 의무자의 신고가 없으면 발견이 어렵다. 아동학대는 조기 발견이 매우 중요하다. 하지만 신고 의무자의 신고 비율이 현저히 낮고 보육 시설 발생 사건의 경우에는 동료의 행위를 묵과하는 사례가 많아 신고에 의존하기 보다는 조기 발견 시스템이 필요한 실정이다.

대구시 자치경찰위원회에서는 2023년 대구시민의 안전을 위한 신규사업으로 인공지능 심리검사를 통한 아동학대 예방 프로젝트를 실시하였다. 대구시 자치경찰위원회는 기존의 교육청과 지방자치단체에서 건강한 보육환경을 조성하는 용도로 활용된 대전 소재의 벤처기업의 특허청 인증 제품을 아동학대 조기발견에 활용할 수 있는지를 면밀하게 검토하였다. 비정상 심리상태인 표본을 교육이나 보육적인 관점이 아닌 아동학대 범죄의 예방 관점에서 접목함으로써 위기 아동을 조기에 발견하는 것을 목적으로 인공지능 심리검사 사업을 시행하였다.

인공지능 심리검사의 핵심은 저연령 아동은 경험한 상황 인지 및 언어소통에 어려움이 있어 언어를 대신할 표현 수단으로 연령별 그림을 통한 검사로 아동의 심리를 분석하는 것이다. 그림에서 나타나는 다양한 표현들은 잠재적으로 사람의 심리를 반영하게 된다. 특히 아동에게 그림은 자신의 내면을 나타내주는 가장 자연스러운 표현 수단이다. 따라서 인물 또는 사물의 묘사 방법, 색감 사용 방식 등을 인공지능 딥러닝 빅 데이터 알고리즘 패턴을 통해 비정상적인 심리상태를 검출하고, 스트레스의 원인 분석과 설루션을 제공한다.

이 사업은 먼저 만 3~5세 아동을 대상으로 교육청의 협조를 받아 가정통신문을 통한 희망자 접수를 받았고, 스마트폰 어플을 통한 자가 진단프로그램으로 아동의 심리상태와 부모 양육 태도에 대한 분석을 한 후, 위험군으로 분류된 대상을 상대로 1차적으로 비대면 상담을 통한 분석을 실시하였다. 그리고 상담 결과를 확인하여 위험군으로 분류된 경우 전문가의 2차 현장 심리상담으로 연결하여 세부적인 상황을 확인하고, 그 결과에 따라 관련 기관들의 연계 대응을 실시하였다.

최종 500명을 검사하였고, 관심군과 위험군 중 희망자 대상 전문가 전화를 통한 비대면 상담(39명)을 실시한 후 비대면 상담 대상 중 지속적 관리가 필요한 2명은 대면 집중 상담 실시 후 정신건강복지센터 연계하여 심리치료 지원할 예정이다. 이 사업은 전국 시·도 자치경찰위원회 중 최초 사업이고, 아동학대 근절을 위해 과학적인 방법을 활용한 시도라는 점에서 의미가 크다고 할 수 있다.

아동 그림 그리기
나이별 주제에
맞는 검사용 그림

인공지능 심리분석
아동 4개 영역 분석
부모 6개 스트레스 구간 분석

위험군 대상 전화상담
비대면으로
1차 상담 진행

대구시교육청 협조
유치원 가정통신문을
통한 참여 안내

스마트폰 어플
아동 그림 업로드 및
부모양육태도 설문 작성

결과 통보
스마트폰을 통해
쉽고 편리하게 결과 확인

현장 심리상담
아동학대전담경찰관 참여
전문가 현장 2차상담 연계

그림을 통한 아동학대 예방

경북일보 특별기고 (2024. 1. 23)

최근 끔찍한 아동학대 사건이 언론을 통해 보도되면서 아동학대에 대한 사회적 관심이 높아졌다. 아동은 성인과는 달리 자신의 피해를 직접적으로 신고하거나 항변하기 어렵다. 누군가 도와주지 않으면 그 피해를 구제할 수 없다.

우리나라 아동학대의 가장 큰 문제점은 범죄가 아닌 개인 가정사라는 사회적 인식과 '낮은 신고율'이다. 사회적으로 아동학대(체벌 포함)를 부모의 훈육이라고 생각해서 신고하지 않는 경우도 많다. 특히 가정 등 은밀한 공간에서 일어나기 때문에 발견하기도 어렵다. 아동학대는 조기 발견이 매우 중요하다. 하지만 신고 의무자의 신고 비율이 현저히 낮고 보육 시설 발생 사건의 경우에는 동료의 행위를 묵과하는 사례도 많아 학대의 조기 발견 시스템이 필요한 실정이다.

2021년 7월 출범한 자치경찰제는 아동, 청소년, 여성, 노인 등을 각종 범죄로부터 안전하게 보호하는 것이 주요 임무이다.

대구시 자치경찰위원회에서는 2023년 대구시민의 안전을 위한 신규사업으로 인공지능 심리검사를 통한 아동학대 예방 프로젝트를 실시하였다. 기존의 교육청과 지방자치단체에서 건강한 보육환경을 조성하는 용도로 활용된 특허청 인증 프로그램을 아동학대 조기 발견에 활용한 것이다. 인공지능 아동 심리검사는 비정상적인 심리상태의 아동을 아동학대 범죄의 예방 관점에서 조기에 위기 아동을 발견하는 것이 목적이다.

아동은 그들이 경험한 상황을 다른 사람들에게 전달하는 데 어려움이 있어 언어를 대신할 만한 표현 수단으로 '그림'을 통한 검사로 아동심리를 분석하는 것이 이 사업의 핵심이다. 일반적으로 그림에서 나타나는 다양한 표현들은 잠재적으로 사람의 심리를 반영하게 된다. 특히 아동에게 그림은 자신의 내면을 나타내주는 가장 자연스러운 표현 수단이다. 따라서 인물 또는 사물의 묘사 방법, 색감 사용 방식 등을 인공지능 딥러닝 빅 데이터 분석을 통해 비정상적인 심리상태를 검출하고, 거기서 발생하는 스트레스의 원인을 분석하고, 치유방안을 제공한다.

이 프로젝트를 수행하기 위해 먼저 만 3~5세 아동을 대상으로 교육청의 협조를 받아 가정통신문을 발송한 후 희망자 접수를 받았다. 스마트폰 어플을 통한 자가 진단프로그램으로 아동의 심리상태와 부모 양육 태도에 대한 분석을 한 후에, 위험군으로 분류된 대상을 1차적으로 비대면 상담을 통한 심리분석을 실시하였다.

구체적으로는 최종 500명의 아동을 검사하였고, 관심군과 위험군 중 희망자 대상 전문가 전화를 통한 비대면 상담(39명)을 실시한 후 비대면 상담 대상 중 지속적인 관리가 필요한 2명은 대면 집중 상담을 실시한 후에 정신건강복지센터 연계하여 심리치료 지원 중에 있다. 아동학대는 초기에 부모 등 양육자의 잘못된 양육방법을 바르게 잡아주는 교육과 상담 프로그램을 통해 충분히 개선할 수 있다. 이런 예방과 치유를 통한 아동 대상 범죄 예방 프로젝트는 전국 시·도 자치경찰위원회 중 최초이고, 아동학대 근절을 위해 과학적인 방법을 활용한 시도라는 점에서 의미가 크다고 할 수 있다. 옛말에 '아이 하나를 키우는 데 온 마을이 필요하다'는 말이 있다. 현대 사회에서 아이 하나를 올바르게 키우기 위해서는 모든 사회구성원의 노력이 필요한 것이다. 그런 면에서 대구시 자치경찰위원회가 든든한 사회의 안전망이 되어 주려고 한다.

"여성 주거환경 안전하게"
대구 자치경찰위 세이프-홈 지원사업

대구시 자치경찰위원회가 출범하고, 사무국 직원들과 많은 회의를 했다. 필자는 특히 대구시의 자치경찰 방향으로 '사회적 약자 보호'를 중점적으로 우리 위원회의 방향으로 생각하고 있었다. 우리 사무국의 정책 브레인들로 구성되어 있는 정책TF팀은 팀장인 조현우 경정, 장영희 경감, 김태욱 경위가 많은 회의 끝에 "여성 1인 가구 안전 프로그램"을 제안하여 2억 원의 예산을 편성하기로 결정했다.

대구시 자치경찰위원회는 범죄로부터 안전한 여성 주거환경을 만들기 위해 '세이프-홈' 지원사업을 한다. 세이프-홈 사업은 스마트폰으로 영상을 확인할 수 있는 스마트 초인종, 휴대용 비상벨, 창문 잠금장치, 현관 보조키 등 안심 여성 4종 세트를 여성 1인 가구에 지원하는 것이다.

대구시 자치경찰위원회는 공모를 통해 기초단체별로 예산을 배정한 뒤 원룸, 전·월세, 매입임대주택 등 주거환경이 낙후한 지역에서 우선 사업을 추진하였다.

▨ 여성 1인 가구 세이프-홈 지원사업

 ◖ 기간 / 사업비 : '22. 1. ~ 12월 / 2억 원

 ◖ 사업내용
 - 사업대상 : 대구시 거주 여성 1인 가구
 - 사업내용 : 거주자의 안전을 위한 안심 여성 4종 세트 지원

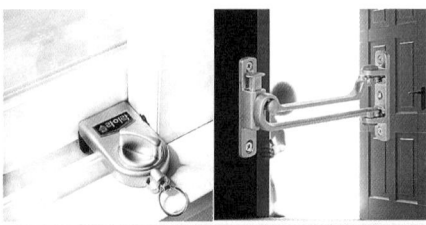

| 스마트 초인종 | 휴대용 비상벨 | 창문잠금장치 | 현관보조키 |

해바라기 센터

코로나19로 범죄 발생의 양상이 변했다. 특히 가정폭력, 아동학대, 노인학대 등의 범죄가 증가하였다. 특히 가정폭력, 성폭력 등이 발생하면 신속한 출동, 가해자(범죄자)와 피해자의 분리가 중요하다. 특히 가정폭력, 성폭력의 피해자 보호가 중요한데, 해바라기 센터의 역할이 중요하다. 현재 대구시는 폭력 피해 여성을 위한 위기 지원형 해바라기 센터와 피해 아동 및 청소년을 위한 아동형 해바라기 센터 2개소를 설치 운영하고 있다. 대구의료원에서 운영 중인 위기 지원형 해바라기 지원센터는 성폭력, 가정폭력, 그리고 성매매 피해자에 대해서 상담, 의료, 법률, 수사 지원을 365일 24시간 원스톱으로 지원하고 있다. 또한, 경북대병원에서 운영 중인 아동형 해바라기 센터는 19세 미만 성폭력 피해를 입은 아동청소년과 지적장애인에 대해서 의학적, 심리적 진단과 치료, 사건 조사, 법률 지원, 사회적 지원 등을 원스톱으로 지원하고 있다.

하지만 현재 대구 해바라기 센터 방문객 수는 2019년 1,028명(전국 1위), 2020년 767명(전국 1위)으로 전국 최고 수준이다. 피해자 보호를 최우선으로 하는 정책 방향에 따라 그 수요는 계속 증가할 것으로 예상된다. 아동폭력과 성폭력 등 피해자들에게 상담에서부터 치료, 법률, 수사까지 한 장소에서 원스톱 지원이 장기적으로 가능한 '통합형' 해바라기 센터의 추가 설치가 간절하다. 대구시 여성가족과, 대구경찰청 여성청소년과, 그리고 대구시 자치경찰위원회의 공동협업으로 억울한 여성과 아동을 돕기 위한 해바라기 센터 추가 유치에 모든 역량을 집중하고 있다.

필자가 대구시 자치경찰위원회 상임위원(사무국장)으로 활동하면서 지역의 전문 의료기관에 통합형 해바라기 센터 유치를 위해 다양하게 노력하였지만, 여러 가지 이유(의사 부족, 공간적인 제약 등)로 지연되고 있다. 지역 의료기관의 적극적인 동참이 필요하다. 해바라기 센터와 같은 사회적 약자를 위해 헌신하고 공익적인 사업을 수행하는 의료기관에 대한 인력 및 재정 지원 확대는 물론이고, 전국 병원

평가에서도 사회적 기여와 같은 평가 항목에 대한 가점을 확대하여 사회적 약자들을 배려하는 의료기관에 대한 인센티브를 강화해야 한다.

대구 해바라기 센터 방문(대구의료원)

칠곡 경북대학교병원 방문

해바라기 센터와 사회적 약자 보호

경북일보 특별기고 (2021. 8. 19)

　　정부에서 발간한 각종 통계를 보면, 코로나19 발생 이후의 범죄 발생은 그 이전과 비교해서 대부분의 범죄 발생 건수가 감소하였다. 하지만 스토킹, 데이트 폭력, 아동학대 같은 사회적 약자들에 대한 범죄는 증가 추세에 있다. 특히 주목해야 할 점은 경제위기로 인한 가정 내 불화와 스트레스의 상승, 잠재적 피해 아동의 등교 제한 등이 맞물려 가정 내 아동학대가 증가했다는 점이다.

　　성폭력, 아동학대, 가정폭력과 같은 범죄는 피해의 특성상 은밀하게 자행되고 피해자들이 피해 상황을 밝히지 못해 가해자가 적절히 처벌되지 못하는 경우가 많다. 아울러 피해자들이 피해에 대한 보상 및 보호를 받지 못하는 경우도 상당수다. 이에 1997년 가정폭력 피해자들의 보호를 목적으로 가정폭력특별법이 제정되었고, 2003년에는 성폭력 피해 아동을 보호하기 위해 조사과정 촬영 및 조사과정이나 재판과정에서 피해 아동과 신뢰관계가 있는 자의 동석, 전문가의 의견조회, 비디오 등 중계 장치에 의한 증인신문, 증거보전의 특례 등으로 성폭력특별법도 개정되기에 이르렀다. 이와 같은 변화에도 불구하고 성폭력·가정폭력·성매매 등 많은 피해자들은 의료 및 상담, 수사. 법률 지원이 부족하여 여러 가지 문제점들을 경험하고 있으며, 피해자들이 수차례 의료 수사 기관이나 관련 상담기관을 방문하는 불편을 겪어야 했고, 심지어는 2차 피해까지 당하는 경우도 발생하였다. 아동과 여성 등 사회적 약자들은 온전하게 스스로를 보호하기 어렵다. 주위의 도움이 절실히 필요하다. 이러한 맥락에서, 피해자들에게 효과적인 지원 서비스를 제공하기 위해서 대구광역시, 대구경찰청, 대구의료원 등 3개 기관의 협력으로 2006년 5월 9일 대구여성·학교폭력 피해자 ONE-STOP 지원센터가 개소되었으며, 2015년 1월 1일 성폭력 피해자 통합 지원센터 명칭 일원화 사업으로 '대구 해바라기 센터'로 명칭변경 되었다.

　　현재 대구시는 폭력 피해 여성을 위해서 위기 지원형 해바라기 센터와 피해 아동·청소년을 위한 아동형 해바라기 센터 2개소를 설치 운영하고 있다. 대구의료원에서 운영중인 위기 지원형 해바라기 지원센터는 성폭력, 가정폭력, 그리고 성매매 피해자에 대해서 상담, 의료, 법률, 수사 지원을 365일 24시간 원스톱으로 지원하고 있다. 또한, 경북대병원에서 운영 중인 아동형 해바라기 센터는 19세 미만 성폭력 피해를 입은 아동·청소년과 지적장애인에 대해서 의학적, 심리적 진단과 치료, 사건 조사, 법률 지원, 사회적 지원 등을 원스톱으로 지원하고 있다.

하지만 현재 대구시의 경우, 한 해 1만여 건이 넘는 가정폭력과 여성폭력 피해 신고가 접수되고 있고, 지원센터 1개소당 서비스 이용자 수도 광역자치단체 가운데 가장 많은 데도 불구하고, 이들에게 실질적인 도움을 줄 수 있는 지원시설은 단 2개뿐이다. 아동폭력과 성폭력 등 여성폭력 피해자들에게 상담에서부터 치료, 법률·수사까지 원스톱 지원이 가능한 통합형 해바라기 센터의 추가 설치가 시급하다.

따라서, 전문 의료기관에서 좀 더 책임 의식을 갖고 문제 해결에 적극 동참해야 한다. 아울러 해바라기 센터와 같은 사회적 약자를 위해 헌신하고 공익적인 사업을 하는 의료기관에 대한 인력 및 재정 지원은 물론이고, 각종 병원평가에서도 사회적 기여와 같은 평가 항목에 대한 가점을 확대하여 사회적 약자들을 배려하는 의료기관에 대한 지원을 강화해야 한다.

한국일보

2022년 04월 28일 목요일 Y19면 지방

대구해바라기센터, 이용률 전국 최고 불구 인력·시설 전국 '최악'

**지난해 위기지원형 이용 1095명
전년 772명보다 42% 급증
진술조력인 공석 등 인력 제자리**

지난달 말 20대 남성이 동거녀의 딸 A양에게 성적 학대를 가한 혐의로 징역 10개월, 집행유예 2년을 선고 받았다. 초등학교 저학년인 피해자가 대구해바라기센터에서 진술한 것이 결정적 증거가 됐다. 10대 후반의 B씨는 초등학생 때부터 줄곧 친척에게 성추행과 성폭행을 당했다. 그는 지난해 여름 고민 끝에 대구해바라기센터를 찾고도 처음에는 2차 피해를 우려해 진술을 제대로 하지 못했다. 상담사는 "상당수 피해자들이 2차 피해를 우려해 신고조차 하지 못하는 경우가 많다"고 말했다.

성폭력과 가정폭력 피해자 등에게 상담과 치료, 법률, 수사 서비스를 24시간 지원하는 해바라기센터의 역할과 기능이 나날이 커지고 있는 가운데 대구해바라기센터가 좁은 시설과 부족한 인력으로 신음하고 있다. 최근 3년간 이용자가 전국 해바라기센터 중 1위지만 서비스는 미흡하다는 지적이다.

27일 대구경찰청에 따르면 지난해 성폭력, 가정폭력 등으로 대구해바라기센터 위기지원형을 찾은 이용자 수는 1,095명, 상담 등 지원 건수도 4,989회를 기록했다. 이보다 1년 전인 2020년에는 이용자수 772명, 지원 건수 3,453회를 보이는 등 해마다 증가추세다.

해바라기센터는 위기지원형과 아동형, 두 가지 기능을 모두 갖춘 통합형으로 나뉜다. 이 가운데 경찰이 상주해 원스톱으로 피해자 지원이 가능한 위기지원형과 통합형 해바라기센터는 전국 32개소가 운영되고 있다. 인구가 262만 명에 이르는 경북만 하더라도 김천과 안동 등 3개소가 운영 중이지만 238만 명의 대구는 대구의료원 2층에 위기지원형 1개소만 운영 중이다.

대구해바라기센터 위기지원형의 근무 인력은 경찰 6명, 심리상담사 5명, 간호사 4명, 행정요원 1명, 국선변호인 1명, 속기사 1명 등 총 18명이고, 진술조력인 1명은 공석이다. 이들은 하루 평균 심리상담 5.5건, 피해자 조사 2.6건, 진료 3건, 증거채취 0.6건을 수행하고 있는데 다 매일 신규 이용자 3명이 해바라기센터를 찾고 폭증하는 업무가 좀처럼 줄지 않고 있다.

대구해바라기센터에서 수년간 근무했던 경찰 A씨는 "소수 인력으로 많은 피해자를 지원하다 보니 신속한 지원을 하기 어려워 곤란을 겪는 경우도 있다"며 "인력과 시설을 모두 늘리는 게 시급하다"고 말했다.

대구시와 경찰도 대구에 통합형 해바라기센터 추가 유치를 꾸준히 주장하고 있지만 응급진료 시스템을 갖춘 종합병원의 협조가 원활하지 않아 난관에 부딪히고 있다. 이들 대형병원들은 해바라기센터 운영보다 병상확보에 주력하고 있기 때문이다.

박동균 대구시 자치경찰위원회 사무국장은 "피해자 보호 정책에 따라 해바라기센터의 수요가 늘어날 것으로 예상된다"며 "신종 코로나바이러스감염증(코로나19)으로 센터 운영이 어려울 때는 대체시설도 없다"고 말했다.

대구시도 해바라기센터의 추가 유치 필요성을 인식, 지속적으로 유치에 나선다는 입장이다. 조윤선 대구시 성과롭힘 대책팀장은 "대구해바라기센터의 추가 유치는 대구시의 숙원사업"이라며 "센터 추가 유치와 처우개선을 위해 노력하겠다"고 밝혔다.

박성현 기자

여성이 묻고, 자치경찰이 답하다

대구시 자치경찰위원회는 2021년 12월 15일 오후 3시 대구여성가족재단 대회의실에서 '여성이 묻고, 자치경찰이 답하다'라는 이름으로 정책 간담회를 열었다.

이날 간담회는 최근 데이트 폭력 등 여성들의 불안감이 커지는 시점에서 여성안전에 대한 정책을 공유하고 해결방안을 함께 모색하고자 마련됐다.

스토킹 처벌법 시행에 맞춰 법률의 주요 내용과 피해 여성 보호 우수사례에 대해 살펴보고, 자치경찰위원회가 여성 1인 가구의 안전을 위해 안심 여성 4종 세트(스마트초인종, 휴대용 비상벨, 창문잠금장치, 현관보조키 등)를 지원하는 '세이프-홈 지원사업'에 대해 토론했다.

이날 좌장을 맡은 박동균 대구시 자치경찰위원회 사무국장(상임위원)은 "사이버 성범죄, 데이트 폭력 등 여성 범죄에 대한 두려움이 증가하고, 사회적 약자 보호가 중요한 시점에서 여성가족재단과 함께 논의한 내용을 토대로 촘촘한 사회적 안전망을 구축하는 등 협력 시스템을 강화해 나가겠다"라고 했다(매일신문, 2021. 12. 15).

여성대상 범죄
대구교통방송 오늘도 안전제일 2019년 7월 10일 인터뷰

1. 오늘은 어떤 내용으로 시작해 볼까요?

'신림동 강간미수'에 이어 '봉천동 반지하 원룸' 사건까지 벌어지며 안심 귀가가 화두로 떠올랐다. 서울 관악구 신림동에서 귀가 중인 여성을 몰래 따라가 집에 들어가려던 30대 남성과, 봉천동에서 여성이 사는 집을 들여다보던 20대 남성은 각각 주거침입 강간미수 혐의와 주거침입 혐의로 경찰에 붙잡혔다. 이 같은 범죄가 연달아 발생하자 불안감도 급격히 커지고 있다. 오늘은 여성을 대상으로 한 범죄에 대해 알아보고자 한다.

2. 여성 1인 가구가 늘어나면서, 범죄에 대해 우려도 높다면서요.

통계청에 따르면 전국 여성 1인 가구는 2016년 272만 명, 2017년 276만 명, 2018년 284만 명으로 해마다 증가하고 있다. 그러나 상당수 여성은 사회가 안전하지 않다고 느끼는 것으로 나타났다. 통계청의 '2018 사회조사'에 따르면 사회의 가장 주된 불안 요인을 묻는 말에 범죄 발생이라고 답한 여성이 29.7%로 남성(20.6%)보다 많았다. 또 야간 보행안전도에 대한 설문에서는 여성의 47%가 야간 보행에 두려움을 느낀다고 답했다. 남성(25.7%)보다 두 배 가량 높은 수치다.

3. 대구도 마찬가지인가요? 여성 1인 가구의 범죄에 대한 우려요.

대구여성가족재단이 올해 1월 발표한 '대구지역 여성 1인 가구 실태 및 지원방안'에 따르면 대구지역 여성 1인 가구는 2017년 기준 13만 9천608가구로, 전체 대구 1인 가구(25만 9천525가구) 중 53.8%로 나타났다. 이는 대구 남성 1인 가구 비율 46.2%보다 많고, 전국 평균 여성 1인 가구 비율인 50.3%보다 높은 수치다. 특히 20·30대 여성들은 경비원이 상주하고 방범용 CCTV 등이 갖춰진 아파트보다 원룸 등에 거주하는 경우가 많아 범죄에 대한 상당한 불안감이 있는 것으로 조사됐다. 대구지역 여성 1인 가구 900명을 대상으로 최근 대구여성가족재단이 진행한 설문조사에서도 20·30대 여성 304

명 중 72.7%는 원룸에 거주하고 있었다. 게다가 이들 중 절반 이상은 임시직 임금 근로자나 일용직 근로자로, 월세로 원룸 생활을 이어가고 있는 것으로 나타났다. 결국 상대적으로 소득 수준이 낮은 20·30대 여성들은 소득 격차에 따른 주거안전 격차까지 감내할 수밖에 없는 처지다.

혼자 사는 여성들은 상대적으로 범죄 노출에 대한 불안감과 두려움이 더 크다. 대구 지역 20·30대 여성 1인 가구 300여명 중 가장 노출 위험이 큰 범죄 유형에 대해 49%가 성희롱·성폭행, 43.5%가 주거 침입 절도라고 답했다. 특히 범죄가 발생할 가능성이 높은 장소로는 집안 등 주거지 내부, 계단·지하주차장 등 은폐장소, 엘리베이터 내부 등 '주거지와 관련된 장소'(32.5%)를 꼽았다. 지난해 2월 공개된 한국형사정책연구원의 '1인 가구 밀집지역의 안전 실태와 개선방안 연구' 자료에도 전체 여성 1인 가구의 46.2%는 사회 안전에 대한 불안을 느끼고 있으며, 가장 주된 불안 요인으로 37.2%가 '범죄 발생'을 우려하는 것으로 나타났다. 온라인상에는 남성 이름으로 택배 주문하기, 집에 남성 옷가지나 신발 등 남겨두기, 신상을 숨기기 위해 우편물은 전자메일로 받기 등 범죄 예방 팁에 대한 정보가 넘치고 남자 목소리를 내주는 스마트폰 앱과 목소리 변조 초인종도 나올 정도다. 원룸 등에 혼자 거주하는 20·30대 여성들은 택배나 배달음식조차 마음 놓고 주문하지 못하는 상황에 놓일 수밖에 없다고 입을 모았다.

4. 요즘은 여행이 보편적인데, 혼자 여행하는 여성들이 많이 늘었다고 들었습니다. 하지만 많이 불안해 하는데요?

인터파크 투어에 따르면 2018년 혼행족은 30%로 2017년(25%)에 비해 증가했다. 이 중 여성이 55%를 차지했다. 남성에 비해 혼자 여행을 떠나는 여성이 더 많은 셈이다.

인터파크 투어 관계자는 "혼행족이 늘어난 이유는 사회구조의 변화 때문으로 풀이된다"며 "1인 가구 증가, 개인 소비력 향상 등을 원인으로 볼 수 있다"라고 설명했다.

홀로 여행을 하는 여성들은 성범죄와 각종 강력 범죄는 물론, 숙박업소와 관광지 공중화장실 등에서의 불법 촬영 위험에 노출돼 있다. 지난해 경찰청이 제출한 국정감사 자료에 따르면 불법 촬영 범죄로 검거된 피의자는 전국에서 2014년 2천905명, 2015년 3천961명, 2016년 4천499명, 2017년 5천437명 등 증가세를 이어가고 있다. 대구에서는 2016년부터 지난해까지 3년간 발생한 불법 촬영 범죄는 모두 613건, 성폭력 범죄는 3천597건으로 집계됐다. 최근에는 대구 등 10개 도시 숙박업소 30곳의 42개 객실에 소형 카메라 모듈을 설치한 일당이 경찰에 검거되는 사건이 발생해 여성들의 불안감을 부추기기도 했다.

여성 혼행족은 국내·외를 가리지 않고 성범죄 등에 노출돼 있다. 외교부에 따르면 해외 여행객 성범죄 피해는 2016년 57건, 2017년에 118건, 2018년 110건으로 꾸준히 발생하고 있다.

5. 여성이 약하기 때문에, 범죄자들에게는 범행대상으로 좋은 표적이 되는 것인가요?

혼자 사는 여성들은 보호가 취약한 탓에 범행 대상이 될 가능성이 높다. 여자 혼자 살 경우 선제적으로 범죄 가해자가 접근하기가 쉽고 방어력이 떨어지다 보니 피해자가 될 확률이 높다. 범죄 가해자들이 취약한 대상을 노리는 건 당연한 이야기다. 특히 전체 가구의 4분의 1정도가 1인 여성 가구인데 이를 주요 범행 대상으로 삼는 것이 범죄 가해자들의 행동이다.

6. 대구시에서도 여성대상 범죄 예방을 위해 여러 정책을 실시하고 있다고 들었습니다.

대구시는 2015년 지역 전체에 여성안심 무인택배수령 서비스를 24곳 설치한 데 이어 지난해에는 360두 CCTV, 112 비상버튼을 갖춘 스마트 택배함을 대학가 원룸 밀집지역에 설치했다. 앞으로도 경찰과 협조해 안심 귀갓길, 여성화장실 비상벨 설치 등 안전 환경 조성 정책에 나서겠다고 했다. 또한, 지난해 7월부터 시뿐만 아니라 8개 구군, 민간, 경찰 등으로 구성된 단속반이 숙박업소 단속은 물론 장비 대여, 화장실 점검 실시, 업주 교육을 하고 있다며 특별점검 구역과 점검 횟수, 인력 등을 확대해 범죄 피해를 줄여가도록 노력하겠다고 밝혔다.

7. 경찰도 여성 대상 범죄에 대한 다양한 노력을 하고 있지요?

경찰은 범죄를 예방하거나 실제 발생 사건에 빠르게 대응할 수 있도록 '안심 귀가를 위한 종합대책'을 세워두고 있다. 경찰은 우선 '안심 구역'과 '안심 귀갓길'을 지정, 순찰활동을 집중적으로 펼치는 중이다. 안심 구역이란 여성 1인 가구 밀집지역이나 재개발지구 등을 대상으로 성범죄 다발 지역과 시간대를 분석해 경력을 배치한다. 또 거점 근무와 유동 순찰뿐 아니라 검문검색도 강화하고 있다. 안심 귀갓길은 지역관서별 범죄 발생 현황과 방범시설 유무, 지역 특성 등을 분석해 지정한다. 이렇게 지정된 동선에 순찰선을 책정, 치안 수준을 높이는 데 힘쓰는 중이다. 또한 안심 귀갓길에는 경찰의 집중 순찰뿐 아니라 LED 보안등과 추가적인 폐쇄회로(CC)TV, 비상벨, 112 신고 위치 표지판 등이 설치돼있다. 안심 귀갓길은 각 지역경찰서 홈페이지 '정보공개' 메뉴에서 확인 가능하다.

경찰 관계자는 "간혹 안심 귀가 서비스를 이용하기 위해 경찰에 연락을 해오는 경우가 있다"면서 "이 같은 서비스는 지자체가 담당하고 있으며 지원요청이 있을 경우에 한해 경찰이 나서기도 한다"라고 설명했다. 이어 "경찰은 사건이 발생했을 때 즉각 대응할 수 있는 인력 배치가 가장 중요하기 때문에 개개인에 귀가 서비스를 제공하는 것이 아닌 전반적인 범죄 예방과 실제 대응에 힘쓰고 있다"라고도 덧붙였다.

8. 끝으로 여성들 스스로 알아야 할 예방대책이 있다면요?

첫째, 엘리베이터를 탔을 때

① 여성들이 엘리베이터를 탈 때는 입구나 내부에 수상한 사람이 없는지 살펴본 후, 수상한 사람이 탑승해 있다면 전화하는 척 하면서 다음 차례에 탑승하는 게 좋다.

② 만약 어쩔 수 없이 엘리베이터에 탔다면, 앞쪽의 비상벨과 층 버튼이 있는 곳에 벽에 등을 대고 서서 만약의 사태에 대비해야 한다.

③ 여성이 늦은 밤 혼자 귀가하는 상황이라면 엘리베이터에서 내려 바로 집으로 들어가지 말고 혹시나 따라오는 사람이 없는지 확인한 후 집에 들어간다.

둘째, 늦은 밤 도보로 귀가할 때

① 낯선 남성이 자신의 뒤쪽으로 다가오면 등을 보이기보다 45도 각도에 위치해 선다.

② 평소 CCTV가 설치된 곳을 알아두고 거리가 먼 곳은 넓고 환한 길을 통행하도록 한다.

③ 뒤에 따라오는 사람이 없는지 수시로 고개를 돌려 확인한다.

④ MP3나 핸드폰으로 음악 소리를 크게 듣고 가면 뒤에 따라오는 사람이 있는지 모르기 때문에 소리를 줄인다.

⑤ 누군가 뒤따라온다면 자연스럽게 "나 지금 다 와 가, 데리러 나올래?" 이런 식으로 집에 누가 있는 것처럼 가짜 통화를 하는 것도 도움이 된다.

성범죄의 실태와 대책
대구교통방송 오늘도 안전제일 2019년 11월 6일 인터뷰

1. 오늘은 어떤 내용으로 시작해 볼까요?

우리 사회의 어느 지역이 안전한지를 평가할 때, 즉 도시의 안전도를 특정할 때, 흔히 5대 범죄 발생률을 분석한다. 5대 범죄는 살인, 강도, 강간(성범죄), 절도, 폭력 범죄를 말한다. 특히 오늘은 여성들이 두려워하는 성범죄에 대해서 알아보고자 한다.

2. 성범죄도 여러 유형이 있을텐데요. 그 중에서도 주거침입 성범죄가 늘고 있다는 최근 보도가 있던데요.

지난 5월 서울 신림동에서는 한 30대 남성이 귀가하던 여성을 쫓아가 여성의 원룸에 침입, 성폭행하려다 미수에 그친 사건이 발생했다. 이러한 주거침입 성범죄가 해마다 300건이 넘게 발생하는 것으로 나타났다. 경찰청 '2014~2018년 주거침입 성범죄 발생현황'에 따르면 최근 5년간 발생한 주거침입 성범죄는 총 1,611건으로 연평균 322건 꼴이었다. 여성들이 참 무서울 것이다.

주거침입 성범죄는 강간, 유사강간, 강제추행, 기타 등으로 구분된다. 유형별로 살펴보면 주거침입 강제추행 건수는 671건(5년 평균 134.2건)으로 가장 많았다. 다음으로 주거침입 강간 459건(91.8건), 기타 409건(81.8건), 주거침입 유사강간 72건(14.4건) 등이 뒤따랐다.

지난해 기준 '지역 인구수 대비 주거침입 성범죄'는 제주가 가장 많았다. 인구 65만8,282명 대비 12건의 주거침입 성범죄가 발생한 것으로 집계됐다. 이어 ▲전남(179만 352명, 21건) ▲강원(152만 391명, 15건) ▲충남 (218만 1,416명, 19건) ▲전북(181만 8,157명, 15건) ▲인천(293만 6,117명, 23건) ▲부산(339만 5,278명, 24건) ▲서울(967만 3,936명, 61건) ▲충북(162만 935명, 9건) ▲경북(267만 2,902명, 15건) ▲경남(335만 350명, 16건) ▲대전(151만 1,214명, 7건) ▲울산(115만 116명, 5건) ▲경기(1313만 188명, 53건) ▲광주(149만 92명, 4건) ▲대구(244만 4,412명, 2건) 순이었다.

다행스럽게도 대구는 인구 대비 주거침입 성범죄 발생률이 0.08%로 전국에서 가장 낮았다. 이어 광주가 0.27%로 뒤를 이었다. 경북은 0.56%로 전국 평균 0.58%와 비슷한 수준을 보였다. 최근 혼자 사는 여성이 증가하고 있는 상황에서 이들을 상대로 주거침입 성범죄가 끊이지 않고 있다. 여성들의 불안감을 줄이기 위해 CCTV와 조명 설치 등 안전한 환경 조성과 문제의 심각성에 대한 사회적 관심이 절실하다.

3. 특히 성 문제에 대해서는 엄격해야 할 교육계에서도 심각한 상황이라고 하던데요.

교육부로부터 제출받은 '교육 분야 성희롱 성폭력 온라인 신고센터 개설 이후 신고 접수 현황 자료'에 따르면, 2018년 3월부터 2019년 8월 1일까지 총 186건의 신고가 접수됐고, 이 중 기타사안 및 단순질의 사안을 제외한 137건이 처리된 것으로 나타났다.

학교급 별로는 초등학교 17건, 중학교 30건, 고등학교 33건, 대학교 57건으로 상위급 학교일수록 성범죄 관련 신고가 많이 접수된 것으로 나타났다. 특히 '교원이 학생을 대상으로 하는 성범죄 신고'는 전체 137건 중 70건(51.09%)으로 과반이 넘었고, 전체 신고 건수 대비 학교급별 비율은 초등학교가 5건(29%), 중학교 14건(46%), 고등학교 21건(64%), 대학교 30건(52%) 순으로 고등학교가 가장 비중이 높은 것으로 확인됐다. 시도별로는 서울이 38건, 경기가 20건, 경북·충북·부산이 각 10건, 광주·충남이 각 9건, 대구·전남이 각 6건, 전북이 5건, 경남이 4건, 강원·대전·인천이 각 3건, 울산이 1건 순이었다. 학교 설립유형별로는 국립이 17건(12%), 공립이 55건(40%), 사립이 65건(47%)이었다.

교원이 학생을 대상으로 하는 성범죄는 대부분 위계관계 상황에서 발생한다. 이 때문에 피해자는 피해 사실이 알려지는 것에 대한 두려움, 죄책감, 불안감으로 인해 성범죄 피해 사실을 제보하기 쉽지 않은 상황에 놓이기 쉽다. 교육 분야의 성희롱, 성폭력에 대해서는 무관용 원칙에 따라 처벌이 이뤄져야 하며, 특히 교원이 학생을 대상으로 하는 성범죄의 경우 엄격한 가중처벌이 필요하다.

4. 고령화 사회가 되어가면서 노인 대상 성범죄도 늘어나고 있죠?

우리 사회가 고령화 시대로 진입하면서 노인 인구 증가에 따른 노인 대상 성범죄가 사회적 문제로 떠오르고 있다. 경찰청으로부터 제출받은 자료에 의하면, 노인 대상 성범죄는 2014년부터 2018년까지 493건에서 560건, 599건, 698건, 765건으로 5년 동안 155% 증가한 것으로 나타났다. 하루 평균 2명 이상의 노인(60세 이상)이 성범죄의 피해자가 되는 꼴이다. 각 성범죄의 세부 유형을 살펴보면 '강간·강제추행', '카메라 등을 이용한 촬영', '통신매체이용음란', '성적 목적 공공장소 침입' 등이 있으며 특히 스마트폰의 이용이 보편화됨에 따라 노인을 대상으로 한 '카메라 등을 이용한 촬영', '통신매체이용음란'이 각기 2배, 3배 이상 증가함을 보였다. 노인 인구가 늘어남에 따라 노인 대상 성폭력이 꾸준히 증가하고 있어 큰 사회적 문제가 되고 있다. 경찰, 여성가족부 등 관련된 정부 부처들은 최근 급증하고 있는 노인들의 스마트폰 이용 성범죄 문제 해결을 위해 시급히 대책을 마련해야 할 것이다.

5. 스마트폰이 보급되면서, 카메라를 이용한 성범죄가 늘어나고 있다고 하던데요. 여기에 대해서도 말씀해 주세요.

카메라를 이용한 성폭력 범죄가 갈수록 기승을 부리고 있다. 하지만 처벌 수위는 벌금형이나 집행유예 등 비교적 가벼워 처벌을 강화해야 한다는 목소리가 높다.

경찰청에서 받은 불법 촬영 범죄 관련 자료에 따르면 2012~2018년 불법 촬영 범죄가 3만 9,044건 발생했다. 이 중 3만 6,952건을 검거해 검거율은 평균 94.6%였다. 이 기간 카메라 등을 이용한 촬영 범죄(2만 6,955건)의 대부분인 97.4%(2만 6,252건)는 불구속이었고, 구속은 2.6%(703건)에 그쳤다. 처벌 수위도 낮았다. 대법원에서 받은 '성폭력 범죄의 처벌 등에 관한 특례법 위반(카메라 등 이용 촬영)' 1심 판결 현황을 보면, 2012~2018년 관련 혐의로 재판받은 사람은 9,148명이었다. 이 중 재산형(벌금형)이 4,788명(52.3%)으로 가장 많았다. 다음으로 집행유예 2,749명(30.1%), 자유형(징역·금고형) 862명(9.4%), 선고유예 417명(4.6%) 순이었다. 자유형(징역·금고형)을 받은 피고인은 10명 중 1명 꼴에 불과했다. 다만 전체 1심 판결에서 자유형이 차지하는 비율은 2013년 5.8%, 2014년 6.2%, 2015년 8.1%, 2016년 10.3%, 2017년 10.4%, 2018년 12.6% 등으로 미미하지만 증가세를 보였다. 성별로는 남성 9,038명으로 전체의 98.8%, 여성(110명)은 1.2%였다. 불법 촬영하거나, 촬영 당시 동의했더라도 의사에 반해 유포하는 것은 중대 범죄이다. 처벌 수위가 강화된 성폭력 범죄 처벌특례법을 엄격하게 적용하는 등 가해자를 엄벌해야 한다.

6. 청소년들의 성범죄도 심각하다는데요?

최근 스마트폰 보급의 확산으로 인해 청소년 강력 사건 중 85%가 '성범죄'인 것으로 나타나 정부의 대책마련이 시급하다. 경찰청으로부터 제출받은 자료에 의하면, 청소년 강력 범죄 중 대부분이 성 관련 범죄인 것으로 파악됐다. 경찰청 자료에 따르면 지난 2014년도부터 강력 범죄(살인, 강도, 강간·강제추행, 방화) 중 '강간·강제추행'은 77%(2,026건) → 76.5%(1,830건) → 80%(1,936건) → 83.6%(1,933건) → 85.3%(1,939건)로 최근 5년 동안 전체 강력 범죄에서 차지하는 비율이 77%에서 85.3%로 상승하여 강력 범죄 내에서의 비중이 증가하는 추세를 나타냈다. 또한 청소년들의 강력 범죄(살인, 강도, 방화, 강간강제추행)가 점차 줄어드는 추세를 보이고 있으나 성 관련 범죄만은 제자리걸음에 그치고 있는 실정이다. 최근 스마트폰 보급이 늘어나면서 청소년들의 스마트폰을 이용한 성범죄(2014년 대비 2018년 2.8배 증가)가 급증하고 있으며 청소년들의 불법 촬영 성범죄(2014년 대비 2018년 1.3배 증가) 역시 증가하고 있는 것도 청소년 성 관련 문제가 끊임없이 발생하는 원인 중 하나이다. 청소년의 성 관련 강력 범죄가 끊이지 않는 것은 학교 교육 문제 등의 일차원적인 문제가 아니라 사회의 여러 가지 성 문제가 복합적으로 만들어낸 결과이며 우리 사회 전체 성의식을 비추는 거울이다. 청소년 성범죄 해결을 학교 교육에만 맡겨두면 안 되며 우리 사회 전체가 문제해결을 위해 큰 관심을 기울여야 한다.

7. 성범죄에 대한 대책은 어떤 것들이 있을까요?

오늘 말씀드린 바와 같이, 영역별로 성범죄가 증가하고 있고, 심각하다. 경찰 여성청소년과, 생활안전과 등의 업무, 탄력 순찰, 안심 귀갓길 등의 활동을 전개하고 있다. 경찰은 범죄를 예방하거나 실제 발생 사건에 빠르게 대응할 수 있도록 '안심 귀가를 위한 종합대책'을 세워두고 있다. 경찰은 우선 '안심 구역'과 '안심 귀갓길'을 지정, 순찰활동을 집중적으로 펼치는 중이다. 안심 구역이란 여성 1인 가구 밀집지역이나 재개발지구 등을 대상으로 성범죄 다발 지역과 시간대를 분석해 경찰력을 배치하는 것이다. 또 거점 근무와 유동 순찰뿐 아니라 검문검색도 강화하고 있다. 안심 귀갓길은 지역관서별 범죄 발생 현황과 방범시설 유무, 지역 특성 등을 분석해 지정한다. 이렇게 지정된 동선에 순찰선을 책정, 치안 수준을 높이는 데 힘쓰는 중이다. 또한 안심 귀갓길에는 경찰의 집중 순찰뿐 아니라 LED 보안등과 추가적인 폐쇄회로CCTV, 비상벨, 112 신고 위치 표지판 등이 설치돼있다. 경찰 등 어느 한 부서의 힘만으로는 해결할 수 없다. 교육과 홍보, 강력한 처벌 및 교화 등으로 해결해야 한다.

우수 사례 : 대전시 자치경찰위원회

대전경찰청과 대전자치경찰위원회가 불법 촬영 성범죄 예방을 위해 개방형 민간화장실에 안심 스크린을 설치했다. 2022년 8월 21일 대전경찰청에 따르면 대전지역 불법 촬영 범죄는 지난 2020년 157건에서 지난해 170건으로 전년 대비 약 8.3%가 증가했다.

경찰은 자치단체와 협업을 통해 여성들이 불안감을 느끼는 공중화장실에 대한 안심 스크린 설치를 이어왔으나 민간 화장실의 경우 사각지대로 남아 있었다. 예산 때문이다. 이에 대전시 자치경찰위원회는 이러한 문제점 해결을 위해 사업 예산을 확보했고, 경찰은 범죄 분석을 통해 범죄에 취약한 45개소를 선정해서, 안심 스크린 116개를 설치했다.

안심 스크린은 화장실 칸막이 상·하단부의 열린 공간을 막아 불법 촬영 범죄를 차단하는 시설물이다.

또한 경찰은 여름 휴가철을 맞아 지난달 4일부터 이번 달까지 성범죄 예방활동을 중점적으로 추진하며 터미널과 지하철역 등 불법 촬영에 노출될 우려가 높은 시설의 화장실과 탈의실 등 48개소를 집중 점검하고 있다.

특히 점검 및 순찰을 통해 발견한 취약 시설에 대해서는 세밀한 범죄 예방진단을 실시, 성범죄 예방을 위한 환경개선도 병행할 예정이다.

경찰 관계자는 "성범죄는 일단 발생하면 피해 회복 어려움이 큰 만큼 환경개선을 통한 예방이 중요하다"라며 "유관기관 합동 점검과 주기적인 순찰 등을 통해 불법 촬영 범죄를 근절하는 데 주력해 시민들이 안심하고 생활할 수 있도록 최선을 다하겠다"라고 말했다(뉴시스, 2022. 8. 21).

화장실 불법 촬영 방지 가림판

데이트 폭력

경북일보 특별기고 (2022. 8. 22)

최근 우리 사회에서 데이트 폭력이 심각한 상황이다. 인터넷 검색창에는 '안전하게 이별하는 방법'이 소개가 되어 있을 정도이다. 대구시에서도 다양한 데이트 폭력 사건이 발생했다. 지난해 11월 자신의 여자 친구와 말다툼 끝에 화를 참지 못하고 골프채로 여자 친구를 수십 차례 때린 사건이 드러나 충격을 주었다. 또한, 연인을 상대로 금품을 요구하고 흉기로 위협하는 등 폭력을 일삼은 40대 남성이 구속되었고, 이별을 요구하는 여자 친구를 흉기로 찔러 숨지게 한 사건도 발생하기도 했다.

데이트 폭력은 통상적으로 제도적 결혼관계가 아닌 데이트 관계에서 일어나는 다양한 형태의 폭력을 의미한다. 행동에 제약을 가하면서 감시와 통제를 하는 것, 죽이겠다고 협박하거나 자살하겠다고 위협하는 것, 갈취, 강제추행, 강간, 폭행, 납치, 감금 등 그 유형은 다양하게 나타난다. 데이트 관계는 좁게는 데이트 또는 연애를 목적으로 만나고 있거나 만난 적이 있는 관계, 넓게는 맞선·부킹·소개팅 등을 통해 그 가능성을 인정하고 만나는 관계를 포괄하며, 사귀는 것은 아니나 호감을 가지고 있는 상태, '썸 타는 관계'까지 포함된다.

데이트 폭력은 단발성에 그치지 않고, 반복되는 경우가 많은 것이 특징이다. 재범률도 높은 편이다. 데이트 폭력과 관련해서 형법에 저촉되는 행위까지 이르지 않거나 혹은 형법에 저촉이 되더라도 증거가 부족하여 처벌하기 쉽지 않은 경우도 많다. 처벌을 받더라도 연인관계라는 특수성이 감경요소로 작용하기도 한다. 또한, 데이트 폭력은 실제로 발생은 했지만 공식적인 통계는 잡히지 않는 암수 범죄(hidden crime)도 많다고 추정된다. 실제로 여성의 전화가 실시한 '친밀한 관계 내 여성폭력' 조사 결과를 보면 피해 기간이 1년이 넘지만 10명 중 단 3명만 경찰에 신고를 한 것으로 나타났다. 그나마 최근 들어 데이트 폭력에 대한 대중의 인식이 높아져 신고 건수가 늘어난 것으로 분석된다. 2018년에 도입된 '데이트 폭력 삼진아웃제'의 영향도 있다. 데이트 폭력 삼진아웃제는 피해자와의 합의 여부와 상관없이 동일한 피해자를 대상으로 데이트 폭력을 3차례 이상 저지른 경우, 정식 기소를 원칙으로 사건을 처리하는 것이다.

경찰자료에 의하면, 데이트 폭력은 매년 지속적으로 증가하고 있으며, 대구지역도 마찬가지다. 2018년 대구여성가족재단에서 실시한 대구시 데이트 폭력 실태조사 결과를 보면, 데이트 폭력은 여성의 피해율이 남성에 비해 높으며 특히, 성적 폭력의 경우 여성의 피해율이 남성보다 3배 이상 높다. 또한 데이트 폭력 피해 후, 여성 피해자의 분노감이 남성 피해자에 비해 높은 것으로 나타났다. 데이트 폭력 예방을 위해서는 가해자에 대한 처벌을 강화해야 한다는 응답이 제일 높았고, 폭력 허용적 사회 문화를 개선해야 한다는 의견이 다음으로 나타났다.

데이트 폭력에 대해 효과적인 대응을 위해서는 대구시와 대구경찰청을 중심으로 상담소, 법률전문가, 쉼터, 여성정책연구기관 등 유관기관 간의 협력 시스템 구축이 필요하다. 작년에 공식적으로 실시되고 있는 자치경찰제도 마찬가지다. 아울러 데이트 폭력 가해자에 대한 상담과 교육이 중요한데도 불구하고, 실제로 가해자가 상담이나 교육을 받는 경우는 드물다. 데이트 폭력 가해자 교육을 위한 프로그램을 유관기관 및 상담소가 협업·개발하여 가해자 교육 시 활용하는 것이 필요하다. 대학가 등 데이트 관계에 있는 시민들이 주로 활동하는 장소에서 데이트 폭력 예방을 위한 교육과 캠페인 등을 통한 홍보도 중요하다.

대학가에서는 헤어지기 쉬운 연인이 가장 좋은 연인이라는 말까지 나온다고 한다. 사랑하는 연인 사이에 발생하는 여러 가지 유형의 폭력, 이것은 사랑싸움이 아니다. 우리 사회가 반드시 처벌해야 할 명백한 범죄다.

스토킹 범죄
경안일보 특별기고 (2022. 9. 30)

지난 9월 17일, 대구 수성경찰서는 헤어진 여자 친구 집을 찾아가 지속적으로 만남을 요구한 30대 남성을 스토킹 범죄 혐의로 체포했다. 이 30대 남성은 지난 9월 17일 밤 10시쯤에도 전 여자 친구 집에 찾아가 초인종을 누르고 여러 차례 전화를 걸어 공포감을 조성했다. 이 피해 여성은 오랜 기간 공포에 떨었다. 전형적인 스토킹 범죄 유형이다.

또 다른 사건은 9월 27일, 대구에서 발생한 사건이다. 이별을 통보한 전 여자 친구에게 스토킹을 반복하다가 급기야 흉기를 휘두른 30대 남성이 체포되었다. 대구 강북경찰서는 30대 여성을 흉기로 여러 차례 찌른 혐의로 스토커 A 씨(30세)를 현행범으로 체포했다. 피해자는 중상을 입었다. A 씨는 지난 9월 25일에도 피해자의 집에 "불을 지르겠다"라고 협박을 하는가 하면, 피해자 가족에게도 직접 전화를 걸거나 찾아가기까지 한 것으로 조사됐다. 당시 피해자의 신고를 접수한 경찰은 1시간 가량 피해자를 면담한 뒤, A 씨에게 여섯 차례 '데이트 폭력 및 스토킹 행위자 대상' 경고를 했지만 입건하지는 않았다. 경찰 관계자는 "피해자가 주변에 알려지는 것을 우려해 A 씨를 스토킹 범죄 혐의로 처벌하는 데 동의하지 않았다"라고 밝혔다.

스토킹 범죄 신고 건수는 지난해 10월 스토킹 처벌법이 시행된 이후, 급증하고 있다. 스토킹 처벌법은 1999년 처음 발의된 이후 22년만에 제정되어, 스토킹을 범죄로 규정하고, 형사처벌이 가능하게 되었다. 스토커 김태현의 서울 노원구 세 모녀 살해 사건이 발생한 직후 통과된 법률이다.

대구시에서는 스토킹 범죄가 2019년 293건, 2020년 302건, 2021년 560건, 2022년 8월말 기준으로 817건으로 뚜렷하게 증가추세에 있다. 하지만 스토킹 범죄는 피해자가 경찰에 신고를 하더라도 뚜렷한 관리 기준이 없었다. 가정폭력이나 데이트 폭력 등이 신고 접수 이후 피해자 모니터링 등급을 2~4개로 나누어 사후 관리하는 것과 대조적이다. 대구경찰청은 전국에서 최초로 스토킹 피해자에 대한 모니터링 기준을 마련했다. 긴급 응급조치와 잠정조치가 결정되거나 피해자와 주변인에게 살해 위협을 한 경우는 A등급, 1년 안에 신고가 3차례 이상 발생하는 경우와 폭행, 상해, 주거침입 등 직접적인 물리력을 행사한 경우는 B등급으로 구분한다. 등급에 따라 2~3개월 동안 최소 한 달에 한 차례 이상 주기적으로 전화나 방문을 통해 피해자 상황을 점검하고, 필요한 경우 관리조치를 강화한다.

스토킹은 남녀 간의 단순한 싸움이 아니다. 남녀 간의 애정을 호소하는 행위는 더더욱 아니다. 즉, 스토킹은 사소한 범죄가 아니다. 예전에는 과태료 10만 원의 경범죄로 처벌했다. 스토킹 방지법이 시행된 이후 이제는 3년 이하의 징역이나 3,000만 원 이하의 벌금으로 처벌한다. 하지만 스토킹 범죄는 피해자의 의사에 반하여 공소를 제기할 수 없는 반의사불벌죄이다. 반의사불벌죄는 가해자가 피해자의 처벌불원서를 받으면 공소권이 없어져 수사가 그대로 종결된다. 따라서 범죄자인 가해자가 피해자에게 집요하게 합의를 종용하고, 합의에 대한 부담을 지우며, 가해자는 쉽게 법망을 빠져나가게 하는 역할을 한다. 반드시 스토킹 범죄의 반의사불벌죄 조항을 폐지해야 한다. 또한, 스토킹 범죄는 상해, 폭력, 살인 등 강력 범죄로 이어지는 위험성 높은 범죄이다. 이에 대한 엄한 처벌과 함께 가해자와 피해자를 완벽하게 분리, 안전하게 피해자를 보호하는 시스템의 정비가 무엇보다 중요하다. 스토킹으로 경찰에 신고를 했는데도 가해자가 여전히 피해자의 곁에 있다면, 심하게 두려움을 느낄 것이다.

고위험 스토킹 사범에 대한 구속 영장이 기각되는 것을 막을 수 있게 구속 영장 청구 사유로 증거인멸이나 도주 우려 외에 재범 위험성과 피해자에 대한 위해 우려를 추가하는 방향이 필요하다.

스토킹과 사회 안전망
경안일보 특별기고 (2023. 4. 27)

최근에 이혼한 부부, 헤어진 연인 등 주로 여성들을 대상으로 한 폭력과 납치, 살인 등 강력 범죄들이 발생하고 있어 우리 사회에 충격을 주고 있다. 얼마 전 A 씨는 헤어진 전 연인 B 씨가 탄 차량 운전석 유리창을 야구방망이로 내려치고, 차량 주위를 맴돌며 손잡이를 잡아당기고 수차례 욕설을 퍼부으며 협박한 혐의로 기소됐다. 피해자는 공포에 떨었다. 재판부는 특수협박과 특수재물손괴 혐의로 재판에 넘겨진 A 씨에게 최근 징역 10월에 집행유예 2년과 보호관찰을 명령했다.

지난해 11월에는 경남 김해의 한 도로 위에서 A 씨가 전 여친 B 씨와 B 씨의 여동생 C씨를 자신의 승용차로 들이받은 후 쓰러진 B 씨를 미리 준비한 흉기로 찌르고 달아난 혐의로 기소됐다. 법원은 살인미수, 특수상해 등으로 기소된 A 씨(49)에게 징역 20년을 선고했다. 또한 형 집행 후 10년간 위치추적 전자장치(전자발찌) 부착도 명령했다.

올해 3월에는 접근금지가 결정된 가해자가 피해자 주거지를 방문했지만 피해자는 가해자를 대면하지 않고 즉시 112로 신고했다. 이후 가해자가 출동경찰관을 보고, 소지하고 있던 칼로 자해해서 사망하는 사고가 발생하였다. 이와 같이, 피해자들이 가해자와 대면하여 살해되는 등 다수의 범죄가 발생하고 있다. 이와 관련해서 중요한 것은 피해자가 가해자와 대면하지 않는 것이 근본적인 범죄 피해 예방에 기여한다는 사실을 강조할 필요성이 있다. 실제로 이런 범죄 상당수의 피해자는 보복이 두려워서 또는 마음이 약해서 경찰의 도움을 청하거나 신고를 주저하는 경우가 많다. 따라서, 이런 유형의 범죄는 공식적인 통계보다 훨씬 많을 것이다.

2023년 4월 24일, 대구성서경찰서는 스토킹 범죄로 인한 중대 피해를 예방하기 위해 '안·만·나 프로젝트'를 추진하고 있다. 안·만·나 프로젝트는 '안전을 위해 만나지 말고 나를 지켜요'라는 의미를 담은 명칭으로 스토킹 범죄 피해자를 대상으로 가해자와 대면을 적극적으로 거부하도록 안내하는 것이 골자다. 피해자에게 '가해자와 절대로 대면치 말라'는 의미를 단호하게 전달하는 것이 핵심이다.

먼저 피해자 모니터링 단계에서 전화와 문자를 통해 "가해자가 피해자의 주거지 등으로 찾아오더라도 문을 열어주거나 대면하는 상황을 피하고 즉시 신고하라"라는 내용을 안내한다. 또한, 고위험 피해자의 경우, 수시로 문자를 보내 단계별 피해자 보호조치에 대한 정보를 전달한다. 앞서 언급한 바와 같이, 지난달 초 스토킹 범죄 가해자가 칼을 들고 피해자의 집에 찾아갔으나 피해자가 가해자와 대면치 않고 경찰에 신고해 위험을 피한 사건이 있었다.

안·만·나 프로젝트는 피해자의 대면 거부로 중대한 범죄 피해를 예방할 수 있다는 점에서 시작되었다. 비동거 여성 피해자 살인 등 중대 피해를 예방할 수 있을 것으로 기대한다. 아울러 이 프로젝트는 별도의 예산이 필요 없이 즉시 시행가능한 정책이다. 아주 시의적절하고, 효과성이 높은 좋은 정책이다.

종합적으로 볼 때, 헤어진 연인에게 살해를 시도한 10건 중 4건은 스토킹이 동반된 것으로 나타났다. 서울 지하철 2호선 '신당역 스토킹 살인 사건'의 경우 피해자와 피의자가 연인 관계는 아니었지만, 피해자가 3년간 스토킹 피해를 당하다 희생당한 것으로 드러나면서 신변 보호조치가 미흡하다는 지적이 많다.

이혼한 부부, 헤어진 연인 등 여성을 대상으로 하는 폭력, 살인과 같은 범죄는 아는 사람, 특히 한때 사랑했던 사람에 의한 범죄이다. 상대방 거주지나 가족관계, 직장 관계, 성격, 자주 가는 곳 등에 대해서 많은 정보를 갖고 있다. 이 때문에 보복이나 악한 감정을 가지고 있을 때는 매우 위험하다. 피해 여성에 대한 보다 튼튼하고 세밀한 사회적 안전망이 필요하다. 가해자에 대한 엄한 처벌은 물론이고, 접근금지 등 보다 강력한 조치가 필수적이다.

스토킹 범죄, 남의 일이 아니다.
대구신문 특별기고 (2023. 9. 5)

스토킹(stalking)은 '은밀히 다가서다, 몰래 추적하다'라는 뜻에서 파생되었다. 스토킹은 다른 사람으로 하여금 위험을 느끼게 할 정도로 남을 쫓아다니는 것을 말한다. 남을 따라가는 것뿐만 아니라 전화, 이메일, 편지 등을 보내 괴롭히는 것 등을 모두 포함하고, 스토킹 행위를 하는 사람을 스토커(stalker)라고 부른다. 피해자에게는 정신적, 육체적인 고통은 물론이고, 삶을 송두리째 파괴하는 끔찍한 범죄이다. 스토킹 범죄는 헤어진 연인이나 배우자 등 평소 친밀한 관계에 있던 가해자들이 많다. 피해자의 세밀한 정보까지 알고 있어 대응이 어려운 경우도 많이 있다.

대구지역에 스토킹 범죄 발생 건수가 1년 만에 9배 늘었다. 2021년 47건에 불과하던 대구 스토킹 범죄 발생 건수가 작년에는 423건에 달했다. 이는 2021년 10월 스토킹 범죄의 처벌 등에 관한 법률 시행으로 스토킹 범죄에 관한 인식이 많이 달라졌기 때문으로 분석된다. 하지만 스토킹 범죄는 보복이 두렵거나 피해자 스스로 해결해 보고자 하는 여러 가지 이유로 신고를 하지 않는 경우가 많다. 따라서 실제로 발생은 했지만 공식적인 통계에는 잡히지 않는 암수 범죄가 많을 것으로 추정된다.

스토킹은 심각한 폭행이나 성폭행, 심지어는 살인까지 이어지는 경우도 적지 않다. 또한 피해자뿐만 아니라 피해자의 가족에 대한 괴롭힘으로 이어지는 경우도 있고, 최근에는 피해자의 반려동물을 해치거나 위협하는 경우도 있다. 이제 스토킹은 남의 일이 아닌 우리 가족과 이웃의 문제라고 할 수 있다.

2023년 9월 1일(금) 대구시 엑스코에서, 대구시 자치경찰위원회와 대구시 여성가족과, 행복진흥사회서비스원, 한국치안행정학회가 '스토킹 예방과 피해자 보호방안'에 관한 정책 세미나를 개최했다. 대구여성회 등 시민단체와 각 경찰서 여성청소년과 현장경찰관들도 대거 참석했다. 이 자리에서는 여성 긴급전화 1366 센터(365일 24시간 상담)를 통한 스토킹 피해자 상담 및 보호방안 활성화 대책, 스토킹 전담경찰관과 관련 예산의 확대, 반려동물과 함께 할 수 있는 피해자 보호기관의 확대 등 실질적인 대책들이 나왔다.

한 사람의 행복한 삶을 짓밟는 스토커에 대한 강력한 법적 처벌, 스토커와 피해자의 신속한 분리 조치, 피해자의 안전한 보호가 이루어질 수 있도록 예산 및 공간 확보와 관련 전문기관의 공동 대응이 필수적이다. 스토킹은 악성(惡性) 범죄다. 반드시 예방하고, 적극적으로 대처해야 한다. 시민의 안전이 최고의 복지다.

대구여성가족재단,
전국 최초 여성안전테마공간 대구에 문 열어

여성안전플랫폼 '공간 시소(SISO)' 체험실

대구여성가족재단은 재단설립 이후 여성안전에 대해 많은 성과를 냈다. 특히 정일선 대표의 취임 이후 재단은 괄목할만한 발전을 이루었다. 여성 1인 가구 안전 환경 조성사업, 여성안전 캠퍼스 환경조성 사업, 찾아가는 학교폭력 예방 교육 등은 대구시 여성안전을 위해 꼭 필요한 사업이고, 경찰청, 교육청, 대학, 지방자치단체가 협업하는 우수한 사업이다. 필자는 자치경찰위원회에 근무하기 전에 재단이사로 활동을 했고, 특히 여성안전 사업에 대해서는 정책자문위원으로 수년간 활동을 한 정이 많이 든 재단이다. 필자는 대구시 자치경찰위원회 상임위원으로 근무하면서 재단이사직을 사임했다. 필자가 대구시 자치경찰위원회에서 일을 하면서 대구여성가족재단의 도움을 많이 받았다. 특히 대구여성가족재단 박영주 팀장의 자문과 협력이 큰 힘이 되었다. 박영주 팀장은 경찰학박사 출신으로 여성안전에 대해 많은 논문과 강의 경력을 가진 명실상부한 대한민국 최고의 여성안전 전문가이다.

2022년 3월, 대구여성가족재단이 또 하나의 업적을 남겼다. 대구여성가족재단은 2022년 3월 2일 전국 최초로 여성안전을 테마로 하는 공간인 '여성안전플랫폼 공간 SISO(Safe Inside Safe Outside)'를 만들었다. 대구콘서트하우스 1층 공간을 리모델링해 만든 공간 SISO는 디지털 성범죄, 데이트 폭력, 스토킹 등 신종 젠더폭력 증가에 대응하기 위해 마련됐다. 이 공간은 여성안전 문화확산과 여성폭력 예방 교육, 체험 등이 이뤄지는 공간으로 활용된다. 올해 가상 체험이 가능한 여성폭력 예방 콘텐츠(키오스크, 메타버스 등)도 제작할 계획이다. 공간 SISO 명칭은 '생활 안과 밖의 안전을 모두 확보한다'는 의미로 대구시민 선호도 조사를 거쳐 2021년 11월 확정했다. 여성안전테마관, 영상회의실, 오픈 교육장, 시민휴게 공간 등으로 구성돼 있다. 여성안전테마관은 디지털 성범죄, 온라인 그루밍, 스토킹, 피해자다움 논란 등 최근 이슈로 떠오른 젠더폭력 관련 정보를 소개하며 대응요령과 지원기관을 안내한다. 또한 대구 지하철 역사에 설치된 안전 화장실 모델인 '초록화장실'과 불법 촬영 예방 '안심 거울' 등의 모형을 설치해 방문객이 여성안전 정책을 체험할 수 있도록 했다. 정보통신기술(ICT)기반 범죄 예방 장비인 쌍방향 소통 비상벨, CCTV와 연동되는 이상 음원 감지 시스템 등 신기술도 체험할 수 있다.

화상회의 시스템이 갖춰져 비대면 폭력 예방 교육이 가능한 영상회의실, 맞춤형 교육을 실시할 수 있는 오픈 교육장 등은 시민 교육 공간으로 활용된다. 시민휴게 공간에는 여성안전 관련 자료와 도서 등이 비치돼 있다. 주중 오전 10시부터 오후 5시까지 운영한다. 이용을 원하는 시민이 대구여성가족재단에 문의하면 관련 정보, 교육·체험 방법 등을 원스톱으로 제공 받을 수 있다(국민일보, 2022. 3. 2).

지하철 불법 촬영 예방 '안심 거울' 체험

디지털 성범죄, 어떻게 할 것인가?

대구교통방송 2022년 6월 16일 인터뷰

1. 2년 전 우리 사회를 충격에 빠뜨렸던 텔레그램 성 착취 사건, 이른바 "N번방" 사건, 모두 기억하시죠. 최근 더욱 심각해져 가는 우리 사회의 문제, "디지털 성범죄" 실태와 이를 대비하는 대구시 자치경찰의 활동에 대해 알아보겠습니다. 최근 매스컴 등에서 부쩍 디지털 성범죄에 대한 보도가 많은 것 같은데요. 디지털 성범죄란 무엇인지 개념 설명 부탁드립니다.

디지털 성범죄는 국내에서 처음 사용된 개념입니다. 국내 음란물 및 피해촬영물의 최대 유통 사이트였던 소라넷 폐쇄 운동을 위해 구성된 '소라넷 아웃 프로젝트'가 온라인 성폭력 대응 및 피해자 지원을 위한 민간단체로 전환하면서 '디지털 성범죄 아웃 D.S.O.'라는 명칭을 사용하였는데, 이 때 "카메라나 그 밖의 이와 유사한 기능을 갖춘 기계장치를 이용하여 상대의 동의 없이 신체를 촬영하거나 불법 촬영물을 동의 없이 유포하거나 성적 욕망 또는 수치심을 유발하는 행위"라는 디지털 성범죄의 개념이 처음 마련되었다고 보시면 됩니다.

2. 이러한 디지털 성범죄, 여러 유형이 있을 것 같은데요.

대표적인 디지털 성범죄 유형을 몇 가지 소개하면요, ① 사전 동의 없이 성행위 장면을 촬영하는 행위 ② 사전 동의 없이 성행위 촬영물을 유포하는 행위 ③ 최초 유포된 성행위 촬영물을 제삼자에게 재유포하는 행위 ④ 얼굴 사진과 성적 사진을 합성하거나 조작하여 유포하는 행위 ⑤ 괴롭힘을 목적으로 성행위 촬영물을 유포하겠다고 협박하는 행위 ⑥ SNS 등 온라인상에서 성적 모욕이나 성적 괴롭힘 행위 등이 있습니다.

3. 말씀해주신 행위들이 정말 피해자의 입장에서 정신적으로 얼마나 고통스럽고 힘들지 감히 짐작하기도 어렵네요.

그렇습니다. 디지털 성범죄는 직접적인·신체적인 폭력 이상으로 한 사람의 인격과 영혼을 파괴하는 매우 끔찍한 범죄이며, 반드시 뿌리 뽑아야 할 사회 문제라고 말씀드리고 싶습니다.

4. 디지털 성범죄가 최근에 큰 사회 문제로 대두되고 있는 만큼 현재의 실태, 상당히 심각할 거 같은데요.

정말 심각한데요. 디지털 기술이 발전하면서 온라인 공간을 매개로 해서 디지털 콘텐츠를 이용하는 디지털 성범죄는 그 피해·가해 규모가 점차 확장되고 있습니다. 또한 사진이나 영상의 가공·합성 프로그램 보급이 확산하고 그 영상물의 유포·재유포 등이 용이한 온라인 환경이 조성되면서 카메라 등 이용촬영, 영상물 합성 및 유포 등의 성범죄가 급격히 증가하고 있습니다.

5. 우리나라가 세계적으로도 인터넷 이용이 쉽고 스마트폰 보급률이 높은 나라에 속하잖아요.

우리나라는 만 6세 이상 국민의 스마트폰 보유율이 약 90%에 달합니다. 그리고 스마트폰 전부 카메라 기능이 있고, 어디서나 인터넷을 이용할 수 있죠. 그러한 환경이 사진이나 영상물의 유포·재유포 등을 용이하도록 한 것입니다. 또 요즘 스마트폰뿐만 아니라 다양한 형태로 카메라 기능이 탑재된 디지털 기기들이 있잖아요?

디지털 성범죄를 일으킬 의도를 가진 사람이 이런 생활용품으로 위장한 다양한 형태의 디지털 기기들을 이용할 수 있게 되면서 범죄를 저지르기 쉽게 된 것도 범죄 증가의 한 이유가 되겠죠. 한편으로는, 청소년들의 경우 단순한 호기심에 접한 불법 촬영 동영상을 퍼나르는 경우도 발생할 수 있겠고요.

6. 기술발전으로 실생활이 편해지는 장점도 있지만, 이러한 부작용이 생기는 점도 분명히 생각해봐야 할 문제인 것 같습니다. 그렇다면, 강력한 처벌 또한 필요할 거 같은데요. 관련 처벌 규정은 어떤 것들이 있나요?

대표적인 디지털 성범죄로 불법 촬영 성범죄, 정식명칭으로는 "카메라등이용촬영죄"로 부르는데, 이에 대한 처벌규정에 대해서 말씀드릴게요. 해당 성범죄는 카메라 등 기타 디지털 기기를 이용해 성적 수치심을 유발할 수 있는, 사람의 신체를 의사에 반하여 촬영했을 때 성립하는 범죄인데요. 공공장소에서 벌어지는 불법 촬영 범죄는 카메라등이용촬영죄와는 별개로 '성적목적 공공장소 침입'의 혐의도 성립될 수 있습니다. 카메라등이용촬영죄는 성적 욕망이나 수치심을 유발할 수 있는 사람의 신체를 대상자의 의사에 반하여 카메라나 그 밖의 유사기능을 갖춘 기계장치를 이용하여 촬영한 경우나, 그렇게 촬영한 촬영물이나 그 복제물을 촬영자의 의사에 반하여 반포·임대·판매·제공 또는 공연히 전시·상영하는 경우에는 7년 이하의 징역 또는 5천만 원 이하의 벌금에 처합니다. 불법 촬영 영상을 제작, 유포한 자뿐 아니라 해당 불법 촬영물을 다운로드 받아 소장하거나 시청한 사람도 처벌 대상이 되는데요. 이 경우에는 3년 이하 징역이나 3천만 원 이하의 벌금에 처합니다. 또 단순 촬영에 머무르지 않고 영리를 목적으로 불법 촬영물을 반포, 판매 등을 했다면 벌금형 없이 3년 이상의 유기징역으로 더욱 가중처벌됩니다. 결코 가벼운 처벌이 아닙니다.

7. 디지털 성범죄 근절을 위해 어떤 대책을 펼치고 있나요?

우선 정부차원의 대책으로 지난 2020년 '디지털 성범죄 근절대책'을 발표하였는데요. "처벌은 무겁게, 보호는 철저하게"라는 원칙으로 아동·청소년 이용 성 착취물 범죄 처벌 상향, 양형기준 마련, 독립몰수제 도입, 온라인 그루밍 처벌 신설, 미성년자 의제강간 연령기준 상향, 잠입수사, 신고포상금제, 인터넷 사업자 징벌적 과징금제 도입 등의 내용을 담고 있습니다.

8. 대구자치경찰도 디지털 성범죄 예방을 위한 다양한 활동들 하고 있다고요.

물론 디지털 성범죄에 대한 직접적인 수사는 국가경찰의 업무이지만, 대구자치경찰도 디지털 성범죄를 근본적으로 예방할 수 있는 활동들을 다양하게 하고 있습니다. 몇 가지 소개 드리면, 학교 내에서 발생할 수 있는 불법 촬영 범죄를 근절하기 위한 학교 불법 촬영 자체 점검단 업무 지원 / 불법 촬영 예방을 위한 지하철 역사 내 '안심 거울' 설치 / 우리 지역 대학에 학생들, 관련 기관과 함께 불법 촬영 카메라 합동 점검 및 예방 홍보활동 등이 있습니다.

9. 디지털 성범죄의 근절을 위해 무엇보다 중요한 것은 우리 모두의 인식개선인 것 같은데요. 마무리 말씀 부탁드립니다.

불법 촬영물을 소비하는 것도 가해 행위에 가담하는 것임을 기억하세요. 불법 촬영물 소비하지 않기. 소비하는 주변 사람에게 피해자가 존재하는 영상임을 알리기, 유포된 불법 촬영물을 신속하게 신고하고, 지인이 피해자일 경우 연대하기 등 디지털 성범죄로부터 안전한 우리 사회 만들기, 주인공은 바로 우리들 자신입니다.

디지털 성범죄로부터 안전하기
경북일보 특별기고 (2022. 6. 21)

2년 전 우리 사회를 충격에 빠뜨렸던 성 착취 사건, 이른바 "N번방" 사건을 기억하시나요? N번방 사건은 2018년 하반기부터 2020년 3월까지 텔레그램, 카카오톡 등의 유명 메신저 앱을 활용해서 피해자들을 유인한 다음 협박해서 성 착취물을 찍게 하고, 이를 유포한 디지털 성범죄, 성 착취 사건이다. 이 사건의 피해자는 여중생 등 미성년자가 대거 포함되어 있어 심각하다. 2020년 12월 수사 종료 시점에서 확인된 피해자는 총 1,154명이다. 범죄 가담자 규모는 2020년 3월 경찰 발표 기준으로 영상 소지·배포자를 포함해 최소 6만 명 이상이다. 충격적인 사건이다.

최근에도 여자 화장실에서 불법 촬영한 남성 구속, 여자 친구를 불법 촬영하고 유포하겠다고 협박한 남성 구속, 만취 여성을 모텔로 끌고 가 불법 촬영한 대학생, 연예인 100여명 불법 합성 영상 유통 구속 등 실제로 많은 디지털 성범죄 사건들이 연일 언론에 보도되고 있다.

디지털 성범죄라는 용어는 일반 시민들에게는 당소 생소한 개념이다. 쉽게 말해서 디지털 성범죄는 "카메라나 그 밖의 이와 유사한 기능을 갖춘 기계장치를 이용하여 상대의 동의 없이 신체를 촬영하거나 불법 촬영물을 동의 없이 유포하거나 성적 욕망 또는 수치심을 유발하는 행위"이다.

대표적인 디지털 성범죄 유형은 사전 동의 없이 성행위 장면을 촬영 그리고 유포하는 행위, 최초 유포된 성행위 촬영물을 제삼자에게 재유포하는 행위, 얼굴 사진과 성적 사진을 합성하거나 조작하여 유포하는 행위, 괴롭힘을 목적으로 성행위 촬영물을 유포하겠다고 협박하는 행위, SNS 등 온라인상에서 일어나는 성적 모욕이나 성적 괴롭힘 행위 등이 있다. 이러한 디지털 성범죄는 직접적이고 신체적인 폭력 이상으로 한 사람의 인격과 영혼을 파괴하는 매우 끔찍한 범죄이다. 피해자 중에는 심각한 고통 속에서 극단적인 선택을 하는 사례도 있다. 특히, 최근 디지털 기술이 급속하게 발전하면서 디지털 성범죄는 그 피해, 가해 규모가 점차 확대되고 있다. 또한 사진이나 영상의 가공·합성 프로그램 보급이 확산하고 그 영상물의 유포, 재유포 등이 용이한 온라인 환경이 조성되면서 카메라 등 이용촬영, 영상물 합성 및 유포 등의 성범죄가 급격히 증가하고 있다. 특히, 우리나라는 만 6세 이상 국민의 스마트폰 보유율이 약 90%에 달한다. 그리고 스마트폰 전부 카메라 기능이 있고, 어디서나 인터넷을 이용할 수 있다. 그러한 환경이 사진이나 영상물의 유포·재유포 등을 용이하도록 한 것이다.

정부에서는 디지털 성범죄 대책으로 아동·청소년 이용 성 착취물 범죄 처벌 상향, 온라인 그루밍 처벌 신설, 미성년자 의제강간 연령기준 상향, 신고 포상금제, 인터넷 사업자 징벌적 과징금제 도입 등을 시행하고 있다. 아울러, 디지털 성범죄에 대한 직접적인 수사는 수사경찰의 업무이지만, 대구자치경찰도 디지털 성범죄를 예방할 수 있는 다양한 활동들을 하고 있다. 학교 내에서 발생할 수 있는 불법 촬영 범죄를 근절하기 위해서 학교 불법 촬영 자체 점검단 업무 지원, 불법 촬영 예방을 위한 지하철 역사 내 '안심거울' 설치, 지역 대학 학생들과 관련 기관과 함께 불법 촬영 카메라 합동 점검 및 예방 홍보활동 등이 그것이다. 아울러 대구시청, 경찰시청, 교육청, 소방본부 등이 함께 모여 결성된 대구시 자치경찰위원회 실무협의회에서도 촘촘한 안전망을 만들어 강력하게 시행하고 있다.

이것보다 더 중요한 것은 불법 촬영물을 소비하는 것도 가해 행위에 가담하는 것임을 아는 것이다. 불법 촬영물 소비하지 않기, 소비하는 주변 사람에게 피해자가 존재하는 영상임을 알리기, 유포된 불법 촬영물을 신속하게 신고하기, 지인이 피해자일 경우 연대하기 등 디지털 성범죄로부터 안전한 우리 사회 만들기가 중요하다.

청년 참여형 보이스피싱 예방 프로그램

보이스피싱은 정말로 심각한 사회 문제이다. 범죄 수법이 날로 교묘해지고 치밀해진다. 회사원이나 의사 등 전문가라고 할 수 있는 시민들도 피해를 보기도 한다. 특히 20대 청년 대학생들이 보이스피싱의 현금 수거책으로 아르바이트를 하다가 범죄에 가담하는 경우도 많다. 보이스피싱은 전형적인 사기 범죄로 대구경찰청 수사2계에서 전담하고 있다. 우리 대구시 자치경찰위원회는 보이스피싱을 범죄 예방 차원에서 접근하게 되었다.

이에 대구시 자치경찰위원회는 청년 참여형 금융사기 예방 프로그램을 운영하게 되었다. 대구시 자치경찰위는 최근 전화 금융사기가 고도화되면서 노인 등 취약계층 피해 예방을 위해 금융감독원, 대구경찰청 등 관련 기관 간 상호 협력 체계를 구축하고, 지역 대학생들로 구성된 청년 서포터즈를 운영해 보이스피싱 예방 홍보활동을 강화하였다.

자치경찰위원이 보이스피싱 막았다

대구시 자치경찰위원회 박동균 상임위원이 전화금융사기(보이스피싱)를 막았다.

지난 2022년 2월 11일, 대구 수성경찰서에 따르면 지난달 26일 오후 2시쯤 대구은행 지산점을 찾은 60대 남성 A 씨는 휴대폰으로 통화하며 다량의 현금을 인출했다. 이를 이상히 여긴 은행 직원들은 A 씨에게 사용처를 물었다. 하지만 A 씨는 직원들의 만류에도 계속 돈을 뺐고, 한동안 실랑이가 벌어졌다.

결국 은행 직원들의 112 신고로 경찰이 출동했다. A 씨는 경찰의 권유로 평소 알고 지내던 박동균 대구자치경찰위원회 상임위원과 통화했다. 그는 박 상임위원의 설명에 보이스피싱에 속은 것을 알고 인출을 중단했다. A 씨가 이날 출금한

돈은 4,000만 원이었다.

박 상임위원은 "보이스피싱범의 수법이 너무 교묘해 경찰이나 은행원들의 제지에도 A 씨는 속고 있다는 사실을 깨닫지 못했다"며 "이번 일이 피해 예방에 좋은 사례로 남기 바란다"라고 말했다.

한편, 박동균 상임위원은 2005년부터 대구한의대 경찰행정학과 교수로 재직하면서 한국자치경찰학회 부회장, 경찰청 성과평가위원으로 활동하고 있다(한국일보, 2022. 2. 11).

보이스피싱
경북일보 특별기고 (2019. 10. 28)

보이스피싱 범죄는 2006년 국내에서 처음 발생한 이래 지난해까지 전국 누적 피해액만 1조 5,000억에 달할 정도로 심각하다. 작년 한 해 동안 전국의 총피해액은 4,440억 원으로 집계되었고, 이는 전년(2,900억 원)보다 무려 82.7% 증가한 수치다. 매일 134명의 피해자가 12억 2,000만 원의 돈을 보이스피싱 범죄자들에게 보내고 있는 셈이다. 대구에서도 작년 929건의 범죄가 발생해 103억 원의 피해가 발생했다. 전년과 비교해 발생 건수는 1.39배, 피해액은 1.66배 증가한 것이다. 서민들의 피해가 심각하다.

보이스피싱 수법은 갈수록 교묘해지고 있다. 어설픈 연변 사투리로 자신을 '검사'라고 소개하던 보이스피싱 일당을 떠올린다면 오산이다. '전화 가로채기'는 기본이고, 이제 휴대전화를 원격조종해 없는 돈까지 대출받아 갈취한다. 피해자 계좌 또는 개인정보가 범죄에 이용됐다고 속여 금품을 요구하는 '기관 사칭형', 저금리 대출로 유혹하는 '대출 빙자형'이 많다. 특히 최근에는 '팀 뷰어' 등 원격제어 앱을 설치하도록 유도해 피해자가 직접 범인에게 송금하도록 하는 사례도 늘고 있다. 원격제어 앱은 개인 컴퓨터나 스마트폰을 다른 사람이 마음대로 조작할 수 있도록 해 제삼자가 모바일뱅킹, 메신저, 전화 및 연락처 등에 접근할 수 있도록 하는 프로그램이다.

또한, SNS가 활성화됨에 따라 온라인 메신저에 접속해 지인이라고 속여 돈을 빼앗은 '메신저피싱'도 급증세다. 피해 건수가 지난해 9,601건으로 전년(1,407건)보다 6배 이상으로 불어났다.

이러한 보이스피싱 범죄는 어리숙한 사람들이 피해를 입을 것이라는 편견이 있는데, 절대 아니다. 누구나 보이스피싱의 피해자가 될 수 있다. 대구지방경찰청이 보이스피싱 유형별 피해자 직업군을 분석한 결과, 검사나 금융감독원 등을 사칭하는 '기관 사칭형' 보이스피싱 피해자 156명(2018년 기준) 가운데 회사원이 41명(26.2%)으로 가장 많았고, 교사도 13명으로 전체의 8.3%를 차지했다. 의료인도 10명으로 6.4%였고, 공무원도 8명(5.1%)에 달했다. 과거에는 세상 물정을 잘 모르는 장년층이나 노인층을 대상으로 하는 경우가 많았지만 최근에는 20~30대 똑똑한 젊은층 피해자도 꽤 발생하고 있다. 이와 같이 심각한 사회 문제로 대두된 보이스피싱 범죄 피해를 예방하려면 '설마 내가 당할까' 하는 방심은 금물이다. '의심하고, 전화 끊고, 확인해라' 보이스피싱 피해 예방의 3대 원칙이다.

먼저 자금이체나 계좌 비밀번호를 요구하는 전화는 무조건 의심해야 한다. 보이스피싱 사범이 자금이체를 요구하며 하는 거짓말은 다양하다. 정부기관을 사칭해 본인 계좌가 범죄에 연루됐다며 안전한 곳으로 돈을 보내야 한다고 말하는 게 대표적이다. 현재 갖고 있는 대출을 저금리 대출로 전환해 줄 테니 예치금을 먼저 보내 달라고 하는 것도 마찬가지다. 회사에 채용이 됐다며 은행계좌 비밀번호나 공인인증서를 요구하는 것도 새로운 보이스피싱의 수법이다. 급여계좌 등록은 실제 취업 이후 출근 시에 이뤄지는 절차다. 이때도 본인 명의의 계좌번호만 필요하지 비밀번호까지 회사가 물어보진 않는다. 또한, 출처 불명의 문자 메시지나 유선으로 특정 앱을 설치하라고 제안할 경우도 의심의 끈을 놓쳐서는 안 된다. 특히 금융당국 직원이라며 앱을 설치하라고 하는 경우는 보이스피싱일 확률이 100%다. 앱을 통한 피싱은 스마트폰 자체가 범죄자에게 넘어가는 것과 마찬가지이기 때문에 더욱 위험하다. 하지만 당황해서 잘 모르고 범죄자들에게 돈을 송금한 경우에도 방법이 아예 없는 것은 아니다. 은행에서는 현재 '지연인출' 제두가 시행 중이다. 100만 원 이상 입금한 경우 최소 30분간 인출이 제한된다. 이 시간에 112로 신속히 신고하여 절차를 밟으면 범죄자의 인출을 막을 수 있다. 충분한 주의가 필요하다.

보이스피싱, 심각하다
대구교통방송 오늘도 안전제일 2019년 7월 3일 인터뷰

1. 오늘은 어떤 내용 준비하셨나요?

지난해 보이스피싱 피해 금액은 4천4백억 원으로 역대 최대였다. 그런데 올해는 벌써 2천억 원에 육박할 정도로 피해 규모가 급증하고 있다. 국내에선 한 해 5만 명 정도 그러니까 매일 130명이 보이스피싱 피해를 보고 있는데 오늘은 선량한 시민들이 피해를 당하는 보이스피싱에 대해서 알아보고자 한다.

2. 일선 경찰에서도 '잡아도 잡아도 끝이 없고, 윗선을 파고들수록 미궁에 빠지는 게 보이스피싱 조직'이라고 말하고 있는데, 그만큼 날이 갈수록 심각하다는 거 겠죠. 보이스피싱의 피해 규모가 어느 정도 되나요?

대구경찰청에 따르면 국내 보이스피싱 범죄는 2006년 국내에서 처음 발생한 이래 지난해까지 전국 누적 피해액만 1조 5천억에 달할 정도로 기승을 부리고 있다. 지난해 한 해 동안 전국의 총 피해액은 4천440억 원으로 집계됐다. 이는 전년(2천 9억 원)보다 무려 82.7% 증가한 수치다. 매일 134명의 피해자가 12억 2천만 원의 돈을 보이스 피싱 범들에게 보내고 있는 셈이다. 대구에서도 지난해 929건의 범죄가 발생해 103억 원의 피해가 발생했다. 전년과 비교해 발생 건수는 1.39배, 피해액은 1.66배 증가했다.

3. 보이스피싱 수법도 교묘하고, 점점 다양해지고 있다는 게 또 문제죠. 유형을 소개해 주세요.

보이스피싱 수법은 갈수록 교묘해지고 있다. 연변 지역 사투리로 자신을 '검사'라고 소개하던 보이스피싱 일당을 떠올린다면 오산이다. '전화 가로채기'는 기본이고, 이제 휴대전화를 원격조종해 없는 돈까지 대출받아 갈취한다. 과거에는 가족을 납치했다며 돈을 요구하는 '납치 빙자형'이 많았지만 최근에는 피해자 계좌 또는 개인정보가 범죄에 이용됐다고 속여 금품을 요구하는 '기관 사칭형', 저금리 대출로 유혹하는 '대출 빙자

형'이 많다. 특히 최근에는 기관 사칭형이나 대출 빙자형 사기에 '팀 뷰어' 등 원격제어 앱을 설치하도록 유도해 피해자가 직접 범인에게 송금하도록 하는 사례가 늘고 있다. 원격제어 앱은 개인 컴퓨터나 스마트폰을 다른 사람이 마음대로 조작할 수 있도록 해 제삼자가 모바일뱅킹, 메신저, 전화 및 연락처 등에 접근할 수 있도록 하는 프로그램이다.

4. 실제 시민들이 참고할 만한 피해 사례를 소개해 주시죠.

올해 들어 제주에서 발생한 사건인데, 금융감독원 직원을 사칭해 휴대전화 원격 조종이 가능한 특정 프로그램(앱)을 설치하도록 유도한 뒤 대출금 및 예금 등 총 1억 9900만 원을 편취한 사례가 발생했다. '416달러 해외 결제'라는 허위 결제승인 문자 메시지가 범죄의 시작이었다. "이런 결제를 한 적이 없다"라고 발신번호로 전화를 걸자 카드사 상담원을 사칭한 상대방은 "그러면 경찰에 신고 접수를 해 주겠다"라고 답했다. 그 다음에는 경찰서라며 "개인정보가 유출됐으니 금감원 직원이 연락할 것"이라는 안내가 이어졌고, 곧장 전화를 걸어온 금감원 직원은 "계좌가 자금세탁에 이용되고 있으니 조치가 필요하다"며 "앱 하나를 다운로드하라"라고 했다. '불법', '자금세탁'이라는 단어에 놀란 피해자는 의심 없이 '퀵 서포트'라는 프로그램을 설치했고 사기범은 휴대전화를 원격조종해 현금서비스, 대출을 빈아 손쉽게 돈을 빼돌렸다.

또 다른 사례로 최근 '정부 지원 서민대출 ○○론 5~7%. 최대 3천만 원 대환대출, 누구나 상담 가능'이라는 문자 메시지를 받은 A 씨(40세). 당시 생활고로 수천만 원의 대출금에 허덕이던 그는 저금리로 갈아타기 위해 해당 전화번호를 눌렀다. 한동안 A 씨 재산과 타 금융 채무 등에 대해 질문하던 상담원은 "대출을 위해서는 몇 가지 서류가 필요한데 은행 앱을 다운받으면 이자 할인 혜택도 받을 수 있다"라고 안내했다. 이자 한 푼이라도 아껴야 했던 A 씨는 요구대로 앱을 설치하고 알려준 팩스번호로 서류까지 보냈다. 하지만 다운받은 애플리케이션(앱)이 문제였다. 이들이 요구한 앱에는 악성코드가 심겨 있어 A 씨의 휴대전화가 보이스 피싱범들의 통제 속에 들어간 것. 이후 보이스 피싱범은 "대환대출이다 보니 일부를 변제해야 추가 저금리 대출 전환이 가능하다"며 1천 600만 원을 지정한 업체 계좌로 송금할 것을 요구했고, 알려준 대포통장으로 돈을 입금하자 더 이상 연락이 닿지 않았다.

5. 요즘은 보이스피싱을 넘어서 메신저피싱이라는 말도 있죠.

SNS가 활성화됨에 따라 온라인 메신저에 접속해 지인이라고 속여 돈을 빼앗은 '메신저피싱'도 급증세다. 피해 건수가 지난해 9,601건으로 전년(1,407건)보다 6배 이상으로 불어났다. 다행히 피해로까지 이어지지는 않은 사건인데, 보이스피싱 조직이 장인어른에게 사위를 사칭한 카카오톡을 보내 하마터면 피해를 볼 뻔했다. "장인 어르신, 저 폰이 고장나서 카톡 새로 만들었습니다. 이거 추가해 주세요." 보이스피싱 조직원이 사위를 사칭하며 말을 붙여오자 장인은 의심하지 않고 아침 인사를 나눴다. 상대는 대화를 이어가던 중 "아버님, 저 지금 급하게 이체해 줘야 할 대금이 있는데, 인증서가 오류라서 대신 이체해 주실 수 있을까요?"라고 물었다. "일어나시자마자 이런 말씀 죄송하다"라는 정중한 사과도 잊지 않았다. 뭔가 이상한 느낌이 든 장인이 기지를 발휘해 "샤워 좀 하고 나서 곧 연락할게"라고 답하고, 사위 윤 씨에게 확인 전화를 걸어 위기에서 벗어날 수 있었다.

6. 보이스피싱이라는 게, 나이가 많은 어르신이나, 아직 사회적 경험이 적은 젊은 사람들만 당할 것처럼 보이지만, 보이스피싱 피해자를 살펴보면 의외로 전문직 종사자도 많다죠?

보통 보이스피싱 범죄는 어리숙한 사람들이 피해를 입을 것이라는 편견이 있다. 아니다. 누구나 피해를 볼 수 있다. 특히 전문직 종사자들의 피해도 눈에 띄게 많은 것으로 나타났다.

대구경찰청이 보이스피싱 유형별 피해자 직업군을 분석한 결과, 검사나 금융감독원 등을 사칭하는 '기관 사칭형' 보이스피싱 피해자 156명(2018년 기준) 가운데 회사원이 41명(26.2%)으로 가장 많았지만, 교사도 13명으로 전체의 8.3%를 차지했다. 의료인도 10명으로 6.4%였고, 공무원도 8명(5.1%)에 달했다. '대출빙자형' 보이스피싱 피해자 773명 중에는 자영업자가 전체의 31.8%인 246명이나 됐다. 보이스피싱 범죄는 남녀노소를 가리지 않는다. 과거에는 세상 물정을 잘 모르는 장년층이나 노인층을 대상으로 하는 경우가 많았지만 최근에는 의외로 20~30대 젊은층 피해자도 꽤 발생하고 있다.

7. 보이스피싱, 어떻게 하면 예방할 수 있을까요?

보이스피싱 피해를 예방하려면 '설마 내가 당할까'하는 방심은 금물이다. '의심하고, 전화 끊고, 확인해라.' 보이스피싱 피해 예방 3대 원칙이다. 최근에는 여기에 '설치하지 마라'가 추가됐다. 스마트폰 애플리케이션(앱)을 통한 피싱 수법도 있기 때문에 의심스러운 앱은 설치하지 않는 게 최선이다. 먼저 자금이체나 계좌 비밀번호를 요구하는 전화는 무조건 의심해야 한다. 보이스피싱 사범이 자금이체를 요구하며 갖다 대는 거짓말은 다양하다. 정부기관을 사칭해 본인 계좌가 범죄에 연루됐다며 안전한 곳으로 돈을 보내야 한다고 말하는 게 대표적이다. 현재 갖고 있는 대출을 저금리 대출로 전환해 줄 테니 예치금을 먼저 보내 달라고 하는 것도 마찬가지다. 애초에 대출을 권하는 전화나 문자는 의심부터 해야 한다. 회사에 채용이 됐다며 은행계좌 비밀번호나 공인인증서를 요구하는 것도 보이스피싱 수법이다. 급여계좌 등록은 실제 취업 이후 출근 시에 이뤄지는 절차다. 이때도 본인 명의의 계좌번호만 필요하지 비밀번호까지 회사가 물어보진 않는다.

8. 그런 건 또 침착하게 대응이 되지만, 가족 중에 누가 사고를 당했다거나 납치가 됐다거나 하는 말로 돈을 요구할 때는 냉정해지기가 힘들잖아요.

그렇다. 이때는 '확인' 원칙을 기억하고 지키면 된다. 보이스피싱범의 요구대로 바로 돈을 입금하지 말고, 가족의 안전 여부를 알 만한 사람에게 최대한 연락을 돌려야 한다. 보이스피싱범이 언급한 가족이 당장 연락이 닿지 않더라도 침착하게 시간을 갖고 대처하는 게 중요하다. 보이스피싱범이 메신저를 사용해 가족이나 친한 친구인 척 접근하기도 한다. 그러면서 갑자기 돈을 빌려 달라고 한다. 이때는 반드시 전화를 걸어 본인이 맞는지 육성으로 확인해야 한다. "전화로 하자"라고 하면 보통 보이스피싱범들은 "지금은 전화하기 곤란하다"며 회피한다. 저금리 대출상품을 권유받을 때도 확인을 해야 한다. 보이스피싱범이 말한 금융회사 이름이 실제로 존재하는지 찾아보고, 대표번호로 전화해 해당 상품이 정말 있는지도 물어봐야 한다. 제도권 금융회사인지, 정식 등록된 대출모집인인지는 각각 금융감독원 홈페이지와 대출모집인 포털사이트에서 확인할 수 있다. 출처 불명의 문자 메시지나 유선으로 특정 앱을 설치하라고 제안하는 경우도 의심의 끈을 놓쳐서는 안 된다. 특히 금융당국 직원이라며 앱을 설치하라고 하는 경우는 보이스피싱일 확률이 100%다. 앱을 통한 피싱은 스마트폰 자체가 범죄자에게 넘어가는 것과 마찬가지이기 때문에 더욱 위험하다. 보이스피싱범은 앱을 통해 멋대로 대출을 받아 돈을 가로채거나 심지어 금융기관 대표번호로 가는 전화를 가로채 직원을 사칭하기도 한다.

보이스 피싱, 대구시는 안전한가?
경북일보 특별기고 (2022. 7. 25)

보이스피싱 피해가 심각하다. 피싱은 개인정보(Private Data)와 낚시(Fishing)를 합성한 신조어로 가짜 금융기관 웹사이트, 위장 메일 등으로 상대방을 속여 불법적으로 알아낸 인증번호, 신용카드 및 계좌 정보 등 개인정보로 재산상의 피해를 입히는 범죄를 말한다. 피싱 수법에는 다양한 종류가 있는데, 우리가 흔히 아는 보이스피싱은 스마트폰 등 음성(Voice) 전화를 이용한 사기 범죄를 말한다.

보이스피싱은 피해자에게 막대한 손해를 입히고, 심지어는 소중한 생명을 포기하는 안타까운 일까지 벌어지기도 한다. 최근에는 코로나19와 고금리, 고물가 등의 어려운 경제상황 속에서 서민들에게는 회복할 수 없는 고통을 주는 악질적인 범죄이다.

대구지역 보이스피싱은 올해 상반기에 356건이 발생해서 월 59건이 발생한 셈이다. 전년도에 비해서는 43% 감소하였고, 피해액도 52% 감소하였다. 피해유형은 대면편취가 72%로 가장 많았고, 상품권 요구, 계좌이체 순이었다. 피해자 성별은 남성이 68%, 여성이 32%로 남성이 조금 더 많았고, 연령대는 50대, 20대, 40대 순이었다.

대면편취형으로는 서울중앙지검 검사를 사칭하여 '본인 계좌가 범죄에 연루되어 금감원 직원에게 자금 조사를 받아야한다'고 속여 피해자에게 대출을 받게 한 후 대구 시내 일대에서 2회에 걸쳐 1억 1,700만 원 상당을 대면편취한 사건이 대표적이다.

계좌이체형은 쇼핑몰 상담원(범인)을 사칭해서 공기청정기 결제 문자를 보고 전화한 피해자에게 '사기 피해를 입었다며 경찰에 대신 접수' 안내, 경찰사칭 공범이 피해자에게 전화를 하여 '도박 사건 해외 자금 유출 정황으로 금융조사 위한 원격제어 앱 설치' 요구 후 OTP 번호 말하게 하여 7,000만 원 이체 및 편취한 사건이다.

상품권 요구형은 수원지검 검찰을 사칭해서 '명의가 도용되어 대포통장이 만들어졌다. 범행 관련성이 없다는 것을 증명하기 위해 카카오톡 앱 선물하기 기능으로 상품권을 결제해서 보내라'고 유도하여 115만 원 상당의 구글 기프트 카드 및 해피머니 상품권을 편취한 사건이다.

더욱 심각한 것은 보이스피싱의 수법이 날로 진화되고 있다는 것이다. 최근에는 발신자에 엄마, 딸 등 저장된 이름이 뜨는 신종수법이 나타나 피해가 증가하고 있다. 전화를 받으면 납치 등 위급한 상황을 가장해 입금을 요구하는 협박 수법이 이어진다. 발신번호의 뒷부분 8자리만 같으면 전화번호부에 저장된 같은 번호의 이름으로 뜬다는 점과 전화가 왔을 때, 알고 있는 이름이 뜨면 의심하지 않는다는 심리를 악용한 것이다. 또 다른 수법으로는 손실보전금 등 정부 지원금을 미끼로 한 피싱 수법이 있다. 정부 지원이 필요한 소상공인들의 절박한 심리를 이용한 것이다. 실제로 정부에서 보낸 듯한 문구를 넣어 사람들을 속인다. 이런 문자는 링크 접속이나 상담원 연결 등을 직, 간접적으로 유도한다. 사기 문자에 포함된 링크를 클릭하면 악성 앱이 설치되면서 스마트폰에 저장된 금융정보가 유출된다. 전화를 걸면 주민등록번호나 계좌번호를 요구하기도 한다. 또한 최근에는 보이스피싱에서 메신저피싱으로 전환되고 있다. 메신저피싱은 SMS 기반의 문자 금융사기를 뜻한다. 다른 말로 스미싱(Smishing)이라고도 하는데, 범죄자가 문자로 보낸 링크를 클릭하면, 개인정보를 입력하도록 유도하는 가짜 웹사이트로 연결되는 사기 수법이다.

보이스피싱 신종 수법에 대한 적극적인 예방홍보가 필요한 시점이다. 대구경찰청 수사과에서 보이스피싱 총괄 업무를 하고 있다. 국내 최고의 역량과 성과를 내고 있다. 대구시 자치경찰위원회도 범죄 예방 수준에서 지원하고 있다. 금융감독원, 대학, 시민단체 등과 협업하여 보이스피싱 예방사업을 하고 있다. 보이스피싱 근절 청년추진단을 결성해서 교육 시키고, 시민들에게 보이스피싱 예방홍보를 온라인과 오프라인을 병행해서 하고 있다. 대구시민을 악질 범죄로부터 안전하게 지키기 위한 노력이다.

전자금융사기 예방 청년추진단

대구시 자치경찰위원회와 금융감독원은 2022년 8월 30일(화) 전자금융사기 예방활동 성과를 발표하고, 청년추진단의 우수활동자에 대한 노고를 격려하는 행사를 가졌다.

이 행사는 전자금융사기로부터 대구시민들을 보호하고 안전한 금융환경을 조성하기 위한 청년추진단의 그간 성과를 공유하고 발전 방향을 모색하기 위해 마련됐다.

지난 4월 '청년 참여형 전자금융사기 예방 프로그램' 사업 관련 대구자치경찰위원회, 금융감독원 대구경북지원, 대구지역문제해결플랫폼 등 지역 소재 대학들과 보이스피싱 범죄로 인한 국민 피해의 심각성에 대해 인식을 같이하고 적극 협력하기로 업무협약 체결식을 가졌으며, 계명대학교 경찰행정학과, 경북대학교 정치외교학과 학생들을 포함한 지역 대학의 청년 31명을 전자금융사기 근절을 위한 청년추진단으로 선정한 바 있다.

이들 학생들은 시종일관 열정적으로 프로그램에 참여하였고, 다양한 아이디어와 소통, 봉사정신으로 성과를 나타냈다.

이날 행사에 참석해서 필자는 표창장을 수여하고, 축사에서 "전자금융사기는 최근 고금리·고물가 등의 경제상황으로 가뜩이나 힘든 서민들에게 회복할 수 없는 고통을 주는 악질적인 범죄다", "전자금융사기로부터 대구시민들을 보호하고 안전한 금융환경을 조성하기 위한 새로운 시도인 청년 참여형 예방프로그램을 더욱 발전적인 방향으로 추진하겠다"라고 말했다.

한편 이들은 7월부터 두 달 동안 시민들에게 보이스피싱 예방홍보를 온·오프라인 병행해 진행했고, 특히 축제 현장, 노인복지관 등 시민들의 운집한 장소를 찾아 보이스피싱 범죄의 최근 수법과 대처법을 청년의 눈높이에서 전달해 생생한 전화금융사기 예방 홍보로 시민들의 호응을 받았다.

2022년 07월 21일 목요일 006면 사회

31명의 '청년추진단' 보이스피싱 예방 홍보 팔 걷어

대구시 자치경찰위, 전자금융사기 예방프로그램 운영
자체 제작 콘텐츠 연령대별 맞춤 홍보 시민 호응도

대구시 자치경찰위원회가 금융감독원 대구경북지원, 경북대학교, 계명대학교, 대구지역문제해결플랫폼과 함께 '청년참여형 전자금융사기 예방 프로그램' 운영을 통해 전자금융사기 예방에 힘을 모으고 있다.

자치경찰위는 지난 4월7일 전자금융사기 예방 프로그램' 사업 업무 함약을 통해 지역대학의 청년 31명을 전자금융사기근절 '청년추진단'으로 선정했다.

이후 지난 4월부터 두 달간 금융감독원과 대구경찰청에서 금융사기 실태 및 예방 관련 실무교육을 진행했다.

교육은 △대학생이 알아야 할 금융 지식 △금융사기 유형 및 예방법 △각종 금융사기 피해 시 대처요령 △홍보 콘텐츠 기획과 제작법 △보이스피싱 피해사례 △은행 등 현장실습으로 진행됐다.

청년추진단은 교육내용을 기반으로 온오프라인으로 시민들에게 보이스피싱 예방홍보를 진행하고 있다.

특히 청년추진단은 축제 현장, 노인복지관 등에서 연령대별 눈높이에 맞춰 생성한 전화금융사기 예방 홍보를 진행해 시민들로부터 호응을 받고 있다.

자체 제작한 콘텐츠를 바탕으로 실제 지역에서 발생한 피해와 보이스피싱 사례를 안내하는 등 최근 트렌드에 부합하는 활동을 펼치고 있는 것이다.

청년추진단으로 활동 중인 김미선(21·계명대)씨는 "주변의 친구중에 메신저피싱을 당할 뻔한 일이 있었다. 이를 계기로 보이스피싱 범죄가 나뿐만 아니라 가족, 친구같은 평범한 사람도 당할 수 있는 일임을 알게 됐다"며 "청년추진단 활동으로 시민들이 한 건이라도 피해를 예방할 수 있으면 의미가 깊은 사회참여 활동이 될 것 같다는 생각에 참가하게 됐다"고 말했다.

청년추진단은 갈수록 고도화되고 다양화되어가는 전자금융사기에 대한 시민들의 피해를 예방하기 위해 청년을 중심으로 지역사회가 협력한 모범사례로 피서지 현장 홍보, 온라인 캠페인 등 다양한 예방 활동을 진행할 예정이다.

대구 자치경찰위원회 박동균 상임위원(사무국장)은 "대구경찰청 수사과에서 보이스피싱 업무를 맡고 국내 최고의 역량과 성과를 내고 있으며 대구자치경찰위원회 범죄예방 수준에서 지원하고 있다"며 "보이스피싱 근절 청년추진단의 온오프라인을 병행한 보이스피싱 예방 활동은 시민들을 악성범죄로부터 지키기 위한 노력의 일환"이라고 말했다. 신헌호 기자

대구시 자치경찰위원회가 운영하는 전자금융사기근절 청년추진단에서 활동하는 청년이 시민을 상대로 예방 홍보 활동을 진행하고 있다.

도로 위의 무법자, 보복 운전과 난폭 운전
대구교통방송 2019년 9월 11일 인터뷰

1. 오늘은 어떤 내용으로 시작해 볼까요?

내일부터 추석연휴입니다. 고향가는 길, 성묘가는 길, 친지 어른들에게 인사가는 길에 장시간 운전하는 분들도 많을 텐데요. 운전자들이 운전하면서 하지 말아야 할 것에는 음주 운전 뿐만 아니라 난폭 운전이나 보복 운전도 절대 해서는 안 될 것입니다. 오늘은 난폭 운전과 보복 운전에 대해 이야기해 보고자 합니다.

2. 먼저 난폭 운전, 보복 운전이 무엇인지 설명해주시죠.

난폭 운전은 불특정 다수인을 상대로 ① 신호위반 ② 중앙선침범 ③ 과속 ④ 횡단·유턴·후진 금지위반 ⑤ 진로변경 금지위반 ⑥ 급제동 ⑦ 앞지르기 위반 ⑧ 안전거리 미확보 ⑨ 정당한 사유 없는 소음 발생 등 9가지 중에서 둘 이상의 행위를 연달아 하거나 하나의 행위를 지속·반복하여 위협 또는 위해를 가하거나 교통상 위험을 야기하는 운전을 말합니다. 보복 운전은 특정인을 상대로 차량 앞을 막아 세우고 욕설 등 위협, 급감속·급제동, 급차로 변경을 하며, 다른 차량을 갓길로 밀어 붙이는 협박 행위 등 형법상 상해, 협박, 폭행, 손괴 등의 구성요건에 해당하는 경우입니다.

3. 저와 같은 여성 운전자들에게 보복 운전은 정말 무서운 존재인데요. 그 현황을 소개해 주시죠.

얼마 전 사례를 소개합니다. 제주도 제주시 조천읍의 편도 2차선 도로입니다. 차량들이 혼잡한데 한 승합차 운전자가 차와 차 사이로 갑자기 끼어드는 이른바 '칼치기'를 합니다. 이에 뒷차 운전자는 차선을 바꿔 난폭 운전을 한 차량 운전자에 잠시 항의를 합니다. 그러자 신호대기에 걸려 잠시 멈춰선 사이 승합차에서 빨간 모자를 쓴 건장한 남성이 내려 열린 창문으로 옆차 운전자를 있는 힘을 다해 여러 차례 마구 폭행합니다. 휴대폰을 빼앗아선 땅에 패대기칩니다. 이 모든 광경을 조수석에 타고 있던 피해 운전자 아내와 뒷좌석에 타고 있던 8살, 5살 자녀들이 고스란히 모두 봤습니다. 누리꾼들의 공분을 자아낸 '제주 카니발 폭행 사건'입니다.

난폭·보복 운전 건수가 올해 들어 크게 늘어 경찰이 집중 단속에 나섭니다. 경찰청은 국민의 생명과 안전에 중대한 위험을 일으킬 수 있는 난폭·보복·음주 운전 등 고위험 운전에 대해 집중 단속을 할 것이라고 밝혔습니다. 경찰청에 따르면 올해 1월부터 7월까지 난폭 운전 사건 처리 수는 5,255건, 보복 운전은 3,047건으로 집계됐습니다. 이는 지난해 같은 기간에 비해 각각 51.0%, 16.2% 증가한 수치입니다. 최근 2년간 보복 운전 범죄가 9,000여 건에 달하는 것으로 나타났습니다. 경찰청 자료에 따르면, 2017년부터 지난해까지 전국에서 보복 운전이 8,835건 발생했습니다. 경찰은 2017년부터 특정인을 자동차로 위협하거나 진로 방해, 고의 급제동, 폭행, 협박 등을 한 경우를 실무상 보복 범죄로 분류해 통계로 관리해오고 있습니다. 보복 운전 범죄는 2017년과 2018년 각각 4,432건, 4,403건 발생했습니다. 전체 범죄 건수는 소폭 줄었지만 지역별로는 16개 관할지역 중 대구, 대전, 경기 북부 등 9개 지역에서는 범죄 건수가 증가한 것으로 나타났습니다. 지난해 광주에서는 121건, 전남은 129건이 신고됐습니다.

위반 유형별로는 진로방해나 고의 급제동, 폭행 등 다양한 유형이 종합된 '기타' 유형이 4,651건(52.6%)으로 가장 많았습니다. 경찰 관계자는 '기타' 유형에는 여러 행위가 중복돼 일어나는 것 뿐만 아니라 경적을 울리거나 침을 뱉는 행위 등 다양한 보복행위가 포함돼있다고 설명했습니다. 그 뒤를 이어 가장 많은 유형을 차지하는 행위는 '고의 급제동' 2,039건(23.1%), '서행 등 진로방해' 1,095건(12.4%) 등입니다. 운전자의 신체나 차량에 직접적인 위협을 가하는 폭행이나 협박, 재물 손괴, 교통사고 유발도 1,050건에 달했습니다. 반면 보복 운전 범죄로 기소된 건수는 4,325건(49%)으로 최종적으로 무혐의 처분을 받은 4,510건(51%)보다 근소하게 적은 것으로 나타났습니다. 기소된 사건(4,325건) 중 15건을 제외한 대부분의 사건(4,310건)은 불구속 상태였습니다. 혐의없음 처분을 받은 사건(4,510건) 중 경찰 내사 단계에서 경미하거나 합의 등의 이유로 종료된 사건은 2,752건으로 61%를 보였습니다.

4. 보복 운전, 대구시는 어떤가요?

심각합니다. 최근 2년간 수도권을 빼면 대구에서 보복 운전이 가장 많이 발생했고,

대전과 울산보다 2배 이상 많았습니다. 지난해 대구에서 발생한 보복 운전 범죄 건수는 390여 건으로 광역시 가운데 가장 많았습니다. 1년 만에 20% 이상 는 겁니다. 특히 최근 2년간 대구는 714건으로 부산 601건보다 100건 이상 많았고, 대전과 울산보다는 2배 이상 많았습니다. 지난해 대구에서 발생한 보복 운전 범죄는 일부러 급브레이크를 밟거나 서행 운전을 해 진로를 방해하는 경우가 대부분. 폭행이나 협박, 또 실제 교통사고를 일으킨 경우도 있었는데, 이 가운데 72건은 재판에 넘겨졌습니다.

5. 보복, 난폭 운전을 신고하는 방법을 알려 주시죠.

경찰은 차선 변경 시 깜빡이를 켜지 않는 행위도 집중 단속할 것이라고 설명했습니다. 경찰 관계자는 "'깜빡이 미점등'은 보복 운전의 주요 원인"이라며 "최근 3년간 국민이 직접 제보한 공익신고 중에 가장 큰 비중을 차지하고 있다"라고 밝혔습니다. 이번 단속 기간 중 대형 사고 위험이 큰 고속도로와 자동차전용도로에는 암행 순찰차와 드론도 동원될 예정입니다. 고속도로 순찰대·지방경찰청·경찰서가 합동 단속을 실시하는 한편, 단속 장소를 30분 간격으로 수시로 이동하는 불시 음주 단속도 병행한다는 계획인데요.

경찰청은 "스마트폰 '스마트 국민제보' 어플리게이션에는 난폭, 보복 운전 신고 전용 창구도 마련했다"라며 "국민신문고를 통해서도 휴대전화나 블랙박스로 촬영한 동영상을 손쉽게 신고할 수 있는 만큼 적극적인 신고와 제보를 낭부하나"라고 밝혔습니다. 징리해서 말씀드리면, 난폭/보복 운전을 신고하는 방법은 112·스마트 국민제보·국민신문고·방문신고(가까운 지구대나 경찰서 교통범죄수사팀) 등 다양한 방법으로 신고 가능하며, 당시 차량 블랙박스 영상이나 스마트폰 영상 등을 제출하시면 됩니다.

6. 보복 운전을 줄이는 방법에는 어떤 것들이 있을까요?

우리나라 자동차 등록 수가 2,300만을 넘어섰습니다. 자동차는 현대 사회에 없어서는 안 될 교통수단인 필수품입니다. 한시라도 없어서는 안 될 자동차를 운전함에 있어 운전자 상호 간에 쾌적한 자동차 생활을 위해 갖추어야 할 '운전 예절'은 운전자의 기본 소양입니다. 우리의 빨리빨리 문화에 기인한 진로변경·끼어들기, 경적·상향등 사용, 급차선 변경, 급정지, 과속·난폭 운전과 그로 인해 운전자 간의 보복 운전이 일어나고 있어 사회 불안감이 증폭되고 있습니다. 운전자의 40.6%는 보복 운전을 당한 경험이 있고 14.3%는 보복 운전을 한 경험이 있다고 합니다. 방향지시등, 이른바 깜빡이를 켜지 않고 끼어든 차 때문에 운전자가 사고 위협을 느낄 때 보복 운전이 주로 발생하는 만큼, 전문가들은 방향지시등을 사용하지 않는 운전 습관이 보복 운전 발생률에 크게 영향을 준 것으로 보고 있습니다. 실제로 보복 운전의 70~80% 정도가 방향지시등 없이 끼어든 차 때문에 발생한 경우입니다. 그래서 방향지시등을 잘 켜는 것만으로도 보복 운전을 줄일 수 있을 것 같고요. 또, 가급적 경적 사용을 자제해야 합니다. 자동차 경적은 꼭 필요한 때만 사용해야 합니다. 자동차 경적은 앞차가 출발하지 않을 때 사용하는 것이 아니라 고속도로에서 졸음운전으로 의심되는 자동차를 발견했을 때처럼 경적이 꼭 필요한 경우에만 사용하는 것이 맞습니다. 자동차 경적은 다른 운전자나 보행자에게 위험한 상황을 일깨우는 역할을 합니다. 아울러 말씀드리고 싶은 것이 운전할 때 조금 여유있게 출발하는 자세가 중요합니다.

앞서 말씀 드린 바와 같이, 보복 운전에 대한 사회적 경각심이 높아지고 있음에도 불구하고 보복 운전이 근절되지 않는 것은 보복 운전의 해악에 대한 홍보가 부족하고 이에 대한 처벌이 미약하기 때문입니다. 보복 운전 범죄 기소비율이 49%로 무혐의 비율 51%보다 낮다는 것은 우리 사회가 여전히 보복 운전에 적극적으로 대응하지 못하고 있다는 반증이기도 합니다.

7. 보복 운전은 엄격하게 처벌해야 할 것 같아요.

아까 말씀드린 제주도 보복 운전에서처럼 자신의 난폭 운전에 항의하는 상대 운전자에게 무차별 폭력을 행사한 사건은 사회적 충격을 주기에 충분합니다. 음주 운전, 난폭 운전, 보복 운전 등 3대 무법 행위는 심각한 교통사고를 유발하고 다른 운전자들의 안전과 생명을 위협하는 도로 위의 살인행위나 다름없습니다. 다른 사람에게 고의로 피해를 입힌다는 점에서 명백한 중범죄이지만 근절되지 않은 채 여전히 심각한 사회적 문제로 남아 있습니다. 보복 운전은 운전 문화를 위협하는 심각한 범죄인 만큼 중대 범죄로 처리해야 합니다. 보복 운전 근절을 위한 법적 제도적 개선방안 마련이 시급합니다. 상대방이 먼저 난폭 운전을 한 경우라 해도 보복 운전은 명백한 범죄입니다. 도로 위 모두를 위협하는 보복 운전에 대해 엄한 처벌을 요구하는 목소리가 높아지고 있습니다.

법무부는 최근 보복·난폭 운전과 도로 위 폭력행위에 대해 최고형 구형 등 엄정 대응 방침을 밝혔습니다. 보복, 난폭 운전 및 이와 관련한 도로 위 폭력행위에 대해 철저히 수사하는 것은 물론 범행 동기·피해 정도·동종 전력 등을 종합해 죄질이 불량하다고 판단되는 경우 양형기준 내에서 최고형을 구형하는 등 관련 범죄에 대해 엄정 대응할 계획입니다. 경찰도 난폭, 보복 운전에 대해 단속을 강화할 계획입니다. 하지만 아무리 법이 강화되고 단속을 한다해도 운전자들이 경각심을 갖지 않는다면 백약이 무효합니다.

자칫하면 사망으로 이어질 고속도로 2차사고
대구교통방송 2019년 11월 13일 인터뷰

1. 오늘은 어떤 내용으로 시작해 볼까요?

국내에서 운행되는 자동차 등록 대수는 매년 증가 추세다. 국토교통부 자료를 보면, 국내 자동차 등록 대수는 지난 2018년 기준 2,320만 대로 전년 대비 3% 증가했다. 10년 전인 2008년 자동차 등록 대수가 1,679만 대인 것을 감안하면 40%가량 증가율을 보인 것이다. 특히 지난해 말 기준 국내 주민등록 등록 인구수가 5,177만 명인 것을 고려하면 2.23명당 1대를 소유하고 있는 셈이다. 오늘은 자동차 2,300만 시대에 교통사고 문제를 이야기 하고자 한다. 특히나 오늘은 고속도로 교통사고를 이야기하려고 한다. 고속도로는 높은 속력으로 자동차가 달리기 때문에 교통사고가 발생할 확률이 높아지고, 사고가 나면 사망 등 치명적인 피해가 발생할 수 밖에 없다. 고속도로 교통사고의 특징, 대처방법 및 예방법을 알아보고자 한다.

2. 고속도로 교통사고의 특징은 무엇일까요?

고속도로는 명칭 그대로 차들이 빠른 속도로 다니는 도로이다. 그렇기 때문에 교통사고가 발생하면 큰 사고로 번질 수가 있다. 전체 교통사고 중에 고속도로 교통사고는 2%이지만 사망은 전체의 6%, 부상은 3%라고 한다. 이처럼 고속도로 자체의 사고 발생 건은 낮지만 큰 사고로 이어질 확률이 높다.

3. 고속도로 교통사고는 특히 2차사고의 위험성이 큰데요.

주행 중 예측 불가능한 상황으로 인해 사고가 나게 되면 도로 위에 차량을 멈춰 주차해 놓는 일이 생길 수가 있는데, 이를 모르고 뒤따르던 차량에 의해 또 다른 사고가 나는 것을 2차사고라고 한다. 일반도로에서는 대부분 저속으로 운행하다 보니 2차사고의 피해가 크지 않을 수 있지만 고속도로에서는 치사율이 상당히 높다고 하는데, 통계에 의하면 고속도로 2차사고 10건 중에 6건은 사망사고라고 할만큼 위험하다고 한다.

아무래도 무방비상태서 발생하기 때문에 치사율이 더욱 높다. 전방 시야 확보가 잘되지 않는 새벽이나 밤 커브 길이나 터널에서 발생빈도가 높다고 하니 참고하시기 바란다.

4. 고속도로 2차사고의 원인은 주로 운전자의 과실이라고 하던데요.

맞다. 통계로 보면, 고속도로 2차사고의 원인은 전방 주시 태만, 안전 거리 미확보, 졸음, 과속의 순서이다. 운전자의 부주의 및 과실이 가장 큰 문제라고 할 수 있다.

5. 장거리 주행 시 고속도로를 달리다 보면 심심찮게 크나큰 현수막들을 쉽게 볼 수 있습니다. '졸음운전의 종착지는 이 세상이 아닙니다', '겨우 졸음에 목숨을 거시겠습니까' 등의 자극적인 플래카드 경고 문구인데요. 그럼에도 불구하고 많은 운전자들은 이를 간과하고 '조금만, 조금만…' 하며 위태로운 레이싱을 펼쳐갑니다. 졸음운전 이것도 참 문제입니다.

졸음운전은 정말 위험하다. 졸음운전의 상황은 운전을 하다가 나도 모르게 아주 잠깐 잠에 빠지게 된다고 한다. 그 잠깐의 시간이 3초로 파악되고 있는데, 바로 이 3초 동안에 뇌가 잠에 빠지는 블랙아웃 현상을 겪게 된다고 한다. 블랙아웃이란 술을 마시다가 필름이 끊기는 듯한 현상을 말하는데, 졸음운전은 신호를 위반하고 교차로를 무방비 상태로 진입하는 것과 다름이 없다고 전문가는 말한다. 졸음에 취하여 핸들을 정상적으로 조작할 수 없게 된다면 이는 내 가족은 물론 다른 이의 행복까지 풍비박산 낼 수 있는 시한폭탄으로 변하는 것과 다르지 않다.

졸음운전 예방법으로는 운전을 하기 전 충분한 휴식을 취하는 것과 주행 중 창문을 수시로 열어 환기를 시키는 것, 껌을 씹는 등의 행동 등이 있다. 그러나 가장 완벽한 예방법은 졸음쉼터 혹은 휴게소에서 잠시 눈을 붙인다거나 차에서 내려 스트레칭으로 긴장된 몸을 풀어주는 것이다.

6. 2차 교통사고를 예방하기 위해 '트래픽 브레이크 방법'이 있다고 들었는데, 생소한 개념인데 교수님이 설명해 주시죠.

경찰청 통계에 따르면, 최근 3년간 2차 교통사고가 1,646건이 발생해 104명이 사망하고 3,483명이 부상을 당하는 등 심각한 사회 문제로 대두되고 있다. 경찰이 2차사고 예방을 위해 사용하는 트래픽 브레이크 기법은 교통사고 발생 시 긴급 자동차(순찰차 등)가 전방에서 지그재그로 운행해 후속 차량의 속도를 낮춰 2차 교통사고 발생을 감소시키기 위한 것으로 미국 등 선진국에서 트래픽 브레이크를 활용해 2차 교통사고 예방하는 데 많은 효과를 보았다고 한다. 이 제도는 우리나라에 2016년 12월 23일 도입돼 현재까지 시행하고 있다. 트래픽 브레이크를 사용해 소규모 정체를 유발시켜 통과 차량의 저속 주행을 유도해 사고 수습 후 모든 인력과 장비가 철수 할 때까지 사고현장을 통과하는 차량 속도를 30km/h 이하로 유도한다. 트래픽 브레이크의 장점은 별도의 장비 없이 긴급 자동차만으로 사고 초기에 신속하게 대응이 가능하며 ① 2차사고의 예방 ② 현장 혼잡방지 ③ 안전과 소규모 교통정체를 유발시켜 차량을 저속으로 주행 유도, 3가지 효과를 거둘 수 있는 방법이다. 현재 많은 운전자에게 트래픽 브레이크가 홍보가 되지 않아 잘 모르고 있는 실정이다.

7. 고속도로 교통사고 발생 시 대처요령은 무엇입니까?

먼저 고속도로에서 차량사고 발생 시 신속하게 비상등을 점멸해야 한다. 예기치 않은 차량의 이상 상황 시 비상등을 켜는데, 다른 운전자들도 비상 상황을 인지하는 점멸등이니만큼 신속하게 눌러주시길 바란다. 두 번째는 가능하다면 차량을 갓길과 같은 안전한 곳으로 이동하는 것이다. 고속도로 같은 곳에서는 뒤따르던 차량이 앞 차의 사고 사실을 인지하기 어려움으로 추돌과 같은 2차사고를 낼 수 있기 때문이다. 세 번째는 차량의 후미에 사고 발생을 표시할 수 있는 삼각대나 경고등을 설치해줘야 하는데, 주간에는 100m, 야간에는 200m 떨어진 곳에 설치해야 한다. 피치 못하게 위의 거리를 지나 설치하지 못할 경우엔 차량의 트렁크나 지붕 위에 바로 설치해도 무방하다. 고속도로 2차사고 예방법 마지막은 사고 차량에서 비교적 안전한 곳으로 떨어져서 안전을 확보 후 신고 전화를 하는 것이다. 112나 119와 같은 긴급 전화를 이용하면 된다.

다시 요약해서 말씀 드리자면, 고속도로에서 사고가 발생했을 때 우선 차량 이동이 가능한 상태라면 갓길로 차를 이동시켜야 한다. 그리고 차의 비상등을 켜고, 삼각대나 신호탄을 설치하여 2차사고가 발생하지 않도록 오는 차들이 볼 수 있게 표시를 해준 후 사람은 모두 도로를 벗어나야 한다. 또한 1588-2504로 전화하여 한국도로공사 긴급 무료견인 서비스를 이용해 가까운 IC나 휴게소, 졸음쉼터까지 견인을 받고 보험사로 견인 서비스를 이용하면 된다.

8. 고속도로 교통사고 예방법을 소개 부탁드립니다.

아까 고속도로 교통사고의 첫 번째 원인이 바로 전방 주시 태만이라고 했다. 그래서 고속도로 교통사고의 예방법으로 첫 번째를 전방 주시라고 하겠다. 시속 100km로 운행 중인 차량은 1초만 시선을 돌려도 그사이의 이동거리는 일반 도로 주행의 약 2~3배 정도이다. 2015~2017년 3년간 설 연휴 중 발생한 고속도로 교통사고의 41%가 전방 주시를 제대로 하지 않아서 나타난 사고라고 한다. 방금 말씀드린 것처럼 전방 주시를 위해서는 졸음운전도 참아야 한다. 졸음운전은 음주 운전보다 위험하다.

1. 차량을 장거리 운행할 시에는 차량 내부를 주기적으로 충분히 환기한다.

2. 동승자가 있다면 함께 지속적으로 대화를 하며 운행한다.

3. 피로감이 몰려오면 구비해둔 껌을 씹거나 사탕을 먹는다.

4. 도저히 참을 수 없을 땐 휴게소나 졸음쉼터에 들러 짧은 숙면을 취한다.

두 번째는 전 좌석 안전 벨트이다. 전 좌석 안전 벨트는 작년 9월 28일부터 의무화가 되었는데 안전 벨트를 하지 않으면 3만 원의 과태료, 13세 미만일 경우에는 두 배인 6만 원의 과태료가 부과된다. 안전 벨트는 사고가 났을 때 큰 부상을 방지해 주기 때문에 필수로 착용해야 한다.

※ 고속도로 2차사고 대처법 (비트박스)

비 - 비상등을 켜고
트 - 트렁크를 열고
박 - 밖으로 대피 후
스 - 스마트폰으로 신고
(한국도로공사 견인 1588-2504, 112, 119)

한국도로공사

음주 운전
경북일보 특별기고 (2016. 12. 30)

연말 송년회가 한창이다. 어수선한 시국에 송년회가 많이 줄었지만 그래도 2016년을 보내는 아쉬움으로 많이들 모인다. 이 자리에 어김없이 등장하는 것이 바로 술이다. 동창회나 직장 회식 등 각종 모임에서 적당한 음주와 소통은 서로의 인간관계를 훈훈하게 만든다. 하지만 음주 후 운전대를 잡는 것이 문제이다.

경찰이 지속적으로 음주 단속을 실시함에도 불구하고, 음주 운전이 좀처럼 줄어들지 않고 있다. 유명 운동선수, 연예인, 심지어는 주요 공직자들의 음주 운전 사실이 충격을 주고 있다.

우리나라에서는 음주 운전으로 인해 매년 600명 정도가 사망하고, 부상자도 4만여 명에 이른다는 통계가 있다. 이와 같은 음주 운전은 우리나라 뺑소니 교통사고의 약 30%에 이른다. 음주 운전은 단순한 교통 법규 위반 행위가 아닌 자신뿐만 아니라 다른 무고한 생명을 희생시킬 수 있는 범죄 행위다. 그러면 음주 운전을 줄이기 위한 묘책은 없을까?

일반적으로 국가 교통안전 정책의 목표는 시민의 생명과 재산을 각종 교통사고로부터 보호하는 것이다. 음주 운전에 대한 처벌도 음주 운전 행위를 감소시킴으로써 인명피해나 부상의 감소, 재산피해를 감소시키는 것을 목적으로 하고 있다.

세계의 많은 국가에서는 음주 운전에 대해 강도 높은 처벌정책을 시행하고 있다. 미국의 경우, 음주 교통 사망사고를 1급 살인범과 동일하게 처벌하고 있고, 호주에서는 상습 음주 운전자의 이름을 신문에 공개한다. 캐나다의 경우는 음주 운전을 하거나 음주 측정을 거부한 사람에게 시동장금장치를 장착하도록 하고 있으며, 음주 운전 2회 이상 적발 시 심리검사와 치료를 받은 뒤에 일정 기준의 심사를 통과해야 면허를 다시 발급받을 수 있다. 스웨덴은 음주 운전자에게 비교적 무거운 형벌인 금고형을 선고하고, 전자장비를 통해서 지속적인 감시를 실시한다. 독일에서 음주 운전자가 면허를 재발급하기 위해서는 정상적인 신체·심리상태라는 의사의 진단을 요구한다. 이처럼 음주 운전을 고의에 가까운 범죄라고 보고, 대부분의 국가가 무관용으로 강하게 대응하는 것이다.

우리나라도 음주 운전, 특히 상습 음주 운전자에 대한 실효성 있는 대책이 필요하다. 상습 음주 운전자에 대한 재교육과 음주치료를 병행한다면 향후 음주 운전을 상당 부분 억제할 수 있다. 외국의 사례처럼 자동차 시동 잠금장치나 면허 재취득에 대한 절차 강화정책을 도입해 음주 운전을 예방할 필요가 있다.

음주 운전의 궁극적인 책임은 운전하는 사람의 양심이라고 할 수 있다. 따라서, 사회의 일원이 되기 시작할 때부터 지속적으로 음주 운전의 위험성에 대한 인식이 형성되어 이를 계속 유지할 수 있도록 강화시켜 나가야 한다. 즉, 초·중·고등학교 교육과정에 교통안전 교육 프로그램을 효과적으로 실시해야 한다.

끝으로, 음주 운전의 예방을 위해 경찰의 지속적인 단속과 홍보, 전 국가적인 차원에서 지속적인 음주 운전 방지 캠페인의 실시가 요구된다. 회식자리에 갈 때는 가급적 대중교통 이용하기, 운전자에게는 술잔 권유하지 않기, 손쉽고 편리하게 이용할 수 있는 대리운전 기사 제도의 활성화 등이 필요하다.

음주 운전은 단순한 교통 법규 위반이 아닌 운전자와 아무런 죄가 없는 타인의 생명을 빼앗을 수 있는 '범죄 행위'라는 인식이 중요하다.

대구교통경찰, 교통사고 사망 감소율 '전국 1위' 주행속도 제한 5030 정책 효과

박동균 대구시 자치경찰위원회 상임위원은 2021년 11월 18일 오후 5시 TBN 대구교통방송에 출연해 최근 대구시 교통안전 현황과 교통경찰의 성과에 대한 심층 인터뷰를 했다.

이 인터뷰는 대구교통방송에서 기획주제로 한 달에 한 번씩 상임위원을 초청해 올 7월 1일부터 실시한 자치경찰제의 성과와 방향을 점검하는 자리이며, 11월의 주제가 '대구시 교통경찰의 활동'이다.

이날 인터뷰에서 박동균 상임위원은 "자치경찰의 업무 중 교통 문제가 차지하는 비중이 크다. 올해 대구의 교통사고는 2021년 10월 31일 기준 9,949건이다. 이 중 사망 63명, 부상 13,894명이다. 이는 2020년 같은 기간 대비해서 사고 발생은 7%, 사망은 10%, 부상은 6.6% 각각 감소했다. 특히 대구의 사망자 감소율은 전국 1위로 사망자가 많이 발생하는 중대 교통사고와 음주 운전이 현저히 줄었다는 의미이다"라고 자랑했다.

또한 전체 교통사고 사망자 중 보행자 사망 수가 35.4%로 높은 비중을 차지한다. 이러한 보행 사망자를 줄이기 위한 정책으로 도시부 내 제한속도는 50킬로, 주택가 주변 등 보행자안전이 필요한 보호구역은 30킬로로 제한하는 이른바 '5030 정책'이 큰 효과를 보이는 것으로 나타났다.

박동균 상임위원은 "5030 정책에 대해서 조금 불편하다는 운전자들의 불만이 있다. 하지만 교차로와 신호등이 반복되는 도시부에서는 주행속도를 줄이더라도 통행시간의 차이가 미미한 것이 과학적으로 증명됐고, 주행속도를 줄이면 급가속, 급정차가 줄어들어 특히 인구밀도가 높고 자가용 운행이 많은 대구시에서는 교통정체가 줄어들어 차량 흐름이 더 원활해질 수 있다"라고 설명했다(대경일보, 2021. 11. 18).

교통경찰, 자치경찰
경북일보 특별기고 (2022. 2. 25)

자치경찰제가 시행된 지 8개월이 지났다. 자치경찰은 아동, 청소년, 여성 등 사회적 약자 보호, 교통지도·단속 및 질서 유지, 범죄 예방과 생활안전 업무 등 일상생활의 가장 가까운 곳에서 시민들의 안전을 지키는 업무를 수행하고 있다. 그중에서도 교통 문제는 자치경찰의 핵심적인 과제이다.

교통은 사람과 사람, 장소와 장소를 연결하는 중요한 수단으로 교통 없이는 생활이 불가능하다. 또한, 폭증하는 교통량과 PM 등 새로운 교통수단의 출현으로 교통혼잡은 물론이고, 교통사고도 끊임없이 발생하고 있다.

실제로 작년에 대구시에서 발생한 교통사고는 총 11,955건으로 사망자는 77명, 부상자는 16,768명에 이른다.

특히, 음주 운전은 코로나19와 같은 상황 속에서 지속적인 단속에도 불구하고 꾸준하게 증가하고 있다. 지난 2월 7일 대구경찰청 자료에 따르면, 지난해 11월부터 지난달까지 3개월간 연말연시 음주 운전 집중 단속을 벌인 결과, 1,253건을 적발했다. 이는 전년도 같은 기간 1,092건보다 14.7% 늘어난 것이다. 심각한 문제이다.

여기서 교통신호를 관리하고, 교통사고를 예방하면서 각종 교통법규를 집행하는 사람이 바로 교통경찰관이다. 출퇴근길, 쇼핑이나 업무를 보러 갈 때, 도로 위에 항상 서 있는 교통경찰. 평소 운전할 때는 안 보여도 아쉽지 않고 오히려 보이지 않았으면 하다가도 도로가 꽉 막히면 어디 있나 찾게 되고, 왜 안 보이나 투덜거리게 만드는 존재가 바로 교통경찰관이다. 14만 직업경찰관 중에서 시민과 가장 접촉이 많고, 친숙한 경찰이기도 하다. 따라서, 교통경찰의 치안 서비스와 이미지가 경찰 전반에 대한 인식으로 확장될 가능성이 높다. 그래서 교통경찰의 혁신 노력이 경찰개혁 작업의 성공에 있어 중요한 요인이 된다.

교통경찰은 각종 교통사고의 '예방' 위주 활동, 대민 접촉 시 공정하고 합리적인 법집행, 복잡한 거리에서의 소통관리 활성화 등에 더욱 많은 노력이 필요하다. 아울러 적실성 있고 효과적인 교육훈련을 통하여 교통경찰의 업무 전문성 확보도 무엇보다 중요하다.

위험한 도로 위에서의 교통경찰은 엄정한 법집행자로서, 때로는 다정한 길 안내자로서 중요한 역할을 수행하고 있다. 하지만 교통경찰은 경찰 내부에서는 선호부서가 아니다. 위험하고 힘들며, 시민들의 민원이 많은 3D 부서이다. 매연이 가득한 도로 위에서 많은 차량이 통과하는 위험성에 노출되어 있는 교통경찰에 대한 관심과 지원이 필요하다. 이런 관심에는 수당이나 승진 등 실질적인 지원을 포함한다. 중앙경찰학교를 갓 졸업한 신임 순경이 가고 싶은 부서가 어디냐고 물어볼 때, "교통과를 가고 싶습니다"라고 할 정도로 지원을 해야 한다.

경찰 자신의 자기 만족감이나 최소한의 삶의 질 확보 없이 '시민들에게 친절한 경찰', '시민에게 봉사하는 경찰'을 기대하기는 사실상 어렵다. 이제는 교통경찰이 교통단속과 사고를 처리한다는 인식에서 벗어나 사회경제적 관점에서 교통 '전문가'로서의 역할 정립에 대한 적극적인 투자가 있어야 한다.

끔찍한 교통사고 현장, 목격자 없는 뺑소니 사고 수사, 뜨거운 대구시 여름철 태양 열기를 뿜어내는 아스팔트 위에서도, 살을 에는 듯한 칼바람 속에서도, 폭우 속에서 한 장의 우의를 걸치고 시민의 안전을 위해 부는 교통경찰관의 우렁찬 호루라기 소리에 박수를 보낸다. 교통경찰의 성공이 자치경찰의 성공이다.

대구시 자경위·대구TBN 공동캠페인

2022년 6월 23일 대구교통방송에서 "잠깐, 깜빡하셨나요?"를 녹음했다. 이 행사는 대구시 자치경찰위원회와 대구TBN이 공동으로 하는 교통안전 캠페인이다. 이날 필자가 녹음한 내용은 2022년 7월 한 달 동안 하루에 4번 방송을 탔다.

대구교통방송 캠페인 녹음 장면

"잠깐, 깜빡하셨나요?"

"잠깐, 깜빡하셨나요?"

안녕하십니까?

대구광역시 자치경찰위원회 박동균 사무국장입니다.

사람 사이 갈등을 줄이려면 소통이 꼭 필요합니다.

도로에서도 마찬가집니다.

특히 방향지시등 없이 막무가내로 끼어드는 예의 없는 행동은 보복 운전, 난폭 운전을 유발할 뿐만 아니라 사고를 부르는 매우 위험한 운전습관입니다. 도로를 안전하게 하는 가장 기본적인 소통, 방향지시등입니다!

이 캠페인은 대구광역시 자치경찰위원회와 TBN 대구교통방송이 함께 합니다.

노인학대 문제, 어떻게 할 것인가?
대구 MBC 여론현장 라디오 2022년 6월 15일 인터뷰

1. 오늘은 UN이 정한 세계노인학대 인식의 날이자, 우리나라에선 2017년에 제정된 노인학대 예방의 날입니다. 그런데 해마다 노인학대 신고 건수가 증가하고 전 세계 6명의 노인 중 1명이 학대를 당한다고 보고될 만큼 노인학대는 심각한 사회 문제가 됐습니다. 그렇다면 현재 대구의 노인학대 실태와 예방은 어떻게 될까요? 대구자치경찰위원회의 박동균 사무국장을 연결해 이야기 나눠보겠습니다. 노인인구가 증가하면서 노인학대에 대한 문제도 늘고 있는 것 같아요. 대구도 이제 곧 초고령 사회에 진입한다죠?

그렇습니다. 이미 대구시는 지난 2017년 노인인구가 대구 전체인구의 13.7%로 고령화 사회에 접어들었다고 하는데요. 현재 급속한 고령화와 생산가능인구 감소로 인해 인구 구조는 급격히 변화하고 있습니다. 통계청 자료에 따르면, 베이비부머 세대가 65세 이상 고령인구에 진입하는 2020년에는 16%가 고령인구로, 2025년부터는 초고령사회로 진입하고, 2047년에는 대구시 인구의 약 40%가 65세 이상일 것으로 전망되고 있습니다.

2. 그렇다면, 대구에선 노인학대 신고가 현재 얼마나 됩니까?

대구지역 노인전문보호기관에 따르면, 노인학대 신고 건수는 2018년에서 지난해까지 매년 800건 이상으로 꾸준히 접수되고 있으며 이 가운데 실제 노인학대 사례로 판정된 건수는 2018년 211건, 2020년 258건, 지난해 329건으로 매년 꾸준하게 증가하고 있는 것으로 나타났는데요. 학대 가해자로는 친족 비율이 거의 90% 이상을 차지했습니다. 특히 70대 노인을 대상으로 한 학대 사례가 가장 많았습니다. 하지만 가해자의 대부분이 가족이라는 특성상 신고를 꺼리는 경향이 있어서 실제로 범죄가 발생은 했지만 공식적으로 보고는 되지 않는 이른바 "암수 범죄"는 훨씬 더 많을 것으로 보고 있습니다.

3. 노인학대 가해자의 대부분이 가족이라면, 학대 신고가 되더라도 그 처벌이 쉽지 않겠는데요? 노인학대 처벌, 현재 어떻게 이뤄지고 있나요?

먼저 노인학대와 관련된 법은 '노인복지법'으로 노인학대 유형에 따라 처벌의 정도가 나뉘는데요. 우선 노인이 신체에 상해를 입었을 경우 징역 7년 이하 또는 7,000만 원 이하의 벌금에 처하고요, 유기나 방임 또는 성적학대를 노인이 당하였다면 가해자에게 5년 이하의 징역 또는 5,000만 원 이하의 벌금형에 처해질 수 있습니다. 또한 노인을 경제적으로 학대하였을 경우에는 3년 이하의 징역 또는 3,000만 원 이하의 벌금이 선고될 수 있습니다. 하지만 이런 처벌규정이 마련되어 있어도 처벌이 쉽지 않습니다. 앞서 말씀드린 것처럼 노인학대 가해자 대부분은 가족이나 친족에 의해 발생하는데요. 이런 상황에서 노인학대 피해자가 자신의 피해를 그냥 개인의 가정사로 여기거나 가족인 가해자를 보호하기 위해 신고를 기피하는 경향이 있어 경찰에 고소하더라도 결국 철회하거나 합의를 하게 되는 경우가 많고 결국 처벌이 어려워지는 것이죠.

4. 그렇다면 노인학대 신고가 되면, 그 다음 대응체계는 현재 우리 지역에서 어떻게 돼 있습니까?

기본적으로 경찰에 노인학대 신고가 접수되면 신속하게 현장에 출동하여 피해 노인의 안전 확보, 적극적인 사건 수사 등 학대신고에 엄정히 대응하고 있고요. 특히 각 경찰서에 배치된 학대예방경찰관(APO)이 선제적인 예방활동을 수행하고 있습니다. 만약 학대혐의가 현장에서 확인되지 않아 즉시 수사에 착수하지 않더라도 노인학대 사건은 노인보호전문기관과 협업하여 추가적인 보호·지원조치를 하고요. 또한 전수합동조사를 통해 신고 처리 이후에 학대예방경찰관이 모든 노인학대 신고에 대해 조사하여 신고 처리 결과를 재검토하게 됩니다.

5. 사회가 어려운 시기일수록 취약계층들은 더 큰 고충을 겪게 되는데요. 이번 코로나로 인해 노인들의 학대신고도 늘었다고 들었습니다. 어떤가요?

그렇습니다. 2020년 노인보호전문기관의 학대 상담 건수가 전년대비 56% 급증했다는 여성가족부의 조사결과가 있는데요. 코로나19로 노인들의 외부활동이 줄어들면서 가족들과 접촉하는 시간이 길어지고, 또한 경제난과 업무가중 등으로 스트레스 지수가 오르면서 노인에 대한 학대로 이어졌다는 방증이라고 볼 수 있겠습니다. 또 최근 코로나19로 인한 격리로 요양병원들의 감시가 어려워지고 이에 따른 환자 방치 등 학대가 있었다는 안타까운 기사들도 있었는데요. 앞으로는 이런 일들이 발생하지 않도록 여러 대책이 마련되어야 하겠습니다.

6. 노인학대 예방을 위해서 대구지역에선 현재 어떤 노력을 하고 있는지요?

우선 지난 7일에 저희 대구시자치경찰위원회 주관으로 대구시, 대구경찰청, 대구시교육청 관계자 등이 참석하는 2022년 제3차 실무협의회 회의에서 노인학대 예방의 날(6월15일)을 맞아 노인학대 예방대책을 중점적으로 점검했는데요. '노인학대 예방 집중 홍보기간'을 운영해서 유관기관 합동캠페인, 노인학대 예방의 날 기념행사, SNS 홍보 등 다양한 활동을 추진하기로 하였습니다. 또 현재 대구지역에 대구남부·북부 2개소의 노인보호전문기관이 운영중인데요, 적극적인 노인 보호 수행과 학대 노인·노인학대행위자·관련자에 대한 상담, 노인학대 예방 교육·홍보 등 다양한 활동을 하고 있습니다.

7. 현재 우리나라에도 노인보호법이 있지만, 노인학대의 근본 원인을 해결하진 못하는 것 같습니다. 노인학대를 예방하기 위해 어떤 정책의 변화가 필요하다고 보십니까?

네, 규정에 따라 노인학대를 강력하게 처벌하고 감시하는 것도 중요하지만, 정부 차원에서 근본적인 원인을 해결할 수 있는 정책들이 필요하다고 생각합니다. 몇 가지 말씀드리지면, 노인을 돌보는 가족 구성원이나 돌보미들이 받는 신체적·정신적인 스트레스, 재정적 문제와 같은 부담들이 학대로 이어질 가능성이 높으므로 그런 부담을 덜어줄 수 있는 각종 지원정책을 확대하는 것이 필요하겠고요. 또 치매 노인에 대한 학대가 늘고 있다는 중앙치매센터 통계가 있는데요. 전국의 치매 노인 대비 입원할 수 있는 요양병원 수는 턱없이 부족하고 이러한 부담들이 요양병원에서의 학대로 이어질 가능성이 있어서, 관련 예산과 시설을 늘리는 정책도 필요하다고 생각합니다.

경북일보

2022년 05월 24일 화요일 018면 여론광장

노인학대 문제, 자치경찰과 협력시스템 구축이 중요

특별기고

박동균
대구광역시
자치경찰위원회
상임위원

우리 사회에서 노인학대 발생 및 신고 건수가 매년 증가하고 있는 것으로 보고되고 있다. 이와 같이 최근에 노인학대 사례가 늘어난 데는 코로나19의 영향도 있다. 코로나19 발생 후 노인들의 외부 활동이 줄어들면서 가족들과 접촉하는 시간이 길어졌다. 또한, 경제난과 업무 가중 등으로 스트레스 지수가 오르면서 노인에 대한 폭력성이 높아지고, 갈등 요인도 늘어났다. 우리 사회의 또 다른 그늘이다.

더욱 심각한 문제는 보고된 공식통계보다 노인학대 피해가 더 많고 심각할 것으로 예상된다는 것이다. 노인학대 피해자가 자신의 피해를 개인의 가정사로 치부하거나 가족인 가해자를 보호하기 위해서 신고를 꺼리는 경향이 있기 때문이다. 노인들이 학대를 받아도 대부분이 '자식들 봐서 내가 참아야지'라며 처벌을 원하지 않는 경우가 많다. 이른바 실제로 범죄가 발생은 했지만 공식적으로 보고는 되지 않는 암수범죄(hidden crime)를 말한다.

공식통계를 분석해 보면, 우리나라 노인학대의 가해자(범죄자)들은 대부분 아들이나 배우자 등 주로 가족이고, 주로 정서적, 신체적인 학대를 해 왔다. 특히 70대 노인을 대상으로 한 학대 사례가 가장 많다. 학대 발생 장소는 가정 내가 가장 많고, 이어 '노인의료 복지시설', '재가노인복지시설'의 순으로 많다. 특히, 시설에서 생활하는 노인들은 코로나19 방역 조치로 가족과의 소통이 단절되면서 간병인이나 요양보호사 등에게 학대를 당하는 사례가 많아졌다. 아울러 치매환자가 2020년 기준으로 83만 명에 육박하는 가운데 치매 노인에 대한 학

대가 늘고 있어 정부 대책의 개선이 필요하다.

현재 노인학대 범죄에 대해서 경찰에서는 강력하게 대처하고 있다. 기본적으로 노인학대 신고가 접수되면 신속하게 현장에 출동하여 피해 노인의 안전을 확보하고 적극적인 사건 수사를 한다. 특히 각 경찰서에 배치된 학대예방 경찰관이 선제적인 예방 활동을 수행하고 있다. 또한 전수 합동조사를 통해 신고처리 이후에 학대예방 경찰관이 모든 노인학대 신고에 대해 조사하여 신고처리 결과를 재검토한다. 그 밖에도 학대우려 노인에 대한 정기적인 모니터링 등 많은 노력을 하고 있다.

작년 7월 1일부터 전국적으로 시행하고 있는 자치경찰제도는 노인학대 문제 등 사회적 약자를 제대로 보호할 수 있는 좋은 제도이다. 자치경찰제는 경찰행정과 주민자치 행정을 효과적으로 연계할 수 있는 제도이다. 대구시 자치경찰위원회도 실무협의회를

구성했다. 대구시 자치경찰위원회 상임위원(사무국장)이 위원장이 되고, 대구시 안전정책관, 어르신복지과장, 여성가족과장, 청소년과장, 교통정책과장, 대구경찰청의 생활안전과장, 여성청소년과장, 교통과장, 대구시교육청 생활문화과장, 행정안전과장, 대구시 소방본부 현장대응과장이 당연직 위원으로 참여한다. 여기서 노인학대 등 사회적 약자들을 위한 촘촘한 안전망을 만들 것이다. 자치경찰과 국가경찰이 소통, 협업하고 지역 내 대학, 병원, 기업, 시민단체들이 긴밀하게 협력해서 안전한 대구시를 만들도록 로컬 치안 거버넌스를 구축해야 한다.

끝으로 노인학대 문제는 이웃의 관심이 중요하다. 노인학대가 의심되는 상황을 보고도 학대 여부를 판단하기 어려워서, 괜히 참견한다고 할까 봐 등 다양한 이유로 주저하고 지나치는 경우가 많다. 하지만 노인학대 신고는 참견이 아닌 도움이다. 주저 없이 112로 신고해야 한다.

이제 우리나라도 마약의 안전지대가 아니다
KBS TV 대구경북 시사진단 2019년 5월 24일 인터뷰

1. 최근 마약 관련 뉴스가 끊이지 않고 있습니다. 우리나라는 마약으로부터 안전한 지역이라고 생각했는데, 마약 범죄가 증가하는 추세라고요?

최근 우리 사회에서 마약이 심각한 상황입니다. 우리나라는 더 이상 마약의 안전지대가 아닙니다. 대검찰청 자료를 보면, 지난해 마약 밀수입 압수량이 298kg으로 전년도 35kg보다 8배 이상 늘어난 수치입니다. 현재 우리나라 마약 중독자는 100만 명 정도로 추정하고 있습니다. 2018년 기준 검거된 마약류 사범 수가 1만 2천여 명에 달할 정도입니다. UN은 인구 10만 명당 마약류 사범이 20명 미만인 국가를 마약 청정국이라고 하는데, 우리나라의 마약류 사범 수는 인구 10만 명당 25.2명꼴로 마약 청정국 기준을 넘어섰습니다.

한 가지 특징적인 것은, 예전에는 마약사범이 남성이 절대 다수였지만 최근에는 여성의 비율도 20%를 넘어섰습니다. 연령별 분포를 보아도, 젊은 층인 20대는 2012년만 해도 8.3%에 그쳤으나 2016년에도 13%를 넘어섰습니다. 경찰이 최근 검거한 마약사범을 살펴 보면, 필로폰·엑스터시 등 향정신성의약품 사범이 1천395명(83.2%)으로 가장 많았고, 이어 대마사범 248명(14.8%), 양귀비·아편 등 마약사범 34명(2%) 순이었습니다. 유형별로는 투약·소지가 1천 271명(75.8%)으로 가장 많았고, 판매책이 383명(22.8%), 밀수책 23명(1.4%) 순이었습니다. 마약을 함께 하는 공범자의 대부분은 친한 친구나 선후배인 것으로 확인됐는데요. 한국형사정책연구원이 2014년부터 2016년까지 검거된 신종 마약류 투약자들의 공범자들을 분석한 결과, 약 41%가 친한 친구나 선후배와 마약을 투약한 것으로 나타났습니다. 직장동료나 업무로 아는 사이는 약 23%였으며, 남자 친구나 여자 친구 등 애인의 비율도 약 19%로 높았습니다.

2. 다른 지역과 비교해서 대구·경북 상황은 어떻습니까? 다른 지역과 비교해서 마약 범죄가 많은 편인가요?

최근 5년간 대구·경북지역에서도 3천 300여 명의 마약사범이 경찰에 검거되었습니다. 대구·경북지방경찰청에 따르면, 2014년부터 지난해까지 경찰이 적발한 마약사범은 대구는 1천588명, 경북은 1천715명으로, 5년 새 대구에서는 33.8%, 경북에서는 35.7% 증가하였습니다. 전국의 17개 지방경찰청 통계와 전국 지방검찰청 통계를 보면, 수도권이 55%, 대구는 7% 정도로 중간 정도입니다. 하지만 꾸준하게 늘어나는 추세로 볼 때, 대구·경북도 마약의 안전지대가 아닙니다.

🚨 **대구지방경찰청 자료 - 최근 5년간 마약사범 검거 인원**

구분	'14년	'15년	'16년	'17년	'18년
마약류 사범	297	285	384	274	348

과거에는 일부 연예인, 유흥업소 직원들 사이에서 은밀하게 사용되던 마약류가 최근에는 가정주부, 직장인 심지어는 대학생에 이르기까지 확산되고 있는 추세입니다. 통계로 보는 증가세보다 더 심각한 문제는 일반인이 마음만 먹으면 언제든 마약을 손쉽게 구할 수 있는 유통환경이 조성되고 있다는 점입니다. 암수범도 많습니다.

3. 마약을 투약한 남성이 호텔에 불을 지르고, 마약 밀반입과 유통하는 일당이 검거되기도 했습니다. 최근 대구·경북 지역에서는 어떤 유형의 마약 범죄가 발생하고 있는지도 궁금합니다.

대구경찰청에서는 지난 4월 26일 마약류 등 약물이용 범죄 집중 단속 2개월 동안 61명을 검거, 그중 26명을 구속하였다고 발표하였는데요. 마약 종류별로는 향정신성의약품사범이 93%(58명)로 가장 많았고, 대마사범이 7%(3명)로 나타났습니다.

유형별로는 투약자가 64%(39명)로 가장 많았고, 판매책이 36%(22명) 순으로 나타났으며, 전체 마약류 사범 중 인터넷 사범은 23%(14명), 클럽 등 주변 마약류 사범이 5%(3명)를 차지했습니다. 사례를 살펴 보면,

> <필로폰 투약 후 교통사고 야기 피의자 검거>
> 필로폰 투약 후 환각 상태로 호텔에 불을 지른 사건. 필로폰을 투약하고 운전하다 승객 하차 중인 택시 후미를 추돌한 피의자 검거, 구속(수성서)
>
> <타인명의로 졸피뎀 등을 처방 받아 복용한 피의자 등 4명 검거>
> 약 6년에 걸쳐 타인 신분을 이용하여 병원에서 졸피뎀 등 향정신성의약품을 처방받아 복용한 자, 신분을 빌려준 자, 이를 방조한 병원 의사 2명 등 피의자 4명 검거(서부서)
>
> <부부 마약 판매책 및 투약자 등 4명 검거>
> 부부가 공모하여 랜덤채팅 '즐톡'에서 필로폰 판매 시도 및 다른 공범 2명과 함께 투약한 피의자 4명 검거, 구속 및 필로폰 3.04g 압수(사이버 수사대)

4. 마약 관련 범죄가 이렇게 증가한 원인은 어디에 있는지 좀 더 자세히 살펴보겠습니다. 과거에 비해 구하기가 쉬워진 것도 원인이겠죠?

일반인도 마약을 쉽게 구할 수 있는 환경이 조성되고 있다는 점이 주요 원인입니다. 무엇보다 SNS·인터넷의 발달로 마약 접근성이 이전보다 훨씬 용이해졌는데요. 단속을 피하는 신종 마약이 늘고, 특송화물 등 유통수단이 발달한 것도 마약의 검은 거래를 부

채질하는 요인입니다.

일부 연예인, 재벌 3세 등의 마약 보도로 인한 모방 등 우리 일상생활 속에 마약이 존재합니다. 과거에는 중독자 중심으로 유통하던 마약이 최근에는 SNS, 국제택배 등을 통해서 유통하는 구조로 변한 것이 마약사범 증가의 원인으로 분석됩니다. 트위터나 SNS 등에 주사기를 통해 투약되는 필로폰을 의미하는 은어 등을 입력하면 판매자를 쉽게 접근할 수 있습니다.

누구나 마음만 먹으면 딥웹이나 다크웹 등에 접속해서 증거를 남기지 않는 가상화 폐로 쉽게 마약을 구입할 수 있습니다. 청소년들도 부탄가스나 본드 등 유해화학물질을 쉽게 구입할 수 있습니다.

5. 노동자와 강사 등 외국인 유입이 늘어난 것도 마약사범 증가와 관련이 있다고 합니다. 이들이 자주 모이는 곳이나 공단지역을 중심으로 마약이 확산되고 있다는데, 어떻습니까?

최근 3년간 대구지역에서 입건된 외국인 마약사범은 지난 2016년 18명, 2017년 15명에서 2018년 38명으로 2배 이상 늘었습니다. 올해 들어서도 2월까지 외국인 11명이 검찰에 적발되는 등 가파른 상승세를 보입니다. 전국적으로도 외국인 마약사범은 2014년 551명에서 지난해 948명으로 172% 증가했습니다.

외국인 마약사범이 늘어나는 추세인데, 주로 영어권 국가 출신 강사 및 중국, 베트남 등 동남아 노동자들에 의한 마약류 유입이 많은 것으로 파악되고 있습니다. 특히 최근에는 외국인 노동자 등의 국내 유입이 많아졌고, 인터넷을 통한 신종마약의 유입, 국제우편 등을 통한 밀반입 사례가 증가하였습니다.

범죄 유형별로 살펴보면 투약사범이 68명(55.3%), 유통사범이 55명(44.7%) 순입니다. 국내 밀반입은 주로 중국·동남아 등에서 국제우편·소포 등 '무인배송' 방식으로 반입되거나, 커피·과자상자 등에 소량씩 숨긴 후 항공기 등을 통해 직접 운반하는 방식이 대부분이었는데요. 유통은 과거 대면거래 방식에서 최근 SNS·인터넷을 통해 구매를 원하는 외국인으로부터 마약대금을 입금받은 후, 소포로 배송하거나, 물품 보관함 등 특정 장소에 마약을 숨겨 놓고 이를 찾아가는 일명 던지기 수법 등으로 변화한 것으로 확인되었습니다. 투약은 주로 공장 숙소 및 원룸 등 보안유지가 용이한 곳에서 같은 국적 또는 직장동료 외국인끼리 모여 단체로 필로폰·야바 등을 투약하는 방법으로 이루어졌습니다. 특히, 기존 주사방식에 비해 장소제한이나 바늘 자국 없이 투약 가능하고, 쉽게 만들 수 있는 기구를 이용한 연기 흡입 방식이나 알약 형태의 경구투약 방식이 성행하는 것으로 확인되었습니다. 마약 종류별로 살펴보면, 향정신성의약품 83명(67.5%), 대마 23명(18.7%), 마약 17명(13.8%) 순입니다.

6. 해외여행이나 유학생들처럼 외국에서 생활을 오래 한 사람들도 마약 범죄에 쉽게 노출된다는데, 이것은 왜 그렇습니까?

해외 유학파, 재벌 3세 혹은 부유층 자제들이 중, 고교 시절부터 해외 유학을 나가는 경우가 많아서 국내보다 마약을 쉽게 접할 수 있다고 하는데요. 유학생이 많은 캘리포니아 등에서 대마가 합법화되면서 여러 종류의 신종 마약류 반입이 늘었다고 합니다.

베트남 해피벌룬도 문제인데요. 해피 벌룬의 원료인 아산화질소는 흡입 시 환각작용을 일으켜 우리나라에서는 환각물질로 지정해 흡입하거나 흡입 목적으로 소지, 판매, 제공을 하면 3년 이하의 징역 또는 5천만 원 이하의 벌금을 부과합니다. 그러나 베트남에서는 아직 이에 대한 특별한 규제가 없습니다. 이 때문에 클럽이나 바에서는 물론 소셜 미디어를 통해 개당 3만~15만 동(약 1천500~7천200원)에 손쉽게 구할 수 있는 해피벌룬이 젊은 층을 중심으로 인기몰이하면서 점차 사회 문제로 떠올랐습니다.

7. 마약이 범죄라는 의식이 과거에 비해 약해진 것도 문제입니다. 대마 합법화를 요구하는 사람들도 있지 않습니까?

여러 이유가 있습니다. 청소년이 많이 이용하는 유튜브가 마약에 대한 호기심을 자극하는 원천이 되고 있습니다. 특히 청소년들에게 영향을 끼치는 연예인과 재벌들의 마약 투약 사건이 잇따르는 가운데 마약 관련 영상이 무분별하게 올라와 모방 범죄를 부추기고 있습니다. 유튜브에 특정 키워드를 조합해 검색한 결과, 마약 체험담 콘텐츠 수백 건이 나타났습니다. 해당 콘텐츠에는 대마초를 피웠을 때의 느낌, 필로폰 투약 방법 등을 알려주는 내용 등이 주로 담겨있습니다. 유튜브에 다른 키워드를 입력해 검색해보니 최근 한국에서 문제가 되는 최음제와 일명 물뽕(GHB)을 직접 체험하는 콘텐츠까지 업로드돼 있었습니다. 이 외에도 마약을 성적 쾌감과 비교한 영상이나 마약을 한 외국인들의 모습 등이 담긴 다수의 영상도 유튜브에 버젓이 올라와 있는 상태입니다. 사정이 이렇지만 이 같은 '마약 영상'을 강제로 삭제할 방법은 없는 실정입니다. 유튜브 본사와 서버가 해외에 있어 국내 관리 당국의 영향권을 벗어나 있기 때문입니다. 현재로서는 정부가 유튜브 측에 동영상 시청 제한 또는 삭제 조치를 내리도록 요청하거나, 시청자들이 직접 '신고' 기능을 이용해야 합니다. 마약은 범죄가 아니고 약물의 일종이라는 인식도 문제입니다. 또한, 우리 사회에 마약 김밥, 마약 옥수수, 마약 빵 등 마약에 대한 인식이 아주 낮은데, 사실 사건에 대한 이름도 중요합니다. 몰래카메라(불법 촬영물), 원조교제(청소년 성매매) 등과 같은 맥락입니다.

8. 마약 중독과 그로 인한 범죄는 개인뿐만 아니라 사회적으로도 심각한 문제가 될 수 있지 않습니까? 어떻게 보십니까?

마약은 자신의 정신과 육체를 손상시킬 뿐만 아니라 상대방, 우리 전체 사회의 불안 요인이 되기도 합니다. 또한 성범죄, 폭력, 살인 등 강력 범죄와 연계가 되기도 합니다. 마약투여 유통 등 1차 범죄는 물론 약물 피해자를 대상으로 한 성범죄와 불법 촬영 등 2, 3차 범죄까지 발생하고 있습니다. 물론 마약복용자가 가해자가 아니라 피해자가 되는 경우도 있습니다.

한 번도 마약을 안 한 사람은 많아도, 한 번만 투약한 사람은 없습니다. 그만큼 중독이 문제입니다. 약물중독을 범죄로 처벌하기 전에 병으로 치료하는 것이 실제로 효율적이라는 연구결과도 있습니다. 미국 국가 약물 남용 관리 센터(NIDA, National Institute on Drug Abuse)의 연구 결과, 메스암페타민(필로폰) 중독 1년 치료 비용은 4,700달러로 투옥 비용 1만 8천 4백 달러의 4분의 1 수준이었습니다. 치료에 1달러를 투자하면, 범죄로 인한 사회적 비용이 최대 7달러까지 줄어든다는 통계도 있습니다. 마약은 단속과 처벌도 중요하지만 치료가 무엇보다 중요하다는 것이 주요 국가에서 입증되어, 외국에서도 치료에 많은 예산과 정책적 관심을 갖고 있습니다.

9. 버닝썬 사건이 우리 사회에 큰 파장을 일으킨 이후 정부도 약물 범죄 종합대책을 내놨습니다. 주요 내용은 뭡니까?

대구경찰청은 최근 사회적 문제로 대두된 마약류 등 약물 이용 범죄에 강력 대응하기 위해 종합대책을 수립하고 대대적인 마약류 범죄 단속을 추진하고 있습니다. 대구경찰은 우선 2부장을 단장으로 9개 부서가 참여하는 합동 추진단을 구성하고 정기적으로 대책을 논의하고 추진사항을 점검합니다.

대구경찰은 약물 범죄 및 이로 인한 피해 발생에 대해 112 신고 접수 시 대응 단계를 코드 0 또는 코드 1로 격상했습니다. 또한 오는 5월 24일까지 3개월간 집중 단속 기간을 운영하고 지방청 마약수사대를 중심으로 집중 단속을 벌입니다. 클럽 등 다중 출입장소 내 마약류 유통·투약, 해외여행객 가장 밀반입, 약물피해 의심 성폭력, 불법 촬영물 유통 등 약물 이용 불법 행위도 단속합니다. 아울러 상담소 등 관련 단체와 함께 약물 이용 범죄가 의심될 경우 적극 신고하는 체계를 구축하고 약물 증상 및 대처요령 등을 홍보합니다. 또한 피해 발생 시 심리 지원 및 신변 보호 등 세심한 보호조치에 적극 나설 방침입니다.

10. 지난 2월부터 오늘까지가 경찰의 마약 범죄 집중 단속 기간이었는데요. 제조·유통사범 검거가 부진한 원인은 어디에 있습니까?

최근 인터넷 등을 통한 마약거래가 많이 증가하고 있지만, 대부분이 해외에 서버를 둔 메신저 및 사이트를 이용하고, 당연히 적발이 어렵습니다. 마약사범들이 대면 거래는 하지 않고, 대포통장을 이용하여 일명 던지기(지하철역, 계단 등에 숨겨놓은 후 찾아가라고 하는 경우) 수법으로 거래를 하는 경우가 대부분으로 추적이 용이하지 않습니다. 마약사범의 경우에는 불안장애 등 정신적 문제를 호소하는 경우가 많이 있고, 상습적 투약으로 인해 신체적으로도 약한 경우가 많아 피의자 관리에 있어서도 어려움이 있다고 합니다. 수사관들의 이야기를 들어 보면, 마약 수사의 핵심은 신속한 체포와 수사로 공급책까지 일망타진하는 것입니다. 마약퇴치를 위해 구속 수사가 폭넓게 허용돼야 합니다. 하지만, 마약류 사범이 1만 명을 넘어선 지난 2015년부터 구속 수사 비율은 오히려 줄었습니다. 거꾸로 구속 영장이 기각되는 경우는 늘었습니다. 점조직으로 이루어졌기 때문에 이 사람들이 워낙 말을 맞추고 전부 도주하거든요. 윗선과 아랫선 수사를 하려면 구속을 하지 않고는 수사가 매우 어려울 수밖에 없습니다.

11. 불법 온라인 마약류 광고와 SNS를 이용한 마약 범죄도 급증하고 있습니다. 현행법상 광고만 해도 처벌 대상이 되는데, 경찰과 검찰에서 모니터링을 하고 있지만 차단이 쉽지 않다고요?

최근 인터넷으로 마약거래가 많이 증가하고 있는데요. 대구경찰청에서도 단속한 온라인 마약사범이 17년 5명에서 18년 55명으로 빠르게 증가하고 있는 것을 알 수 있습니다. 마약 관련 광고 게시글만 올려도 처벌되는데요. 마약류관리에관한법률 62조 제1항 제3호에서 마약 관련 정보를 타인에게 널리 알리거나 제시한 자를 3년 이하의 징역 또는 3천만 원 이하의 벌금에 처하도록 규정하고 있습니다. 경찰은 온라인상 마약류 광고를 실시간으로 모니터링하여 7건의 사이트를 적발해 방송통신심의위원회에 차단, 폐쇄요청을 하였지만 해외에 서버를 둔 SNS 및 인터넷사이트에 우후죽순 늘어나는 마약 광고 글을 전부 차단하기에는 다소 역부족으로 보입니다.

12. 관리와 감시가 허술한 틈을 타 마약 범죄는 더욱 진화하고 과감해지고 있습니다. 관련 처벌은 잘되고 있을까요? 우리나라의 마약 사범 처벌은 어떻게 이뤄지고 있습니까?

마약사범은 마약류관리에관한법률에서 제조, 수출·입, 판매, 소지, 투약 등 마약관련 금지행위 일체를 처벌하고 있는데요. 그중에서 소지·소유·수출입·제조 등 마약·향정 가액이 5천만 원 이상일 경우에는 특정범죄가중처벌등에관한법률에서 무기 또는 10년 이상의 징역을 처하도록 가중처벌 규정을 두고 있습니다. 하지만, 대검찰청 마약류 범죄백서에 따르면, 2017년 마약류 범죄로 기소된 사범 4681명의 형 선고 내역 가운데 40.1%(1,876명)는 집행유예였습니다. 벌금을 선고받은 경우는 3.6%(169명)이었습니다. 반면 징역 10년 이상의 중형을 선고받은 경우는 0.0004%(2명)에 그쳤습니다. 마약사범 재범률이 40%대에 이르는 이유입니다. 이를 두고 솜방망이 처벌이 마약 시장을 키울 수 있다는 우려도 나오고 있습니다. 우리나라의 마약 범죄 처벌은 미국이나 일본 등 다른 국가에 비해서 약한 편입니다.

13. 마약을 유통한 사람이 더 가벼운 처벌을 받는 경우도 있다고 하던데, 마약수사나 처벌과정에서 발생하는 문제들도 많다고요?

실례로, 마약 공급책이 검사에게 필로폰 밀수에 대한 정보를 제공하여 밀수 현장을 적발한 후 이를 공적으로 공소장에 기재하여 투약자들보다 훨씬 적은 8개월만 형을 살고 출소한 사례도 있었습니다. 마약 수사를 '고구마 줄기 캐기'라고 합니다. 한 사람을 붙잡으면, 공범이 줄줄이 엮이기 때문입니다. 필로폰 투약 혐의로 황하나 씨가 붙잡히니 함께 투약한 박유천 씨가 붙잡힌 것과 같은 이치입니다. 그래서 국내 수사기관은 관련 정보를 많이 알고 있는 공급책과 손을 잡을 수밖에 없습니다. 마약류의 공급을 적발해 막으려면, 그에 대한 정보를 알고 있는 또 다른 공급책과 '공조'해야 하는 상황이 생기는 겁니다. 물론 마약 공급책은 정보를 준 대가를 얻습니다. '감형', 즉 '플리바게닝'입니다. 이 과정에서 마약 공급책이 응당한 죗값을 모두 치르지 않고 일찍 풀려나오게 되는 딜레마가 나옵니다. 통상적으로 제조 유통사범이 투약 사범에 비해서 엄한 처벌을 받는 것이 원칙입니다. 하지만 마약사범들은 공적확인서 및 플리바게닝을 통해 재판과정에서 자신의 형량을 줄이려고 하고 있습니다. 현재 우리나라에서는 플리바게닝이 합법화되어 있지 않습니다. 하지만 플리바게닝이 효율적인 수사에 도움을 주고, 마약이나 뇌물죄 등 내부 증언이 있어야 수사가 가능한 경우 적용할 수 있습니다. 갈수록 지능화되고 조직적으로 이뤄지는 범죄에 빨리 대처하기 위해선 플리바게닝을 도입해야 합니다. 플리바게닝을 적용하되 법에서 정하고 있는 양형 범위 내에서 수위를 조절해야 하겠습니다.

14. 진화하는 마약 범죄를 막기 위해 좀 더 효과적인 감시, 관리체계가 필요한 시점입니다. 어떤 부분의 개선이 필요할까요?

마약에 대한 대책은 크게 생산의 제한, 반입의 차단, 투약자 처벌, 계몽과 치료 등으로 요약할 수 있겠습니다. 엄격한 단속과 치료가 병행되어야 합니다. 특히 유통경로를 파악해야 합니다. 앞서도 말씀드렸지만 SNS 등 인터넷을 통한 단속이 중요합니다.

UN 마약 범죄사무소 통계에 따르면, 일반 포털 사이트에서 검색되지 않는 딥웹(DEEP WEB)을 통한 마약거래가 2014년 4.7%에서 2017년 7.9%로 증가하였고, 이에 가상화폐인 비트코인 등을 사용한 거래가 증가하고 있습니다. 즉 예전에 조직폭력배가 하던 방식에서 가일층 진화한 것입니다. 사이버 수사대 국내외 유관기관 간 정보공유 및 긴밀한 시스템 구축 등 총력전이 필요합니다.

아울러 특히 중독자들에 대한 당국의 관심과 치료가 병행되어야 합니다. 마약은 중독성이 있기 때문입니다. 마약사범에 대한 정신적, 병리학적 치료가 필요하고, 사회적으로도 선도하려는 노력이 필요합니다. 마약은 강력한 단속과 빈틈없는 사후대책도 중요하지만 모든 범죄가 그렇듯이 예방이 중요합니다. 국민을 대상으로 한 교육과 홍보, 계몽이 중요합니다.

15. 마약 범죄 예방과 재발 방지를 위해서 전문가들은 교육과 함께 중독자들의 치료와 재활을 강조하고 있습니다. 하지만 정부의 관련 정책과 지원이 부족한 상황이라고요?

우리나라는 마약 범죄 치료가 원활하지 않은 상황입니다. 마약 중독자의 재범을 막기 위한 대책도 부실합니다. 마약류 사범은 급증하는데 정부가 올해 마약 중독 치료 사업에 쏟는 예산은 불과 2억 4천만 원에 불과합니다. 이마저도 지난해보다 30%가량 늘어난 겁니다. 처벌적인 관점에서만 접근을 하다 보니까 치료 관점에서 마약 사용자들의 중독을 해소할 수 있는 시설이 부족합니다. 치료 보호 프로그램, 치료 감호소 등 마약 중독자 치료기관이 있지만 예산과 인력이 부족합니다. 교도소를 나온 마약사범은 절대 혼자 약을 끊을 수 없습니다. 정부가 방치해선 안 됩니다. 마약 문제가 공론화된 선진국은 재범을 막기 위해 치료에 힘씁니다. 미국은 약물법원 제도를 통해 마약사범에게 처벌을 내리기 전 재활 기회를 줍니다. 약물법원과 연계된 마약 중독 치료기관에서 6개월에서 1년 치료받도록 하고 기소여부를 결정하는데요. 전과자를 양산하기보다 재사회화에 초점을 두는 겁니다.

일본은 아파리(아시아 태평양 중독 연구기관, APARI) 제도가 있습니다. 체포된 마약투약사범에게 실질적인 약물중독 개선을 돕는 비영리법인입니다. 마약사범이 중독치료를 목적으로 보석 신청하면 법원은 아파리를 거주지로 정해 보석을 허가하고, 아파리에서 치료에 성실히 참여하면 형량 반영에 참고합니다.

16. 마약 중독자 치료와 재활도 결국 정부가 해야 할 일입니다. 무엇이 가장 우선적으로 바뀌어야 한다고 보시나요?

현재 우리나라에서 중독 재활 치료를 받을 수 있는 시설은 국내 19곳, 이 가운데 주거 공간을 제공하는 곳은 15곳입니다. 그중에서도 여성 전용 시설은 2곳뿐입니다. 여성 중독자 대부분이 남성 중독자와 함께 치료받는 것을 꺼린다는 점을 고려하면, 턱없이 부족한 수준입니다. 결론적으로, 마약 중독자 치료는 이제 단순한 개인적인 문제가 아닌 사회 문제로 이를 효과적으로 대처하지 못하면 사회 전반에 크나큰 피해를 가져올 수 있다는 것을 인식하고 이에 대한 사회 전반의 관심과 노력을 기울여야 할 것입니다. 이를 위해 정부와 민간기관에서 운영하는 마약 중독자 치료 및 재활 센터를 유기적으로 연계할 수 있는 범정부차원의 마약 중독자 로드맵을 만들어 체계적으로 관리해야 할 것입니다. 약물 전담 교정시설을 지정해서 운영하는 방법도 고려할 만합니다.

17. 토론을 마칠 시간입니다. 마무리 발언 부탁드립니다.

마약 범죄는 암수 범죄가 적발건수의 20~30배에 이를 것으로 추정됩니다. 마약이 활개치는 나라 치고 치안이 안정적이고, 잘 사는 국가는 하나도 없습니다. 미국이나 독일, 이탈리아 등 주요 선진국들은 마약수사가 국가안위에 직결된다고 판단하여 마약수사청을 두고 있을 정도입니다. 또한, 단순히 처벌 위주의 정책으로는 마약 문제를 해결할 수 없다고 해서 치료에 많은 예산을 투여 하고 있습니다. 우리도 마약을 뿌리 뽑기 위해서는 유관기관인 검찰이나 경찰·식약처·관세청 등이 유기적으로 공조를 해서 단속 체계를 강화해야 하고, 마약 중독자에 대한 치료와 재활에 정책적 관심을 가져야 합니다. 이들은 처벌의 대상이지만 또한 치료의 대상이라는 점을 알아야 합니다. 또한, 시민들 스스로가 마약류에 대한 자기통제력을 가질 수 있어야 하며, 마약류에 대한 자발적인 신고 정신을 함양하여 마약류의 안전지킴이가 될 수 있어야 합니다. 약물 전담 교정시설 지정도 검토할 만합니다. 이제 마약과의 전쟁을 선포하고, 안전한 사회를 위해 전 국가적 역량을 모을 때입니다.

마약은 이제 남의 이야기가 아니다
경북일보 특별기고 (2022. 7. 11)

얼마 전 경남의 베트남인 전용 노래방에서 베트남인 33명이 마약 파티를 벌이다가 체포되었다. 이 중 한 명은 2018년 유학생 자격으로 입국한 뒤 불법 체류하면서 국내 베트남 유학생 등을 상대로 마약을 판매하고 상습 투약한 것으로 파악되어 충격을 주고 있다.

대검찰청 '마약류 범죄백서'를 보면, 내국인을 포함한 전체 마약류 사범은 2020년 18,050명으로 2019년 16,044명 대비 20% 증가한 것으로 나타나고 있다. 또한 2020년 마약류 사범 검거 현황에서 외국인 단속사범의 비율이 전체 마약류 사범의 10.8%를 차지했다. 이렇게 외국인 마약류 사범이 많은 이유는 국내 환경이 마약류 원료가 되는 식물이 자라기에 부적합하고, 향정신성마약의 원재료를 구하여 제조하기에도 불리하기 때문이다. 따라서 국내의 마약류는 대부분 외국에서 밀수되고 있고, 외국에 비해 높은 가격대를 형성하고 있기 때문에 앞으로도 외국인들에 의한 마약류 밀수 및 밀매는 증가할 것으로 예측된다.

또한, 코로나19의 장기화와 SNS를 활용한 다크웹이 성행하면서 해외에서 밀수입되는 마약류가 급격하게 늘고 있다. UN 마약 범죄사무소 통계에 따르면, 일반적 포털 사이트에서 검색되지 않는 딥 웹을 통한 마약거래가 증가하였고, 이에 가상화폐인 비트코인 등을 사용한 거래가 증가하고 있다. 즉 예전에 조직폭력배와 같은 범죄 집단에서 유통하던 방식에서 한층 진화한 것이다. 마약은 사람에게는 치명적인 물질로서 개인 건강 피해는 물론이고, 폭력이나 성범죄, 심지어는 살인 등으로까지 이어지는 등 심각한 사회 문제를 일으킨다.

UN은 인구 10만 명당 마약류 사범이 20명 미만인 국가를 마약 청정국이라고 하는데, 우리나라의 마약류 사범 수는 인구 10만 명당 25.2명꼴로 마약 청정국 기준을 이미 넘어섰다.

예전에는 마약사범이 남성이 절대적으로 다수를 차지했지만 최근에는 여성의 비율이 20%를 초과했다. 경찰이 최근에 검거한 마약사범을 보면, 필로폰과 엑스터시 등 향정신성의약품 사범이 전체의 83.2%로 제일 많았고, 이어 대마사범, 양귀비·아편 등 마약사범 순이었다. 유형별로는 투약·소지가 전체의 75.8%로 가장 많았고, 판매책, 밀수책의 순이었다. 또한, 최근에는 가정주부와 회사원 심지어는 대학생에 이르기까지 확산되고 있는 추세이다.

경찰청 국가수사본부는 마약류 사범의 70%가 10~30대라는 점을 강조하며, 특히 젊은 층의 마약 사용량이 늘고 있다고 발표했다. 작년에 마약사범 중 20대 마약사범이 전체의 31.4%로 1위를 차지했고, 10대가 450명으로 나타났다. 최근에는 고등학교 3학년 학생이 텔레그램 마약방 총책으로 검거돼 충격을 주었다. 마약류 범죄는 대표적인 암수 범죄(hidden crime)이다. 이는 실제로 범죄가 발생은 했지만 공식적으로 정부 통계에는 잡히지 않는 숨어있는 범죄를 말한다. 마약 범죄는 실제 적발 건수의 20배에서 30배에 달하는 것으로 추정된다. 평온한 농어촌 지역도 예외는 아니다.

이러한 심각성을 인식하고, 범국가적인 마약 관련 대책이 필요한 시점이다. 마약 범죄에 대한 대책은 마약 생산의 제한과 반입 차단, 투약자 처벌과 계몽, 그리고 치료로 요약할 수 있다. 특히, 마약의 유통경로를 정확하게 파악하여 차단하는 것이 중요하다. 국가정보원, 경찰청, 법무부 등 국내외 유관기관 간의 긴밀한 정보공유 및 시스템 구축이 필수적이다.

마약은 중독성 때문에 치료가 병행되어야 한다. 정부가 예산을 들여 마약 중독자들을 치료해야 한다. 마약 중독자 개인 스스로는 치유가 불가능하다. 또한 국내 체류 외국인들에 대한 마약 관련 법규와 처벌 수위를 설명하는 등 교육과 훈련이 강화되어야 한다. 국민들의 건강이 마약으로 무너지면 국가의 미래는 장담할 수 없다. 마약은 초기에 잡아야 한다. 시간이 더 지나면 영원히 잡을 수 없다.

우리나라도 테러에 대비해야 한다

우리나라도 테러의 안전지대가 아니다. 테러는 최근 들어서 새롭게 등장한 개념도 아니다. 자고 일어나면 전 세계에서 발생한 테러 뉴스가 언론을 통해 보도된다. 테러는 인권, 빈곤, 기후변화 등과 함께 국제 평화를 위협하는 주요 국제 이슈로서 주목받고 있다.

역사적으로 볼 때, 국가 위기는 전쟁과 관련된 것들이 많았다. 그러나 최근에는 국가가 대비해야 할 위기의 분야들이 한층 확대되고 있다. 즉 1990년대 후반 탈냉전 시대가 시작되면서 국가가 대비하고, 관리해야 할 위기의 근원과 위협 요인들이 확대되기 시작한 것이다. 동서 냉전의 종식과 함께 세계대전의 위험성은 줄었지만, 지역 차원의 무장 분쟁이나 갈등 사례는 오히려 증가했다. 특히 테러는 이제 전쟁 이상의 위협으로 우리에게 다가온 것이다. 2001년 9월 11일 아침, 19명의 알카에다 요원이 네 개의 팀으로 나누어 서류 커트용 나이프를 이용하여 민간 항공기를 납치하였다. 납치 과정에서 테러리스트들은 별다른 저항을 받지 않았고, 곧바로 워싱턴의 펜타곤과 뉴욕 세계무역센터 건물이 무참히 무너졌다. 이 테러의 피해는 2,998명의 사망자와 함께 측정하기 어려울 정도의 경제적인 피해를 남겼다. 9·11 테러에 의해 테러리스트들은 어떠한 수단도 사용할 수 있고, 대규모의 민간인 피해도 전혀 개의치 않는다는 점이 입증되었다.

대한민국도 테러 안전지대라고 말할 수 없다. 먼저 우리나라에서 발생 가능한 테러유형은 크게 세 가지로 예측해 볼 수 있다. 첫째, 북한에 의한 테러이다. 대한민국은 분단국가이다. 과거 북한은 끊임없이 남한을 상대로 테러를 저질러 왔다. 1968년 1월 21일 김신조 일당의 청와대 기습 사건, 83년 10월 9일 미얀마 아웅산 폭파 사건, 87년 김현희의 대한항공 858 폭파 사건 등이 그것이다. 또한 북한이 배후 조종한 것으로 예상되는 각종 테러 사건에서 사용되는 공작금, 외화벌이 범죄 조직의 수익금, 사이버 테러 관련 대가성 금품 등이 국내외 금융기관을 통해서 북한으로 유입되는 사례도 포착되고 있다. 만약 북한이 테러를 자행한다면 그 유형은 북한 자체의 특수공작요원들을 이용한 테러, 국제테러조직과 연계한 테러, 국내 좌경세력들을 이용한 테러가 될 가능성이 높다. 또한 테러의 구체적인 실행방법으로는 생화학 테러, 핵 테러, 사이버 테러, 드론 테러를 활용할 가능성이 높다.

둘째로 생각해 볼 수 있는 테러는 국제 테러리스트 단체에 의한 테러이다. 해외에서 활동하는 재외공관 시설, 인력 및 회사를 대상으로 국제 테러단체로부터 테러의 위협이 증가하는 추세이다.

셋째는 국내 자생적 테러리즘이다. 국가발전에 따른 국민의 기대와 이를 만족시켜 줄 수 있는 충족감 사이의 격차가 확대되면서 상대적 박탈감을 느끼는 사람들이 단독 또는 단체를 조직해 계획적인 테러를 저지를 가능성이 있다. 비록 그들에게 정치적인 목적은 없어도 그로 인한 피해와 공포는 클 수 있다. 세계 유일의 분단국가로서 북한과의 특수한 관계 속에 있다는 점, 다문화 국가로의 발전, 국제사회 속에서 미국의 우방국으로서 여러 전쟁에 군대를 파견하는 등 자생테러 및 국제 테러리즘 등 다양한 테러의 발생 가능성을 예상할 수 있다.

모든 국민의 테러에 대한 경각심이 필요한 때이다. 테러에 대하여 국가정보기관의 치밀한 정보수집과 유관기관 간의 원활한 소통과 정보공유, 테러 담당 인력의 전문화, 실전과 같은 대테러 훈련강화 등 철저한 대비가 필요하다. 국가 위기관리의 주안점은 만일에 있을 위기 사태에 효율적으로 대비하는 것이다. 안전은 비용이다. 안전에 대해서 인력, 시간, 재정을 투자해야 한다.

최근 들어서 주목할 현상은 호텔, 지하철역, 극장, 상점, 시내 거리 등과 같은 일반 시민들을 대상으로 한 테러가 주를 이루고 있다는 것이다. 2001년 9월 11일에 발생한 미국 세계무역센터 테러를 시작으로 해서 2005년 영국의 런던 킹스 크로스 역 폭탄 테러, 2008년 파키스탄의 메리어트 호텔 폭탄 테러, 2008년 인도 뭄바이 연쇄 폭탄 테러, 2015년 프랑스 파리 자살폭탄과 총기를 사용한 동시다발 테러, 스웨덴 트럭 테러 사건 등이 그렇다. 이는 대량 인명 살상으로 인한 관심 집중이라는 테러 집단의 목적 달성에 시민들이 운집해 있는 다중 이용 시설에 대한 테러가 효과적이기 때문이다. 게다가 다중 이용 시설은 정부기관이나 군사시설 등에 비해 상대적으로 안전대책이 허술하며, 접근통제 등 테러에 대비한 예방설계 등이 미흡하기 때문이다.

테러의 예외 지역이 아닌 우리나라도 마찬가지다. 즉, 북한을 포함한 국제테러

집단이 다중 이용 시설 및 일반 시민들을 대상으로 갑작스럽게 이루어질 가능성이 크다. 어느 기자가 필자에게 대구시에서 테러가 발생한다면 어느 장소가 타깃이 될 수 있을지 심각하게 물었다. "시민들이 많이 있는 동대구역, 동성로, 야구 경기 중인 대구 스타디움 등이 타깃이 될 가능성이 높다"라고 답했다.

필자는 시민들이 많은 다중 이용 시설에 대한 테러에 대비하기 위한 방안 중에서 먼저 환경설계를 통한 범죄 예방(셉테드, CPTED·Crime Prevention Through Environmental Design)을 제시한다. 환경설계를 통한 범죄 예방은 각종 범죄로부터의 피해를 제거하거나 피해를 볼 가능성이 있는 잠재적인 피해자들을 보호하기 위해 나온 프로그램이다. 즉 범죄의 구성요건이 되는 가해자, 피해자, 대상 물건, 장소 간의 상관관계를 논리적으로 분석해서 범죄를 예방하기 위한 일련의 물리적인 설계이다. 이미 미국과 영국 등에서는 테러와 범죄 예방을 위해서 적극적으로 셉테드의 적용을 시행하고 있다. CPTED와 같이 도시환경을 고려한 대테러대책은 테러리스트들로부터 취약한 공간을 사전에 제거함으로써 사전에 테러를 예방할 수 있고, 테러리스트의 활동 폭을 줄일 수 있어 매우 효용성이 있다.

아울러, 다중 이용 시설에 대한 테러를 예방하기 위해서 시민과 가장 가까운 곳에 있는 지방자치단체의 역할을 강조하고 싶다. 지역 내 모든 위기관리의 역량을 총체적으로 점검하고, 유사시 이를 효율적으로 사용할 수 있도록 하는 역량 강화가 필요하다. 즉, 지역의 위기관리와 연계된 집단들과의 긴밀한 소통이 중요하다는 의미다. 위기관리와 관련된 공공기관은 물론 민방위대, 시민 사회단체, 자원봉사 주민조직, 전문가집단 등과 유기적인 거버넌스 체제를 구축하는 한편 평상시의 테러 대비 훈련 등 유사시 협력과 집중이 가능하도록 해야 한다. 다중 이용 시설에 대한 테러 대비는 국가정보원, 군, 경찰뿐만 아니라 지방자치단체의 역할이 중요하다. 국가안보와 국민안전은 국가운영에 있어 가장 중요한 정책가치다.

최근 대구·경북지역의 대테러 역량 강화를 위해 뜻을 같이 한 교수들이 대테러전문가 네트워크를 만들었다. 영광스럽게도 내가 대표를 맡았다. 대구·경북의 경찰, 소방, 드론, 생화학 분야 최고의 전문가들로 구성되었다. 정기적으로 만나서 공부도 하고, 교육도 하고, 정보도 교환하고 토론하는 세미나도 개최하였다. 앞으로도 안전한 대한민국을 위해 대테러 전문가 네트워크의 역할을 기대한다.

포스트 코로나 시대 대테러 역량 강화 위한 정책발표 세미나

최근 대구·경북 지역의 대테러 역량강화를 위해 뜻을 같이 한 교수들이 대테러전문가 네트워크를 만들었다. 생물테러, 드론테러, 원자력, 치안행정, 경찰, 소방 분야 전문가들로 구성된 대테러전문가 네트워크 교수들은 첫 사업으로 '포스트 코로나 시대 대테러 역량 강화를 위한 정책발표 세미나'를 개최하였다.

지난 22일 대구한의대 학술정보관 619호에서 열린 세미나에서 박동균 대구한의대 경찰행정학과 교수(대테러 전문가 네트워크 회장)는 '코로나19 이후 효과적인 위기관리를 위한 지방자치단체의 역할'이라는 논문을 발표하였다.

박동균 교수는 "최근 새로운 각종 감염병의 위험성이 생물테러와 유사하게 국민의 생명과 재산을 위협하고 있어, 이러한 감염병에 대한 지방자치단체의 대응 시스템 강화는 곧 생물테러 대응역량 강화를 의미한다고 볼 수 있다"면서 "주로 미국, 영국, 독일, 일본 등 선진국 중앙정부와 지방정부의 위기관리 시스템을 비교 분석하고, 시사점을 살펴보았다"라고 말했다.

주요 시사점으로는 중앙과 지방의 재난안전관리 역할의 재조명 및 명확화, 중앙과 지방정부간의 재난관리 거버넌스 구축, 재난관리조직의 위상 및 재난관리 전문성 강화, 방역정보 시스템 표준화에 따른 정보공유 확대와 명확한 재난현장 지휘체계 구축 필요성 등이다.

또한, 선진국의 위기관리 시스템도 대형 재난을 겪을 때마다 보완과 개선이 요구되는 불완전한 체계임을 볼 때에 우리나라도 중앙정부와 지방자치단체의 대응체계와 매뉴얼에 대한 지속적인 개선이 요구된다고 주장했다.

박동균 교수는 "우리나라의 재난대응에서 주로 중앙정부는 재난안전관리 전략 및 계획을 수립하여 추진하고, 지방자치단체는 실질적인 대응, 복구의 현장 업무를 수행하는 구조이다. 코로나19와 같은 신종 감염병이나 생물테러가 발생하면 대응 및 복구가 이루어지는 곳은 지역의 현장이기 때문에 감염병과 생물테러 등 재난대응에 있어서 지방자치단체의 역할은 매우 중요하다. 초기에 신속하게 감염원 및 전파경로를 파악하고, 이를 바탕으로 철저하게 의심환자 및 접촉자를 관리하는 것이 방역 대응의 핵심이다. 따라서 지방자치단체는 의심환자 발견, 조치와 접촉자 관리에서 중앙정부의 대응주체들과 신속하고 정확하게 연계하여 적절하게 대응하는 것이 필요하다. 또한, 지역 환자 감시, 지역 역학조사, 지역 주민 대상 교육 및 홍보, 소통 강화, 지역 내 격리병상, 격리시설관리 및 추가 확보계획 수립, 방역 업무 중심 보건소 기능개편 및 검사인력 보강 등이 감염병과 생물테러 발생 등 위기관리에 있어서 지방자치단체의 주요 과제이다"라고 주장하였다.

서진혁 대구보건대 임상병리학과 교수는 '생물테러 대비 다중 이용 시설 방역 시스템 체계화 구축방안'이라는 주제발표를 통해 "새롭게 생겨나는 감염병과 생물테러에 대비하여 소독용품의 비치장소와 보유량, 소독방법, 소독작업자의 안전에 관한 내용 등을 다중 이용 시설의 시설관리 분야의 필수 매뉴얼로 만들고, 사전점검을 통해 실제 응급 상황에 대비하는 시스템을 만들어야 한다"면서 "이는 매뉴얼의 나라인 일본에서도 대지진 등 재난 발생시에 매뉴얼과 대응 시스템이 무력화되는 사례가 발생함을 고려할 때, 다중 이용 시설 등 위기관리 주체의 매뉴얼 수시보완과 사전 모의훈련이 요구된다"라고 주장하였다.

이번 세미나에 지정토론자로 참석한 김석완 대구한의대 교수, 정동경 대구보건대 교수, 박병규 경운대 교수, 이수정 한국외국어대 교수 등 전문가들은 한결같이 코로나 19와 같은 감염병은 앞으로 영원히 또 다른 형태로 나타날 것이며, 우리나라도 생물테러와 같은 테러리즘이 언제나 발생가능하다고 지적하였다.

따라서 현재에도 군, 경, 소방 등 지역차원의 대테러 유관기관들이 신속하게 대응하는 시스템이 잘 구비되어 있지만, 신규 감염병 및 생물테러 발생에 대비하여 다중 이용 시설 등 각 시설별 매뉴얼 보완과 함께 대테러 관계기관들의 사전, 사후 협력 시스템 강화를 강조하고 싶다고 결론을 맺었다(영남일보, 2020. 10. 29).

재난안전, 더 이상의 땜질은 없다
서울신문 2019년 1월 15일 인터뷰

해마다 재난이 끊임없이 발생하면서 수많은 생명을 앗아가고 있다. 무엇보다 큰 문제는 유사한 재난이 반복되고 있다는 것이 전문가들의 지적이다. 기해년 새해를 맞아 서울신문은 해마다 발생하는 크고 작은 재난들이 반복되지 않도록 전문가들과 국내 각종 재난을 분석해 정책 대안을 제시하는 기획을 시작한다. 세이프 코리아 리포트는 미국에서 1973년 발간된 화재대책 보고서인 '아메리카 버닝'에서 분석한 것처럼 국내 각종 재난을 진단하고 정책 대안을 제시하는 기획이다. 세이프 코리아 리포트는 국가위기관리학회 소속 교수들과 함께 화재를 포함해 지진, 붕괴 사고, 해양 선박사고, 감염병, 화학물질사고, 원전 사고 등 일상에서 발생할 수 있는 다양한 재난을 다룰 예정이다. 여기에 있는 질의응답은 서울신문에서 필자에게 질문한 내용이다.

1. 대한민국 역대 최악의 재난(참사)과 이유는?

필자는 세월호 사건이라고 생각한다. 전 국민의 가슴을 아프게 했던 2014년 세월호 참사는 최근 발생한 재난사고 중에서 가장 참혹한 사건으로 여겨진다. 세월호 사고에서 나타난 위기관리의 부실과 그 실패의 구조적 원인은 대한민국 국가 위기관리의 한계를 드러낸 것이다. 피해자 300여 명 중 대부분이 어린 고등학생들인 최악의 해상 재난인 세월호 사고는 안전관리의 잘못된 관행, 사고 초기 선장·선원의 무대응, 긴급구조에서 위기관리체계의 오작동, 재난총괄기구의 무능력 등이 나타나면서 국가위기관리의 총체적인 문제점을 노출했다(박동균, 2016).

출처 : 박동균(2016). 세월호 사례를 통해 본 한국 위기관리행정의 문제점과 정책과제, 「한국치안행정논집」 13(1).

2. 가장 대응이 미흡했던 참사와 이유는?

제천화재참사이다. 대형 화재사고는 재발할 우려가 있다. 제천 스포츠센터 화재참사는 29명의 사망자를 낸 최악의 화재참사로 기록됐다. 제천화재참사는 초기 소방 대응력의 부족, 필로티 건물의 취약성, 건물주의 소방안전관리 부실 등 여러 요인이 복합적으로 작용해 발생한 인적 재난이다.

ⓒ 박동균 교수 논문 참조

우리나라 화재 발생 추이를 보면, 1980년대 중반까지 완만한 증가추세를 보이던 화재 발생 건수는 1987년 1만 건을 기점으로 급격한 증가추세를 보였고, 2004년에는 3만 건 이상으로 증가와 감소를 반복하였다. 이는 성장 위주의 경제정책에 따른 안전의식 미약, 복잡 다양한 생활환경의 변화, 그리고 에너지 과다사용 등에 따른 화재유발인자의 노출이 존재했기 때문이다.

최근 10년간 국내 대형 화재를 보면, 2007년 2월에 전남 여수출입국관리소 외국인 보호시설 화재로 외국인이 10명 사망했고, 2008년 1월에는 경기도 이천 냉동 창고 화재로 40명이, 2009년 11월에는 부산 신창동 실내사격장에서 화재가 발생해서 외국인 관광객 10명과 한국인 5명이 사망했다. 2014년 5월에는 전남 장성군 요양병원 화재로 21명이 사망하는 등 그동안 많은 화재사고가 있었다.

제천 스포츠센터 화재참사는 29명의 사망자를 낸 화재 사건으로 2008년 경기도 이천 냉동 창고(40명 사망) 화재 이후 9년 만에 가장 많은 희생자를 낸 참사로 기록됐다. 제천화재참사는 필로티 건물의 취약성, 건물주의 소방안전관리 부실, 초기 소방 대응력의 부족 등 여러 요인이 복합적으로 작용해 발생한 인적 재난이다.

제천화재참사의 위기대응상 문제점을 근거로 몇 가지 위기관리 정책과제를 제시하고자 한다.

첫째, 화재 등 재난에서 가장 중요한 것이 초동대응이다. 이는 철저하게 훈련된 전문가의 상황판단이 무엇보다 중요하다. 이러한 점에서 볼 때, 화재에 대응하는 현장지휘자인 소방서장들의 지휘능력이 절대적이다. 일선 소방서장들의 현장에서의 대응능력을 강화하는 인사정책이 필요하다. 아울러 일선 소방관들의 전문성 확보도 중요하다. 소방 인력증원과 더불어 소방관들에 대한 실효성 있는 교육 훈련을 통해 대응 능력이 한층 더 강화될 수 있도록 노력할 필요가 있다.

둘째, 제천화재참사를 초기에 진압하지 못한 이유에는 소방도로에 불법 주·정차되어 있던 차량들도 큰 원인이다. 현재는 소방구조활동 중에 민간인 피해가 발생하면, 소방관 개인이 변상하는 경우가 많다. 소방청이 2015년부터 2017년 6월까지 전국 소방관서에서 파악한 소방관 개인 변상건수는 20건이며, 변상금액도 1,732만 원에 달했다(뉴스핌, 2018. 1. 17). 이는 적극적이고 소신 있는 소방활동을 저해하는 요소로 작용한다. 따라서 소방관들이 적극적인 화재진압과 구조활동을 원활하게 할 수 있도록 소방활동 중 타인의 재산에 손해를 끼쳤다 하더라도 손해배상(손실보상) 소송의 상대방은 국가나 지방자치단체가 되도록 해야 한다. 다만 소방관에게 고의나 중대한 과실이 있었을 경우에만 국가나 지방자치단체가 소방관에게 배상금을 돌려받을 수 있게 하면 된다. 또한 소방관뿐만 아니라 소방활동에 나선 주민들이 주차 차량을 파손시킨 경우에도 지방자치단체가 대신 책임을 지게 하는 방법도 고려할 수 있다.

현재 불법 주·정차 차량을 견인할 견인차는 없다. 아울러 불법 주정차 문제를 해결할 차고지 증명제, 학교 운동장 개방 등의 실질적인 정책의 연계 및 확대가 필요하다. 위기관리는 어느 한 부서나 한 기관이 처리할 수는 없고, 유관기관 간의 상호협력 및 거버넌스 시스템이 필요하다. 소방차가 조기에 투입될 수 있도록 불법 주·정차 문제는 반드시 해결되어야 할 문제로 다양한 행정기관과 주민의 정책 및 협조가 필수적이다.

셋째, 현재 우리나라 목욕탕과 찜질방 같은 다중 이용 업소 내부 안전불감증이 심각한 수준이다. 충북소방본부가 2017년 12월 29일부터 2018년 1월 5일까지 충청북도 내 목욕탕과 찜질방이 있는 복합 건축물 115곳을 특별 점검한 결과 58%인 67곳에서 위반 사항을 적발했다. 철저한 단속과 처벌이 이루어져야 한다. 다중 이용 시설에 대한 소방점검을 더욱 엄격히 할 필요가 있으며, 상시 점검시스템을 갖추어야 한다. 또한, 지역 주민들이 불법적인 요소의 신고를 활성화 할 수 있는 방안이 필요하다. 아울러 소방당국은 다중 이용 시설 업주들이 소방안전관리에 어떤 어려움을 겪는지 조사해서 수시로 컨설팅을 해주고, 상시 소방안전 교육을 통해 안전사고에 대한 경각심을 갖도록 해야 한다. 즉 단속과 컨설팅을 병행하는 방향으로 나가야 한다. 정부와 지방자치단체도 가연성 건축 자재를 교체하고, 안전시설을 잘 갖춘 건물에 세제혜택을 주는 등 '안전은 비용이 소요된다'라는 인식을 시민들에게 확산시켜야 한다. 즉, 안전은 비용이 든다.

넷째, 국회 행정안전위원회 소속 김영호 의원이 소방청으로부터 제출받은 자료에 따르면, 2016년 말 기준 전국 소방 공무원은 32,000여 명이다. 법정 기준 51,714명보다 현장인력이 19,254명(37%) 부족하다. 현장인력의 지역별 편차도 크다. 지역에서 근무하는 소방관은 지방직이기 때문에 지방재정자립도가 낮은 도시나 농어촌 지역의 소방 공무원 부족률은 심각하다. 제천의 소방인력 충원율은 법정 기준의 47%에 불과하다. 위기관리를 효율적이고 적극적인 입장에서 펴기 위해서는 사전대비 측면에서 인력과 더불어 장비의 확보가 필수적이다.

3. 국가 재난 대응능력 현주소를 진단한다면?

문재인 정부에서도 위기관리 역량에 대해 좋은 점수를 주기 어렵다. 안전은 구호에 그치고 있다. 그보다는 보편적 복지에 정책적 우선순위가 있다. 안전은 투자이고, 비용이 수반된다는 점을 인식해야 한다.

4. 재난관리 시 선진국에 비해 우리나라가 부족한 분야는?

우리의 재난관리는 사고 발생 시 복구에 집중되어 있다. 예방 분야에 대한 투자가 너무 미흡하다. 재난 선진국인 일본은 예방에 많은 예산을 투입하고 있다. 실제 상황을 가상해 놓고 철저한 훈련과 연습이 중요하다. 위기관리 분야는 전문성이 중요하다. 적재적소에 전문가를 활용해야 한다.

5. 재난 재발 방지를 위해 가장 시급한 것은?

무엇보다 중요한 것은 정치권 및 정부의 안전에 대한 인식이다. 말로는 안전을 중요하게 여기면서 예산이나 정책은 뒷받침하지 않고 있다. 아울러 실제 재난 상황을 가정한 훈련과 연습이 필요하다. 아울러 지방자치단체(지방정부)의 재난관리 책임과 권한을 강화해야 한다. 주민의 생명과 재산을 보호해야 하는 주민과 가장 가까운 곳에 있는 공적 기관이 바로 지방자치단체이기 때문이다.

6. 미래에 국민을 위협할 수 있는 재난은?

신종플루, 메르스, 코로나19와 같은 신종 전염병이다. 기후변화와 함께 신종 전염병은 필연적이라고 볼 수 있다. 지진도 예외는 아닐 것이다. 신종 재난에 대한 다각적인 연구가 필요하다.

전통적인 인적 재난의 유형은 가스폭발, 건물 붕괴, 교통사고이다. 이와 같은 인적 재난도 종종 발생할 가능성 높은 재난으로 기록되고 있다.

7. 미래의 재난을 어떻게 대비해야 할까?

무엇보다 정부에 대한 국민들의 신뢰감을 높여야 한다. 현재 우리 사회는 사회적 양극화로 인한 계층 간의 불신이 높고, 정부에 대한 신뢰도가 매우 낮은 편이다. 신뢰도가 낮은 상황에서 위기가 발생했을 때, 필요한 위험소통이 제대로 이루어지는 것은 불가능하다. 따라서 평상시에 사회 각 부분에서 다양한 정책을 통해서 정부에 대한 신뢰를 증진하도록 노력해야 한다. 신뢰는 국가위기관리에 있어 중요한 사회적 자본이다. 신뢰받지 못하는 정부는 위기를 극복할 수 없다.

또한, 위기 상황에서 초동대응은 국민의 생명과 직결될 수 있기 때문에 중요하다. 정부는 감염병과 같은 위기 상황에서 신속하고 정확한 분석을 토대로 국민에게 연관성이 있는 구체적이고 실질적인 정보와 행동수칙을 신속하게 다양한 채널을 통하여 일관성 있게 제시하여야 한다. 공개해서는 절대 안 되는 국가기밀 이외의 정보는 과감하게 국민들에게 공개함으로써 국민들의 참여와 협조를 구해야 한다. 이는 민주사회의 정책 과정에서 나타나는 다양한 갈등의 요소와 불확실성을 해소하는 중요한 기제가 될 수 있다. 또한 정책 과정에서 건설적인 환류(feedback) 기능을 수행하고, 정책의 수요자인 일반 시민과 공급자인 정부 간의 인식 및 선호불일치(dismatch) 문제를 해소하는 데 매개 혹은 기제로 작용해야 하는 것이다.

우문현답: 우리의 문제는 현장에 답이 있다

현장경찰 목소리 청취

필자는 자치경찰위원장과 함께 대구시 10개 경찰서를 방문하면서 현장경찰관의 목소리를 청취했다. 10개 경찰서장 및 과장(생활안전과, 여성청소년과, 교통과)들은 새롭게 시작되는 자치경찰제에 대한 기대와 우려를 나타냈다. 자치경찰제를 시작하면서 일선에 있는 현장경찰관들은 그동안 고충이 많았던 주취자, 정신병자 등의 보호 업무를 지방자치단체에서 효율적으로 할 수 있을 것이라고 기대한다. 반면에 지방자치단체는 이러한 업무와 아동학대 등 지방자치단체의 보호 업무를 지방자치 공무원이 아닌 자치경찰을 통해 강력하게 처리할 것이라는 상반된 생각을 하고 있는 것은 아닌지 우려가 있다.

이후에도 현장경찰관들의 업무를 방해하지 않는 선에서 대구경찰청 지하철 경찰대, 북부경찰서 산격지구대, 범어지구대, 고산지구대, 대구동부경찰서 음주 운전 단속 현장을 방문하여 피자 등 간식을 제공하는 등 현장과의 소통을 이어 나갔다.

대구시 자치경찰위원회는 2021년 7월 1일 자치경찰제의 본격적인 시행을 앞두고 시민 생활 치안현장의 다양한 의견을 듣기 위해 일선 경찰서를 순회한다.

최철영 자치경찰위원장과 박동균 상임위원은 6월 16일 대구북부경찰서를 시작으로 대구경찰청 산하 10개 경찰서를 차례로 방문한다.

1일 2곳씩 방문해 경찰서장 및 자치경찰사무 수행부서인 생활안전·여성청소년·경비(교통)과 경찰들과의 간담회 형식으로 진행한다.

이번 간담회에서는 범죄 예방, 여성·청소년·노인 등 사회적 약자 보호 및 교통안전 등 관할 지역별 자치경찰사무 현안과 대책을 논의하고 자치경찰제 시행에 따른 현장에서의 어려움 및 건의 사항 등을 청취한다. 또한 시민들이 안전에 대한 체감도를 높일 수 있도록 지역 특성에 맞는 치안 서비스 발굴 및 제공에 최선을 다해 줄 것을 당부할 예정이다(대구신문, 2021. 6. 17).

찾아가는 현장경찰과의 소통 간담회

강북경찰서 샛별로 방문

2021년 12월 2일(목) 10:30 필자는 대구시 관내에 우수한 협력 치안 사례로 인정받고 있는 강북경찰서를 현장 방문하여 이희석 대구강북경찰서장과 여성안심 보호구역 샛별로 관련 면담을 실시하였다. 이후 북구 태전동 샛별 공원 내(여성안심 보호구역) 샛별로 프로젝트 현장 방문 애로사항 및 향후 추가 설치 관련 의견을 청취하였다. 이 자리에는 이 프로젝트를 함께 수행한 대구여성가족재단 박영주 팀장과 담당자, 대구경북경찰서 생활안전계장과 담당자가 함께 하였다.

북구 태전동 샛별로 공원 현장 안전점검

주취자 응급의료센터

2021년 7월 8일, 대구의료원 내 주취자 응급의료센터를 방문하였다. 이 센터는 야간에 주취자들을 보호하는 시설로 실제 야간근무를 하는 경찰관들에게 가장 큰 애로사항은 주취자 처리 문제이다.

주취자 응급의료센터는 2014년 10월 20일 대구의료원 응급실 내에 설치되었고, 대구서부경찰서 생활질서계 경찰관 4명이 4조 2교대 근무하는 시스템이다. 여기서 보호하는 대상은 단순주취자와 주취난동으로 인한 형사사법 처리 대상자는 제외하고 만취자로서 의학적 개입이 필요한 사람과 알코올 중독이 의심되는 상습 주취자로서 의학적 개입이 필요한 사람 등이다. 의학적 개입 필요 여부는 대구의료원 응급실 의료진이 판단하고, 보호 대상자 치료 시 수시로 이상 유무 확인 등 임무를 수행한다.

시설을 탐방하고 시설 관계자들과 이야기를 한 결과를 종합해 보면, 대구의료원의 입장에서는 주취자들이 난동을 부리고, 밤새 애를 먹이니 주취자 응급의료센터 운영을 별로 선호하지 않는다. 하지만 경찰관들의 입장에서는 이 시설이 꼭 필요하고, 대구의료원뿐만 아니라 대구지역 동쪽(동구나 수성구 쪽)에도 이런 시설이 설치되기를 희망한다. 이 또한 대구시 자치경찰위원회가 챙겨야 할 과제이다. 앞으로 해야 할 일이 많다.

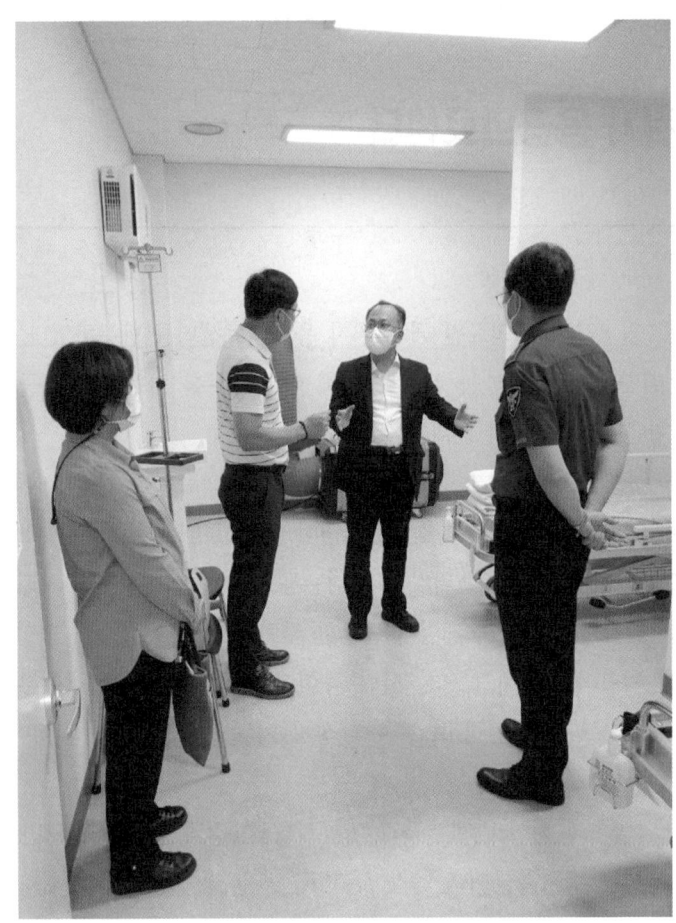

대구의료원 내 주취자 보호실, 대구서부경찰서 관계자와 대담

순찰 토크(TALK)

2021년 9월 30일 저녁 10시경 필자는 대구 수성경찰서 고산3동 자율방범대(대장, 배광호)의 초청으로 수성경찰서 생활안전계, 수성구 구의원, 자율방범대원들과 함께 수성구 고산3동 범죄 취약지역을 방범 순찰했다.

'우리 동네 순찰 토크' 행사는 평소 자치경찰제에 대해 관심이 많은 자율 방범대원들의 자치경찰에 대한 궁금증을 해소하고, 동시에 범죄 예방 방범 순찰도 실시하는 두 가지 효과를 위해 기획됐다.

순찰 토크는 대구시 자치경찰위원회 김태욱 경위와 이 행사를 기획하던 중 만들어진 이름이다. 김태욱 경위는 우리 자치경찰위원회의 막내로서 많은 아이디어와 헌신으로 초대 자치경찰위원회를 대표하는 꾀돌이 아이이어 뱅크였다.

이날 순찰 토크는 수성경찰서에서 만든 셉테드(환경설계를 통한 범죄 예방) 사업, 순찰과 협력방범의 중요성, 자치경찰 추진경과, 자치경찰 향후 발전과제, 자치경찰 공모사업 시민 참여방법 등에 대한 질의와 응답이 이어졌으며, 코로나19 확산을 방지하기 위해 방역수칙을 철저하게 준수하면서 최소한의 인원으로 진행했다.

필자는 순찰 토크에 대해 "자치경찰제도는 주민자치행정과 경찰행정의 조화로운 결합으로 가장 중요한 목적은 범죄 예방과 시민안전이다", "이를 위해서 셉테드, 합동 순찰 등 다양한 협력 치안 활동이 중요하고 무엇보다 시민들의 적극적인 참여와 관심이 중요하다"라고 강조했었다.

순찰 토크 장면(셉테드와 안심 귀갓길 설명)

편의점 범죄 예방

2022년 1월 27일(목) 저녁 7시 30분, 필자는 대구시의회 강민구 부의장과 함께 대구수성경찰서 범어지구대를 방문하여 대원들을 격려하고, 편의점을 노린 범죄 예방 캠페인을 하였다. 코로나19 특히 오미크론이 급격하게 유행하는 상황에서 최소한의 인원으로 진행되었다. 강민구 부의장은 이전에 대구수성경찰서 범죄 예방 위원으로 같이 활동을 한 적이 있고, 특히 대구시의회 기획행정위원으로서 경찰활동, 특히 범죄 예방과 자치경찰에 많은 관심과 지원을 하는 준전문가이다. 이날은 특히 설을 앞둔 시점에서 새벽 시간대 편의점을 대상으로 현금을 노린 범죄를 예방하는 캠페인이었다.

편의점 범죄는 예방이 최선입니다

★ 주의 ★

새벽 시간대 편의점을 대상으로 현금을 노린 범죄를 예방을 합시다.

◆ 편의점 내부가 잘 보이도록부착 물을 제거하면 자연적 감시효과를 최대한 높일 수 있어 범죄 예방에 도움이 됩니다

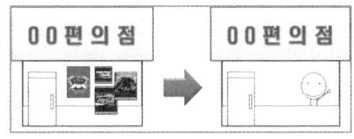

◆ 출입자의 얼굴이 촬영될 수 있도록 CCTV 카메라의 촬영 각도 조절과 작동 여부를 확인을 합시다

◆ 새벽 시간에는 전화기를 계산대 바닥에 내려놓고 만일 강도가 위협을 하면 발로 건드려 한달음 시스템을 작동 시킵니다
★ 3분이내 순찰차 출동

 수 성 경 찰 서 범 어 지 구 대

'무인점포' 대상 범죄, 예방이 중요
경북일보 특별기고 (2023. 5. 22)

주위에 무인점포가 눈에 띄게 늘고 있다. 인형 뽑기와 아이스크림 가게를 시작으로 커피점과 편의점은 물론이고, 거리에 과일 파는 점포도 무인으로 운영되는 곳이 많아졌다. 인건비와 물가 상승 등 어려운 경제 여건 속에서 사람 없이 운영되는 무인점포가 지속해서 증가하는 추세에 있다. 무인점포는 손님들과의 신뢰 관계를 전제로 운영된다. 이러한 신뢰 관계를 기초로 해서 비교적 저렴하게 운영되는 것이다. 무인점포는 사업자 등록만 하면 영업이 가능한 자유업이다. 따라서 지방자치단체에 별도의 신고 의무 없이 비교적 적은 비용으로 창업을 준비하는 사람들에게 인기가 많다. 하지만 다른 한편으로는 절도와 같은 범죄가 끊임없이 발생하고 있어 이에 대한 대책도 중요하게 대두된다.

지난해 말 기준으로 국내 무인 편의점은 2천 310개로 2020년 499개와 비교할 때, 6배나 증가했다. 경찰청 자료에 의하면, 2021년 3월부터 2022년 6월(15개월간)까지 무인 점포 내 절도 사건은 전국적으로 총 6,344건 발생하였고, 대구에서도 지난해와 2021년 한 해 동안 각각 172건과 162건의 절도가 발생했다. 하루 평균 13건이 발생한 것이다.

문제는 무인점포에 관리자가 없다는 점을 이용하여 점포 물건을 마음대로 가져가거나 현금계산기를 뜯어내 돈을 훔쳐 가는 등 범죄가 늘고 있다는 것이다. 또한 제품을 결제하지 않거나 CCTV에 찍힐 것을 예상해 일부만 계산한 뒤 떠나는 절도 사례도 많다. 어느 한 무인 편의점에서는 휴대전화 간편결제 기능으로 계산하는 시늉만 한 뒤 물건을 훔쳐 간 사례도 있다고 한다. 아울러 쓰레기를 가져다가 버리거나 배설물로 매장을 더럽히는 몰지각한 사례도 종종 발생한다. 작년에는 무인 인형뽑기방에서 한 고객이 가게 안쪽에 대변을 본 후 달아나는 황당한 사건도 벌어졌다고 한다. 또 한편으로는 일부 청소년들의 야밤 놀이터로 전락하는 등 청소년들에게 범죄의 온상으로 변질되고 있으며, 서서히 사회 문제로 대두되고 있다.

이제 무인점포가 더 이상 범죄의 표적이 되지 않도록 현실적인 대책이 필요하다.

보통 범죄는 범죄를 저지르고도 적발되거나 체포될 가능성이 없을 때 발생한다. 무인점포는 매장 출입이 자유롭고, 사람의 직접적인 감시의 눈도 없어 범죄를 저지르는데 특별한 범죄 기술이 필요하지 않다. 무인점포마다 CCTV가 설치돼 있지만 이것만으로는 절도를 막기가 부족한 상황이다. 이에 경찰청에서는 무인점포를 대상으로 하는 범죄를 예방하기 위해 CCTV 설치 여부나 민간 경비업체 가입 여부, 비상벨 설치 등 방범 진단을 실시하고, 순찰을 강화하고 있으며, 점포 내부에 경고문을 붙여 경각심을 심어주는 등 다양한 홍보활동을 병행하고 있다. 또한, 무인점포 관리자에게 수시로 범죄예방 시설물 관리에 대해 소홀함이 없도록 당부하고, 미비점은 보강하도록 독려하고 있다. 하지만 경찰의 대응도 중요하지만, 무인점포 업체 차원에서 현금 출납기 잠금장치 강화 등 피해 예방을 위한 대책이 무엇보다 필요하다. 사람이 상주하지 않는 무인점포 절도는 죄의식 없이 가볍게 대하는 상습범이 많다는 점에서 처벌 수위를 높여야 한다.

무인점포 절도는 현금이나 물건 절도 시 형법을 적용해서 6년 이하의 징역 또는 1천만 원 이하의 벌금이 가해진다. 이 점을 적극적으로 알릴 필요도 있다. 청소년들 사이에서는 간혹 장난으로, 별 대수롭지 않게 무인점포에서 절도 등 비행을 저지르는 경우가 있다. 교육과 계몽이 필요한 시점이다.

무인점포라고 해서 업주가 그냥 놔두어서는 안 되고, 시간 날 때마다 청소도 하고, 재고도 파악하고, 관리자가 중간중간에도 나타난다는 사실을 알릴 필요도 있다. 무인점포에서의 작은 도둑이 나중에 큰 도둑이 될 수 있다는 사실을 알아야 한다.

대구 중부경찰서의 무인점포 치안 점검

대구 중부경찰서는 정근호 서장을 중심으로 사회적 약자 보호 등 다양한 분야에서 범죄 예방에 힘쓰고 있다. 특히, 대구시의 가장 번화가인 동성로를 중심으로 빠르게 증가하고 있는 무인점포와 편의점에 대한 치안 점검에 나섰다. 2023년 5월 7일 무인점포 범죄를 예방하기 위해 점포 내 '양심 거울'을 설치하고, '집중 순찰 구역 스티커'와 '안심 경보기'도 마련했다. 중부경찰서 생활안전계 박은영 계장은 "최근 동성로를 중심으로 아이스크림 가게, 문구점, 스티커 사진관, 노래방 등 무인점포 빠르게 늘어나자 절도 범죄의 무대가 되고 있다"라고 하며, 범죄 취약지역으로 분류된 편의점과 무인점포 업주들에게 '경찰서장 서한문'을 발송해 최근 범죄 유형과 대처요령에 대해서도 안내했다.

양심 거울 부착

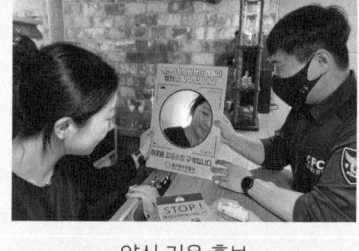

양심 거울 홍보

집중 순찰 스티커 부착

안심 경보기 부착

2천원 이하 소액 사건에 경찰 출동…무인점포 절도 기승

대구 신고 건수 전년比 56.3% ↑
업주 차원 관리 대책 마련 필요성

7일 대구 중구 남산동 한 무인 아이스크림 가게. 내부 곳곳에 '도난 적발 시 50배 이상 변상금과 형사처벌을 받게 하겠다'는 문구와 함께 물건을 훔치다 걸린 사람의 사진이 붙어 있었다.

그러나 매장 내에는 내·외부를 비추는 폐쇄회로(CC)TV 외에는 별도의 방범 시스템이 없어 얼마든지 물건을 들고 나갈 수 있는 구조였다. 사설 경비업체가 관리한 흔적도 찾아볼 수 없었다.

최근 급속도로 늘어난 무인점포가 소액절도 사각지대로 전락하면서 치안 서비스의 부담을 키우고 있다. 2천원 미만의 소액절도가 빈번한데도 과도한 수사력이 투입되면서 경찰 업무에 과부하가 걸리고 있어서다.

소방청의 주요 무인점포 전수조사 결과에 따르면 지난해 3월 기준 대구의 무인점포는 모두 299곳이다. 업종별로는 아이스크림 매장이 103곳(34%)으로 가장 많고, 세탁소 70곳(23%), 스터디카페 32곳(10%), 사진관 26곳(8%) 등이다.

무인점포는 인건비 상승과 함께 꾸준히 늘어나는 추세다. 하나금융경영연구소에 따르면 CU·GS25·세븐일레븐·이

7일 대구 시내의 한 무인점포에 도난 방지를 위한 CCTV 설치 안내문이 부착돼 있다.　　　안성원 기자 asw0727@imaeil.com

마트24 등 편의점 4개 업체의 전국 무인점포의 수도 지난해 말 기준 3천310개로 전년 대비 55.8% 급증했다.

무인점포는 점주들이 인건비를 절감할 수 있고, 소비자 역시 언제든지 매장을 이용할 수 있어 인기가 높다.

무인점포가 늘면서 소액절도 신고도 덩달아 증가하고 있다. 대구경찰청에 따르면 지난해 3월부터 올 1월까지 접

수된 무인점포 절도 신고 건수는 모두 269건으로, 지난 2022년 한해 전체 건수에 비해 56.3% 늘었다.

대구 중부경찰서 한 지구대 경찰관은 "무인점포 절도 신고는 월 평균 5, 6건 정도 접수된다. 대부분 2천원 이하의 소액 절도"라며 "경찰 입장에서는 액수와 상관없이 모든 절도에 대해 똑같이 출동 및 수사에 나서기 때문에 인력과

시간이 많이 투입된다"고 했다.

전문가들은 무인점포 업주 스스로가 최소한의 관리 대책을 마련할 필요가 있다고 강조한다.

박동균 대구시 자치경찰위원회 사무국장은 "무인점포 내부를 외부에서 잘 보일 수 있도록 하고, 업주도 자주 점포를 방문해 관리하는 것이 필요하다"고 말했다.　박성현 기자 이정훈 수습기자

탁상행정 No, 현장과의 소통

대구시 자치경찰위원회가 현장경찰과의 격의 없는 대화로 치안현장에서 근무하는 경찰 공무원들의 애로사항을 청취했다.

2021년 11월 29일 오전 10시 대구시 자치경찰위원회 1층 회의실에서 박동균 대구시 자치경찰위원회 상임위원(사무국장)은 이해영 대구경찰청 직장협의회 대표와 대구시 내 경찰서(동부서, 남부서, 수성서, 강북서)를 대표하는 임원진을 초청해 밀착 간담회 형식으로 회의를 진행했다. 이 자리에는 자치경찰위원회 정우달 인사팀장(경정)을 비롯한 장인수 경감, 김명희 주임, 최현정 주임이 함께 했다.

2시간여 진행된 이 자리는 박동균 상임위원의 대구시 자치경찰제도의 성과와 과제에 대한 설명으로 시작됐다. 이어서 현장경찰의 자치경찰 수용력 제고를 위한 방안에 대한 건의가 있었다. 여기에는 경찰 공무원 복지 포인트 등 사기 진작을 위한 방안 등 다양한 제안들이 포함됐다.

건의된 사항들은 자치경찰위원회의 사무국의 면밀한 검토와 경찰청 관련 부서의 협의 후 합의제 행정기구인 대구시 자치경찰위원회의 의결로 결정된다.

한편 2021년 7월 1일부터 공식적으로 실시한 대구시 자치경찰은 아동·청소년·여성 등 사회적 약자 보호, 교통지도·단속 및 교통질서 유지, 범죄 예방과 생활안전 업무 등 대구시민들의 가장 가까운 곳에서 시민들의 안전 업무를 수행하고 있다(경북일보, 2021. 11. 30).

대구시 자치경찰위원회에서 탁상행정은 없다. 현장이 중요하다. 현장에 답이 있기 때문이다.

대구경찰청 공무원직장협의회 대표 간담회

찾아가는 대구 지하철경찰대 소통 간담회

긴급 범죄 신고 112와 현장경찰
경북일보 특별기고 (2022. 3. 7)

얼마 전 보도된 내용이다. 지난 2월 18일 오후 9시 20분경, 경기남부경찰청 112 치안 종합상황실에 다급한 여성의 신고가 접수됐다. 신고자는 자신의 주소를 빨리 말한 뒤 "불고기피자 라지 사이즈 가져다 주세요"라고 말했다. 전화를 받은 경찰은 처음에는 '전화를 잘못 걸었나?'라고 생각했다가 신고자 옆에서 남성의 목소리가 들리자 여성이 도움을 요청하는 상황임을 직감했다. 이에 경찰은 즉시 현장경찰에게 출동을 지령하고, 신고자에게는 피자 배달업체 직원인 것처럼 하여 "정확한 주소를 확인하겠습니다"라며 침착하게 대화를 이어 나갔다. 신고자 위치를 파악한 경찰은 신고 접수 7분 만에 현장에 도착해서 범인을 체포했다.

이에 앞서 작년 4월 11일 새벽 2시 30분경, 서울경찰청 112 종합상황실에 "아빠! 나 짜장면 먹고 싶어서 전화했어"라는 황당한 내용의 신고가 접수됐다. 경찰은 이 과정에서 신고자가 별다른 말을 하지 않는 채 전화를 끊는 등 네 차례 연이어 연락을 시도했다는 사실에 주목했다. 수상하다고 생각한 경찰은 신고자의 아빠인 척 전화를 이어가면서 피해자가 머물고 있는 모텔을 확인했다. 서울경찰청 112 종합상황실은 곧바로 모텔에 경찰관 출동 지령을 내렸고, 남성 2명을 특수강간 혐의로 현장에서 검거했다. 지혜로운 대응이다.

경찰은 과거에도 비슷한 상황에 놓인 신고자를 구출한 사례가 있었다. 2018년 경기남부경찰청 관내에서 한 데이트 폭력 피해자가 "모텔인데요, 짜장면 2개만 갖다 주세요"라고 신고하자 전화를 받은 경찰관이 "남자에게 맞았어요? 짜장면 집이라고 하면서 저한테 말씀하시면 돼요"라고 응답해 신고자의 위치를 파악했다. 이런 사례들은 일반 시민들이 알고 있으면 좋은 내용이라 생각한다.

시민들은 위험에 처했을 때, 그리고 범죄를 목격했을 때, 112에 신고한다. 긴급 범죄 신고 112는 240만 대구시민을 지키는 안심 벨이다. 대구시민의 안전을 지키는 대구경찰청 112 치안 종합상황실에는 60명의 베테랑 경찰관이 24시간 365일 단 1초의 빈틈도 없이 교대로 근무한다. 이들은 실시간으로 신고자의 전화를 받으면서 통화과정에 들리는 미세한 소리 하나도 놓치지 않는다.

싸우는 소리만 들리다가 끊어지는 경우, 휴대폰을 위치추적하고 그 위치 값으로 현장경찰을 출동 조치하며, 혹여 있을지 모를 신고자의 피해 방지를 위해 119(소방)에 공동대응을 요청하는 등 세밀한 추가 대응조치까지 한다. 112는 문자로도 신고가 가능하다. 범죄자가 옆에 있어서 전화를 하기 어려운 상황에서는 문자로 신고하는 것도 좋은 방법이다. 하지만 112 허위신고나 장난신고는 법으로 엄하게 처벌받는다. 허위신고 때문에 경찰력이 낭비되고 신고자가 처벌받는 것도 문제지만, 무엇보다 이로 인해서 정작 경찰의 도움이 꼭 필요한 사람이 제때 도움을 받지 못하고 더 큰 범죄를 막지 못할 수도 있다.

112 신고에 대응하는 데는 순간적인 판단력과 노련함이 필수적이다. 그래서 112 치안 종합상황실에는 경찰 초년생은 근무할 수 없다. 최고의 역량을 가진 베테랑들이 모여 있다. 항상 긴장해 있고, 모든 전화에 예민하다. 한순간이라도 실수하거나 상황을 잘못 판단하면 시민의 생명이 위험할 수 있기 때문이다.

또한, 112 근무자들의 지령을 받아 신속하게 출동해서 피해자의 안전을 보호하고, 도움을 주는 이가 '현장경찰'이다. 이들 중에는 대부분이 지구대와 파출소에서 근무하는 지역경찰과 경찰서 형사팀 및 여성청소년 수사팀 등이 있다. 이들의 잘 연계된 노력이 대구시민의 안전을 지키는 대구경찰의 원천적인 힘이며, 중심축이다. 24시간 대한민국 최고의 치안 수준을 유지하는 대구경찰청 112와 현장경찰들에게 박수를 보낸다.

현장경찰관, 그들은 누구인가?

경북일보 특별기고 (2022. 5. 2)

경찰은 시민의 생명과 재산을 보호하기 위해 시민들과 가장 가까운 곳에 지구대와 파출소를 설치해서 운영하고 있다. 지구대는 예전의 파출소 2~3개를 묶어 통합한 형식으로 정원이 40~60명, 순찰차도 2~4개 정도로 기동성과 집단대응성을 갖춘 일선 경찰조직이다. 주로 대도시 내 치안 수요가 많은 곳에 설치한다. 반면에 파출소는 20~30명 정도의 작은 규모로 치안 수요가 적거나 농어촌 지역에 설치한다. 보통 지구대와 파출소에 근무하는 경찰관을 지역경찰이라고 부른다. 이러한 지역경찰이 지역을 순찰하고, 긴급 상황이 발생했을 때, 112 지령을 받고 출동하여 현장조치를 한다. 112 지령을 받고 현장조치를 하는 지역경찰과 형사팀 및 여성청소년과 수사팀들을 통틀어 '현장경찰'이라고 한다.

현장경찰은 긴박한 순간, 그리고 항상 급변하는 사건 현장 속에서 신속, 과감하고 냉철한 판단과 대응을 해야 한다. 따라서 현장경찰의 업무역량을 최대한 강화해야 한다. 이러한 업무역량은 많은 경험과 학습에서 나온다. 최근에 개정된 각종 법령과 판례는 반드시 숙지하고, 범인 제압 및 체포술, 테이저건과 사격 연습 등 평소 연마해야 할 것이 많다. 끊임없이 연구하고, 수련해야 긴박하고 위험한 사건 현장에서 위험에 처한 시민은 물론이고 경찰 자신도 보호할 수 있다.

2021년 11월 인천시 남동구 한 빌라에서 40대 남성이 아래층에 살던 40대 여성에게 흉기를 휘두를 당시 현장에 출동한 경찰관 2명이 범행을 제지하지 않고 현장을 이탈한 사실이 알려지면서 '흉기 난동에 대한 경찰의 부실 대응' 논란이 일어났다. 이런 일이 다시는 일어나서는 안 된다. 이 사건이 있고 나서 현장경찰의 현장 대응력 강화가 중요한 경찰과제로 대두되었고, 관련 대책들이 수립되었다.

최근 발표된 논문에 따르면, 우리나라 대다수의 경찰관은 현장에서 테이저건 등 물리력을 사용했을 때 민, 형사상 책임을 질 수 있다는 부담을 크게 느끼고 있다고 응답했다. 실제로 한 경찰관은 "칼을 들고 난동을 부린 사람에게 테이저건을 사용한 사안에 대해 일부 국가배상책임을 인정한 판례가 있다. 이런 사례는 법집행력을 약하게 만들 수밖에 없다"라고 말했다. 또한, 난폭한 범죄자를 체포, 제압하기 위해 물리력을 사용한 다음 날 바로 인권위원회 등 상부에 불려 다니고, 언론에는 비난성 보도가 나오며, 실제로 징계를 염두에 두고 진행하는 감찰 조사도 전자 충격기 등 경찰장비 사용을 기피하는 원인으로 지적했다. 결국 이런 경찰 내외에 만연한 물리력 사용에 대한 부정적인 문화가 현장경찰관들의 소신 있고 적극적인 법집행을 어렵게 만드는 것이다.

따라서 현장경찰관들의 법집행 과정에서 고의나 중과실이 없다면 형사 책임을 감면하는 면책 조항의 현실화, 손해배상 소송을 당한 경찰관에 대한 경찰청 차원에서의 적극적인 법률 지원확대 등 다각적인 노력이 필요하다. 이건 반드시 필요한 것이다.

한편 2021년 출범한 대구시 자치경찰위원회에서는 대구시 건강증진과와 협업하여 자살 기도자나 정신질환자들의 응급입원 전담 의료기관을 지정하였다. 이는 현장경찰관들의 가장 큰 애로사항이었다. 112 신고 출동으로 경찰이 출동했을 때, 고위험 정신질환자를 피해자로부터 분리해서 병원에 입원시켜야 한다. 하지만 병원에서 응급입원을 거부할 경우, 경찰관서에서 계속 보호해야 하는데 자해나 행패, 소란 등으로 경찰력이 낭비되고, 다른 긴급출동이 지연되는 등 전체적인 치안력의 약화를 초래하게 된다. 작년 하반기 추경예산으로 경찰 응급입원 전용 3개 병원 4개 병상을 확보했다. 이는 현장경찰관의 애로사항 중 하나를 해결한 것이다. 앞으로도 대구시 자치경찰위원회에서는 현장경찰관들이 시민들의 생명과 재산 보호를 위해 소신 있게 일할 수 있도록 필요한 다양한 정책을 개발, 운영할 것이다. 이는 결국 대구시민의 안전을 위한 것이다.

특별기고

현장경찰관, 그들은 누구인가

박동균
대구광역시
자치경찰위원회
상임위원

경찰은 시민의 생명과 재산을 보호하기 위해 시민들과 가장 가까운 곳에 지구대와 파출소를 설치해서 운영하고 있다. 지구대는 예전의 파출소 2~3개를 묶어 통합한 형식으로 정원이 40~60명, 순찰차도 2~4개 정도로 기동성과 집중대응성을 갖춘 일선 경찰조직이다. 주로 대도시 내 치안수요가 많은 곳에 설치한다. 반면에 파출소는 20~30명 정도의 작은 규모로 치안수요가 적거나 농어촌 지역에 설치한다. 보통 지구대와 파출소에 근무하는 경찰관을 지역경찰이라고 부른다. 이러한 지역경찰이 지역을 순찰하고 긴급상황이 발생했을 때, 112 지령을 받고 출동하여 현장조치를 한다. 112지령을 받고 현장조치를 하는 지역경찰과 형사팀 및 여성청소년과 수사팀들을 통틀어 '현장경찰'이라고 한다. 현장경찰은 긴박한 순간, 그리고 항상 급변하는 사건 현장 속에서 신속, 과감하고 냉철한 판단과 대응을 해야 한다. 따라서 현장경찰의 업무역량을 최대한 강화해야 한다. 이러한 업무역량은 많은 경험과 학습에서 나온다. 최근에 개정된 각종 법령과 판례는 반드시 숙지하고, 범인 제압 및 체포술, 테이저건과 사격 연습 등 평소 연마해야 할 것이 많다.

작년 11월 인천시 남동구 한 빌라에서 40대 남성이 아래층에 살던 40대 여성에게 흉기를 휘두를 당시 현장에 출동한 경찰관 2명이 범행을 제지하지 않고 현장을 이탈한 사실이 알려지면서 '흉기 난동에 대한 경찰의 부실 대응' 논란이 일어났다. 이런 일이 다시는 일어나서는 안 된다. 이 사건이 있고 나서 현장경찰의 현장 대응력 강화가 중요한 경찰과제로 대두되었고, 관련 대책들이 수립되었다.

최근에 발표된 논문에 따르면, 우리나라 대다수의 경찰관은 현장에서 테이저건 등 물리력을 사용했을 때 민, 형사상 책임을 질 수 있다는 부담을 크게 느끼고 있다고 응답했다. 실제로 한 경찰관은 "칼을 들고 난동을 부린 사람에게 테이저건을 사용한 사안에 대해 일부 국가배상책임을 인정한 판례가 있다. 이런 사례는 법집행력을 약하게 만들 수밖에 없다"고 말했다. 또한, 난폭한 범죄자를 체포, 제압하기 위해 물리력을 사용한 다음 날 바로 인권위원회 등 상부에 불려 다니고, 언론에는 비난성 보도가 나오며, 실제로 징계를 염두에 두고 진행하는 감찰 조사도 전자 충격기 등 경찰장비 사용을 기피하는 원인으로 지적했다.

따라서 현장경찰들의 법집행 과정에서 고의나 중과실이 없다면 형사책임을 감면하는 면책 조항의 현실화, 손해배상 소송을 당한 경찰관에 대한 경찰청 차원에서의 적극적인 법률 지원 확대 등 다각적인 노력이 필요하다. 이건 반드시 필요한 것이다.

한편 작년 출범한 대구시 자치경찰위원회에서는 대구시 건강증진과와 협업하여 자살 기도자나 정신질환자들의 응급입원 전담 의료기관을 지정하였다. 이는 현장경찰관들의 가장 큰 애로사항이었다. 112신고출동으로 경찰이 출동했을 때, 고위험 정신질환자를 피해자로부터 분리하여 병원에 입원시켜야 한다. 하지만 병원에서 응급입원을 거부할 경우, 경찰관서에서 계속 보호해야 하는데 자해나 행패, 소란 등으로 경찰력이 낭비되고, 다른 긴급출동이 지연되는 등 전체적인 치안력의 약화를 초래하게 된다. 작년 하반기 추경에 산으로 경찰 응급입원 전용 3개 병원 4개 병상을 확보했다. 앞으로도 대구시 자치경찰위원회에서는 현장경찰관들이 시민들의 생명과 재산보호를 위해 소신 있게 일할 수 있도록 필요한 다양한 정책을 개발, 운영할 것이다. 이는 결국 대구시민의 안전을 위한 것이다.

우수사례 : 강원도 자치경찰위원회, 현장을 최우선으로

강원도 자치경찰위원회는 자치경찰 출범 직후, 가장 먼저 시선을 돌린 곳이 바로 최일선 치안현장인 파출소와 지구대이다. 송승철 위원장과 자치경찰위원들은 치안현장을 직접 시찰하면서 열악한 근무 환경을 확인하였고, 지역경찰관들의 애로사항을 청취하였다. 강원도 자경위는 자치경찰제의 성공적인 안착을 위해 지구대, 파출소의 복지와 사기 진작이 중요하다고 판단하고, '지구대, 파출소 근무 환경 개선'을 제1호 시책으로 선정하였다.

이후 강원도와 강원도의회와 지속해서 협의하여 2021~2022년 도비 중에서 총 12억 원(각각 6억 원)을 확보하고, 이 사업에 착수하였다.

여기에는 냉난방기, 세탁기 등 전자제품, 책상, 수납장 등 가구, 복합기 등 사무용품, 커피머신, 전자레인지 등 주방용품 등이 포함된다.

현장경찰의 사격연습

급박한 사건 현장에서 현장경찰의 사격 역량은 시민의 생명 보호는 물론이고 경찰 자신의 안전을 위해서도 필수적이다. 다시 말해서 경찰의 권총 사격 실력은 치안 현장의 대응력을 높이고, 대구시민의 안전을 지키기 위한 매우 중요한 요소이다. 연습 또 연습이 필요하다. 하지만 현실적인 제약으로 인해서 사격훈련이 어려운 실정이다. 보완책이 필요하다. 현재 경찰관들의 사격 횟수는 정례사격 연 2회, 특별사격 연 2회(희망 직원)이고, 1회 각 35발이 원칙이다.

사격 연습은 야간근무 경찰관 등을 배려하는 측면에서 개인 일정에 맞게 수시로 자유롭게 할 수 있어야 하지만 국가경찰의 예산 부족과 사격 장소의 한정 등으로 제한되고 있다. 또한 현장경찰관들의 사격 실력은 대구시민의 안전과 직결된다. 그럼에도 불구하고, 대구시 조례상 경찰관의 38구경 권총 사격 시, 대구경찰관의 할인율이 20%로 다른 관광객 단체 할인폭과 동일하다. 그리고 대구사격장의 위치가 대구 외곽(북구 문주길 170)에 있어 대구 전 지역 경찰관들의 이용은 저조할 것으로 예상된다.

이에 필자는 2022년 5월 3일(화) 16시 30분, 대구시설공단 최길영 이사장을 면담하여 이용료 '원가' 또는 50% 이상 할인은 부탁했다. 대구사격장은 대구시설공단 소속으로 최길영 이사장은 공단을 합리적으로 이끌고 있는 최고경영자다.

최길영 이사장은 이날, 면담 자리에서 "박동균 국장님의 의견에 적극적으로 공감한다. 대구시설공단은 공공성과 경제성을 추구한다. 하지만 공공성의 측면에서 잘 살펴보겠다"라고 하면서, 긍정적인 시그널을 표시했다. 하지만 무엇보다 중요한 것은 대구시 조례개정이다. 아직도 할 일이 많다. 꼼꼼하게 업무를 챙기자.

도스토옙스키(Dostoevskii)는 소통의 중요성을 강조하며 "많은 불행은 난처한 일과 말하지 않은 채로 남겨진 일 때문에 생겼다"는 명언을 남겼습니다. 이제 시행 2년차에 접어든 '자치경찰제'는 어떨까요? 어느 특정 기관만의 노력으로는 자치경찰제를 성공적으로 안착시키고 발전시켜 나갈 수 없습니다 . 그것은 경찰청과 자치경찰위원회 및 유관기관, 그리고 현장경찰과 시민에 이르기까지 모두가 한 마음 한 뜻으로 긴밀하게 소통하며 협업할 때 가능할 것입니다.

경찰청 "자치경찰 소식" 2022년 4월호

테이저건을 말하다
대구신문 특별기고 (2024. 6. 14)

얼마 전 안타까운 일이 발생했다. 광주 양산동 아파트에서 30대 아들을 흉기로 찌른 A 씨를 제압하기 위해 경찰관이 A 씨의 등에 테이저건을 쏘아 체포했다. A 씨는 경찰서로 이동해서 조사를 받다가 갑자기 호흡곤란 증세를 보였고, 곧바로 병원으로 옮겨졌지만 30여 분 만에 사망했다.

경찰은 테이저건 발사와 사망 간의 인과관계가 있는지를 조사하기 위해 국립과학수사연구원에 부검을 의뢰해서 사인 규명에 나선 상태다. 경찰 관계자는 의료 기록 검토와 조직 및 혈액 등의 검체를 종합한 최종 결과가 나오는 데 최소 3개월 이상 소요될 것으로 추정하고 있다.

테이저건은 경찰이 사용하는 권총형 진압 장비다. 유효 사거리는 4~10미터로 강한 전류가 흐르는 전기 침 두 개가 동시에 발사된다. 테이저건의 위력은 순간 최대 전압은 5만 볼트이지만, 테이저건에서 전류가 발사되어 사람에게 명중했을 때의 전압은 최대 1,200v , 평균 400v라고 한다. 테이저건의 침에 맞으면 전기에 의해서 중추신경계, 근육계가 일시적으로 마비되어 쓰러지거나 기절하게 된다.

경찰이 테이저건을 사용한 것은 2005년부터지만 현재까지 테이저건으로 인한 사망을 공식적으로 인정한 사례는 없다. 테이저건과 사망 사이에 직접적인 인과관계가 명확하게 입증되지 않았기 때문이다. 2017년 6월 경남 함양에서 정신질환이 있는 40대 남성이 흉기를 휘두르다가 테이저건에 맞고 1시간 30분 후에 사망하는 사건이 있었다. 당시에도 테이저건의 안전성 논란이 있었지만 사망과 직접적인 관련성은 밝혀지지 않았다. 우리나라 경찰이 사용하는 테이저건은 미국 회사 액손 제품이다. 액손은 테이저건이 치명적인 부상이 발생하지 않도록 만들어져 인체에는 큰 영향을 주지 않고, 총이나 경찰봉보다 위해가 훨씬 적다고 주장한다. 테이저건은 경찰 사용 매뉴얼에 따라 노약자나 어린이, 임산부 등에게는 사용이 금지되어 있다. 경찰청 예규인 '경찰관 물리력 행사의 기준과 방법에 관한 규칙'에 따르면, 권총은 고위험 물리력, 테이저건과 삼단봉은 중위험 물리력으로 분류된다.

보통 경찰의 물리력 행사는 총 5단계로 △순응 - 수갑·언어적 통제 △단순 불응 - 경찰봉·방패로 밀어내기 △소극 저항 - 누르기·조르기·넘어뜨리기 △적극 저항 - 전자 충격기 및 가스 분사기 사용 △공격 저항 - 권총 사용 순이다. 경찰의 진압 대상자가 경찰관이나 무고한 시민에게 신체적 위해를 가하는 '폭력적 공격' 상태에서는 경찰봉이나 테이저건 등을 이용한 '중위험 물리력'을 행사할 수 있다.

긴급한 사건 현장에 출동한 경찰은 권총을 발사하면 큰 위해가 가기 때문에 총을 쏠 수 있는 상황에서도 가급적이면 덜 치명적인 테이저건을 사용하려 한다. 실제로 위험한 사건 현장에서 경찰관이 규정과 매뉴얼대로 무기를 사용했다 하더라도 범죄자가 다치거나 사망하면 민·형사상 소송, 감찰 조사 등 많은 부담을 감당해야 하기 때문이다. 이런 사실을 경찰관들은 잘 알고 있다.

불과 얼마 전 묻지마 흉악 범죄 때문에 전 국민이 불안에 떨었다. 유흥가를 무대로 선량한 시민과 상인들을 괴롭히는 조직폭력배들, 마약사범들은 사회불안 요소들이다.

무고한 시민을 위협하고 해치는 흉악한 범죄자에게는 경찰관이 소신 있게 무기를 사용해서 범죄자를 조기에 진압할 수 있게 해야 한다. 그래야 시민을 안전하게 보호할 수 있다. 흉기를 든 강력 범죄자보다 약한 공권력으로는 시민을 안전하게 지킬 수 없다. 아울러 현장 경찰관들의 범죄 대응 역량 향상을 위해 사격 및 테이저건, 체포술 등 교육 훈련을 강화해야 한다. 최근 경찰이 사용해 온 단발성 테이저건이 20년 만에 2연발이 가능한 신형 테이저건으로 재탄생했다. 흉악한 강력범죄자를 제압하는 데 효과를 낼 수 있을 것이다.

대구시 자치경찰위, 출범 후 첫 승진임용식

2021년 8월 2일 대구시 자치경찰위원회가 출범 후 처음으로 자치경찰사무 담당 경찰 공무원에 대한 승진 임용식을 개최했다. 승진자 2명은 수성경찰서 소속 이동희 경사와 강북경찰서 소속 김민제 경장이다. 이들은 각각 해당 경찰서 승진심사위원회를 거친 후 자치경찰위원회 심의·의결을 통해 승진 대상자로 확정됐다.

자치경찰제가 2021년 7월 1일 전면 시행되면서 자치경찰위원회가 자치경찰사무 담당 경찰 공무원의 경사·경장 승진임용권을 갖게 됐다. 이에 따라 승진이 확정된 대상자에 대해 대구시자치경찰위원회 제1호의 의미 부여와 함께 격려의 마음을 담아 임용장을 수여했다.

자치경찰사무 담당 경찰 공무원 승진 임용식

경찰관은 수퍼맨이 아니에요

필자는 늘 현장(現場)이 중요하다고 생각한다. 그래서 학자로서 논문을 쓸 때도, 정책 보고서를 쓸 때도, 강의를 할 때도 현장을 중시한다. 어떤 특강 강사는 경찰관들을 대상으로 인권 특강을 하는데, 경찰조직에 대해서 전혀 모르고 강의를 해서 현장경찰관들이 항의를 하거나 강의 중 자는(sleep) 경우를 보았다. 경찰은 은행과 다르고, 소방이나 군대와도 다르다. 그래서 경찰관을 대상으로 하는 인권 교육, 친절·소통 교육은 경찰조직에 대한 최소한의 이해가 있어야 한다고 생각한다.

마찬가지로 실제 경찰관이 근무하는 현장을 모르거나 고려하지 않은 논문이 무슨 의미가 있을까? 탁상공론이다. 책상에서만 쓰는 무의미한 논문이다.

필자는 늘 현장경찰관과 소통하려고 노력한다. 중앙경찰학교를 졸업하고 순경 계급을 단 제자들하고도 치맥을 같이 하면서 그들의 무용담(?)과 애환을 듣는다. 나와 동년배 친구인 경찰서장들한테는 "요즘 경찰서장이 3D 업무야. 경찰서장이 예전 같지 않아"라고 푸념한다. 퇴직한 경찰관들과 함께하는 등산모임도 있다. 다양하게 소통하고 있다.

오래된 이야기지만 2011년에는 평소 경찰에 대한 많은 연구를 하신 존경하는 서울대학교 행정대학원 김병섭 교수님(연구책임자)과 "현장경찰관의 근무환경 및 행태진단"이라는 정책연구를 진행하였다. 보통 이런 유형의 연구를 할 때는 현장 경찰관들에게 직접 설문지를 배부하거나 면담 등을 통해서 자료를 얻는 방식이 많았다. 이런 방법으로 연구를 하면 연구가 쉽고 빠르게 진행할 수 있다. 여기서 얻은 통계를 갖고 분석하면 쉽게 결론을 낼 수 있다. 하지만 이번 우리의 연구는 직접 우리 연구진이 현장경찰관으로 체험하면서 그들의 고충과 애환, 실상을 체험해 보는 방식으로 진행되었다. 실제로 현장경찰관들과 소통하면서 근무하면서 많은 것을 느꼈고, 이 내용의 일부가 중앙일보에 보도되었다. 비록 10여 년 전의 이야기 지만 아직도 기억이 생생하다.

필자는 대구수성경찰서 상동지구대, 교통과, 형사과에서 경위계급으로 체험을 하게 되었다. 어설픈 체험으로 불편을 드렸지만 필자를 잘 이끌어주셨던 현장경찰관들에게 감사의 말씀을 드린다. 다른 연구진 교수님들은 서울경찰청과 전남경찰청에서 체험을 하였다.

중앙일보(2011. 10. 21) 진압봉 들고 뛴 행정학 교수 5명 ···
"경찰관 하루, 이렇게 고될 줄은 ··· "

"지난 여름을 떠올릴 때면 허리춤부터 만지게 됩니다. 경찰관들과 함께 무거운 장비를 허리에 차고 다녔거든요. 무전기·진압봉·수갑·전기충격총···."

서울대 행정대학원장인 김병섭(57) 교수는 지난 7월 경찰 복장을 하고 서울 강남경찰서 지구대·파출소 경찰관들과 관내 순찰을 돌았다. 당시 허리에 차고 있는 장비의 무게는 모두 7kg. 김 교수는 "2시간 정도 순찰을 돌고 나면 서 있기도 힘들었다"라고 말했다. 밤에는 폭력신고를 받고 출동하거나 술에 취한 행인들을 담당해야 했다. 성매매 단속이나 택시 요금 시비까지 10건 이상의 사건을 처리했다. 김 교수는 "너무 많은 종류의 업무를 처리하는 만능 로봇이 돼야 하는 게 경찰의 현실"이라며 "시민들이 스스로 해결할 수 있는 것까지 112로 신고하는 문제에 대한 해결책을 고민하게 됐다"고 했다.

김 교수를 비롯해 한국행정학회 소속 교수 5명이 지난 6~8월 서울 강남·대구 수성·전남 순천경찰서에서 150시간씩 치안현장을 체험했다. 경찰의 문제를 연구하기 위해선 현장경험이 반드시 필요하다는 이유에서다. 이들은 "일선 경찰관들이 겪는 격무를 현장에서 지켜보며 앞으로 연구 과정에서 현실성을 확보해야 한다는 점을 실감하게 됐다"라고 입을 모았다.

대구한의대 경찰행정학과 박동균(43) 교수는 형사 두 명과 팀을 이뤄 8일간 경찰 생활을 했다. 형사들과 함께 출근하고 하루 종일 같이 생활하며 야근 형사의 고단함을 느꼈다. 차 안에서 김밥으로 점심을 때우는 상황도 흔히 벌어졌다. 하루는 오전 1시에 강도·강간 용의자가 친구 집에 찾아온다는 첩보에 따라 형사들과 잠복근무를 했다. 열대야로 기온이 섭씨 30도를 오르내리는 차 안에서 숨 죽이며 용의자를 기다렸다. 소변이 너무 급했지만 참을 수밖에 없었다. 오전 4

시30분 동이 틀 무렵에야 나타난 용의자를 체포할 수 있었다. 박 교수는 "체포한 다음 화장실에 갈 수 있었다"며 "같이 근무한 형사가 '잠복 때는 가능한 한 물이나 음식물을 섭취하지 않는다'고 조언해 줬다"라고 말했다. 박 교수는 "형사들의 고충을 자료로만 접하다가 현장에서 직접 뛰며 많은 것을 느꼈다"며 "업무 과중을 덜기 위한 조직 운영 개선방법을 제안할 수 있을 것 같다"라고 말했다.

순천대 행정학과 오시영(40) 교수는 교통경찰 체험에 집중했다. 순천서 경비교통과에 배치된 그는 교통 업무가 상대적으로 쉬울 것이란 선입견을 첫날부터 버리게 됐다. 출퇴근시간 순천에서 가장 교통량이 많은 조례사거리로 나갔다. 한여름 진땀을 흘리며 신호기 조작을 했다. 교차로에서 꼬리물기를 시도하는 승용차를 막는 일도 쉽지 않았다. 음주 단속 현장에서는 음주측정을 거부하는 취객과 실랑이를 벌이기도 했다. 그는 교통 순찰 대원이 한여름 가죽장화를 신는 이유도 이때 알게 됐다.

"저는 교통사고 조사 업무를 비교적 오랫동안 해왔고 제 적성에도 맞다고 생각해서 즐겁게 일을 하고 있습니다. 앞으로도 가능하다면 뺑소니 사건 수사를 계속할 생각입니다. 그렇지만 제가 소속되어 있는 뺑소니반을 포함한 교통사고 조사 부서는 경찰관들이 그리 선호하는 부서는 아닙니다. 업무강도가 높을 뿐만 아니라 사건 해결에 대한 압박감과 스트레스가 적지 않기 때문입니다. 형사과의 경우에는 일은 고되지만 그만큼 경찰 내에서 대우를 받습니다. 그렇지만 저희 뺑소니반이나 교통조사계가 담당하는 교통사고는 주목을 받지 못하고 있고, 따라서 각종 포상이나 승진 등에 있어서 소외되고 있는 것이 사실입니다."(현장경찰관과의 대화 중)

"음주 운전 단속 현장은 항상 긴장의 연속입니다. 단속 대상 자체가 술을 마신 사람들이기 때문에 이성적인 행동이 나타나지 않는 경우가 많습니다. 음주 운전을 한 운전자들이 차량을 무기로 삼아 경찰관들을 위협하며 도주하거나, 단속에 대한 앙갚음을 하는 경우도 종종 발생하고 있습니다. 특히 도주하는 경우에는 경찰관을 끌고 달아나는 경우도 많고, 앞에서 제지하는 경찰관을 깔고 지나가는 경우도 발생합니다."(현장경찰관과의 대화 중)

고위험군 정신질환자 응급입원

현장경찰관의 야간 근무 중 가장 큰 애로사항으로 고도 정신질환자나 주취자, 자살 기도자들을 발견 시, 제대로 보호할 수 있는 시설이 없음을 지적한다. 그렇다고 파출소나 지구대에 동행할 수도 없다. 대구시 자치경찰위원회가 출범하면서 현장경찰관들의 가장 큰 애로사항인 '고위험군 정신질환자 응급입원'을 최우선과제로 선정하여 추진하여 성과를 거두었다. 여기에는 초대 정책과장인 김순태 총경과 주경희 경위, 대구경찰청 양영철 경위 등이 많은 고생을 했다. 필자는 경찰청 주최 제7차 범죄 예방·사회적 약자 보호 정책협의회에서 '고위험 정신질환자 응급입원 전담 의료기관 지정'시책을 우수사례로 발표했다.

'진주 안인득 사건'이 발생한 지 2년이 지난 2021년에는 응급입원제도가 실시되고 있으나 실제 현장에서는 코로나19 감염 위험 및 전용 병상 부족 등으로 응급입원이 완벽하게 이루어지지 않고 있다. 2020년 응급입원 연계 409건 중 25건이, 2021년 5월 말 기준 20건이 결렬됐다. 이렇게 응급입원이 결렬되면 고위험 정신질환자를 경찰관서에서 계속 보호해야 하는데 자해나 행패, 소란 등으로 경찰력이 낭비되고 다른 긴급출동이 지연되는 등 전체적인 치안력의 약화를 초래한다.

이에 시민을 더 안전하게 보호하겠다는 대구시 자치경찰위원회의 정책목표에 따라 주요 시책사업으로 '고위험 정신질환자 응급입원 전담 의료기관 지정'을 추진했다. 2021년 10월부터 대구시 예산 7400만 원을 투입, 경찰 응급입원 전용 2개 병원 4개 병상을 확보하고자 했다. 이러한 대구시 자치경찰위원회의 시책은 전국적인 자치경찰제 시행에 따라 타 시·도의 모범이 되고 있으며, 경찰청에서 주최하는 제7차 '범죄 예방·사회적 약자 보호 정책협의회'에서 우수사례로 발표하게 된 것이다.

사회적 약자 보호 정책협의회 우수사례 및 대통령 표창 수상

대구시 자치경찰위원회 박동균 상임위원이 '고위험 정신질환자 응급입원 전담 의료기관 지정' 사업에 대해 설명하고 있다. 시민안전과 사회적 약자 보호 안전망에 힘쓰는 인물이 대구에 있다.

자나 깨나 시민 편익을 위한 정책 개발 생각뿐이다. 그리고 정착 되지 않은 제도를 대구시민에게 알리고자 늘 현장을 뛰어다닌다. 경찰이 아니지만 어느 누구보다 경찰에 관한 지식이 풍부하다.

경찰교육원 외래교수로 활동하면서 경찰 간부들을 지도한 것은 물론 한국자치경찰연구원 부원장과 부회장, 한국경찰연구학회장, 대한지방자치학회장 등도 역임했다. 대구시 자치경찰위원회 박동균 상임위원(사무국장)의 이야기다.

자치경찰위원회는 민생 치안 품질향상을 위해 지난해 출범했다. 1945년 경찰 창설 이후 76년 만에 경찰조직이 니눠지면서 업무의 효율성 증대 등 생활밀착형 치안 강화 효과가 기대됐다. 하지만 출범된 지 8개월이나 지났지만 시민이 체감하는 효과는 미미하다. 자치경찰 존재 자체도 여전히 모를 정도다.

박 상임위원은 이 같은 상황을 타개하고, 자치경찰 역할을 수행하고자 정책 개발은 물론 자치경찰 알리기도 누구보다 적극적이다.

박 상임위원의 아이디어로 시행되고 있는 대표 정책은 '고위험 정신질환자 응급입원 전담 의료기관 지정'이 있다. 이번 정책은 일반행정과 치안행정의 연계 사업이다.

코로나19 감염 위험 및 전용 변상 부족 등으로 정신질환자의 응급입원이 제대로 이뤄지지 않아 경찰력이 낭비돼 왔다. 그러나 대구시 자치경찰위원회가 지역 대학병원 2곳과 업무협약을 맺고 병상을 확보했다.

지난해 경찰청에서 주최한 제7차 '범죄 예방·사회적 약자 보호 정책협의회'에서 우수사례로 꼽혔다. 여기에 만족하지 않고 전담 의료기관 추가 지정을 위해 올해 2억9천만 원가량의 예산을 확보, 사업을 확대해 나갈 계획이다.

이 밖에도 폴리스-틴·키즈 운영, 여성 1인 가구 세이프-홈 지원사업, 대구도시공사 셉테드(CPTED) 사업 협력 등 시민을 더 안전하게 보호하겠다는 대구시 자치경찰위원회의 목표 달성을 위해 노력하고 있다. 이 같은 공로를 인정받아 박 상임위원은 지난해 10월 76주년 경찰의 날을 맞아 대통령 표창을 수상했다.

박 상임위원은 "현재의 제도가 자치경찰의 목적 달성에 미비한 점이 많다. 하지만 제도를 탓하기 전에 현재의 제도 속에서 치안행정과 경찰행정을 접목할 수 있는 시민 친화적 안전망 구축에 최선을 다하고 있다"며, "아무도 가보지 않은 길, 시민과 함께 하나씩 하나씩 만들어 나가겠다"라고 다짐했다(대구일보, 2022. 3. 23).

대구일보

2022년 03월 24일 목요일 006면 사회

지역민 보호 정책 개발 '안전망' 구축

대구 휴먼 리소스 〈89〉 자치경찰위원회 박동균 상임위원

지역병원 2곳에 '정신질환자 전담 의료기관' 지정
올해 2억9천만 원 예산 확보 등 사업 확대할 계획

시민 안전과 사회적 약자 보호 안전망에 힘쓰는 인물이 대구에 있다.

자나 깨나 시민 편익을 위한 정책 개발 생각뿐이다. 그리고 정착 되지 않은 제도를 대구시민에게 알리고자 늘 현장을 뛰어다닌다. 경찰이 아니지만 어느 누구보다 경찰에 관한 지식이 풍부하다.

경찰교육원 외래교수로 활동하면서 경찰 간부들을 지도한 것은 물론 한국자치경찰연구원 부원장과 부회장, 한국경찰연구학회장, 대한지방자치학회장 등도 역임했다.

대구시 자치경찰위원회 박동균 상임위원(사무국장)의 이야기다.

자치경찰위원회는 민생치안 품질향상을 위해 지난해 출범했다.

1945년 경찰 창설 이후 76년 만에 경찰 조직이 나눠지면서 업무의 효율성 증대 등 생활밀착형 치안 강화 효과가 기대됐다.

하지만 출범된 지 8개월이나 지났지만 시민이 체감하는 효과는 미미하다. 자치경찰 존재자체도 여전히 모를 정도다.

박 상임위원은 이 같은 상황을 타개하고, 자치경찰 역할을 수행하고자 정책 개발은 물론 자치경찰 알리기도 누구보다 적극적이다.

박 상임위원의 아이디어로 시행되고 있는 대표 정책은 '고위험 정신질환자 응급입원 전담 의료기관 지정'이 있다.

이번 정책은 일반행정과 치안행정의 연계 사업이다.

코로나19 감염 위험 및 전용 병상 부족 등으로 정신질환자의 응급입원이 제대로 이뤄지지 않아 경찰력이 낭비돼 왔다.

그러나 대구시 자치경찰위원회가 지역 대학병원 2곳과 업무협약을 맺고 병상을 확보했다.

지난해 경찰청에서 주최한 제7차 '범죄 예방·사회적약자 보호 정책협의회'에서 우수사례로 꼽혔다.

여기에 만족하지 않고 전담의료기관 추가 지정을 위해 올해 2억9천만 원가량의 예산을 확보, 사업을 확대해 나갈 계획이다.

이 밖에도 폴리스-틴·키즈 운영, 여성 1인 가구 세이프 홈 지원사업, 대구도시공사 셉테드(CPTED) 사업 협력 등 시민을 더 안전하게 보호하겠다는 대구시 자치경찰위원회의 목표 달성을 위해 노력하고 있다.

이같은 공로를 인정받아 박 상임위원은 지난해 10월 76주년 경찰의 날을 맞아 대통령 표창을 수상했다.

박 상임위원은 "현재의 제도가 자치경찰의 목적달성에 미비한 점이 많다. 하지만 제도를 탓하기 전에 현재의 제도 속에서 치안행정과 경찰행정을 접목할 수 있는 시민 친화적 안전망 구축에 최선을 다하겠다"며 "아무도 가보지 않은 길, 시민과 함께 하나씩 하나씩 만들어 나가겠다"고 다짐했다.

신헌호 기자

범죄의 파수꾼, CCTV

필자는 경찰의 가장 중요한 역할을 꼽으라면 주저 없이 '범죄 예방'을 이야기한다. 범죄 진압, 범죄 수사도 좋지만 무엇보다 경찰은 범죄를 예방하는 것이 중요하다. 또한 범죄 예방을 위해 중요한 경찰의 역할은 바로 '순찰'이다. 정복을 입은 경찰관이 도처에서 순찰을 하게 되면 범죄의 억제효과가 매우 높다. 범죄를 저지르면 발각되어 체포될 가능성이 높기 때문이다. 하지만 넓은 지역을 한정된 경찰력으로 순찰하기는 쉽지 않다. 아니 불가능하다. 이런 맥락에서 볼 때, CCTV는 24시간 365일 넓은 지역을 감시하기에 유용한 수단이 된다. 혹한기, 혹서기, 눈비올 때 상관없이 유용하다. 특히 위험한 지역에서는 인명 피해도 없다. 아주 좋은 수단이다. 최근에는 고성능 드론에다가 카메라를 달고 순찰을 하기도 한다.

필자는 우리나라가 범죄 검거율이 세계 최고 수준인 것은 우리나라에 널리 보급된 CCTV 덕이라고 판단한다. 여기에 추가하여 전 세계에서 최고 수준의 스마트폰 보급률, 자동차 블랙박스 등도 중요한 역할을 한다. 내가 연구한 논문에도 보면, 프라이버시나 사생활 보호에 민감한 대학생들도 대학 캠퍼스에 절도 등 범죄 예방을 위해 CCTV를 확대하는 것에 대부분이 동의한다.

보통 CCTV는 초상권 및 프라이버시 침해, 인권 침해 등과 연관되어 부정적인 인식도 있는 것이 사실이다. 하지만 우리나라 국민은 이러한 부정적 측면보다는 범죄를 예방하고, 안전한 동네를 만드는 데 CCTV가 긍정적인 역할을 한다고 생각한다. 실제로 여러 지역의 경찰서장이 주최하는 주민과의 대화, 간담회 등에서 내가 사회(좌장)를 볼 때, 대부분의 주민들이 자신들이 사는 지역에 CCTV를 설치해 달라는 민원을 신청하는 것을 볼 수 있다. CCTV에 대해 부정적인 몇몇 유럽국가와는 달리 우리나라의 치안상태가 양호한 것은 우리의 CCTV와 같은 안전의식도 한 가지 원인이라고 생각한다.

경북일보

2022년 03월 21일 월요일 018면 여론광장

범죄예방과 CCTV

특별기고

박동균
대구광역시
자치경찰위원회
상임위원

대구시 자치경찰의 주요 목표는 시민안전이다. 시민안전을 위해 수행해야 할 경찰의 가장 중요한 임무는 '범죄예방'이다. 범죄를 진압하고, 범죄를 수사하는 것도 중요하지만 무엇보다 경찰은 각종 범죄를 사전에 예방하는 것이 중요하다. 또한 범죄예방을 위해서 경찰의 중요한 역할은 바로 '순찰'이다. 정복을 입은 경찰관이 도처에서 순찰을 하게 되면 범죄의 억지 효과가 매우 높다. 범죄를 저지르면 발각되어 체포될 가능성이 높기 때문이다. 하지만 넓은 지역을 한정된 경찰력으로 순찰하기는 쉽지 않다. 이런 맥락에서 볼 때, CCTV는 24시간 365일 넓은 지역을 감시하기에 유용한

수단이 된다. 특히 혹한기, 혹서기, 폭우나 폭설이 올 때 상관없이 유용하다. 특히 위험한 지역에서는 인명피해 걱정도 없다. 최근에는 고성능 드론에다가 카메라를 달고 순찰을 하기도 한다.

필자는 우리나라가 범인 검거율이 세계 최고 수준인 것은 국내에 널리 보급된 CCTV 때문이라고 생각한다. 여기에 더하여 전 세계 최고 수준의 스마트폰 보급률, 거의 모든 자동차에 설치되어 있는 블랙박스 등도 중요한 역할을 한다.

보통 CCTV는 초상권 및 프라이버시와 인권 침해 등과 연관되어 부정적인 인식이 있는 것이 사실이다. 하지만 우리나라 국민들은 이러한 부정적인 측면보다는 범죄를 예방하고, 안전한 동네를 만드는데 CCTV가 긍정적인 역할을 한다고 생각하는 것 같다. 실제로 여러 지역의 경찰서장이나 구청장들이 주최하는 주민과의 대화나 간담회 등에서 지역주민들이 자신들이 사

는 지역에 CCTV를 설치해 달라는 민원이 많은 것을 볼 수 있다. 지금까지 학자들과 실무자들이 연구한 CCTV에 대한 주장들을 정리해 보면 몇 가지로 요약할 수 있다. 첫째, CCTV는 충동범죄나 폭력범죄보다는 사전에 계획한 침입 절도 같은 재산범죄의 범죄예방 효과가 높다. 사실 충동적인 범죄는 사전에 막기가 어렵다.

둘째, CCTV는 개방된 공간보다는 백화점이나 아파트 등 일정 부분 통제되거나 제한된 구역에서보다 범죄예방 효과가 높다.

셋째, CCTV는 조명의 밝기, 경비실의 위치, 경비원의 숫자 등 여러 범죄예방 조치들을 복합적으로 활용하면, 범죄예방 효과가 증대된다.

넷째, CCTV가 설치되면 설치되지 않은 지역으로 범죄가 전이될 수 있다. 이른바 '풍선효과'이다. 불법 유흥업소를 단속하면 다른 지역으로 업소들이 이전하는 것과 비슷한 논리다.

최근에는 많은 범죄들이 아주 지능

적으로 이루어지고 있다. 따라서 평상시의 범죄예방이 어느 때보다 중요한 과제가 되고 있다. 또한, 범죄의 증거를 수집하고 범죄자를 처벌하기 위한 과학적 수사기법이 날로 중요시되고 있다. 이런 점에서 CCTV는 중요한 범죄예방과 수사에 유용한 수단이 된다. 무엇보다도 CCTV는 사생활 침해와 같은 인권 침해 우려에도 불구하고, 설치 지역 內에 거주하는 주민들 상당수의 범죄에 대한 두려움(fear of crime)이 줄어드는 것으로 보고되고 있다.

하지만 범죄예방을 위해 CCTV가 필요하다고 해도 적법한 과정을 거치지 않고 먼저 설치부터 하려는 경우가 종종 있다. 이런 경우 거주민들의 인권 침해 문제가 발생하고, CCTV 설치의 합법성 논란이 발생하게 된다.

시민안전과 범죄예방을 위해 CCTV를 활용하되, 시민들의 인권침해 요소를 최소화하는 지혜가 필요하다. 세상에 만병통치약은 없다.

대구 CCTV 통합관제센터 방문

2022년 3월 14일(월) 오후 2시, 대구시 남구 대명로에 있는 대구 CCTV 통합 관제센터를 방문하였다. 워낙 바쁜 일정에 계속 미루었던 방문이었다. 필자와 함께 서정숙 협력팀장, 성용철 경위가 동행했다. 대구시에는 수성구 CCTV 관제센터, 달성군 CCTV 관제센터는 개별로 있고, 나머지 6개 구는 통합관제센터로 운영되고 있다. 이 CCTV 통합관제센터는 기관별로 설치 운영되고 있는 재난재해, 방범, 환경, 교통 등 공공목적의 CCTV를 통합하여 재난, 범죄, 화재 등에 즉시 대응함으로써 시민중심의 안전도시를 구현하기 위해 설립되었다. 여기서 근무하는 관제원들은 총 209명으로 2020년 1월 공무직으로 전환되어 4조 3교대로 연중무휴 24시간 근무하고 있다. 이들의 매서운 눈은 범죄로부터 시민을 보호하는 중요한 역할을 한다. 실제로 차안에서 마약을 하는 범죄 현장을 CCTV로 포착해서 검거하는 등 많은 성과를 나타내고 있다.

이 CCTV 통합관제센터는 전국 최초로 8개 구, 군 CCTV 영상정보 연계 시스템을 구축하여 태풍, 폭우, 폭설, 화재 등 재난, 재해 발생 시 대구시 전 지역에 실시간 영상정보 활용으로 신속하게 대응한다. 또한 각종 사건이나 사고에 골든 타임을 확보하고, 즉시 112, 119에 신고하며, CCTV 영상정보를 24시간 관제하고 있다.

TBC 굿모닝뉴스 장면

진주 방화살인 사건과 묻지마 범죄

경북일보 특별기고 (2019. 4. 22)

지난 4월 17일 새벽 4시 25분쯤 진주에서 끔찍한 살인 사건이 발생했다. 이 사건의 범인 안인득은 자신의 집에 불을 낸 후, 복도와 계단 등으로 대피하던 주민 11명에게 마구 흉기를 휘둘렀다. 70대 남성 1명, 60대와 50대 여성 각 1명, 18세와 12세 여학생이 숨졌다. 나머지 6명은 중경상을 입고 병원으로 이송됐다. 화재로 인해서 연기를 흡입하거나 정신적 충격을 받은 주민 7명도 병원에서 치료를 받고 있다. 이 사건은 범인이 미리 흉기와 방화물질 등을 준비하고 대피하는 주민들을 기다렸다가 살해하려고 철저하게 계획했다는 점에서 충격을 준다. 범인 안인득은 2015년부터 이 아파트에 혼자 살았다. 2010년 폭력 혐의로 구속돼 조현병 진단을 받고 치료감호소에서 보호관찰 처분을 받았다. 2015년에는 정신병원을 찾아가 입원하기도 했다. 하지만 안인득은 2016년 7월 이후 치료받은 기록이 없다고 경찰은 밝혔다.

최근 우리 사회에는 이번 사건과 유사한 형태의 묻지마 범죄가 자주 발생하고 있다. 2008년 서울 논현동 고시원에 살던 정모 씨가 자신의 침대에 불을 낸 뒤 대피하던 사람들에게 흉기를 휘둘러 13명이 죽거나 다치게 한 사건이 대표적이다. 지난해 10월 경남 거제에서는 20대 남성이 50대 여성을 때려 숨지게 한 일도 있었다. 지난달 서울에서는 40대 남성이 편의점에서 이유 없이 목검과 흉기를 휘둘러 시민 2명이 다쳤다.

대검찰청 2018 범죄분석을 보면, 묻지마 범죄로 볼 수 있는 우발적·현실 불만으로 인한 살인 사건이 매년 늘고 있다. 범죄도 방화, 흉기 살인 등 잔인해지고 있다. 이와 같은 묻지마 범죄자들은 보통 사회 부적응, 은둔형 외톨이, 정신병에 기인하여 사회관계가 단절된 사람들이 많다. 특히 앞으로는 외국인 노동자, 다문화 2세대, 무직자 등 사회적으로 소외된 사람들에 의한 자생테러도 예상된다. 최근 외국의 사례를 보더라도 지하철역, 공원, 극장 등 다중 이용 시설에서 이른바 '외로운 늑대들'이 무고한 시민을 대상으로 한 테러를 가하는 것을 볼 수 있다. 우리나라도 예외는 아니다.

이번 사건에서 우리가 알아야 할 중요한 점은 정신장애인(조현병 등)을 잠재적인 범죄자로 낙인찍어서는 절대 안 된다는 것이다. 정신질환자의 범죄율은 일반인과 비교했을 때 훨씬 낮은 것으로 통계에서 확인된다. 대검찰청 '범죄분석'을 보면, 정신질환자의 범죄율은 0.151%에 그치고 있어 극히 일부만이 범죄를 저지른다. 조현병 환자들 중 일부가 가족의 치료 권유를 거부하거나 피했다가 병을 키우고 망상이나 환청에 시달려 범죄를 저지르기는 경우가 있다. 차제에 정신질환자의 인권을 침해하지 않는 선에서 반드시 병원치료를 받도록 하는 법과 제도 개선이 필요하다.

아울러, 묻지마 범죄를 예방하기 위해서는 장기적인 국가대책이 필요하다. 우리 사회에 대한 증오가 해소되지 못해 범죄로 이어지는 연결고리를 끊어야 한다. 사회적 갈등 해소 등 누구나 건강하게 살아갈 수 있는 환경을 만들어 할 것이다. 취업이나 교육, 복지 등에서 사회적 약자, 소외받는 자들에 대한 정책적 배려가 필요하다. 이른바 더불어 잘 사는 꼼꼼한 사회 안전망이 구축되어야 한다.

끝으로, 경찰은 시민의 생명과 재산을 보호하는 주민의 가장 가까운 곳에서 근무하는 형사사법기관이다. 주민이 가장 의지하는 국가기관 중 하나다. 경찰은 지역의 범죄와 무질서, 소외된 세력에 대한 치안정보 수집이 필요하다. 이는 미국과 영국, 일본 등에서도 중요한 경찰의 역할이고 사명이다. 경찰과 보건당국의 치안 유지와 주민안전을 위한 적절한 권한을 주고, 관계 당국 간의 정보공유 시스템을 확립해야 한다. 국민의 인권보호 중 가장 중요한 것이 바로 '안전'이다.

묻지마 범죄, 무엇이 문제인가?
포항KBS 라디오 투데이 포커스 2019년 인터뷰

1. 박동균 교수님, 청취자분들께 '진주 방화 살인 사건'의 개요부터 소개해 주세요.

이번 진주 묻지마 방화 살인 사건의 범인 안인득은 2019년 4월 17일 동트기 전인 오전 4시 29분쯤 자신의 집에 불을 냈다. 이후 복도와 계단 등에서 대피하던 주민 11명에게 흉기를 휘둘렀다. 70대 남성 1명, 60대와 50대 여성 각 1명, 18세와 12세 여학생이 숨졌다. 나머지 6명은 중경상을 입고 병원으로 이송됐다. 화재로 인해 연기를 흡입하거나 정신적 충격을 받은 주민 7명도 병원에서 치료받고 있다.

현재 프로파일러 들이 투입되어 범죄 경위나 동기 등에 대해 수사 중인데, 경찰은 안인득이 방화한 뒤 흉기를 챙겨 미리 2층으로 내려가 주민들이 대피하기를 기다렸던 것으로 보고 있다. 이 아파트에는 중앙에 계단이 있는 복도식으로 총 80가구가 거주하고 있었다. 아파트는 삽시간에 공포의 공간이 됐다. 범행 과정에서 잠을 깬 주민 다수는 겁에 질려 옥상 등으로 대피했다. 목격자들은 "계단에 피가 흥건했다"라고 말했다. 마치 미국의 무차별 총기 난사 현장 같은 상황이었다. 경찰은 신고를 받고 출동한 뒤 아파트 2층 복도에서 흉기를 던지며 대항하던 안씨를 오전 4시 50분쯤 검거했다. 이번 사건은 사전에 방화물질, 흉기 등을 준비하고 대피하는 주민들을 기다렸다가 살해하려고 철저하게 계획됐다는 점, 12세 여학생까지 희생시킨 잔혹성 등에서 충격을 준다.

범인 안인득은 2015년부터 이 임대아파트에 혼자 살았다. 직장을 다닌 적은 없고 가끔 일용직으로 일했다고 한다. 2010년 폭력 혐의로 구속돼 조현병 진단을 받고 치료감호소에서 보호관찰 처분을 받았다. 2015년에는 정신병원을 찾아가 입원하기도 했다. 조현병은 적절한 치료만 받으면 폭력 등 이상(異常) 행동으로 이어지지 않는다. 하지만 안인덕의 경우 2016년 7월 이후 치료받은 기록이 없다고 경찰은 전했다.

2. 교수님께서는 이번 사건, 어떻게 보셨습니까?

선량한 시민이 희생을 당한 전형적인 묻지마 범죄로서 실로 어처구니 없는 사건이다. 사이코패스라고도 생각된다. 이번 사건은 사회에 대한 적개심을 바탕으로 '다수살인'(매스킬링·Masskilling)을 저지르는 증오 범죄이기도 하다. 정상 사회에서 소외된 외톨이, 이른바 외로운 늑대(Lone wolf) 범죄의 전형이다. 최근 한국 사회에선 비슷한 유형의 범죄가 끊이지 않는다. 잔혹함의 수위도 높아지고 있다. 사회적 분노를 낮추고, 소외된 개인을 품을 수 있는 근본적 대책을 마련해야 한다.

3. 피의자인 안인득의 범행 대상은 '노약자, 어린이, 여성'이었습니다. 자신보다 힘없는 사람을 대상으로 범행을 저지르는 안인득의 심리는 어떻게 해석해야 할까요?

세상을 살아갈 자신이 없는 사람들의 전형적인 비겁한 범죄 유형이다. 자신보다 힘이 없는 노인, 여성, 어린이들을 주요 대상으로 한 것이다. 안인득은 윗집에 여성 둘만이 사는 것을 알고 괴롭히는 등 악행을 일삼았던 것으로 파악되고 있다. 피해자들은 사비를 들여 CCTV까지 설치했다.

4. 묻지마 범죄 소식이 최근 많이 들리는데요. 실제 수치상으로 봐도 최근에 많이 증가했나요?

묻지마 범죄(무동기 범죄)는 피의자와 피해자와의 관계에 아무런 상관관계가 존재하지 않거나, 범죄 자체에 이유가 없이 불특정의 대상을 상대로 행해지는 살인 등의 범죄 행위를 말한다. 이번 같은 묻지마 범죄는 최근 끊임없이 발생하고 있다. 2008년 서울 논현동 고시원에 살던 정모 씨가 자신의 침대에 불을 낸 뒤 대피하던 사람들에게 흉기를 휘둘러 13명이 죽거나 다치게 한 사건이 대표적이다. 지난달 서울에선 40대 남성이 편의점에서 이유 없이 목검과 흉기를 휘둘러 시민 2명이 다쳤다. 지난해 10월 경남 거제에서 20대 남성이 50대 여성을 때려 숨지게 한 일도 있었다. 서울 강서 PC방 살인 사건도 다르지 않다. 지난달 25일 부산의 한 커피숍에선 이모(21) 씨가 처음 보는 20세 여성을 흉기로 찔렀다. 이 씨는 경찰 조사에서 "주변 사람들이 날 비웃는 데 대해 불만을 가졌다"라고 했다. 사회적 외톨이에 의한 범죄가 반복되고 점점 '일상 공간'으로 번지고 있는 것이다. 예측이 어렵고, 범행시간 해당 장소에 있었다는 이유로 누구나 희생자가 될 수 있다는 공포감은 크다. 대검찰청 2018 범죄분석을 보면, 2017년 929건의 살인 사건 중 정신질환자에 의한 범행은 72건이다. 2016년에는 1,012건 중 73건이었고, 2015년은 1002건 중 66건이다. 묻지마 범죄로 볼 수 있는 우발적·현실 불만으로 인한 살인 사건은 매년 비중이 늘고 있다. 2015년 37.7%(401건), 2016년 38.8%(403건), 2017년 41.9%(428건)이다. 범죄도 방화, 흉기살인 등 잔인해지고 있다.

5. 지난해 우리 지역에서도 <포항 오천 약국 살인 사건>이 발생했었어요. 이 사건도 심신미약으로 감형이 됐던 것으로 기억이 나는데요?

2018년 작년 6월 9일 오후 5시 30분께 범인 정모 씨는 포항시 남구 오천읍의 한 약국에 흉기를 갖고 들어가 약사(47·여)와 직원(38·여) 등 2명을 흉기로 찌르고 달아났다. 크게 다친 2명이 병원으로 옮겨져 치료를 받았으나, 직원은 끝내 숨을 거뒀다. 이 재판을 담당한 재판부는 "피해자들은 좁은 약국 조제실 안에서 예상할 수 없었던 칼부림을 당하면서 극심한 고통과 공포를 느꼈고, 피해자 한 명은 30대 젊은 나이에 고귀한 생명을 잃게 됐다"면서 "피고인은 지극히 주관적이고 사소한 이유로 일말의 망설임 없이 확고한 살해의지를 가지고 계획적으로 행동했으며, 범행의 내용과 방법도 매우 잔혹하였다는 점에서 그 죄책이 매우 무겁다"라고 피고인 정모 씨에게 징역 30년을 선고하고, 또한 재범 위험이 높다고 판단해 출소 후 15년간 위치추적 전자장치 부착도 함께 명령했다.

이 사건과 관련, 지난 10월 18일 '포항 약국 칼부림 사건의 가해 남성을 제대로 처벌하라'는 청와대 국민청원이 제기돼 17만여 명이 참여했다. 해당 청원은 "여성을 의도적으로 살인해 놓고 정신적인 이유나 음주를 방패로 감형되는 수많은 남성 가해자를 더 이상 두고 볼 수 없다"라고 언급했다.

6. 묻지마 범죄자들의 특징은 무엇인가요?

부유층이나 화이트칼라 등 사회적 기득권층에서 저질러지는 묻지마 범죄는 거의 없다. 묻지마 범죄자들은 사회 부적응, 은둔형 외톨이 또는 정신병력에 기인하여 사회관계가 단절되는 병폐 현상으로 인한 범죄가 대부분이고, 갈수록 늘어나고 있다. 사회에서 좌절과 실패를 겪으면서 증오를 가진 이들이 벌이는 '외로운 늑대'형 범죄로부터 한국 사회는 안전하지 않다. 이번 사건도 피의자가 자아통제력이 약한 상태에서 부정적 경험을 해소하기 위한 방안으로 살인과 방화를 택한 것으로 보인다. 묻지마 범죄를 단순히 조현병, 사이코패스 등 개인 문제로 치부해 버리지 말고 사회적 원인을 파악해 그에 맞는 정책을 수립해야 한다. 사회 전반의 정책적 배려와 관심이 필요하다.

7. 사회적 약자가 범죄에 내몰릴 가능성이 높다는 말씀이군요?

그렇다. 아까 설명한 외로운 늑대라는 개념인데, 특히 앞으로는 외국인 노동자, 다문화 2세대, 무직자 등 사회적으로 소외된 세력들에 의한 이른바 자생테러 등도 가능성이 있다. 요즘 외국의 사례를 보더라도 지하철역, 공원, 극장 등 다중 이용 시설에 외로운 늑대들이 무고한 시민을 대상으로 한 테러를 가하고 있다. 우리나라도 예외는 아니다.

8. 이런 얘기를 들으니 한편으로는 서글프기도 합니다. 만약에 피의자가 "자신이 사회의 이러러한 점 때문에 억울해서 죽였다"라고 하면 감형이 될까요?

보통 초범이고, 피해자와 합의가 되었고, 반성을 하면 감형이 된다. 이런 경우는 감형이 되지 않는다. 특히, 이번 사건은 많은 국민이 극형에 처해달라고 SNS 등 다양한 방법을 통해 청원을 하고 있다.

9. 묻지마 범죄도 징후가 있을 것 같아요.

묻지마 범죄자의 특징을 살펴보면, 이들 중 정신질환을 경험한 이들이 많다. 최소 40%는 정신과 치료를 받거나 약물을 복용한 병력을 갖고 있었고, 어떤 형태로든 범행의 신호를 보낸다. SNS에 글을 쓰든 누군가에게 말을 하든 범행을 암시하는 사전 행동이 상당수 사건에서 나타났다. 경남 진주의 아파트에서 무차별 방화·살인을 저지른 이에게서도 이런 특징이 발견된다. 조현병 치료를 받은 적이 있고, 주민들이 7번이나 경찰 등에 신고할 만큼 폭력적인 사전 행동을 했으며, 사실이든 아니든 "임금체불"이라는 개인적 불만을 느끼고 있었다.

10. 정부 차원에서도 경각심을 가지고, 대책을 세워나가야 할 텐데, 현재 우리 사회에서 가장 시급한 부분은 무엇이라고 보십니까?

장기적 볼 때, 묻지마 범죄는 증오의 '보복'을 하지 않도록 하는 정책 수립이 중요하다. 사회적 갈등 해소 등 구조적 문제를 다루고 누구나 정신적으로 건강하게 살아갈 수 있는 환경을 갖춰야 할 것이다. 단기적으로는 미국의 사례를 소개하고자 한다. 미국의 외로운 늑대 리스트 124명 중 30명의 공격은 FBI가 사전에 파악해 범행을 차단한 것이었다. 시민들에게 "무언가 봤다면 말하라"라는 주문을 구호처럼 되풀이했고, 이상한 징후를 발견한 이들의 제보가 테러 30건을 막는 데 힘이 됐다. 누군가를 의심해야 하는 일이기에 탐탁지는 않지만 생명이 걸린 문제여서 어쩔 수 없다. 자살하려는 이들이 사전에 반드시 보내는 신호를 포착해 죽음을 막듯이, 외로운 늑대의 신호를 감지하는 주변의 관심이 무고한 생명을 구할 수 있다. 경찰은 시민의 생명과 재산을 보호하는 주민의 가장 가까운 곳에서 근무하는 형사사법기관이다. 주민이 가장 의지하는 국가기관 중 하나다. 경찰은 지역의 범죄와 무질서, 소외된 세력에 대한 치안 정보 수집이 필요하다. 이는 미국과 영국, 일본 등에서도 중요한 경찰의 역할이고 사명이다. 경찰과 보건당국의 치안 유지와 주민안전을 위한 적절한 권한을 주고, 관계당국 간의 정보공유 시스템을 확립해야 한다. 국민의 인권 보호 중 가장 중요한 것이 바로 '안전'이다.

또 중요한 것이 있다. 이번에 조현병 이야기를 많이 하는데, 정신장애인을 잠재적인 범죄자로 낙인찍어서는 절대 안 된다. 정신질환자 범죄율은 일반인과 비교했을 때 훨씬 낮은 것으로 통계에서 확인되는데, 대검찰청 '2016 범죄분석' 기준 정신질환자 범죄율은 0.151%에 그치고 있다. 반면 전체 인구의 범죄율은 1.434%로, 정신질환자 범죄율의 9.5배에 달한다. 즉 조현병의 극히 일부만이 범죄를 저지른다. 조현병 환자들 중 일부가 가족의 치료권유를 거부하거나 피했다가 병을 키우고 망상, 환청에 시달려 범죄를 저지르기도 한다. 차제에 환자의 인권을 과도하게 침해하지 않는 선에서 반드시 병원 치료를 받도록 하는 제도 개선이 필요하다.

11. 교수님께서 말씀하신 '범죄에 취약한 계층들'에는 구체적으로 어떤 배려가 필요할까요?

정치인들과 공무원들, 기업인, 지역의 힘 있는 유지 등은 외로운 소수자들의 의견을 경청해야 한다. 즉 소통이 필요하다는 것이다. 아울러 취업이나 복지 등 사회적 약자, 독거노인, 소외받는 자들에 대한 정책적 배려가 필요하다. 바쁜 일상 속에서도 주변을 살피는 공동체 의식을 키워 잠재적 범죄 요인을 없애는 노력이 필요하다. 이른바 꼼꼼한 사회 안전망이 필요하다.

경찰·소방 공무원 처우 개선 주장

대구한의대 경찰행정학과 박동균 교수가 2019년 8월 26일 국회도서관 대강당에서 개최된 '경찰·소방 공무원 처우증진을 위한 보수체계 개선방안 토론회'를 진행했다.

박동균 교수가 사회 및 좌장을 맡은 이번 토론회에는 강창일 국회의원을 비롯한 10 여 명의 국회의원과 경찰관, 대학교수 등 200여 명이 참석했다.

주제 발표에 이어 진행된 토론회에서 좌장을 맡은 박동균 교수는 "일선 경찰 공무원들은 음주 단속, 교통사고 처리, 위험한 장소 순찰 등 업무 성격상 항상 위험에 노출돼 있다"면서 "국가와 국민을 위해 위험한 업무를 수행하는 경찰관들을 국가가 지켜줘야 한다"라며 경찰 공무원 처우 개선을 주장했다.

그는 "검찰·국정원·출입국관리 등 공안직 공무원보다 경찰관과 소방직 공무원들이 상대적으로 급여 수준이 낮다. 위험직무에 종사하는 업무 특수성과 사기를 고려해 최소한 동일하게 적용돼야 한다"라고 강조했다.

이날 토론회에는 서울과학기술대학 노종호 교수, 목포해양대 박주상 교수, 한성대 조문석 교수, 치안정책연구소 박재풍 연구관, 한국행정연구원 김윤권 박사 등 8명의 전문가들이 참석해 경찰·소방 공무원 처우증진을 위한 보수체계 개선방안에 대해 심도 있는 토론을 진행했다.

한편 박동균 교수는 국내 치안행정 분야 전문가로 한국치안행정학회장, 한국경찰연구학회장, 사단법인 국가위기관리학회장을 역임했다(뉴 데일리, 2019. 8. 27).

맞춤형 복지 포인트와 건강 검진비

필자는 자치경찰제 성공의 조건으로 대구시민과 현장경찰관을 꼽는다. 다시 강조해서 말하지만 대구형 자치경찰제에 있어 시민들의 관심과 참여가 무엇보다 중요하다. 시민들의 지지가 없는 자치경찰제는 성공하기 어렵다. 또한 자치경찰 업무를 실제로 수행하는 현장경찰관들의 자치경찰에 대한 수용성과 근무사기 및 태도가 매우 중요하다.

자치경찰제의 전면적인 시행으로 자치경찰사무 수행 공무원에 대해 대구시 공무원들에게 지급되는 맞춤형 복지 포인트 수준의 복지 포인트를 지급하고, 지원 개개인의 선호와 필요에 따라 적합한 복지혜택을 선택하여 자치경찰 현장근무자들에 대한 복지 및 처우 개선 등 사기 진작 제고를 위한 정책이 필요하다.

전국 각 시·도마다 차이는 있지만 17개 시·도 중에서 13개 시·도가 이미 현장경찰관들을 위한 복지 포인트 예산편성을 마쳤고, 대구, 충북, 경남, 제주 4곳만 복지 포인트 예산을 편성하지 않았다.

필자는 2021년 자치경찰제가 출범한 이후 적극적으로 현장경찰관들의 복지 포인트 및 파출소/지구대 등에 대한 지원을 주장하여 왔고, 사무국을 이끌었다. 하지만 대구시 자치경찰위원장의 소극적인 태도에 늘 가로막혔다. 필자는 결심했다. 권영진 시장님을 만나야겠다. 시장비서실을 통해 면담을 요청했다.

드디어 2021년 12월 22일 오후 4시, 필자는 권영진 대구광역시장을 독대해서 복지 포인트에 대해 진솔하게 설명을 하였다. "첫째, 자치경찰제 실시 후 현장경찰관들에 대한 대구시 공무원 수준과 비슷한 수준의 복지 포인트와 건강 검진비 지원 필요성. 둘째, 다른 17개 시·도 중 4개 시·도만 안 하고 있고, 광역시 중에서는 우리 대구시만 안 하고 있음. 셋째, 대구시 자치경찰제의 성공적인 정착을 위해 파출소/지구대 포함해서 건강 검진비 지원 필요"의 순서로 차분하게 설명하였다.

권영진 시장이 질문하셨다. "그럼 예산이 어느 정도 필요합니까?" 나는 짧게 답을 했다. "연 28억 정도 됩니다." 필자의 설명을 들은 권영진 시장은 바로 답을 주셨다. "합시다." 권영진 시장의 답변은 단호하고 확실했다. 바로 그 자리에서 김정기 기획조정실장에게 전화를 걸었다. "기획조정실장님! 자치경찰제 실시 이후 현장 경찰관들에게 맞춤형 복지 포인트 지급하는데, 광역시 중 우리 대구시만 안 하고 있습니다. 박동균 사무국장이 들고 온 원안대로 추경에 반영 하세요." 나는 눈물이 핑 돌았다. 단호하고 통 큰 결정에 감동하였다. 많은 날을 잠 못 자며 고민하던 일이었다.

권영진 시장은 서울특별시 정무부시장, 국회의원, 재선 대구시장이다. 행정감각은 물론 정무적 감각, 소통 및 정책 능력이 탁월한 분이다. 그렇게 권영진 시장과의 면담 이후 현장경찰관의 복지 포인트 및 건강 검진비 지원은 급물살을 탔다. 그렇게 대구시 자치경찰사무 수행 공무원 1,100명과 지구대 파출소 직원 2,350명을 합쳐서 3,450명이 지원대상이며, 복지 포인트 1년에 70만 원, 2년에 한 번 건강 검진비 25만 원 지원의 안으로 시작하였다.

하지만 앞으로 많은 과제가 남아 있었다. 시의회의 심의/의결이다. 게다가 복병을 만났다. 바로 기획조정실 예산부서이다. 기획조정실 예산담당관실에서는 복지 포인트 35만 원을 주장, 원래 70만 원이었던 원안의 절반으로 감축한 안을 제시하였다. 이번 추경은 코로나19로 인한 예산 등으로 전체 추경예산 여력이 많지 않은 상황에서 자치경찰위원회의 예산안을 100% 반영하기 어렵다는 입장이었다. 당황스러웠다. 나는 집행부인 대구시는 확정된 것으로 생각하고, 대구시의회 기획행정위원회 의원들을 대상으로 로비(?)를 하던 중이었다. 하지만 예산 부서는 확고했다. 하지만 추가경정예산이라는 부담감, 코로나19로 인한 사회적 약자 보호 예산의 필요성 등을 고려할 때, 수긍할 수밖에 없었다.

2022년 3월 18일(금) 오전 11시, 대구시의회 기획행정위원회에서 2022년 제1회 추가경정예산안 심의가 있었다. 이날 자치경찰 맞춤형 복지 35만 원 × 3,550명 = 12억 4천 2백만 원과 자치경찰 정밀 건강 검진비 25만 원 × 1,775명(2년마다 격년제) = 4억 4천 4백만 원으로 총 16억 8천 6백만 원이 확정되었다.

지원대상 3,550명에는 자치경찰부 소속 공무원과 실제로 자치경찰사무를 수행하는 지구대, 파출소 소속 공무원을 포함한 인원이다. 1인당 지급액은 35만 원으로 대구시 직원의 기본 포인트(114만 원)와 경찰직(국가직) 신분으로 받는 지급액(40

만 원) 차액 70만 원의 절반이다. 또한 자치경찰 정밀 건강 검진비 4억 4,400만 원은 자치경찰사무 수행 공무원의 정밀 건강 검진비를 반영한 것으로 출생 연도에 따라 격년제로 시행할 예정으로, 2022년은 짝수년도 출생자 1,755명의 건강 검진 비용을 편성한 것이다.

이후 3월 23일(수) 대구시의회 예산결산위원회에서 추가경정예산은 최종의결 통과되었다. 이번 자치경찰 복지 포인트 및 정밀 건강 검진비 추가경정예산은 자치 경찰사무를 수행하는 경찰 공무원의 사기 진작 및 소속감을 고취하고, 자치경찰제 성공적인 정착에 크게 기여할 것으로 확신한다.

권영진 대구시장

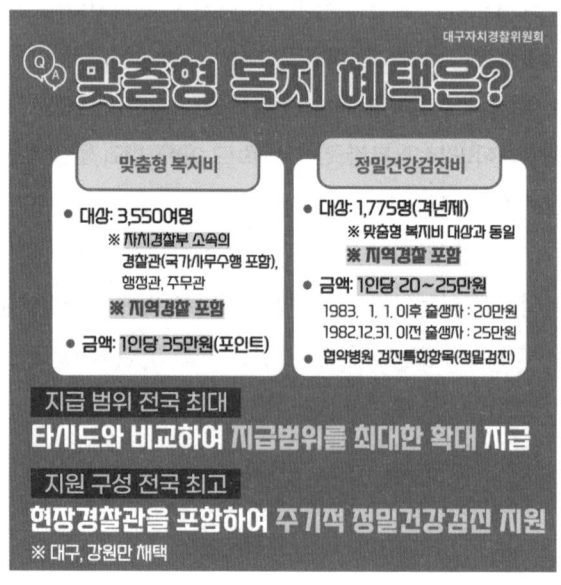

어느 경찰관의 기도
경북일보 특별기고 (2022. 2. 14)

필자는 경찰청장에서부터 경찰 시험에 갓 합격한 순경 제자에 이르기까지 다양하게 경찰관을 접한다. 전직 경찰관들과 결성한 등산모임도 있다. 늘 그들의 목소리를 듣는다. 그들의 목소리가 내가 쓰는 논문과 칼럼의 생생한 자료가 되고, 내가 하는 강의의 중요한 콘텐츠가 된다. 그들 대부분은 이른바 제복을 입은 시민으로서 사명감에 불타 있다. 내 친구 경찰관은 다시 태어나도 경찰관이 될 것이라고 자기 아들들에게 자랑한다.

대한민국은 전 세계에서 가장 안전한 국가 중 하나이다. 야간에 밖에 나가도 별로 위험하지 않다. 여기에는 다양한 이유가 있겠지만 일선 경찰관들의 역할과 노고가 크다는 것을 부인할 수 없다. 최일선에서 국민의 생명과 재산을 지키는 경찰관이 소신 있게, 자랑스럽게 근무할 수 있는 여건을 만들어주어야 한다.

하지만 경찰은 그 업무의 성격상 수없이 발생하는 범죄를 예방하거나 단속, 수사하는 과정에서 늘 위험 속에 노출돼 있다. 경찰은 범죄 예방을 위해 위험하다고 생각되는 장소를 주로 찾아다니는 순찰 업무의 특성상 위험에 처할 가능성이 크다. 또한, 국민의 생명 보호와 관련된 긴급 상황이기 때문에 출동 과정에서 교통사고의 위험이 크고, 술에 취한 사람 처리, 자살 구호 등의 과정에서 신체적 위험 등에 노출되기 쉽다. 음주 단속을 피해 음주 운전자가 도주하면서 교통경찰관에게 치명적인 위해를 입히게 되는 사고가 자주 발생한다. 또한, 경찰관들은 업무수행 과정에서 잔인하고 처참한 범죄 현장을 목격하기도 하고, 동료의 죽음이나 자신의 신체 손상 등을 경험하기도 한다. 살인으로 인해 끔찍하게 훼손된 시신, 교통사고나 화재, 가족 간의 동반자살에 따른 변사 사건 등 비극적인 상황에 대해 반복적으로 노출됨으로써 정신적 위험 상황에 빠지기도 한다. 이처럼 외상 사건의 반복적인 노출은 외상 후 스트레스 증후군(PTSD·Posttraumatic stress disorder)으로 발전할 수 있는 위험성이 매우 높다. PTSD는 실제로 신체에 해를 입거나 위협을 당하지 않더라고 나타날 수 있다. 인구집단의 30% 정도가 외상 사건에 노출될 수 있고, 이 중 10~20%가 외상 후 스트레스 증후군으로 고통을 겪을 수 있는데,

경찰관들은 10명 중 7명 이상이 PTSD를 경험했던 것으로 나타난 연구 결과도 있다. 이처럼 직업의 특성상 경찰관들이 수행하는 대부분 업무가 위험을 동반하며, 극도의 스트레스를 받게 된다. 경찰관은 위험한 업무 특성 이외에도 야간근무 및 불규칙한 근무 패턴 등으로 인한 유병률도 높아 순직 및 공상에 대한 우려가 상당하다. 이에 대한 복지 및 건강 검진 등 다양한 정책적 지원이 필요하다.

작년에 새롭게 도입된 자치경찰제가 성공하려면 현장에서 일하는 일선 경찰관들의 목소리를 잘 들어야 한다. 현장에 답이 있다. 필자는 대구시 자치경찰위원회 상임위원을 맡으면서 틈틈이 현장경찰관과 만나서 그들의 걱정과 애환, 바람을 듣고 있다. 그 목소리는 커다란 울림으로 다가온다. 정책으로 답할 것이다.

아래는 작년 국회 공청회에 참석해서 필자가 참석자들에게 읽었던 '어느 경찰관의 기도' 중 한 부분이다.

"(중략) 신이시여! 쉴 틈이 없어도 주저앉지 않으며, 재물의 유혹에 빠지지 않게 하시고, 법의 공정한 저울 아래 정의롭고 진실하게 하소서…. 그리고, 사명을 다하다 비로소 신의 부름을 받을 때 저의 가족을 돌보아 주시고, 훌륭한 경찰관으로 기억되게 하소서…"

시민의 생명과 재산은 경찰관이 지키고, 경찰관의 생명과 재산은 국가가 지켜주어야 한다. 그들이 신나게 일할 수 있도록 말이다.

경북일보

2017년 12월 29일 금요일 018면 여론광장

아침광장

박동균
대구한의대
경찰행정학과
교수

"

파출소·지구대 24시간 근무시스템
원활한 임무 교대·휴식 위해서는
치안 현장 투입 인력보강 필요

"

의로운 경찰, 故 정연호 경위를 기리며

연말에 안타까운 사고가 발생했다. 2017년 12월 21일 저녁 9시 20분경 자살하려는 시민을 구하러 간 경찰관이 아파트 9층에서 떨어져 순직했다. 대구 수성경찰서 범어지구대 소속 정연호 경사의 이야기다. 당시 정 경사는 '아들이 번개탄을 사서 집에 들어 왔는데, 자살하려는 것 같다. 도와 달라'는 A씨(30) 부모의 신고를 받고, 한모 경위와 함께 아파트로 출동했다. 한 경위는 거실에서 A씨의 아버지와 대화를 하고 있었고, 정 경사는 방에서 A씨와 어머니를 상대로 이야기를 나누었다. 이야기 도중에 A씨가 갑자기 다른 방으로 들어가 문을 잠갔고, 방 안에서는 창문이 열리는 소리가 들렸다. 이에 정 경사는 A씨가 아파트 9층에서 뛰어내릴 것 같은 위험한 상황이라고 판단했고, A씨를 진정시키기 위해 아파트 외벽 창문으로 진입하던 도중 미끄러져 추락했고, 병원으로 옮겨졌지만 사망했다. A씨는 투신하지 않았다.

평소 정연호 경사는 성실하고 책임감이 강하며, 특히 봉사 정신이 뛰어난 경찰로서 평가받던 인물이다. 정 경사는 사랑하는 아내와 내년에 유치원에 들어갈 6살짜리 아들을 두었다. 정 경사의 영결식은 주위 동료들과 시민들의 오열 속에 대구지방경찰청장(葬)으로 열렸고, 정부는 정 경사에게 1계급 특진과 훈장을 추서했다. 참으로 아까운 인물을 하늘로 보냈다.

경찰이라는 직업은 업무의 성격상 늘 위험 속에 노출되어 있다. 즉 경찰은 범죄가 발생한 지역이나 우려되는 지역 등 위험한 장소를 찾아다니는 순찰업무의 특성상 여러 형태의 위험에 처할 가능성이 매우 높다. 이번 정연호 경사의 사례와 같이, 자살구조와 같은 업무뿐만 아니라 음주단속과 교통사고 처리 등과 같은 업무수행 과정에서 다치거나 심지어 목숨을 잃는 사례도 자주 발생하고 있다. 아울러 경찰관 중에는 업무에서 생긴 스트레스나 우울증으로 스스로 목숨을 끊는 경우도 적지 않게 보고되고 있다. 육체뿐만 아니라 정신을 다치는 경우가 많다는 것이다. 경찰관은 야간근무와 불규칙한 근무패턴 등으로 인한 유병률도 높은 편이다. 하지만 경찰관들의 업무 중 사망한 경우에 순직으로 처리되지 않은 경우도 많다.

지난 9월 26일 새벽 2시 50분께 포항 북부경찰서 죽도파출소에서 최모 경장이 코피를 흘리며 쓰러져 있는 것을 병원으로 옮겨졌으나 숨을 거뒀다. 그는 전날 오후 6시 30분부터 야간 근무를 시작해 주취 폭행사건을 처리한 후 새벽 1시부터 휴게 시간 동안 숙직실에서 잠시 쉬는 중이었다. 하지만 공무원연금공단은 의학적으로 공무 과로로 인한 연관성으로 보기 어렵다고 순직 재출했다. 최 경장은 반드시 순직으로 처리되어야 한다. 경찰관의 업무특성을 고려한 합리적인 법 적용이 필요하다. 국가와 국민을 위해 위험한 업무를 수행하는 경찰관들을 국가가 지켜주어야 한다. 국가의 정책적 배려와 지원이 필요하다는 이야기다. 이는 경찰만이 아니고 소방관, 군인 등에도 적용되어야 함은 물론이다. 국민의 가장 가까운 곳에 있는 파출소와 지구대 등 외근경찰은 24시간 근무시스템이다. 완벽한 치안시스템의 확립을 위해서는 원활한 임무교대와 휴식 후 근무가 가능해야 한다. 민생치안현장에 직접적으로 투입할 수 있는 현장 경찰력의 인원보강이 필요하다.

잊지 않겠습니다. 제복 공무원의 사기 진작과 복지향상을 위한 공청회

2021년 11월 25일(목) 오전 10시, 국회의원회관 대회의실에서 서범수 국회의원이 주최하고, 전국경찰공무원직장협회와 공노총 소방노조가 주관하는 공청회가 열렸다. 이날 공청회에 필자는 전체 좌장으로 참석했다.

사실 경찰과 소방 공무원은 치안활동, 화재진압 등 위험한 상황에서도 목숨을 바쳐 국민의 생명과 재산을 보호한다. 업무의 특성상 경찰과 소방 공무원은 각종 사건과 사고 현장에서 생명의 위협을 느낄 만큼 위험에 노출되는 빈도가 높다. 노동강도 역시 다른 직종에 비해 현저하게 높은 편이다. 그러나 그 직무의 위험성이나 노동강도에 비해 경찰과 소방 공무원의 보수체계가 적절하지 않고, 순직 및 공상에 대한 보상방안도 열악하다. 경찰과 소방 공무원에 대한 걸맞지 않은 예우는 소속 공무원들의 직무 관련 사기와 직결되며, 대국민 서비스의 질적 측면에도 부정적인 영향을 미칠 수밖에 없다. 그렇기에 경찰과 소방 공무원의 사기 진작 및 처우 개선방안을 찾고자 마련된 이번 공청회는 매우 의미가 크다.

국민의힘 이준석 당대표는 축사에서 "당대표가 아닌 일반 국민의 한 사람으로 경찰·소방 공무원들에 감사드린다"면서 "제복 공무원에 대한 열악한 처우 문제를 더 이상 외면해서는 안 된다"라고 제도 개선을 위한 노력을 약속했다.

이날 공청회에는 세 가지 주제의 발표와 토론이 이루어졌는데, 먼저 김태석 교수(선문대)의 경찰, 소방 공무원을 위한 순직, 공상 추정제도의 법제화에 관한 고찰에 대한 발표를 시작으로 신현주 교수(가톨릭관동대)의 경찰, 소방직 보수체계 개선대책 마련 발표에 이어, 끝으로 김종오 교수(동의대)의 공무원 직장협의회 개정관련 논문 발표가 이어졌다.

특히, 공무원이 공무상 부상을 당하거나 질병에 걸린 경우, 그 부상 또는 질병으로 장해를 입거나 사망한 경우, 그 재해가 공무와 관련성이 없다는 증거가 나오지 않는 한 공무상 재해로 본다는 순직, 공상 추정제도 도입에 관한 참석자들의 공통된 의견이 있었다. 주목할 대목이다.

또한, 경찰 공무원의 업무 특수성에 비해 위험직무에 대한 제도적인 보상체계 및 수당이 비현실적이고 미비하다. 따라서 현실적인 보수 개선 및 최소한 공안직 공무원 수준으로 개선이 필요하다는 데 입을 모았다. 특히 이날 공청회는 학계와 전문가들의 발표뿐만 아니라 직장협의회 등 참석 제복 공무원들이 현장에서 고충과 향후 개선점 등을 즉석에서 발언할 수 있도록 해 현장의 생생한 목소리도 담았다.

이와 같은 공청회는 그전에도 몇 차례 국회에서 실시한 바 있다. 이번에는 꼭 실현되기를 희망하며, 국회 문을 나왔다. 이날 행사를 총기획한 민관기 전국 경찰 직장협의회 회장단 대표의 노고가 컸다.

2021년 11월, 국회 공청회

어느 경찰관의 기도

질서와 행복을 위한 봉사가
우리의 길이라면
끝없는 도전에도 굽히지 않는
용기와 힘을 주소서

거친 세상에서
옥석을 가리는 지혜를 주시고
사랑의 손으로
약자들의 호루라기가 되게 하소서

우리를 찾는 이웃에게
주저 없이 달려가 봉사하게 하시고
세상이 알아주지 않아도
눈빛 맑은 오뚝이로 세워주소서

쉴 틈이 없어도 주저앉지 않으며
재물의 유혹에 빠지지 않게 하시고
법의 공정한 저울 아래
정의롭고 진실하게 하소서

그리고, 사명을 다하다
비로소 신의 부름을 받을 때
저의 가족을 돌보아 주시고
훌륭한 경찰관으로 기억되게 하소서

대구형 자치경찰

코로나19로부터 배운 값진 교훈
영남일보 특별기고 (2020. 10. 15)

　미래의 역사학자들이 2020년 한 해를 한마디로 정의한다면 '코로나19'라고 기록할 것이다. 코로나19는 전염력이 강하고, 아직 해결책이 없는 무시무시한 신종 감염병이다. 지금 코로나19에서 경험한 바와 같이, 위기가 발생하지 않는 국가는 없다. 국가마다 형태는 다르지만 여러 가지 유형의 위기가 발생하며, 위기관리의 역사는 인류문명이 탄생했을 때부터 생겨난 인류의 역사라고 할 수 있다. 미국이나 영국, 독일과 같은 선진국에서도 마찬가지다. 다만 위기를 잘 대비하고 관리하는 국가가 있고, 잘 관리하지 못하는 국가가 있을 뿐이다. 이런 팩트는 이번 코로나 19에서 여실히 드러났다.

　우리나라는 현재까지 코로나19 팬데믹 사태에 잘 대응한 국가 중 하나로 인정받고 있다. 이 무서운 바이러스에 초기 봉쇄 조치는 실패한 우리나라가 2차 완화 대응조치는 성공을 거두었다. 이는 사회적 거리두기를 잘 지켜준 높은 시민의식과 의료진의 높은 역량과 희생정신, 선진화된 의료보험 체계가 있었기 때문에 가능한 일이다.

　미국은 코로나19에 부실한 대응으로 일관했다. 초강대국의 위상에 걸맞지 않게 체면을 구겼다. 코로나19 국면 초기에 검사와 확진, 조사, 격리 및 치료 등 한국형 방역모델을 대수롭지 않게 여겼다. 마스크 대란을 아시아 후진국에서나 일어나는 사건 정도로 치부했고, 코로나19 바이러스가 미국에서 광범위하게 퍼지지 않을 것이라는 판단미스도 있었다. 급기야는 트럼프 대통령 부부도 확진 판정을 받게 되었다. 뒤늦게 마스크 착용의 의무화, 진단키트 수입 및 개발 등에 나섰지만 이미 바이러스는 미국 전역에 퍼졌다. 미국은 코로나19로 인한 사망자 수가 세계에서 제일 많다.

　일본 정부도 마찬가지다. 일본은 동경 올림픽 개최를 위해 코로나19 확산 상황을 국내외에 제대로 알리지 않았다. 올림픽 개최 연기를 결정한 이후 갑자기 코로나19 검사 수와 확진자 수가 급증했다. 최근에는 중앙정부와 지방자치단체 간 조치 수위를 놓고 힘겨루기를 하면서 시민들이 우왕좌왕하기도 했다. 위기관리의 모범국가라고 할 수 있는 일본도 믿음직하지 않고 허술하기 짝이 없다. 여기서 코로나19가 주는 중요한 교훈이 있다. 바로 정부의 위기관리 역량과 국민들의 신뢰 문제이다.

먼저 무엇보다 중요한 것이 정부의 위기관리 역량 강화이다. 코로나19는 올 겨울까지 바이러스 변이가 일어날 가능성이 높다는 분석이 있다. 지난 스페인 독감의 데이터를 통해 코로나19 역시 앞으로도 재유행 될 수 있음을 인식하고 철저하게 대비해야 한다. 코로나19와 같은 위기 상황은 현재 정부의 역량과 문제점을 점검하고 도약할 수 있는 좋은 기회가 된다. 코로나19로부터 얻은 교훈을 통해 최고의 감염병 위기관리 대응 매뉴얼을 만들어야 한다. 이를 계기로 위기관리 대비 및 대응 역량을 최고 수준으로 높여야 한다.

우리 정부도 국민들의 정부에 대한 신뢰감을 한층 높여야 한다. 현재 우리 사회는 사회적 양극화로 인한 계층 간의 불신이 높고, 정부에 대한 신뢰도가 낮은 편이다. 정부에 대한 신뢰도가 낮은 상황에서 위기가 발생했을 때, 필요한 위험 소통이 제대로 이루어지는 것은 불가능하다. 따라서 평상시에 사회 각 부분에서 다양한 정책을 통해 정부에 대한 신뢰를 증진시키도록 노력해야 한다. 신뢰는 국가 위기관리에 있어 중요한 사회적 자본이다. 신뢰받지 못하는 정부는 위기를 극복할 수 없다. 아울러 재난에 치명적일 수밖에 없는 취약계층에 대한 지원과 사회 안전망 구축, 글로벌 국제 사회의 공조 거버넌스 구축 등의 추가적인 정책적 노력이 필요하다. 국민의 안전을 지키는 것이야말로 국가의 최고과제이다.

코로나19와 자치경찰
경북일보 특별기고 (2021. 8. 2)

백신이 공급되면서 멈출 것만 같았던 코로나19는 아직도 거세게 진행 중이다. 코로나19는 무서운 속도로 우리 사회 전반을 흔들어 놓았다. 예측이 불가능하고, 불확실한 형태로 변화하고 있다. 코로나19 확산 방지를 위해 사회적 거리두기와 마스크 쓰기 등 강력한 방역 정책을 시행했고, 그 결과 다른 선진국들에 비해 감염병 확산을 초기에 막는 성과를 거두었다. 하지만 사회적 거리두기의 장기화는 궁극적으로 경제위기를 가져오게 되었고, 무엇보다 대면접촉 및 외부활동이 제한되고 실내에서 보내는 시간이 많아지면서 치안 환경과 범죄의 양상에도 변화를 가져왔다.

코로나19 발생 이후의 범죄 발생은 그 이전과 비교해서 범죄 유형별로 확실한 차이가 있다. 112 신고 건수를 유형별로 분석한 결과, 대부분의 범죄 발생 건수가 감소한 것과는 대조적으로 비접촉 강력 범죄인 공갈과 협박, 주거형 범죄인 주거침입과 재물손괴, 여성 범죄인 스토킹, 데이트 폭력, 아동학대는 증가 추세에 있다는 특징을 보였다. 또한 코로나19에 따른 불경기로 보이스피싱 등 경제 범죄가 다양한 수법으로 진화하고 있으며, 그 피해가 실로 엄청나다. 특히 주목해야 할 점은 경제위기로 인한 가정 내 불화와 스트레스의 상승, 잠재적 피해 아동의 등교 제한 등이 맞물려 가정 내 아동학대가 증가했다는 점이다.

현재 아동과 여성, 노인 등 사회적 약자들을 대상으로 하는 가정폭력은 전 세계적으로 증가 추세에 있다. 코로나19 감염병 확산과정에서 발생하는 두려움과 불확실성은 다양한 형태의 폭력을 유발할 수 있는 요인이 되기 때문에 그 어느 때보다도 사회적 약자에 대한 관심과 지원이 필요한 때이다. 아동과 여성, 노인과 장애인 등 사회적 약자들은 온전하게 스스로를 보호하기 어렵다. 주위의 도움이 절실히 필요하다. 가장 가까운 곳에서 지역 주민의 생명과 재산을 지키는 형사사법기관인 자치경찰이 신경을 써야 할 부분이다. 특히 사회적 약자 대상 범죄는 피해자 보호가 중요하다. 피해자를 가해자로부터 완벽하게 분리시키고, 철저한 수사를 통해 가해자는 엄벌해서 재발을 방지해야 한다.

2021년 7월 1일부터 전국적으로 시행하고 있는 자치경찰제도는 사회적 약자를 제대로 보호할 수 있는 좋은 제도이다. 자치경찰에 적절한 책임과 권한을 부여해야 한다. 예를 들어, 아동학대나 노인학대, 성폭력 사건이 발생했을 때, 신속한 '출동', 피해자 '발견' 과 가해자와의 완벽한 '분리', 그리고 '피해자 보호'를 완벽하게 책임지도록 하는 구체적인 방안과 시설, 매뉴얼을 준비해야 한다. 관련 예산과 인력을 확보하고, 시스템을 구축해야 한다.

이런 측면에서 볼 때, 자치경찰제는 치안행정과 주민자치 행정을 효과적으로 연계할 수 있는 제도이다. 대구시자치경찰위원회도 실무협의회를 구성했다. 대구시 자치경찰위원회 상임위원(사무국장)이 위원장이 되고, 대구시 안전정책관, 어르신복지과장, 여성가족과장, 청소년과장, 교통정책과장, 대구경찰청의 생활안전과장, 여성청소년과장, 교통과장, 직장협의회 대표, 대구시교육청 생활문화과장, 행정안전과장, 대구시 소방본부 현장대응과장이 당연직 위원으로 참여한다. 여기서 코로나19로 인해 힘들어하는 사회적 약자들을 위한 촘촘한 안전망을 만들 것이다. 자치경찰과 국가경찰이 소통, 협업하고 지역 내 대학, 병원, 기업, 시민단체들이 긴밀하게 협력해서 안전한 대구시를 만들도록 로컬 치안 거버넌스를 구축해야 한다.

대구 자치경찰, 100일 기념 컨퍼런스

자치경찰제 시행 100일을 맞아 대통령소속 자치분권위원회와 대구시 자치경찰위원회는 2021년 10월 7일 대구 북구 침산동 대구삼성창조캠퍼스 중앙컨벤션센터에서 '자치경찰제 시행 100일 기념 컨퍼런스'를 열었다.

이날 컨퍼런스에는 권영진 대구시장, 김순은 자치분권위원장, 김창룡 경찰청장, 18개 시·도 자치경찰위원장 등 치안정책 결정자들과 관련 전문가, 시민대표 등이 참석해 제도 조기 정착 및 성공모델 구축방안을 모색하고 공유했다.

"현재 자치경찰운영위원회는 구조적으로 경찰청 및 지구대와 단절돼 있고 지방자치단체와의 관계에서 소통이 되지 않고 있어 개선이 필요합니다."

양영철 한국자치경찰정책연구원장이 7일 대구에서 열린 '자치경찰제 시행 100일 기념 콘퍼런스'에서 이 같이 말했다.

전국 시·도 자치경찰위원장협의회와 대통령 소속 자치분권위원회, 대구시 자치경찰위원회는 이날 삼성창조캠퍼스 중앙컨벤션센터에서 자치경찰제도의 조기 정착과 성공 모델 구축방안을 모색하는 행사를 개최했다.

양 원장은 "현재 자치경찰제의 모습은 국가경찰의 연장으로 자치경찰제 실시 전과 달라진 점이 없어보인다"며 "이번에 실패하면 자치경찰제의 모형을 다시 설계해야 하고 설계과정에서의 논쟁과 차기 정부로서의 책임 이관 등이 복합적으로 작용해 다시 도입하기는 어려울 수 있다"라고 지적했다.

이어 '자치경찰위원회의 법적 지위와 임무'에 대한 기조강연을 맡은 홍준형 서울대 행정대학원 교수는 "자치경찰위를 통한 시도경찰청장에 대한 지휘감독은 현장 치안행정에 대한 신속 지원 측면에서 단점이 있다"라고 꼬집었다.

이어 "자치경찰제의 성공을 위해서는 시·도 경찰청과 경찰관서에 대한 자치경찰위원회의 리더십이 제대로 발휘돼야 한다"라고 조언했다.

이날 콘퍼런스에서 대구시 자치경찰위원회의 '시민중심 네트워크 협의체' 등이 소개돼 눈길을 끌었다.

김현태 전국시·도자치경찰위원장협의회장은 "대구시 자치경찰위원회가 제1호 사업으로 추진한 시민중심 네트워크 협의체와 부산시 자치경찰위원회가 추진한 치안 리빙랩 플랫폼 사업은 경찰에 대한 민주적 관리 및 운영이라는 제도 시행 기본 목적에 부합한 사업"이라고 말했다(대구일보, 2021. 10. 7).

자치경찰제 100일 기념 한마디

"가장 중요한 것은 시민의 안전이고, 이를 위해
지역의 민생 치안 체계를 제대로 만들어 갈 것,
주민들의 관심과 적극적 참여를 요청"
– 권영진 대구시장 –

"자치경찰제라는 새로운 치안 패러다임이
경찰·시민 모두에게 큰 호응, 협업의 정신으로

안전과 분권의 가치를 조화시켜 한국형 자치경찰제라는
멋진 그림을 그려나가야 할 것”
– 김창룡 경찰청장 –

“자치경찰제는 자치분권 2.0 시대의 핵심과제로
제도적 과도기의 진통을 슬기롭게 극복해
주민 곁에 안착시킬 필요”
– 김순은 자치분권위원장 –

“자치경찰제 시행으로 풀뿌리 치안 시대의 시작을 기대,
국민들이 변화를 피부로 느끼실 수 있도록
특별교부세 등 현장에서 필요한 사항들을
더 세심하게 지원할 예정”
– 전해철 행정안전부장관 (축사 대독) –

대구 자치경찰, 100일 성과와 과제

　대구시 자치경찰 출범 100일을 맞아 열린 학술 토론회에서 자치경찰제에 대한 홍보 강화와 시민 참여 확대, 치안 사각지대 해소방안이 필요하다는 지적이 나왔다.

　대구시 자치경찰위원회는 2021년 10월 20일 대한지방자치학회와 공동으로 '대구 자치경찰, 100일의 성과와 과제'를 주제로 대구시청 별관 대강당에서 특별 세미나를 개최했다.

　이날 행사는 지난 7월 1일 전면 시행된 자치경찰제의 성과를 되돌아보고 향후 과제를 논의하기 위해 마련됐다.

　박동균 대구자치경찰위원회 사무국장은 주제발표에서 "아동·청소년·여성 등 사회적 약자 보호, 교통, 범죄 예방과 생활안전 등이 자치경찰의 주요 업무이며 대구시와 대구경찰청, 구·군과 경찰서가 연계·협력을 통해 시민의 안전을 강화하는 것이 자치경찰위원회의 핵심적 역할"이라고 말했다. 이어 범죄에 취약한 여성 1인 가구의 안전을 위해 스마트폰을 통해 주택 방문자의 얼굴을 확인할 수 있도록 한 스마트 초인종 등 '세이프-홈 지원사업', 고위험 정신질환자 응급입원 전담 의료기관 지정, 지하철 역사 내 불법 촬영 예방을 위한 안심 거울 설치 등을 성과로 제시했다.

　이어 열린 토론에는 김효진 대한지방자치학회장, 박헌국 대구시 자치경찰위원(계명문화대 경찰행정학과 교수), 신성훈 대구경찰청 생활안전계장, 권오걸 경북대 법학전문대학원 교수, 최상득 경운대 경찰행정학과 교수, 조광현 대구경실련 사무처장, 백승민 고산자율방범대 부대장 등이 참석했다.

　권오걸 경북대 법학전문대학원 교수는 "매일신문 보도에 따르면 대구시의 자전거 사고 건수가 인구 10만 명당 28.1건으로 전국에서 가장 많은 것으로 나타났다"며 "사고 발생의 사각지대에 대한 예방환경 조성을 위한 지방자치단체, 자치경찰, 각급기관과 민간기업의 합동대책체계가 구축되어야 한다"라고 말했다.

　박헌국 계명문화대 경찰행정학과 교수는 "이원화된 국가경찰과 자치경찰이 분리되어 운영되는 안이 장기적으로 시행되어야 한다"라고 했다.

백승민 고산자율방범대 부대장은 "대구형 자치경찰제도가 성공적으로 안착하기 위해서는 자율성 확보, 효과성 제고, 책임성 증진, 전문성 강화, 협업성 구현 등이 필요하다"라고 주장했다.

조광현 대구경실련 사무처장은 "시민은 자치경찰의 존재조차 제대로 알고 있지 안을 만큼 변화를 체감하지 못한다"라며 "대구자치경찰위원회 누리집의 불친절한 자치경찰 안내, 형식적인 정보공개를 개선해야 한다"라고 강조했다.

최상득 경운대 경찰행정학과 교수는 "경찰관서의 접점부서 명칭을 일부 '지구대'로 개칭한 데 대한 문제점이 있어 파출소 체제로 전면 전환이 시급하다"라고 주장했다(매일신문, 2021. 10. 21).

경북일보

2021년 10월 08일 금요일 018면 여론광장

특별기고

대구 자치경찰제, 출범 100일

박동균
대구자치경찰총
상임위원

오늘은 대구시에 자치경찰 제도가 실시된 지 100일 되는 날이다. 대구시와 대구경찰청에서 자치경찰제 준비단이 조직되어 수개월 간 준비했고, 올해 5월 20일 출범해서, 시범실시 후에 7월 1일부터 공식적으로 활동한 것이다. 대구시민과 가장 밀접한 부분인 아동, 청소년, 여성 등 사회적 약자 보호, 교통, 범죄예방과 생활안전 업무가 자치경찰의 업무다. 1945년 대한민국 경찰 창설 후 76년만에 처음으로 실시되는 자치경찰제이기 때문에 모든 것을 새로 만들어야 한다.

지난 5월 20일 비가 많이 내리던 날, 자치경찰위원 임명식, 현판 제막식을 시작으로 5월 24일 제1차 회의에서 필자가 상임위원(사무국장)으로 선출되었다. 그 이후 대구시 관내 10개 경찰서 치안현장을 방문하여 현장경찰들과 소통하였고, 홈페이지와 CI, 각종 규정과 지침, 프로그램들을 새로 만들었다. 사무국 직원들의 역량 강화를 위해 워크숍을 3차례 실시하였다. 홍보 동영상 제작, 설명회(특강), 칼럼, 방송, SNS 등으로 자치경찰 홍보에 주력하였고, 대구시, 경찰청, 교육청, 소방본부의 안전 담당과장들로 구성된 실무위원회를 만들어 토론하고, 정보를 교환하고, 심도 있는 정책논의를 진행하였다.

출범한 지 100일이 되는 대구시 자치경찰의 몇 가지 성과가 나타나기 시작하였다.

첫째, 건강증진과와 협업하여 자살기도자나 정신질환자들의 응급입원 전담 의료기관을 지정하였다. 이는 현장경찰관들의 가장 큰 애로사항이었다. 112 신고 출동으로 경찰이 출동했을 때, 고위험 정신질환자를 피해자로부터 분리해서 병원에 입원시켜야 한다. 하지만 병원에서 응급입원을 거부할 경우, 경찰관서에서 계속 보호해야 하는데 자해나 행패, 소란 등으로 경찰력이 낭비되고 다른 긴급출동이 지연되는 등 전체적인 치안력의 약화를 초래하게 된다. 추경예산 7천4백만원을 투입하고 적극적인 홍보를 통해서, 경찰 응급입원 전용 3개 병원 4개 병상을 확보했다. 이는 결국 대구시민을 위한 성과이다.

둘째, 여성 1인 가구가 늘고 있고, 여성들을 대상으로 한 범죄가 증가하고 있다. 이에 대구시 여성가족과와 협업으로 세이프-홈(Safe-Home) 지원 사업을 추진하고 있다. 이 사업은 스마트폰을 통해 영상을 확인할 수 있는 스마트 초인종을 비롯해 문 열림센서, 창문잠금장치, 현관 보조키 등 안심여성 4종 세트로 구성해 범죄에 취약한 여성 1인 가구를 대상으로 지원하는 것이다. 공모를 통해 8개 구/군에 예산액을 배정한 후 원룸, 전·월세, 매입임대주택 등 주거환경이 낙후된 사업지역을 우선적으로 선정해 추진할 예정이다. 여성안전 환경개선사업을 자치경찰위원회가 직접 추진하는 것은 전국 최초이다. 힘들지만 보람이 크다.

또한, 일선 경찰서와 구청 단위에서도 성과가 나타나고 있다. 달서경찰서는 7월 3주간 달서구민 1,029명을 대상으로 설문조사를 실시해서 '주민참여, 가장 안전한 우리 동네 만들기 사업 221개를 선정해서 지자체, 교육청, 기관, 단체 등 지역사회와 함께 자치경찰제 1호 사업으로 추진하고 있다. 수성경찰서는 수성구청, 수성구의회와 협업하여 지하철 내 안심거울을 설치하였다. 대구서부경찰서는 서구청과 협업하여 학생들의 등하굣길에 발생할 수 있는 성범죄 상황을 손쉽게 신고하고 위치를 확인할 수 있는 '스마트 안심버스 승강장'을 설치했다. 이외에도 유무형의 성과가 나타나고 있다. 자치경찰은 주민자치행정과 경찰행정을 잘 연계할 수 있는 장점이 있다. 대구시민들의 의견을 반영하고, 시민들이 능동적으로 참여해서 '시민중심, 시민안전' 대구 자치경찰제 모델을 만들어 나가야 한다.

자치경찰 에세이 1권

대구시 자치경찰, 100일 성과와 과제 특별기획 세미나 요약

자치경찰의 임무: 범죄 예방(국민의 규범적 요청)
"시민이 필요하면 반드시 경찰이 달려 간다. 범죄자는 반드시 체포된다."
이 개념이 중요함.

자치경찰 홍보 중요
- 언론에 좋은 보도 자료를 많이 보내야 한다.
- 동성로 등 시민이 많은 곳에 찾아가서 이벤트 등을 통한 홍보 필요
- 메타버스, 인스타그램, 유튜브 등 SNS 홍보 강화
- 맞춤식 족집게 홍보 필요(사회적 약자 포함)
- 특히, 시민의 입장에서 어떤 혜택, 성과가 있는지를 스토리텔링하여 홍보할 필요가 있음
- 홈페이지를 시민들이 이해하기 쉽게 바꾸어야 함

예산, 인사 등 독립·이원화 모형으로 제도 개선 필요
파출소, 지구대, 치안센터를 파출소로 일원화 – 자치경찰로 흡수하는 것이 타당
생활안전협의회와 주민자치위원회 활성화를 통한 자치경찰 발전
자치경찰의 성패는 바로 시민들의 참여와 지지에 달려 있음 (시민들의 신고 또는 민원 청취 필요)

2021년 10월 20일 대구시청 특별 세미나

"대구시 자치경찰 100일의 성과와 과제"는 이후 2021년 10월 29일(금) 국립 경찰대학 자치경찰발전연구원 개원식 및 자치경찰제 발전을 위한 세미나에서 필자가 다시 발표(홍보)하는 기회를 가졌다. 이날 행사에는 김창룡 경찰청장 및 이철구 경찰대학장, 박완주 국회의원, 이명수 국회의원 등이 참석하였으며, 양영철 교수가 좌장을 맡았다.

2021년 10월 29일 경찰대 세미나

자치경찰 '혁신' 워크숍

대구시 자치경찰위원회는 2021년 10월 28일 위원회 회의실에서 '대구시 자치경찰위원회 사무국 혁신 워크숍'을 개최했다.

이번 워크숍은 자치경찰위원회가 출범한 지 4개월이 지난 시점에서 자치경찰위원회 사무국 전 직원이 참석한 가운데 현재까지의 성과를 스스로 점검하고, 앞으로 나아갈 방향성을 찾기 위한 토론을 위해 마련됐다.

이날 참석자들은 모두 '자치경찰제 홍보 강화'를 사무국의 가장 중요한 과제로 인식하고, 기존의 홍보 방식에 더해 시민 속으로 찾아가는 적극적 홍보, 맞춤형 족집게 홍보, 메타버스 등 SNS 홍보를 강화해 나가기로 의견을 모았다.

박동균 대구시 자치경찰위원회 상임위원(사무국장)은 "1945년 대한민국 경찰 창설 후 76년 만에 처음으로 실시되는 자치경찰제는 아직도 시민들에게 생소하다"라며, "자치경찰제 시행 초기인 만큼 업무와 연계한 홍보 강화, 코로나19로 인한 범죄 양상의 변화에 걸맞은 사회적 약자 보호 정책, 시민들과의 적극적인 소통을 위해 최선을 다하겠다"라고 말했다.

한편 대구시 자치경찰위원회는 지난 5월 20일 출범해 6월 30일까지 시범 운영을 거쳐 7월 1일부터 공식적인 활동에 들어갔으며, 시민의 생활과 가장 밀접한 아동·청소년·여성 등 사회적 약자 보호, 교통, 범죄 예방과 생활안전 등이 자치경찰의 주요 업무이다(NSP통신, 2021. 10. 28).

자치경찰위원회의 핵심, 실무협의회

대구형 자치경찰에 대한 이야기를 해볼까 한다. 대구시 자치경찰위원회는 2021년 8월 6일 위원회 1층 대회의실에서 제1차 실무협의회를 개최해 대구시 자치경찰의 발전과 사회적 약자 보호를 위한 자치경찰의 방향에 대해 협의했다. 대구시 자치경찰위원회 초대 실무협의회는 서정숙 협력팀장과 이희정 주무관의 역량이 빛이 났다.

실무협의회는 '대구시 자치경찰사무와 자치경찰위원회 조직 및 운영 등에 관한 조례' 제10조에 근거해 자치경찰사무의 원활한 수행 및 국가경찰과 자치경찰사무의 협력·조정이 필요한 사항을 논의하는 기구로, 구성은 대구시 자치경찰위원회 사무국장(상임위원)이 위원장이 되고, 당연직 위원으로 대구시청 8명, 대구경찰청 4명, 대구시 교육청 2명 총 15명으로 구성됐다.

이날 협의회에서는 대구시 자치경찰제도가 출범한 이후 지금까지의 과정과 현황 등에 대한 설명을 시작으로, 향후 대구시 자치경찰제의 추진방향 등에 대한 심도 있는 토론을 했다. 특히 이날 안건 중 성폭력·가정폭력·아동학대 등에 대해 365일 24시간 상담, 의료, 법률, 수사 지원을 통합·제공하는 해바라기센터에 대한 추가 개소 및 전기통신금융사기(보이스피싱) 예방을 위한 대구 시민 문자발송에 대해 위원들의 공감대를 형성해 해당기관과의 협의를 이끌어냈다.

실무협의회 위원장인 필자는 "현재 아동과 여성, 노인 등 사회적 약자들을 대상으로 하는 가정폭력은 전 세계적으로 증가 추세에 있다. 또한 코로나19 감염병 확산 과정에서 발생하는 두려움과 불확실성은 다양한 형태의 폭력을 유발할 수 있는 요인이 되기 때문에 그 어느 때보다도 사회적 약자에 대한 관심과 지원이 필요한 때"라며 "아동과 여성, 노인과 장애인 등 사회적 약자들은 온전하게 스스로를 보호하기 어렵고 주위의 도움이 절실히 필요하기 때문에 가장 가까운 곳에서 지역 주민의 생명과 재산을 지키는 형사사법기관인 자치경찰이 신경 써야 할 부분이다. 이 협의회에서는 대구시, 대구경찰청, 대구시 교육청 등 다양한 분야의 의견들을 조정하고 반영해서 사회적 약자들을 위한 촘촘한 사회 안전망을 만들어 나갈 것이다"라고 말했다.

또한, 대구시 자치경찰위원회는 10월 5일 오후 3시 제3차 실무협의회를 개최해 학교 불법 촬영 카메라 합동점검 및 학생 통학로 안전사고 예방, 대구형 자치경찰 정책제안 공모 협조 안건에 대해 협의했다. 이날 실무협의회는 대구시 자치경찰위원회 사무국장(상임위원)인 필자 주재로 대구시청, 대구경찰청, 대구교육청 위원 및 관계자 20여 명이 참석한 가운데 3가지 안건에 대한 토의가 이루어졌다. 안건으로는 ▲학교 불법 촬영 카메라 합동점검 ▲학생 통학로 안전사고 예방 ▲대구형 자치경찰 정책제안 공모 홍보 협조를 내용으로 기관별 협력·지원방안에 대해 논의했다.

이날 교육청은 날로 급증하는 디지털 성범죄에 대한 학교 내 불안감을 해소하고 불법 촬영을 근절하기 위해 관할 경찰서 등 관련 기관의 불법 촬영 카메라 합동점검 협조 안건을 상정했다. 또한 스쿨존 교통사고 예방을 위해 어린이보호구역 내 교통안전시설물 우선 설치, 실효성 있는 교통안전교육 프로그램 지원, 2건 이상 교통사고 발생 어린이보호구역에 대한 합동안전점검 지원 등에 대한 협조를 요청했다.

마지막으로 대구자치경찰위원회는 현재 시민 참여를 통한 지역 맞춤형 치안정책을 발굴하고자 대구형 자치경찰 정책제안 공모를 추진하는 중이며, 많은 시민이 참여할 수 있도록 관계기관의 관심과 홍보를 부탁했다.

실무협의회 위원장으로서 필자는 "학생들이 마음 놓고 학교를 다닐 수 있도록 안전한 학교환경을 만들기 위해 관계기관과 함께 꼼꼼히 치안망을 정비하겠다"라고 강조하고, "이번 정책제안 공모전을 통해 다양한 아이디어를 발굴하고 수요맞춤형 정책을 펼치기 위해 노력하겠다"라고 말했다.

대구시 자치경찰위원회는 2021년 12월 21일 오후 자치경찰위원회 회의실에서 대구시와 대구경찰청, 대구교육청 관계자가 참석한 가운데 제4차 실무협의회 회의를 열었다.

이 날 회의에선 '여성이 위험하다'를 주제로 의견을 나눴고, 연말연시 특별 치안 활동을 점검하고 기관별 협조 사항을 논의했다.

논의 한 주요 내용은 ▷ 범죄 예방 환경 디자인(CPTED)을 적용한 생활안전 기반 조성사업 ▷ '샛별로 프로젝트'와 '동인동 언택트 빛나는 거리' 환경개선 사업 사례 ▷ 디지털 성범죄 예방과 여성안전 캠퍼스 환경조성 사업 ▷스토킹 데이트 폭력 근절 대책 ▷ 여성 1인 가구 세이프-홈(Safe-Home) 지원사업 등이다. 또 이달 14일부터 내달 2일까지 대구경찰청이 추진하는 '연말연시 특별 치안활동'을 함께 점검하고 보완사항에 대해 의견을 나눴다.

실무협의회 위원장인 박동균 사무국장은 "사회적 약자를 보호하는 것이 대구 자치경찰의 중요한 목표인 만큼 여성이 안전한 도시를 조성하고자 사회 안전망을 구축해나갈 것"이라며 "시민들이 따뜻하고 평온한 연말연시를 보낼 수 있도록 철저히 준비하겠다"라고 했다(매일신문, 2021. 12. 21).

대구광역시 자치경찰위원회 실무협의회 운영세칙

(제정) 2021. 7. 7.

제1조(목적) 이 세칙은 「대구광역시 자치경찰사무와 자치경찰위원회 조직 및 운영 등에 관한 조례」 제10조에 따라 대구광역시자치경찰위원회 실무협의회(이하 "실무협의회"라 한다)를 설치·운영하는데 필요한 사항을 규정함을 목적으로 한다.

제2조(설치 및 기능) ① 자치경찰사무의 원활한 수행 및 국가경찰사무와 자치경찰사무의 협력·조정 등을 위해 실무협의회를 둔다.

② 실무협의회는 다음 각 호의 사항을 협력·조정한다.

1. 대구광역시의 자치경찰사무의 원활한 수행에 관련된 사항

2. 대구광역시의 국가경찰사무와 자치경찰사무의 협력 및 조정에 관한 사항

3. 그 밖에 자치경찰사무 수행과 관련하여 협의가 필요한 사항

제3조(구성) ① 위원장은 대구광역시자치경찰위원회 상임위원(사무국장)으로 한다.

② 위원장을 제외한 실무협의회의 위원은 당연직 위원과 위촉직 위원으로 구분한다.

③ 당연직 위원은 다음 각 호에 해당하는 사람으로 한다

1. 대구광역시자치경찰위원회 자치경찰행정과장

2. 대구광역시 생활안전, 아동·청소년·노인·여성·장애인 등 사회적 약자 보호, 교통, 재난안전 관련 과장

3. 대구광역시경찰청 자치경찰 관련 과장

4. 대구광역시교육청 학교폭력 예방 및 교육안전 관련 과장

5. 대구광역시소방안전본부 재난 등 발생 시 긴급구조활동 관련 과장

6. 대구광역시경찰청(서) 직장협의회 대표

④ 위원장은 그 밖에 지역 내 자치경찰사무 수행과 관련하여 참여가 필요하다고 인정하는 사람을 위촉직 위원으로 위촉할 수 있다. 이 경우 실무협의회 협의를 거쳐야 한다.

2022년 치안 전망과 대구 자치경찰

경북일보 특별기고 (2022. 1. 9)

경찰대학 치안정책연구소에서 발간한 '치안 전망 2022'에서는 코로나19 유행 3년 차를 맞는 2022년에는 불법 촬영과 같은 디지털 성범죄와 아동학대 범죄가 증가할 것으로 예측했다. 코로나19와 같은 전대미문의 위기 상황은 각종 범죄 발생의 양상에도 영향을 미쳤다. 특히, 코로나 상황이 지속되면서 가난한 사람들이 더욱 경제적으로 어려워지고, 사람들이 외부활동보다는 집안에서 보내는 시간이 많아짐에 따라 가정폭력, 아동학대, 노인학대가 증가하였다. 작년에는 정인이 사건과 같은 아동학대 사건, 스토킹 살인 사건과 같이 사회적 약자들을 대상으로 한 반인륜적 범죄들이 발생하면서 국민적 공분을 불러일으키기도 하였다. 앞으로 이와 같은 사회적 약자들을 위한 더욱 촘촘한 사회 안전망 구축이 요구된다.

대구시 자치경찰제가 실시된 지 7개월이 지났다. 자치경찰은 아동·청소년·여성 등 사회적 약자 보호, 교통지도·단속 및 질서 유지, 범죄 예방과 생활안전 업무 등 가장 가까운 곳에서 시민들의 안전 업무를 수행하고 있다. 그중 중요한 업무는 '사회적 약자 보호'이며, 이를 위해서 가정폭력이나 성폭력·아동학대 등이 발생하면 경찰의 신속한 출동과 피해자 보호 시스템이 작동해야 한다.

이러한 맥락에서 해바라기 센터의 역할은 매우 중요하다. 지방자치단체, 경찰, 의료기관이 범죄 피해자를 위해 운영하는 '해바라기 센터'는 가정폭력, 성폭력, 성매매 등 피해자를 24시간 한 곳에서 보살피도록 하는 긴급구호 서비스 기관이다. 현재 대구시에서는 폭력 피해 여성을 위해서 위기 지원형 해바라기 센터와 피해 아동 청소년을 위한 아동형 해바라기 센터 2개소를 설치 운영하고 있다. 하지만 현재 대구 해바라기 센터 방문객 수는 2019년 1,028명(전국 1위), 2020년 767명(전국 1위)으로 전국 최고 수준이며, 그 수요는 계속 증가하고 있다. 아동폭력과 성폭력 등 피해자들에게 상담에서부터 치료, 법률, 수사까지 한 장소에서 원스톱 지원이 장기적으로 가능한 '통합형' 해바라기 센터의 추가 설치가 간절하다. 이것은 대구시, 대구경찰청의 숙원사업이기도 하다.

또한, 자치경찰제는 시민들의 적극적인 지지와 참여가 중요하다. 자치경찰제에서는 시민들이 적극적으로 치안행정에 참여해서 자신들의 의견을 이야기하고, 동네 순찰 등 지역안전에 능동적으로 관여하는 '공동체 치안'이 중요하다. 따라서 올해 대구시 자치경찰은 시민들의 참여를 위한 보다 체계적인 시스템과 홍보를 계획하고 있다. 시민중심 자치경찰 네트워크 협의체, 자치경찰 SNS 홍보단, 그룹별 맞춤형 홍보, 시민들을 직접 찾아가는 친절하고 따뜻한 홍보 등을 계획하고 있다.

끝으로, 위험한 현장에서 근무하는 현장경찰이 신나게 일할 수 있도록 여건을 조성해 주어야 한다. 자치경찰제가 성공하려면 현장의 목소리를 들어야 한다. 현장이 답이다. 필자는 틈틈이 현장경찰관과 만나서 그들의 걱정과 애환, 바람을 듣고 있다. 그 목소리는 울림으로 다가온다. "시민의 생명과 재산은 경찰관이 지키고, 경찰관의 생명과 재산은 국가가 지켜주어야 한다."

출범한 지 7개월이 지난 자치경찰은 아직 걸음마 단계라고 할 수 있다. 권한이 제한적이고, 예산 부족과 각종 치안 정책을 추진하기 위한 현장 부서가 없다는 한계도 있다. 이러한 문제점을 하나씩 개선하고, 대구시와 대구경찰청 등 관련 기관이 힘을 모아 협력 치안을 더욱 견고하게 해서 안전한 대구시를 만들어야 한다.

대구형 자치경찰 정책제안 공모

대구시 자치경찰위원회는 시민 참여를 통한 지역 맞춤형 치안정책을 발굴하기 위해 '대구형 자치경찰 정책'을 공개 모집했다.

공모는 2021년 7월 1일 자치경찰제 전면 시행에 따라 차별화된 치안정책을 추진하고 특히 대구의 지역적 특성을 반영한 자치경찰 치안정책 수립을 위해 기획됐으며, △생활안전 △사회적 약자 보호 △교통안전 3개 분야로 진행됐다.

드디어, 대구형 자치경찰 정책제안 공모 결과가 발표됐다.

2021년 12월 3일 '착한 생활안전 포인트 정책'(생활안전), '운전자는 안전운행, 어린이는 안전보행, 어르신도 안전보장'(교통안전), '심야안전동행서비스'(사회적 약자 보호 등)가 각 분야 최우수 아이디어로 선정됐다. 또 생활안전 분야에선 '치안도 배달이 되나요?'가, 교통안전 분야에선 '지역 내 상습정체구역 시민과 함께 해결'이 각각 우수로 선정됐다. 이밖에 '심야시간 산책모임', '노약자를 위해 횡단보도, 교통섬 등 의자 설치', '거울 하나로 안전한 골목길을' 등이 장려로 선정되었다.

대구시장 주재 티타임 정기회의

대구시에서는 매주 1회 시장이 주재하는 티타임 회의가 열린다. 시장, 부시장 등 각 실·국장이 참석하고, 과장이나 팀장, 주무관이 배석하는 형태이다. 부서마다 실·국장이 주간 업무성과 및 계획을 발표, 공유하고 토론한다. 이 자리에서 대구시의 발전을 위한 중요한 정책들이 소개되고, 논의된다. 이 중에서 한 달에 한 번은 확대간부회의가 열려 보다 많은 간부가 참석한다.

필자는 2021년 5월 공직에 입문하면서 코로나19 때문에 화상회의로 참석하였다.

2022년 1월 26일(수) 오전 9시 화상회의로 진행된 내용 중 필자가 발표한 자치경찰위원회 보고자료를 소개한다(내용상 대외비 성격의 비밀 내용이 없음).

2022 설 명절 종합 치안대책

설 연휴기간 집중되는 치안 수요 및 코로나19 확산 우려에 대비, 경찰 역량을 집중한 종합 치안활동을 통해 평온한 명절 분위기 조성

◪ 추진기간 : 1.24.(월) ~ 2.2.(수) / 10일간

◪ 대구경찰청 주요 내용

◖ (생활안전) 선제적·단계적 예방활동으로 위험 요소 사전 차단

▶ (1단계) 1. 24.(월) ~ 1. 28.(금) / 설 연휴 前 5일간

※ △(CPO) 지역경찰 순찰선·거점지역 조정 △(지역경찰) 위험성 높은 업소 간이 진단 등

▶ (2단계) 1. 29.(토) ~ 2. 2.(수) / 설 연휴 포함 5일간

※ △(CPO) 1단계 순찰선·거점근무지 선정 → △(지역경찰) 선정지점 순찰활동 강화

◖ (여성청소년) 설 연휴 기간은 평시보다 112 전체 신고는 감소하는 경향이 있으나 명절 분위기를 해치는 중요 범죄 신고는 증가(3.4%)

※ 중요 범죄 : 살인, 강도, 절도(치기), 납치·감금, 성폭력, 가정폭력, 아동학대, 데이트 폭력

3개년 (일 평균, 건)	전체신고	중요 범죄		가정폭력	폭력
		가폭포함	가폭제외		
'19~'21년 설	2276.7	79.2	36.3	42.9	75.8
'19~'21년 평시	2523.4	76.6	47.3	29.3	61.6
대비(%)	9.8↓	3.4↑	23.3↓	46.4↑	23.1↑

- 가정폭력·아동학대 재발 우려 모니터링 강화 및 재발 방지 주력

◖ (생활질서) 연휴 기간 증가하는 이동량·대인접촉 등을 고려하여, 관계기관 합동으로 무허가 유흥시설 등 방역 지침 위반 불법 영업 집중 단속(1.24~2.2)

< 중점 단속 대상 >

▶ 위반업소 재영업, 무허가 유흥주점 영업, 주택가 등 다른 장소를 빌려 영업

▶ 운영시간 제한 위반, 노래연습장 불법 영업, 기타 방역 수칙 위반 등

◖ (교통) 단계적 교통관리 실시로 혼잡 완화 및 교통안전 확보

▶ (1단계) 1. 24.(월) ~ 1. 27.(목), 설 연휴 前 4일간

※ 대형마트·재래시장 등 명절 준비 혼잡장소 집중관리

▶ (2단계) 1. 28.(금) ~ 2. 2(수), 설 연휴 포함 6일간

※ 고속도로 연계 국도, 귀성 및 귀경길 안전 및 소통확보

▶ 대구청 및 경찰서 교통종합상황실 운영(1.28~2.2)

- 구성 : 1일 1조 편성(교통수요·분직근무 등 반영하여 탄력적 운영)
- 주요 임무 : 교통상황·대형 사고 등 파악 및 유관기관 전파

2022년 치안 전망 및 자치경찰위원회 중점 추진계획

▨ 2022년 치안 전망

- ☾ (범죄 전반) 코로나19 위협 속 5대 범죄 등 전체 범죄는 감소세 지속, 감염병 예방법 위반 중심으로 보건 범죄 지속 발생 전망

- ☾ (사이버 금융 범죄) 스마트폰 등 모바일 기기 사용 환경의 급속한 발전에 따라 메신저 이용 사기·스미싱·몸캠피싱 증가

  - 특히 피싱 범죄는 더욱 지능화되고 지속 증가할 것으로 전망

    ※ '21년 피싱 범죄 중 대면편취 비중이 전년 대비 20.5% 급증

- ☾ (성범죄) 전통적인 성범죄 약한 감소 추세이나 카메라 등 이용 촬영 및 통신매체 이용 음란행위 증가 예상

- ☾ (학교폭력) 폭행·상해는 소폭 증가, 성폭력은 증가세 지속 예상

  - 피해 유형 중 언어폭력 및 사이버 폭력 증가 예상

- ☾ (아동학대 범죄) 사회적 관심이 높아지고 정부의 엄정한 대응으로 인해 증가세 지속 예상 (특히 신체·정서학대 대폭 증가)

▨ 2022년 중점 추진계획

- ☾ (지휘·감독) 대구경찰청의 성범죄 및 아동학대·학교폭력 범죄 예방활동이 강화될 수 있도록 적극적으로 지휘·감독

  - 자치경찰사무 목표 수립 및 성과 평가, 감사활동 등 반영

- ☾ (자체계획) 위원회에서도 시민안전 및 사회적 약자 보호 시책 적극 발굴 추진

  - 여성 1인 가구 세이프-홈 지원사업을 취약계층 전반으로 확대

  - 지역공동체와 시민이 참여·주도하는 '대구형 셉테드' 모델 구축

  - 지역대학·금융감독원·市·警 협력 전자 금융사기 예방 프로그램 운영

2022년 2월 9일(수) 오전 권영진 시장 주재 간부회의 때, 권영진 시장이 인용한 말이 생각난다. "바람이 불지 않을 때, 바람개비를 돌리는 방법은 내가 앞으로 달려 나가는 것뿐이다(데일 카네기)." 대구시 자치경찰위원회도 더욱 분발해야 한다. 파이팅!!!

대구시 자치경찰 8개월 성과와 과제

2022년 자치경찰의 주요 과제 중의 하나가 '시민소통과 홍보'이다. 홍보 중에서도 대학교수들과 같은 전문가들에 대한 홍보는 여론주도층이라는 측면도 있지만 실제로 자치경찰의 제도 개선이나 대한 등의 제시와 같은 정책개발 등의 측면에서도 매우 중요하다. 이런 측면에서 볼 때, 예전부터 필자는 대학교수나 전문가들에 대한 홍보가 매우 중요하다고 생각한다. 그들의 칼럼, 논문, 방송 출연 중 의견 제시 등에 있어 필요한 정책자료를 제공하고, 자치경찰위원회의 성과, 활동과 한계, 과제 등을 설명하는 것이 필요했다.

필자는 기회가 있을 때마다 지방자치, 경찰행정 관련 교수들과 만나 토론을 했고, 의견을 들었다. 마침 사단법인 대한지방자치학회 김효진 학회장의 요청으로 대구시 자치경찰위원회가 출범한 지 8개월이 지난 시점에서, 성과와 과제를 발표하게 되었다. 김효진 학회장은 경운대학교 경찰행정학과 교수로서 공법학(행정법)을 전공한 국내 최고의 법학자이다. 특히 자치경찰에 많은 관심과 애정을 갖고 있어 대구 자치경찰의 비공식 학자 홍보대사 역할을 하는 분이다. 2021년 대구시 자치경찰, 100일의 성과와 과제 학술 세미나 때도 함께했다.

2022년 2월 17일(목) 오후 2시, 대구 그랜드호텔에서 개최된 사단법인 대한지방자치학회 학술대회에서 필자는 '대구시 자치경찰, 8개월의 성과와 과제' 주제 발표를 맡았다. 주제 발표에서 필자는 "2021년 7월 1일 공식 출범한 자치경찰은 시민의 생활과 가장 밀접한 아동·청소년·여성 등 사회적 약자 보호, 교통, 범죄 예방과 생활안전 등이 주요 업무이자 핵심적인 역할"이고, "자치경찰위원회와 대구시, 경찰청, 교육청 등 주요 연계기관과의 소통과 탄탄한 협력으로 다양한 성과를 냈다"라고 말했다.

대구시 자치경찰위원회의 주요 성과로는 △안전 우려 계층 가구를 위한 '세이프–홈(Safe–Home)' 지원 △대구도시공사 매입임대주택 셉테드(CPTED) 협력

△고위험 정신질환자 응급입원 전담 의료기관 지정(건강증진과) △불법 촬영 예방을 위한 지하철 역사 내 안심 거울 설치(수성경찰서) △주민 참여, 가장 안전한 우리 동네 만들기(달서경찰서) △스마트 안심 버스 승강장 설치(서부경찰서) △청년 참여형 보이스피싱 예방사업 △폴리스 틴, 폴리스 키즈 등 시민 네트워크 사업 △시민이 참여하는 대구형 자치경찰 정책 공모사업 등을 들 수 있다.

대구시 자치경찰위원회의 향후 과제로 시민들의 참여와 관심을 이끌 수 있는 다양한 홍보와 소통, 시민이 적극적으로 참여하는 대구시 특성에 맞는 치안정책 개발 및 공동체 치안 운용, 현장경찰관에 대한 맞춤형 복지 지원 등을 제시했다.

이날 세미나에는 윤영애 대구시의회 기획행정위원장이 축사를 맡았고, 대학교수, 경찰관, 시민단체 등 관계자들이 참석, 엄격한 방역 지침에 따라 행사를 마쳤다.

범죄 예방 환경 개선 CPTED

대구시 자치경찰위원회는 2021년 7월 5일 대구도시공사와 지역 매입임대주택 범죄 예방 환경 개선(CPTED) 사업 추진을 위한 업무협약을 체결했다. 이번 협약을 통해서 대구시 자치경찰위원회는 공공임대주택의 범죄 예방 진단 및 환경 개선(안)을 제공하고, 대구도시공사는 CCTV 등 범죄 예방 시설의 설치를 담당한다.

매입임대주택은 주거 취약계층의 지원을 위해 매입한 노후 주택이 대부분으로, 일반 주택보다 방범 시설이 턱없이 부족해 범죄에 취약할 뿐 아니라 청소년 비행 장소가 되는 등 관련 환경 개선 필요성이 꾸준히 제기돼 왔다.

이에 대구시 자치경찰위원회가 이 같은 치안 문제를 해결하고자 최근 대구도시공사와 함께 범죄 예방 환경 개선(CPTED) 사업을 공동으로 추진할 계획을 세운 것이다. 사업 대상은 총 224개 동 2,396세대로 5년간 20억 원가량이 소요된다.

스마트 도시, 대구시 자치경찰
경북일보 특별기고 (2021. 9. 26)

스마트 도시는 도시 교통과 환경, 안전, 주거와 복지 서비스 등의 다양한 분야에 첨단 IT기술을 적용하는 사업이다. 인공지능(AI), 빅 데이터, 클라우드 등 차세대 이동통신 기술, 자율주행, 사물인터넷(IoT), 블록체인 등 다양한 첨단기술이 동원된다. 스마트 도시가 'IT 신기술의 용광로'로 불리는 것도 바로 이런 이유다. 과학기술정보통신부, 지방자치단체가 이 사업에 적극적으로 참여하고 있다. 인공지능(AI), 빅 데이터 등 신기술을 활용해서 현대 사회의 골칫덩어리인 교통 문제와 환경 문제를 잘 해결할 수 있다고 보기 때문이다.

대구시는 그동안 많은 노력과 연구 끝에 '스마트 도시 인증'이라는 커다란 성과를 거두었다. 대구시는 스마트 기술과 인프라를 잘 갖추고, 스마트 도시 추진 시스템과 제도를 구축하고 있으며, 공공과 민간의 데이터 활용 등 스마트 역량이 우수하다는 최종 평가를 받았다. 국토교통부는 대구시를 스마트 도시 인증 1호 도시로 인정했다. 스마트 도시 인증제는 우리나라의 대표적인 '스마트 도시'를 정부 차원에서 인증하기 위해 ① 혁신성 ② 거버넌스 및 제도적 환경 ③ 서비스 및 기술 측면의 63개 지표를 선정하고 종합적으로 측정해 국내 스마트 도시 수준을 평가하는 제도이다. 대구시는 모든 지표에서 좋은 점수를 받아서 선정된 것이다.

대구시는 이번 스마트 도시 인증을 시작으로 도시 전반의 효율화 정책을 통한 시민 체감 제고와 함께 다른 굵직한 여러 국책사업 확보에도 적극 노력할 예정이다. 대구시민의 편리성, 쾌적성, 안전성에 획기적인 발전이 있을 것이다.

이와 같은 스마트 도시 인증은 특히 올해 실시되고 있는 자치경찰제도와 함께 대구시민의 안전에도 상당한 도움이 될 것이다. 현재 대구시에 자치경찰제도가 실시되고 있다. 올해 5월 20일 출범했고, 시범 실시 후에 7월 1일부터 공식적으로 활동에 들어갔다. 대구시에서 실시하는 자치경찰은 아동·청소년·여성 등 사회적 약자 보호, 교통지도·단속 및 교통질서 유지, 범죄 예방과 생활안전 업무 등 대구시민들의 가장 가까운 곳에서 시민안전 업무를 수행하고 있다. 스마트 도시와 자치경찰제도의 결합은 대구시민의 안전향상에 기폭제가 될 것이다.

대구시의 인구통계, 지형/기상 정보 등 공공 데이터는 물론이고, 각종 범죄와 교통정보 등 치안 데이터에 CCTV 등 실시간 데이터까지 치안 관련 각종 자료를 수집과 동시에 치안 빅 데이터로 저장해 활용 가능하도록 지원하는 치안 빅 데이터 공통 기반 플랫폼을 생각해 볼 수 있다. 이러한 치안 빅 데이터를 기초로 해서 분석된 범죄 발생 등 치안 정보는 다시 대구시 내 각 지구대와 파출소로 보내 순찰 경로를 편성하는 데 사용하거나, 범죄 조직, 계좌 추적, 통신 관계도 등에 대한 입체적 분석 결과를 제시해 범인을 추적/체포할 수 있다. 또한, 112 긴급신고 등으로 중요 사건 발생이 인지되면, 즉시 신고 지역 인근 전과자와 전자발찌 착용자 등 유력한 용의자의 자료가 조회되고, 인근 CCTV 등을 이용해 범인의 이동 경로 분석, 범죄 상황별 최적의 대응 방침이 출동경찰관들에게 실시간으로 전달된다. 그리고 현장활동에도 역시 첨단기술이 적용될 수 있다. 예를 들어 드론을 탑재한 순찰차 등 신기술을 지속해서 도입하고, 영상 자동분석 시스템을 동원한 빠른 검거활동으로 시민들의 범죄에 대한 불안감을 해소할 수 있다. 무엇보다 스마트 도시는 다양한 정보 분석을 토대로 각종 교통사고의 예방과 교통소통의 원활화에 획기적인 발전을 가져올 것으로 예상된다. 이번 대구시의 스마트 도시 인증은 대구시민의 안전을 위해서도 커다란 성과이고 자랑이다.

대구형 셉테드와 자치경찰
매일신문 특별기고 (2022. 1. 21)

대구시 자치경찰제가 실시된 지 7개월이 지났다. 자치경찰은 아동·청소년·여성 등 사회적 약자 보호, 교통지도·단속 및 질서 유지, 범죄 예방과 생활안전 업무 등 시민들과 가장 가까운 곳에서 업무를 수행하고 있다. 특히 시민들의 일상생활 속에서 범죄에 대한 두려움이 가장 큰 성폭력, 절도, 강도 등의 범죄 예방은 무엇보다 중요하다. 이러한 맥락에서, 각종 범죄 예방은 자치경찰의 중요한 업무다.

경찰의 범죄 예방활동 중 주요한 방법은 순찰이다. 정복을 입은 경찰관이 도처에서 순찰하게 되면 범죄자들은 보통 체포나 발각 가능성 때문에 범죄를 단념하게 된다. 하지만 넓은 구역을 한정된 경찰력으로 효과적으로 순찰하기는 쉽지 않다. 여기서 셉테드의 존재가 부각된다.

셉테드(CPTED)는 'Crime Prevention Through Environmental Design(환경설계를 통한 범죄 예방)'으로 도시 환경설계를 통해 범죄를 사전에 예방하는 선진국형 범죄 예방 기법을 말한다. 미국이나 영국, 독일 등 주요 선진국들은 범죄 예방 프로그램들을 다양하게 개발하여 운영하고 있다. 그 중 대표적인 셉테드는 각종 범죄로부터의 피해를 제거하거나 피해를 당할 가능성이 있는 잠재적인 피해자들을 보호하기 위해 나온 기법이다. 즉 범죄의 구성요건이 되는 가해자, 피해자, 대상 물건, 장소 간의 상관관계를 논리적으로 분석해서 범죄를 예방하기 위한 일련의 물리적 설계이다.

1969년 미국 뉴욕시는 치안 상태가 좋지 않았다. 뉴욕시 Port Authority 터미널은 알코올 중독자, 노숙자, 소매치기범들이 많았고, 각종 범죄가 끊이질 않았다. 이를 해결하기 위하여 터미널 당국은 '환경설계를 통한 범죄 예방'을 시도했다. 예를 들어, 건물 중앙에 있던 기존의 사각기둥을 원형으로 개조해서 소매치기범들이 사각지대를 활용할 수 있는 가능성을 줄였고, 벤치의 형태를 노숙자들이 누워서 잘 수 없게 물통 모양으로 변경했다. 또한 어두운 복도에 조명을 늘리고, 야간에는 출입을 통제했다. 그 결과 많은 범죄들이 현저하게 줄었다. 또한 24시간 편의점이나 엘리베이터를 투명유리로 제작하여 외부에서 잘 볼 수 있게 하는 방법, 자연 감시가 가능하도록 아파트 단지 내에 옹벽이나 블록 담장 대신 울타리를 설치하는 방안, 공원에서 사람들의 왕래가 잘 보일 수 있도록 가로수를 사람 키보다 높게 잘라 주는 것, 주거환경 조성 시에 주민들 간의 자연스러운 감시를 가능하게 하는 공간구성, 방치된 건물에 대한 지속적 관리와 청결 상태 유지, 골목길에 CCTV 설치 등이 환경설계를 통한 범죄 예방의 또 다른 사례들이다. 이른바 사전에 치밀하고 과학적으로 연구된 물리적인 환경설계를 통해서 각종 범죄를 예방하는 것이다. 우리나라의 셉테드는 2005년 경찰청의 '범죄 예방을 위한 설계지침'으로 시작했다. 이후 중앙부처와 지방자치단체에서 각각 관련 지침을 마련하는 등 전국적으로 셉테드 사업이 확산했다.

자치경찰의 출범과 함께 대구시 자치경찰위원회도 대구도시공사와 MOU를 통해 셉테드 사업을 추진하고 있다. 취약계층의 생활안전 강화에 중점을 두고, 시민 주도형 환경적 범죄 예방사업을 전개하고 있으며, 범죄 예방 환경설계부터 시민이 주도하는 대구형 셉테드 모델로 발전시킬 계획이다. 또한 대구시, 대구강북경찰서, 대구여성가족재단이 협업해서 만든 여성 안심 귀갓길 '샛별로 사업', 대구달서경찰서의 지역 맞춤형 자치경찰 주민체감 사업으로 '주민과 함께, 가장 안전한 우리 동네 만들기' 사업은 우수사업으로 평가된다.

골목길 담장에 벽화를 그리고, 어두운 지역에 CCTV와 가로등을 설치하는 것이 셉테드의 한 방법이지만 설계 초기 단계부터 해당 지역 주민과 함께 기획, 운영, 활용하는 것이 무엇보다 중요하다.

▨ 대구시 자치경찰위원회 대구형 셉테드 2021년 추진실적

◖ 「위원회-대구도시公」 간 업무협약으로 공공기관 간 협업 구축('21. 7. 5)

◖ 「위원회-계명대-지역문제해결플랫폼」 간 업무협약, 민·관·공 협업 거버넌스 구축('21. 9. 6)

◖ 범죄 예방 환경개선의 효과적인 정책 도출 위한 전문가 토론회 개최('21. 9. 6)

　　대구 마을공동체지원센터 등 관련 교수 참석, 주민과 함께하는 셉테드 방향성 제시

◖ 지역문제해결플랫폼 정식 의제 상정, 시민단체·대학교 등 문제해결 협의체 구성

　　△실무회의 개최 △시민·대학생 등이 주도하는 사업지 내 설문 및 결과분석

◖ 매입임대주택 환경개선 사업 시설물 설치 완료(36개 동 399세대)

△CCTV(10개 동/72개) △LED디밍조명(9개 동/66개) △CCTV안내표지판(19개 동)
△조경정리(7개 동) △배관커버(18개 동)

* 대구형 셉테드와 기존 셉테드가 다른 점은?

기존 셉테드 사업은 우리 생활 주변 범죄 취약 장소를 대상으로 물리적 환경개선을 했다면, 대구형 셉테드는 범죄 예방 환경 설계단계부터 시민이 주도하는 모델이다. 또한 대구형 셉테드는 자치경찰위원회가 중심, 지역 거버넌스가 구성으로 '범죄 취약 가구 주거 공간부터 저소득층 생활공간(원룸/빌라 등), 범죄 취약동네까지' 지자체, 공공기관, 시민단체 등 협업을 통한 사각지대 없는 시민 맞춤형 범죄 예방 환경 개선사업이다.

대구시 자치경찰위원회는 보다 세밀하게 지역 주민 입장에서 범죄 예방 환경 개선 사업을 추진하고 있으며, 치안 체감 안전도 제고를 위해 노력하고 있다.

구 분	대구형 셉테드 주요 추진사업
대구형 셉테드 주요 추진사업	▶ (우리 집 안전!) 세이프-홈 지원사업
	▶ (우리 마당 안전!) 매입임대주택 범죄 예방 환경 개선사업
	▶ (우리 동네 안전!) ① 달서구 '가장 안전한 우리 동네 만들기' 사업
	② 북구 '샛별로 프로젝트2' 사업

셉테드와 안전한 도시 만들기
경북일보 특별기고 (2017. 9. 28)

오늘날 우리 사회는 급격하게 발전하고 있으며, 사회 구조 또한 복잡·다양하게 변화하고 있다. 이러한 사회 구조의 변화는 다른 한편으로는 각종 범죄를 질적·양적으로 증가시키고 있다. 더욱이 범죄 현상에서도 새로운 유형의 범죄가 증가하고 있다. 그러면 이렇게 늘어나는 다양한 범죄를 어떻게 막을 수 있을까? 결론적으로 말해서, 범죄를 예방할 수 있는 가장 확실한 해결책은 범죄에 대한 범국가적 관심과 노력이라고 할 수 있다. 특히 관심을 가져야 할 제도가 최근에 범죄를 예방하기 위해 도입된 '셉테드'이다. 물리적으로 잠재적인 범죄 발생 가능성을 사전에 통제하고 최소화하기 위한 전략이 바로 '환경설계를 통한 범죄 예방(셉테드, CPTED·Crime Prevention Through Environmental Design)'이다. 과거에 전통적인 범죄학에서는 범죄를 '범죄자에 의한 불법적인 행위'로 규정하고 범죄자와 범죄 발생의 원인 등에 중점을 두고 연구를 했다. 하지만 셉테드를 포함하는, 이른바 최신 환경범죄학에서는 '범죄자와 피해자가 동시에 특정 장소에서 벌이는 역동적 이벤트'로 정의함에 따라 범죄가 발생하는 환경적인 요인에 중점을 두고 연구한다. 즉, 아파트나 공원 등을 신축하는 단계에서 범죄 유발 요인을 원천적으로 제거하여 범죄를 예방하려는 노력이다. 주로 피해 대상을 강화하거나 자연적인 감시가 이루어지도록 시야를 확보하는 것에 중점을 두고 있다. 건축물을 계획하는 단계부터 범죄 예방적인 환경요소를 고려하므로 최소한의 비용으로 최대의 효과를 기대할 수 있다. 예를 들면, 경비실의 위치를 사람들의 왕래가 잘 보일 수 있는 장소에 설치하고, 범죄가 자주 발생하는 지하 주차장에 고성능 CCTV와 비상벨 설치, 어두운 골목길에 밝은 LED 조명으로 교체, 공원이나 놀이터는 주변에서 잘 관찰할 수 있도록 울창한 나무나 장애물을 제거하는 방안 등을 생각해 볼 수 있다. 미국과 같은 주요 선진국에서는 우리나라보다 앞서 셉테드에 관심을 기울여 왔으며, 셉테드 정책을 도시와 건축계획에 반영하여 적용해 왔다. 미국 플로리다주 게인즈빌 시에서는 행인들이 편의점 안을 잘 볼 수 있도록 유리창을 가리는 게시물 부착을 금지했다. 계산대도 외부에서 잘 보이는 위치에 설치하도록 하고, 주차장에는 CCTV와 밝은 조명등을 설치하도록 했다. 이런 정책적 노력으로 재산 범죄가 39%가 감소하는 효과를 보았다. 또한, 1980년대 영국 런던의 에드먼턴, 타워 햄리츠, 해머스미스 세 지역에서 가로등의 조명을 평균 5 Lux에서 10 Lux로 높이자 세 지역 모두에서 무질서와 범죄에 대한 두려움이 줄어드는 효과가 나타났다. 이는 단순히 미국과 영국 만에 그치지 않고 독일, 네덜란드, 일본 등 전 세계 주요 선진국에서 동일한 범죄 예방 효과를 보았다. 현재 우리나라 경찰청과 각 지방자치단체에서도 이와 같은 셉테드를 통한 안전도시를 만들고자 많은 연구와 정책적 노력을 기울이고 있다. 더욱 확대되어 우리나라에 적합한 셉테드 모델을 만들어야 한다. 하지만 물리적인 환경의 변화만으로 모든 범죄 발생이나 주민들의 범죄에 대한 두려움을 줄이는 데는 근본적인 한계가 있다. 반드시 지역 사회의 유기적인 연대와 공동체 의식이 선행되어야 효과가 극대화된다. 지역 자치행정에 대한 주민들의 능동적인 참여가 확대되고, 지역공동체의 상호작용을 활성화하는 접근방법이 셉테드와 함께 추진돼야 한다. 그런 점에서 지역 주민, 경찰과 지방자치단체, 지방의회, 학교 등이 함께하는 협력 치안이 중요하다.

대구지역 공동주거단지의 CPTED 현황과 개선방안

한국치안행정논집 10권 4호(2014)

박동균*, 박주상**

I 서 론

오늘날 우리 사회는 고도의 경제성장을 통해 급격히 발전하고 있으며, 사회 구조 또한 복잡·다양하게 변화하고 있다. 이러한 사회 구조의 변화는 우리 사회의 범죄를 질적으로, 양적으로 증가시키고 있으며, 그에 따른 부작용으로 많은 문제점이 발생하고 있다. 더욱이 현대 사회의 급격한 변화로 범죄에서도 새로운 현상들이 나타나고 있으며 범행 수법 또한 신개념화 되어 새로운 수법으로 무장되어 새로운 유형의 범죄가 장소 및 기술을 매개체로 급속히 증가하고 있다(한국형사정책연구원, 2011: 8-10). 이와 같은 사회 변화에 따라 도시의 계획 및 설계 차원에서 물리적으로 잠재적인 범죄 발생 가능성을 사전에 통제하고 최소화하기 위한 전략이 환경설계를 통한 범죄 예방(Crime Prevention Through Environmental Design)이다.

CPTED는 1970년대부터 미국에서 적용되기 시작하였으며, 근래에는 일본에서도 주거환경 계획에서부터 폭넓게 고려되고 있다. 그리고 최근에는 우리나라에서도 안전도시 또는 범죄 예방 도시에 대한 관심이 증가함에 따라 본격적으로 CPTED를 접목하고 있다. 그러나 우리나라 도시 및 주거의 물리적 환경이나 구성요소가 비록 외관적으로는 서구의 주거환경과 유사하다고는 하지만 구성요소에서는 상이한 사항이 존재한다. 따라서 외국에서 연구되고 발달시켜 온 CPTED를 그대로 우리나라 도시에 접목하기에 무리한 사항도 있을 수 있다(주연하, 2012: 4). 현실적으로 보다 효율적인 안전한 주거환경 조성 방법을 찾기 위해서는, 우리나라 도시의 현황을 제대로 파악하고 이를 바탕으로 연구하여야 할 것이다.

---

* 대구한의대학교 경찰행정학과 교수, 주저자
** 목포해양대학교 해양경찰학과 교수, 교신저자

2013년 8월 17일 대구광역시는 아파트 내에서 발생하는 각종 범죄 예방을 위하여 아파트 건축 과정에서 범죄 예방 환경설계(CPTED) 심사를 강화하기로 하였으며, 대구 달성군 세천토지 구획정리사업지구에 건설 중인 H 아파트가 대구지역에서 최초로 CPTED 인증을 획득하였다.

따라서 이 연구에서는 외국에서 발전시켜 온 CPTED에 대하여 이론적으로 고찰하고, 대구지역의 사례연구를 통하여 공동주거단지의 CPTED 현황을 파악하고 그에 따른 적용 가능성에 대하여 검토하였다. 대구 지역의 7곳의 공동주거단지를 대상지로 선정하여 서울시 재정비촉진(뉴타운)사업 CPTED 지침을 통하여 현장 조사를 실시하였다. 이를 통해 과거에 건축된 공동주거단지의 CPTED 측면에서 장단점을 파악하고, 이를 바탕으로 향후 개선하여야 할 사항에 대하여 논의하였다.

Ⅱ 연구의 이론적 배경

1. 환경계획과 범죄 예방

우리 주변에서 발생하는 범죄의 종류, 동기, 피해, 방법 등은 매우 다양하고 복잡하다. 그렇기 때문에 도시환경의 개선만으로 모든 범죄를 예방하는 것은 어렵다. 도시의 구조나 환경에 영향을 받는 범죄는 충동적으로 행해지는 기회 범죄이다. 따라서 기회 범죄는 도시환경의 개선을 통하여 어느 정도 예방이 가능하다. 기회 범죄의 종류로는 강간, 절도, 강도, 살인, 방화 등이 있다. 이 연구의 대상 지역인 대구광역시의 주요 범죄 현황을 살펴보면 <표 1>과 같다.

<표 1> 최근 5년간 대구지역의 범죄 발생 현황

연도	죄명	계	살인	강도	강간	절도	폭력
2008	발생	26,876	34	218	535	8,875	17,214
	검거	22,163	33	214	510	5,396	16,010

2009	발 생	28,175	70	257	644	10,327	16,877
	검 거	24,192	64	246	626	7,376	15,880
2010	발 생	32,907	47	182	784	15,633	16,261
	검 거	25,208	46	175	709	10,649	13,629
2011	발 생	33,549	37	187	794	14,875	17,656
	검 거	21,538	38	19	720	6,367	14,234
2012	발 생	34,535	33	103	968	16,558	16,873
	검 거	21,310	32	94	780	6,900	13,504

자료 : 대구지방경찰청, 내부자료(2013).

기회 범죄의 대표적인 특징은 우발적이라는 점이다. 범죄가 일어날 수 있는 환경이 조성되면 우발적으로 범죄가 발생할 소지가 증가한다. 이와 같은 기회 범죄의 특성으로 인하여 주변의 사회적인 조건보다는 환경적인 조건이 더 중요시되었으며, 범죄 예방을 위한 범죄 예방적인 도시환경을 조성하려는 다양한 움직임이 시작되었다(박기범, 2009: 135-138).

안전한 도시환경 조성이란 도시 계획단계에서 범죄 유발요인을 제거하여 범죄를 예 방하려는 노력이다. 즉 범죄가 발생할 수 있는 환경이나 상황을 감소시켜 기회 범죄를 최소화하는 방법이다. 주로 피해 대상을 강화하거나 자연적인 감시가 이루어지도록 시 야를 확보하는 것에 중점을 두고 있다. 계획단계부터 방범적인 환경요소를 고려하므로 최소한의 비용으로 최선의 환경개선을 이루어낼 수 있다. 일반적으로 범죄 예방의 관점 에서 좋은 도시라고 함은 밤중에 혼자서 걸어 다닐 수 있는 도시, 안심하고 어린이를 양 육할 수 있는 도시, 고령자가 안심하고 생활할 수 있는 도시를 의미한다.

2. 환경설계를 통한 범죄 예방(CPTED)의 개념 및 한계

1) CPTED의 개념

CPTED는 적절한 환경설계나 도시계획을 통해 도시에서 범죄가 발생할 기회를 줄 이고 주민들에게 범죄에 대한 두려움을 감소시켜 궁극적으로 삶의 질을 향상하고자 하 는 범죄 예방 전략이다(강석진·이경훈, 2010: 146-147). 이에 대한 구성요소에 대해서는 학술적으로 통일된 의견은 없으나 대체로 자연적 감시, 자연적 접근통제, 영역성의 확보, 활용성의 증대, 유지관리를 구성요소로 보고 있다. 이와 같은 5가지의 원칙을 기본 바탕으로 도시공간을 설계하여 범죄의 발생 가능성을 원천적으로 줄이고자 하는 것이다.

CPTED 전략은 이미 세계 선진국에서 그 효과성을 입증하였으며, 우리나라에서도 최근 이 CPTED 전략을 실제로 단지계획 단계에 적용하기 시작하였다. 2011년 서울시에서 서울시가 제정한 '서울시 재정비촉진(뉴타운)사업 범죄 예방 환경설계(CPTED)지침'을 공개적으로 발표하기도 하였다(서울특별시, 2009). 이 설계지침에서는 CPTED의 기본원칙을 <표 2>와 같이 자연적 감시, 접근통제, 영역성, 장소의 이미지 등 총 4개의 원칙으로 구분되어 있다.

CPTED의 기본원칙을 살펴보면 다음과 같다. 첫째, 자연적 감시는 어느 위치에서든 사람들의 시야를 최대한 확보할 수 있도록 건물, 시설물, 식재 등을 배치하고, 주민이 함께 어울리는 환경을 조성하여 자연적 감시활동을 강화하고자 하는 원칙이다.

둘째, 접근 통제는 보호되어야 할 공간에 범죄 기도자의 접근을 어렵게 하여 범죄 발생을 줄이고 예방하려는 원칙이며 출입을 제한하는 방식으로 접근을 제어하는 경우가 일반적이다. 출입을 제한하는 방식 외에 범죄 기도자의 접근을 제어하는 방식으로는 특정 지역에 영역성을 부여하는 방식이 있다.

셋째, 영역성이란 보행 도로나 담장, 조경 등을 통하여 특정 지역을 공적영역과 사적영역을 구분해 주는 것을 말한다. 이러한 영역성 부여는 주민에게 소속감을 제공하여 범죄에 대한 관심을 높이고, 동시에 잠재적 범죄자에게 특정 공간에 대한 영역성을 인식시켜 접근을 어렵게 한다. 영역성 원칙은 장소의 이미지 원칙과도 관련성이 높다.

넷째, 장소의 이미지 원칙은 주변 시설물이나 식재 등을 깨끗하고 정상적으로 유지하여 관리가 되는 듯한 인상을 심어주어 공간 내 영역성을 높이는 것으로 이를 통해 범죄 발생을 최소화할 수 있다(문정민·장독국, 2008: 370-373).

<표 2> 서울시 재정비촉진(뉴타운)사업 범죄 예방 환경설계(CPTED) 지침

기 본 원 칙		실 행 전 략	
1	자연적 감시	①	분명한 시야선 확보
		②	적합한 조명의 사용
		③	고립지역의 개선
2	접근통제	④	사각지대의 개선
		⑤	대지의 복합적 사용증진
3	영 역 성	⑥	활동인자 증대
		⑦	영역성 강화
4	장소의 이미지	⑧	정확한 표시로 정보제공
		⑨	쾌적한 공간설계 지향

자료 : 서울특별시 균형발전본부, (2011: 4).

2) CPTED의 한계

(1) 계획효과의 제한

CPTED는 환경 설계 계획을 통해 도시 내 발생할 범죄를 예방하고 감소시키고자 하는 하나의 전략일 뿐 직접적인 범죄 문제의 해결책은 이니다. 근본적인 해결방안을 모색하는 방법으로써 범죄가 발생할 가능성이 있는 환경적인 요인을 찾아 이를 개선하여 범죄를 감소시키고자 하는 것이다.

(2) 계획 시기에 따른 효과 차이

CPTED는 기존 단지를 개선, 보완하는 것보다 계획단계에서부터 적용되는 것이 비용적인 측면으로 부담도 덜하며 효과도 높다. 1980-90년대에 준공된 단지들은 최근 단지 내 안전성을 높이기 위하여 CCTV를 추가 설치하거나 민간 경비업체 서비스와 연계하여 방범 서비스를 구축하고 있다. 이러한 개선점들로도 방범적인 측면에서 단지 내 안전성을 높일 수 있지만, 단지를 계획하는 단계에서부터 CPTED 전략을 적용하는 것이 비용 대비 더 큰 효과를 불러온다.

(3) 지역에 따른 유동성

일반적으로 권고되는 CPTED 설계지침은 상황적인 특징을 무시하고 있다. 그렇기 때문에 CPTED를 특정 지역에 적용하려면 적용하고자 하는 지역 상황에 맞게 유동적으로 CPTED 기준을 수립하고 반영해야 한다.

(4) 계획요소 간의 상충

단지를 계획함에 있어 범죄 예방을 위한 CPTED만을 고려해서는 안 된다. CPTED에서 권고하는 방식과 지속 가능한 개발을 위해 권고하는 방식 간의 이중성이 존재하게 된다.

CPTED에서는 자연적 감시를 위해 어느 방향에서든 시야를 확보할 수 있는 설계를 하도록 하지만, 이는 사생활에 대한 침해라는 문제를 일으킬 수 있다. 또한 보통 단지계획에서는 단지 내부 차량 통행을 최소화하도록 하는 것이 기본이지만 반면 통과교통을 최소화함에 따른 교통량의 감소는 자연적 감시를 확보하지 못한다(이성우·조중구, 2006: 58-60).

3. CPTED 관련 국·내외 적용 사례

1) 외국의 적용 사례

여러 선진국에서는 우리나라보다 앞서 CPTED에 관심을 기울여 왔으며, CPTED 정책을 도시계획에 반영하며 적용해 왔다. 미국의 경우 1960년대부터 지역별 주택단지를 조성하거나 도로를 설치할 때에 범죄 예방과 관련된 사항이 설계단계부터 반영될 수 있도록 설계지침을 지속해서 개발하였다(Jacobs, 2011). 영국에서는 중앙정부 주도로 방범환경설계제도(Secured By Design: SBD)를 제정하여 1992년부터 표준 규격화된 실험 기준과 경찰의 심사를 통과한 건축 자재나 건축물, 또는 범죄 예방과 관련된 기준에 맞는 요건을 충족시키는 지역에 인증을 부여하고 있다(Squires, 1998).

네덜란드에서는 경찰안전주택 인증(Police Label Secure Housing)제도를 1994년에 도입하여 1996년부터 전국에 확대하여 표준에 부합되는 건축 재료나 구조에 인증을 부여하고 있다. 이러한 정책의 실시 결과로 영국의 SBD 도입 주택단지는 미도입 주택단지에 비해 절도, 차량 범죄, 손괴 행위 등의 범죄 발생이 감소하는 효과를 보였으며 네덜란드에서는 연간 주거침입 절도가 1997년 12만 건에서 2000년 8만 6천 건으로 감소하였다. 이 외 일본의 경우에도 멘션, 주차장 인증제도를 통해 빈집 털이나 주차장 내에서의 범죄를 예방하고자 노력하고 있다.

2) 국내의 적용 사례

우리나라는 1992년 건설교통부에서 고안한 '방범설계를 위한 지침'을 시작으로 정책적인 CPTED 연구가 시작되었다. 그리고 2005년 경찰청의 범죄 예방과 공공정책 개발 등과 관련된 계획이 발표되면서 본격적으로 범죄 예방 환경설계가 정책에 반영되기 시작하였다(김흥순, 2007: 3-8). 실제 단지에 적용한 사례는 부천시에서 범죄 예방 환경설계를 시범 적용한 이후 판교 신도시 등의 개발에 확대 적용되었으며, 현재 서울시의 뉴타운 사업에도 적용되고 있다. 이렇게 우리나라에서도 CPTED에 대한 관심이 높아지고, 실제 단지계획에 적용하는 사례가 증가함에 따라 관련 학계와 연구기관 등에서도 CPTED의 제도화, 표준화 연구가 활발히 이루어지고 있는 실정이다. 서울시에서는 CPTED의 표준화를 위하여 '서울시 재정비촉진(뉴타운)사업 범죄 예방 환경설계(CPTED) 지침'을 제정하였고, 2009년 이 CPTED 설계지침을 발표하였다. 서울시에서 제정한 CPTED 설계지침은 도로 계획에서 조경시설, 건축물 창의 선팅 정도까지 광범위하게 아우르고 있다. 하지만 생각보다 CPTED의 적용이 활발히 이루어지지 못하자 서울시에서는 2011년 CPTED 설계지침을 공개하여 관련 업체들이 손쉽게 이용할 수 있도록 하였다.

2010년에는 사단법인 한국 셉테드학회를 창단하여 건축, 환경, 범죄 분야의 학문과 연계한 연구를 활발하게 진행하고 있으며, 건설업체의 주거단지 조성 시 이를 심사하여 인증서를 내주는 '범죄 예방 디자인 인증제'를 시행하고 있다. 지금까지 CPTED 디자인 인증을 받은 단지는 대표적으로 서울시 강서 힐스테이트, 인천 계양 센트레빌 등이다. 이와 같이 우리나라에서도 CPTED 전략설계를 통한 안전한 방범도시를 만들고자 수많은 연구와 노력을 기울이고 있다.

하지만 서울시 및 일부 지자체에서 CPTED를 적용한 설계지침을 수립, 시행하고 있음에도 불구하고 CPTED 원리에 기반한 공간설계는 우리나라에서 아직 일반화되지 못하고 있는 실정이다. 또한 국내에 방범 설계를 강제화할 수 있는 법규가 마련되어 있지 않아 현실적으로 적용함에 있어 어려운 부분이 많다(박현호·김영제, 2008: 175-178).

4. CPTED 관련 선행연구

CPTED에 대한 연구는 상당수 이루어져 왔다. 대부분이 CPTED를 국내에 어떻게 적용할 것인지, 그리고 적용할 시 얻을 수 있는 효과는 무엇인지에 대한 연구들이 대부분이다. CPTED를 국내에 적용할 방안에 대한 연구로는 정일훈(2010)의 '환경설계

(CPTED)를 활용한 도시 범죄 예방에 관한 연구'에서 CPTED 관련 문헌자료와 선진사례 등을 참조하여 CPTED 주요 요소를 정형화하고, 주요 요소의 상대적 중요도 분석과 향후 우리나라에 적용할 수 있는 구체적인 계획 방향을 제시하였다. 최재은 외(2009)의 '범죄로부터 안전한 주거환경 조성을 위한 법·제도 개선방안 연구'에서 해외사례를 분석하고 국내 관련 문헌조사를 통하여 비교 분석한 뒤 국내 CPTED의 주거 지역 적용에 대한 향후 개선방안을 도출하였는데 CPTED 관련 강제 규정을 수립하고 전문가를 양성해야 한다는 등의 의견을 제시하였다.

CPTED의 적용 효과에 대한 연구로는 박정은 외(2010)의 '아파트 단지에서 CPTED 구성 요인과 범죄 및 불안감의 관계에 대한 연구'에서 최근에 준공된 단지일수록 CPTED 원리에 부합하는 요소들이 상당 부분 적용되고 있으며, 단지 내 주민들의 공간 만족도는 교류 정도와 정의 관계임을 밝혀내었다. 박기범(2009)의 '지역 사회의 범죄 예방을 위한 CPTED의 효과성 고찰'에서 지금까지 전 세계에서 수행된 CPTED에 대한 연구와 평가를 분류하고 분석하여 CPTED가 범죄와 그 두려움의 감소에 매우 효과적이라는 결과를 도출하였다.

이와 같이 기존의 선행연구들이 CPTED에 대해 이론적인 연구와 평가로 그치는 것에 반하여 이 연구에서는 실제적인 현장 조사를 통해 현재 대구지역의 공동주거단지의 범죄 예방적인 환경설계 현황을 알아보고자 하였다. 또한 주거단지를 선정함에 있어 준공 연도를 기준으로 하여 각 준공 연도별 비교분석을 실시한 후 향후 안전한 주거단지를 위한 개선방향을 제시하였다.

Ⅲ 범죄 예방을 위한 환경설계 사례 연구

1. 사례연구 대상지 현황

1) 사례연구 대상지 선정과 현황

대상지는 1980년대부터 현재까지 준공된 대구광역시 일대 아파트 중에서 7곳을 선정하였으며, 이는 <표 3>과 같다. 단지 선정 기준은 준공 연도이며 각 준공 연도별로 1980년대에 준공된 2단지, 1990년대에 준공된 2단지, 2000년대에 준공된 2단지, 2010년대에 준공된 1단지를 선정하였다.

 **<표 3> 사례연구 대상지 현황**

구 분	준공 연도	규 모	세대수	주차대수
A단지	1982	5층 / 10개 동	610	253
B단지	1988	5층 / 7개 동	305	180
C단지	1994	15층 / 16개 동	1354	1092
D단지	1997	20층 / 9개 동	1032	1091
E단지	2004	20층 / 7개 동	813	938
F단지	2008	25층 / 8개 동	943	1238
G단지	2013	35층 / 7개 동	730	930

2) 사례연구 방법

서울시에서 제정한 CPTED 설계평가표를 기준으로 단지별 방범 환경설계 현황을 살펴보고 현황에 대한 점수를 산출하였다.

(1) CPTED 설계평가표

이 연구에서 기준으로 삼는 CPTED 설계평가표는 서울시가 2009년에 '서울시 재정 비촉진(뉴타운)사업 범죄 예방 환경설계(CPTED)지침'을 통하여 제정한 것으로 2011년에 공개적으로 발표되었다. CPTED 설계평가표는 총 23개 단위의*체크리스트로 구성되어 있으며, CPTED의 주요 설계 원칙과 실행전략을 바탕으로 요소별 중요도에 따라 3점, 2점, 1점으로 구분하고 있다. 이 연구에서는 총 23개의 체크리스트 중 <표 4>와 같이 공동주택단지에 해당하는 12개의 체크리스트만을 뽑아 사용하였다.

 <표 4> 서울시 CPTED 설계평가표

구 분	배 점		
	점수(a)	지침	기타(b)
1. 단지 주출입구	21	20	1
2. 단지 부출입구	17	16	1
3. 주동 출입구	18	17	1

4. 경비실	15	14	1
5. 담장	12	11	1
6. 건축물	14	13	1
7. 부대·복리시설	21	20	1
8. 주차장	36	34	2
9. 조명·가로등	32	30	2
10. 보·차도	14	13	1
11. 조경	20	19	1
12. 공원·녹지 종합	18	17	1
총점수	238	224	14

주) a: 구역에 적용한 지침 점수, b: 지침에는 없는 CPTED를 한 경우 받을 수 있는 점수
자료 : 서울특별시 균형발전본부(2011: 4).

(2) 평가점수 산정 방법

현장 조사를 통해 각 대상 단지마다 12가지 요소별 점수와 총점수를 산정하여 단지별로 비교분석을 실시하였다. 그리고 설계지침 적용 기준을 기준으로 점수를 산정하여 현재 각 대상지의 방범적인 측면의 환경설계가 서울시에서 제정하는 기준을 만족시키는지 객관적으로 판단하였다. 설계지침의 적용 기준은 유해 구역의 경우 대상 시설 총점수의 80% 이상, 일반구역의 경우 총점수의 70% 이상으로 정한다.[13]

- 유해구역(80% 이상) : 238 × 0.8 = 190.4점
- 일반구역(70% 이상) : 238 × 0.7 = 166.6점

---

13 서울시의 CPTED 설계평가표의 유해환경요소는 유흥가, 공장 지역, 다중 주택 밀집지역, 학원 밀집지역, 역세권 주변, 상권 활성화 지역, 중·고등학교 등으로 구성되며, 다음과 같이 적용된다.
i) 유해구역 : 구역 경계로부터 1km 이내에 유해 환경요소가 3개 이상 있는 지역
ii) 일반구역 : 구역 경계로부터 1km 이내에 유해 환경요소가 2개 이하인 지역

2. 건설연도별 사례연구 대상지 현황조사

1) 1980년대 아파트 단지

(1) A 아파트 단지

A 아파트 단지는 1982년에 준공하였으며, 5층 규모의 10개 동이 판상형으로 배치되어 있다. 비슷한 시기에 준공된 주변의 다른 단지들과 하나의 단지처럼 연계되어 있어 전체적인 규모는 작지 않다. 판상형 배치에 충실하여 산책로와 휴게시설 등이 다소 부족하고 연계성이 떨어진다. 최근에 추가로 CCTV를 곳곳에 설치하였다.

단지 반경 1km 이내에 1개의 중학교와 1개의 전문대학이 위치하고 있으며, 주출입구에서 약 500m 전방에 대형 오거리가 있으며, 그 일대에는 유흥주점, 노래방, 오락실 등의 다양한 유흥업소들이 산재하여 있다. A 아파트 단지의 전경을 살펴보면 <그림 1>과 같다.

 <그림 1> A 아파트 단지 전경

A 아파트 단지의 CPTED 관점에서 살펴보면, 첫째, 주출입문의 경우 문주 설치가 없으며, 내·외부의 이질 포장재료를 사용하지 않았고, 주출입구 차량 출입 차단기가 설치되어 있지 않았다. 둘째, 부출입구의 경우에도 문주와 CCTV, 운동시설 등이 설치되어 있지 않았다. 셋째, 주동 출입구에는 출입구 주변에 조명과 CCTV가 설치되어 있지 않았으며, 강화유리, 방범필름, 비상벨, 충격센서 등이 없었다. 넷째, 경비실의 경우 부출입구와 놀이터를 감시할 수 있는 경비실이 설치되어 있지 않았으며, 경비실에 민간 경비업체 서비스와 연계 구축이 되어 있지 않았다. 다섯째, 단지 내 사각지대, 고립지대에 출입 통제 울타리가 설치되어 있지 않았으며, 유해시설에 대한 2m 이상의 비투시형 담장이 설치되어 있지 않았다. 여섯째, 건축물의 경우 외벽에 배관이 노출되어 있었으며, 창문과 발코니에서 약 1m 이내로 이격되어 설치되어 있었다. 일곱째, 단지 내 상가는 공간 구분이 이루어져 있지 않았으며, 야외운동기구 등이 설치되어 있지 않았다. 마지막으로 지하 주차장이 없었다.

이상의 내용을 종합하여 A 아파트 단지의 CPTED 지침에 따른 총 평가점수를 살펴보면, <표 5>와 같다.

<표 5> A 아파트 단지 총 평가점수(적용기준: 유해구역)

구 분	총 점	평 가	구 분	총 점	평 가
1. 단지 주출입구	21	7	7. 부대·복리시설	21	8
2. 단지 부출입구	17	7.5	8. 주차장	36	-
3. 주동 출입구	18	6	9. 조명·가로등	32	19
4. 경비실	15	8	10. 보·차도	14	4.6
5. 담장	12	5.5	11. 조경	20	11
6. 건축물	14	2	12. 공원·녹지 종합	18	9
배 점 총 점	202		평 가 점 수	87.6	
기 준 점 수	161.6		만 족 여 부	불 만 족	

(2) B 아파트 단지

B 아파트 단지는 1988년에 준공하였으며, 5층 규모의 7개 동이 판상형으로 배치되어 있다. 판상형 배치에 충실하여 산책로와 휴게시설 등이 다소 부족하고 연계성이 떨어진다. 단지 반경 1km 이내에 2개의 고등학교와 1개의 중학교가 위치하고 있으며, 바로 옆 아파트가 재건축을 하고 있어 주변 도로가 매우 혼잡한 상황이다. B 아파트 단지의 전경을 살펴보면 <그림 2>와 같다.

 <그림 2> B 아파트 단지 전경

B 아파트 단지의 CPTED 관점에서 살펴보면, 첫째, 주출입문의 경우 문주 설치가 없으며, 내·외부의 이질 포장재료를 사용하지 않았고, 주출입구 차량 출입 차단기가 설치되어 있지 않았다. 둘째, 부출입구의 경우에도 문주와 CCTV, 운동시설 등이 설치되어 있지 않았다. 특히 인근 고등학교와 부출입구가 직접적으로 연결되어 있었으며, 고등학생들이 이 통로를 통하여 아파트 단지 내에서 흡연을 하는 모습이 목격되었다. 셋째, 주

동 출입구에는 출입구 주변에 조명과 CCTV가 설치되어 있지 않았으며, 강화유리, 방범 필름, 비상벨, 충격센서 등이 없었다. 넷째, 경비실의 경우 단지 전체에 걸쳐 단 1곳에 불과하였으며, 방범 모니터링 시스템이 구축되어 있지 않았고, 경비실에 민간 경비업체 서비스와 연계 구축이 되어 있지 않았다. 다섯째, 단지 내 사각지대, 고립지대에 출입 통제 울타리가 설치되어 있지 않았다. 여섯째, 건축물의 경우 외벽에 배관이 노출되어 있었으며, 창문과 발코니에서 약 1.5m 이내로 이격되어 설치되어 있었다. 일곱째, 단지 내 상가는 공간 구분이 이루어져 있지 않았으며, 야외운동기구 등이 설치되어 있지 않았다. 여덟째, 단지 내에 조망시설이 매우 부족하였다. 마지막으로 지하 주차장이 없었다.

이상의 내용을 종합하여 B 아파트 단지의 CPTED 지침에 따른 총 평가점수를 살펴보면, <표 6>과 같다.

<표 6> B 아파트 단지 총 평가점수(적용기준: 유해구역)

구 분	총 점	평 가	구 분	총 점	평 가
1. 단지 주출입구	21	9	7. 부대·복리시설	21	7
2. 단지 부출입구	17	8	8. 주차장	36	-
3. 주동 출입구	18	9	9. 조명·가로등	32	15
4. 경비실	15	8	10. 보·차도	14	6
5. 담장	12	7	11. 조경	20	8
6. 건축물	14	2.5	12. 공원·녹지 종합	18	10
배 점 총 점	202		평 가 점 수	89.5	
기 준 점 수	161.6		만 족 여 부	불 만 족	

2) 1990년대 아파트 단지

(1) C 아파트 단지

C 아파트 단지는 1994년에 준공하였으며, 15층 규모의 16개 동이 판상형으로 배치된 대규모 아파트이다. 주변에 대단위 아파트 단지가 많이 있으며, 대형 공원과 왕복 12차선의 대형도로와 고속도로 톨게이트를 접하고 있다. 전형적인 주거 지역으로 단지 반경 1km 이내에 1개의 중학교가 있다. C 아파트 단지의 전경을 살펴보면 <그림 3>과 같다.

<그림 3> C 아파트 단지 전경

 C 아파트 단지의 CPTED 관점에서 살펴보면, 첫째, 주출입문의 경우 문주 실치가 없으며, 내·외부의 이질 포장재료를 사용하지 않았으나, 주출입구에 주야간 차량 출입 차단기가 설치되어 있지 않았다. 둘째, 부출입구의 경우에도 문주와 CCTV, 운동시설 등이 설치되어 있지 않았으며, 상가 지역과 버스정류장과 인접한 담장의 일부를 제거하여 출입하고 있었다. 셋째, 주동 출입구에는 출입구 주변에 조명이 설치되어 있었으며 CCTV가 설치되어 있었고, 현관문이 투명한 강화유리로 이루어져 있었으나, 방범필름, 비상벨, 충격센서 등이 설치되어 있지는 않다. 넷째, 경비실의 경우 동별로 정문에 있었으나, 실제 경비원이 상주하지 않고 있었다. 다섯째, 단지 내 사각지대, 고립지대에 출입 통제 울타리가 설치되어 있지 않았다. 여섯째, 건축물의 경우 외벽에 배관이 노출되어 있었으며, 창문과 발코니에서 약 1.5m 이내로 이격되어 설치되어 있었다. 일곱째, 단지 내 상가는 공간 구분이 명확하게 이루어져 있었으나, 어린이 놀이터가 사각지대에 외떨어져 있었으며, 이를 감시할 수 있는 경비실이 설치되어 있지 않았다. 여덟째, 아파트 1층

앞 정원에 식재하는 관목이 2m 정도로 매우 높게 자라 있었으며, 지하 주차장의 바닥 조명이 100 Lux 이하로 측정되었고, 보행로에서 지하 주차장 출입구가 보이지 않도록 설계되어 있었다. 이상의 내용을 종합하여 C 아파트 단지의 CPTED 지침에 따른 총 평가점수를 살펴보면, <표 7>과 같다.

<표 7> C 아파트 단지 총 평가점수(적용기준: 일반구역)

구 분	총 점	평 가	구 분	총 점	평 가
1. 단지 주출입구	21	16	7. 부대·복리시설	21	12
2. 단지 부출입구	17	7	8. 주차장	36	19
3. 주동 출입구	18	13	9. 조명·가로등	32	24
4. 경비실	15	10	10. 보·차도	14	8
5. 담장	12	7	11. 조경	20	10
6. 건축물	14	8	12. 공원·녹지 종합	18	13
배 점 총 점	238		평 가 점 수	147	
기 준 점 수	166.6		만 족 여 부	불 만 족	

(2) D 아파트 단지

D 아파트 단지는 1997년에 준공하였으며, 20층 규모의 9개 동이 판상형으로 배치된 대규모 아파트이다. 단지 반경 1km 이내에 아파트 단지가 많이 있으며, 학원 밀집지역과 역세권 주변으로 상권이 활성화 된 지역이다. 주변에 1개의 중학교와 1개의 고등학교가 있다. D 아파트 단지의 전경을 살펴보면 <그림 4>와 같다.

<그림 4> D 아파트 단지 전경

    D 아파트 단지의 CPTED 관점에서 살펴보면, 첫째, 주출입문의 경우 문주 설치가 없으며, 내·외부의 이질 포장재료를 사용하지 않았고, 주출입구에 차량 출입 차단기가 설치되어 있었으나 주간에는 운영을 하지 않으며, 야간 9시 이후부터 출입 차단기를 운영하였다. 둘째, 부출입구의 경우에도 문주는 없었으나 CCTV가 설치되어 있었다. 상가 지역에서 단지로 바로 들어 올 수 있는 부출입구가 있었다. 셋째, 주동 출입구에는 출입구 주변에 조명이 설치되어 있었으며 CCTV가 설치되어 있었고, 현관문에 강화유리, 방범필름이 설치되어 있었으나, 비상벨, 충격센서 등이 설치되어 있지는 않았다. 넷째, 경비실의 경우 주출입구마다 설치되어 있었으며, 모든 경비실에 경비원이 상주하고 있었고, 경비실마다 방범 모니터링 시스템과 민간 경비업체 서비스와 연계가 구축되어 있었다. 다섯째, 단지 내 사각지대, 고립지대에 출입 통제 울타리가 설치되어 있지 않았다. 여섯째, 건축물의 경우 외벽에 배관이 노출되어 있었으나 덮개가 설치되어 있었다. 일곱째, 단지 내 상가는 공간 구분이 명확하게 이루어져 있었으나, 어린이 놀이터 주변으로

2m 높이의 수목이 식재되어 있어 시야가 확보되지 않았다. 여덟째, 지하 주차장의 바닥 조명이 100 Lux 이상으로 측정되었고, 16년 전에 준공된 아파트이지만 지하 주차장에 비상벨을 25m 간격으로 설치되어 있었다. 이상의 내용을 종합하여 D 아파트 단지의 CPTED 지침에 따른 총 평가점수를 살펴보면, <표 8>과 같다.

 <표 8> D 아파트 단지 총 평가점수(적용기준: 유해구역)

구 분	총 점	평 가	구 분	총 점	평 가
1. 단지 주출입구	21	14	7. 부대·복리시설	21	16
2. 단지 부출입구	17	10	8. 주차장	36	29
3. 주동 출입구	18	13	9. 조명·가로등	32	26
4. 경비실	15	13	10. 보·차도	14	10
5. 담장	12	9	11. 조경	20	14
6. 건축물	14	11	12. 공원·녹지 종합	18	14
배 점 총 점	238		평 가 점 수	165	
기 준 점 수	190.4		만 족 여 부	불 만 족	

3) 2000년대 아파트 단지

(1) E 아파트 단지

E 아파트 단지는 2004년에 준공하였으며, 20층 규모의 7개 동이 판상형으로 배치된 아파트이다. 주변에 대단위 아파트 단지가 많이 있으며, 단지 반경 1km 이내에 유흥가, 학원 밀집지역, 상권 활성화 지역 등이 있고, 주변에 1개의 초등학교가 있다. E 아파트 단지의 전경을 살펴보면 <그림 5>와 같다.

<그림 5> E 아파트 단지 전경

 E 아파트 단지의 CPTED 관점에서 살펴보면, 첫째, 주출입문의 경우 문주 설치가 없으며, 내·외부의 이질 포장재료를 사용하지 않았고, 주출입구에 차량 출입 차단기가 설치되어 있지 않았다. 둘째, 부출입구의 경우에도 문주와 CCTV, 운동시설 등이 설치되어 있지 않았으며, 단지와 붙어 있는 공원과 영역성을 표시할 담장이 설치되어 있지 않았다. 셋째, 주동 출입구에는 출입구 주변에 조명이 설치되어 있었으며 CCTV가 설치되어 있었고, 현관문이 투명한 강화유리로 이루어져 있었으나, 방범필름, 비상벨, 충격센서 등이 설치되어 있지는 않았다. 넷째, 경비실의 경우 총 4개소가 설치되어 있었으나, 주출입구와 부출입구에만 경비원이 상주하고 있었다. 다섯째, 단지 내 사각지대, 고립지대에 출입 통제 울타리가 설치되어 있지 않았다. 여섯째, 건축물의 경우 외벽에 배관이 노출되어 있었으나 덮개가 설치되어 있었다. 일곱째, 단지 내 상가는 공간 구분이 명확하게 이루어져 있었으며, 상가를 통한 출입이 불가능하게 설계되었다. 여덟째, 지하 주차장의 바닥조명이 100 Lux 이하로 측정되었고, 지하 주차장에 비상벨이 설치되어 있지

않았으나, 100세대당 분리된 지하 주차장을 운영하고 있었다. 이상의 내용을 종합하여 E 아파트 단지의 CPTED 지침에 따른 총 평가점수를 살펴보면, <표 9>와 같다.

<표 9> E 아파트 단지 총 평가점수(적용기준: 유해구역)

구 분	총 점	평 가	구 분	총 점	평 가
1. 단지 주출입구	21	11	7. 부대·복리시설	21	17
2. 단지 부출입구	17	9	8. 주차장	36	20
3. 주동 출입구	18	14	9. 조명·가로등	32	22
4. 경비실	15	10	10. 보·차도	14	10
5. 담장	12	6	11. 조경	20	13
6. 건축물	14	10	12. 공원·녹지 종합	18	13
배 점 총 점	238		평 가 점 수	155	
기 준 점 수	190.4		만 족 여 부	불 만 족	

(2) F 아파트 단지

F 아파트 단지는 2008년에 준공하였으며, 25층 규모의 8개 동이 판상형으로 배치된 아파트이다. 주변에 왕복 10차선의 대형도로가 인접하고 있으며, 단지 반경 1km 이내에 다중 주택 밀집지역과 2개의 초등학교와 1개의 고등학교가 있다. F 아파트 단지의 전경을 살펴보면 <그림 6>과 같다.

<그림 6> F 아파트 단지 전경

　　F 아파트 단지의 CPTED 관점에서 살펴보면, 첫째, 주출입문의 경우 문주 설치가 없었으나, 내·외부의 이질 포장재료를 사용하고 있었다. 주출입구와 부출입구에 차량 출입 차단기가 설치되어 있었으나, 차단 바를 제거하여 운영되고 있지 않았다. 둘째, 부출입구의 경우에도 문주가 설치되어 있지 않았다. 셋째, 주동 출입구에는 출입구 주변에 조명이 설치되어 있었으며 CCTV가 설치되어 있었고, 현관문에 투명한 강화유리, 방범필름, 충격센서 등이 설치되어 있었으나, 비상벨이 설치되어 있지 않았다. 넷째, 경비실의 경우 주출입구와 부출입구에 총 2개소가 설치되어 있었으며, 모두 경비원이 상주하고 있었다. 다섯째, 단지 내 사각지대, 고립지대에 출입 통제 울타리가 설치되어 있지 않았다. 여섯째, 건축물의 경우 외벽에 배관이 노출되어 있었으나 덮개가 설치되어 있었다. 일곱째, 단지 내 상가는 공간 구분이 명확하게 이루어져 있지 않았으며, 상가를 통해 단지로 들어올 수 있는 부출입구가 있었다. 여덟째, 지하 주차장의 바닥조명이 100 Lux 이상으로 측정되었고, 지하 주차장의 천장 일부를 투명 유리로 설치하여 자연채광이 들어올 수 있도록 하였다. 하지만, 비상벨이 설치되어 있지 않았다. 그리고 지하 주차장은 8개 동이 모두 연결되는 구조로 이루어져 있었다. 아홉째, 어린이 놀이터의 경우 단지 가운데에 있어 일조가 양호하고, 아파트 1층 앞 정원에 식재하는 관목은 50cm 이하로 군집식재, 교목은 지하고 2m 이상으로 일정한 간격을 유지하고 있었다. 이상의 내용을 종합하여 F 아파트 단지의 CPTED 지침에 따른 총 평가점수를 살펴보면, <표 10>과 같다.

<표 10> F 아파트 단지 총 평가점수(적용기준: 일반구역)

구 분	총 점	평 가	구 분	총 점	평 가
1. 단지 주출입구	21	13	7. 부대·복리시설	21	16
2. 단지 부출입구	17	10	8. 주차장	36	24
3. 주동 출입구	18	16	9. 조명·가로등	32	23
4. 경비실	15	9	10. 보·차도	14	10
5. 담장	12	8	11. 조경	20	14
6. 건축물	14	11	12. 공원·녹지 종합	18	13
배 점 총 점	238		평 가 점 수	167	
기 준 점 수	166.6		만 족 여 부	만 족	

4) 2010년대 아파트 단지(G 아파트 단지)

G 아파트 단지는 2013년에 준공하였으며, 35층 규모의 7개 동이 타워형으로 배치된 아파트이다. 주변에 대형 대학병원이 있으며, 단지 반경 1km 이내에 유흥가, 상권 활성화 지역, 다중 주택 밀집지역 등이 있고, 주변에 2개의 초등학교가 있다. G 아파트 단지의 전경을 살펴보면 <그림 7>과 같다.

 <그림 7> G 아파트 단지 전경

G 아파트 단지의 CPTED 관점에서 살펴보면, 첫째, 주출입문의 경우 문주 설치가 되어 있고, 내·외부의 이질 포장재료를 사용하고 있으며, 주출입구에 차량 출입 차단기가 설치되어 있어 명확한 영역성을 표시하고 있다. 둘째, 부출입구의 경우에도 문주와 CCTV, 경비실 등이 설치되어 있었으며, 이외에도 2개의 부출입구를 07:00-22:00까지 개방하고 이후 시간에는 차단하는 방식으로 운영하고 있었다. 인근의 대학병원의 환자복이나 상복 차림 사람들의 출입을 금지하는 표지판을 설치하고 있었다. 셋째, 주동 출입구에는 출입구 주변에 조명이 설치되어 있었으며 CCTV가 설치되어 있었고, 현관문에 투명한 강화유리, 방범필름, 충격센서 등이 설치되어 있었다. 넷째, 경비실의 경우 총 2개소가 설치되어 있었으며, 단지 내에 다양한 곳에서 CCTV가 설치되어 있었다. 다섯째, 단지 내에 사각지대, 고립지대가 비교적 적었으며, 모든 차량을 지하 주차장을 이용하게 하여 지상에는 차도가 없이 보도로 이용하고 있었다. 여섯째, 건축물의 경우 외벽에 배관이 노출되어 있지 않았다. 일곱째, 단지 내 상가는 공간 구분이 명확하게 이루어져 있었으며, 상가를 통한 출입이 불가능하게 설계되었다. 여덟째, 지하 주차장의 바닥 조명이 100 Lux 이상으로 측정되었고, 지하 주차장에 비상벨이 설치되어 있었으나, 지하 주차장이 모두 연결되어 있었다. 이상의 내용을 종합하여 G 아파트 단지의 CPTED 지침에 따른 총 평가점수를 살펴보면, <표 11>과 같다.

<표 11> G 아파트 단지 총 평가점수(적용기준: 유해구역)

구 분	총 점	평 가	구 분	총 점	평 가
1. 단지 주출입구	21	18	7. 부대·복리시설	21	18
2. 단지 부출입구	17	13	8. 주차장	36	28
3. 주동 출입구	18	15	9. 조명·가로등	32	25
4. 경비실	15	12	10. 보·차도	14	12
5. 담장	12	9	11. 조경	20	15
6. 건축물	14	10	12. 공원·녹지 종합	18	14
배 점 총 점	238		평 가 점 수	188	
기 준 점 수	190.4		만 족 여 부	불 만 족	

Ⅳ 안전도시를 위한 개선방안

1. 기존 공동주거 단지의 개선

CPTED 전략은 기존의 공동주거단지를 개선하는 것보다 처음에 단지를 계획할 때 적용하는 것이 가격 대비 효과적이다. 하지만 이것은 뉴타운과 같은 재개발 지역이나 신도시에 한정된다. 방범적인 측면으로 취약한 기존 공동주거단지의 경우, 단지 내에 CCTV를 추가로 설치하거나 무인 방범 시스템을 도입하는 등의 개선을 하면 적지 않은 효과를 낼 수 있다. CCTV나 비상벨의 설치로 피해 대상물을 강화, 무인 방범 시스템이나 차량 출입 차단기로 외부인의 접근을 제어, 그리고 공동주거단지에 애정을 가지고 꾸준하게 관리를 해준다면 안전에 취약했던 기존 단지들도 좀 더 안전한 단지로 거듭날 수 있을 것이다.

2. 개선이 필요한 요소

이 연구는 대구광역시의 총 7개의 공동주거단지를 중심으로 CPTED 현황을 현장 조사를 통하여 정밀하게 분석하였다. 이를 통하여 다양한 문제점들을 확보할 수 있었다. 따라서 범죄를 예방하고 이용자의 불안감을 줄이기 위해 앞에서 파악한 범죄의 원인이 되는 요소들을 제거하고 CPTED 이론을 중심으로 가이드라인을 제시하면 다음과 같다.

1) 자연적 감시

자연적 감시가 가능하기 위해서는 해당 공간의 사시성이 높아야 하며 무엇보다 빛, 조명에 의해 밝아야 하고 시설물 및 조경으로부터 가려져서는 안 된다. 따라서 위의 현장 조사에서 살펴본 바와 같이 범죄자들이 쉽게 범죄를 저지를 수 없고 은닉장소를 차단할 수 있는 방안을 모색하여 해결방안을 제시해 볼 수 있다.

 <그림 8> 자연적 감시방안 제시

범죄자들이 쉽게 침입할 수 있는 저층에 대한 범죄 예방 차원에서 범죄자들이 은닉할 수 있는 공간을 차단하기 위해서 조경에 대한 대대적인 정리 및 관리가 필요하다.
또한, 차량의 주차에 있어서도 보도에 주차를 금지시켜야 한다.

어린이들이 이용하는 놀이터의 경우, 주변을 지나다니는 주민들의 눈높이에서 놀이터 내부에 대한 자연적 감시가 이루어져야 한다. 따라서 필요 이상으로 높게 자란 조경수에 대한 정리 및 관리가 필요하다.

아파트 쪽문으로 통하는 골목은 주민들의 왕래가 적지 않기 때문에 범죄자의 동선을 파악할 수 있도록 디자인 한다.
또한, 주민들의 범죄에 대한 두려움을 감소시키기 위해 골목길 코너에 반사재질을 가진 재료를 활용하여 공간의 확장 효과를 부여하여야 한다.

2) 자연적 접근통제

최근에 건축된 주거지인 아파트 단지는 비교적 철저한 통제를 통하여 허가받지 않은 사람들은 출입이 힘들어 범죄 목표물에 대한 접근을 어렵게 만든다. 하지만, 비교적 오래되고 인근에 상업지역이 있는 경우에는 유동 인구가 많아 사람을 통제하고 차단하기 힘든 곳이다. 이와 같은 경우에는 출입에 제한이 없어 범행 후 도주한 동선을 파악하기 힘들다. 따라서 범행을 저지르기 이전에 보안 및 조명을 활용하여 범죄자의 심리를 위축시켜 범죄를 제한시키는 방안을 찾아야 한다. 이때 환경적 설계만으로는 불가능하므로 전문 인력, 무인 경비 시스템 등과 같은 물리적인 수단이 같이 병행되어야 할 것이다.

 <그림 9> 자연적 접근 통제방안 제시

주민들의 편의를 위해 담장을 허물고 쪽문을 만들었으나, 이는 범죄자 및 외부인을 적절히 통제하고 차단하기 어렵게 한다. 따라서, 다소 불편하더라도 이와 같은 쪽문들은 폐쇄하거나, 일정한 시간(07:00-22:00)에만 개·폐할 수 있도록 개선해야 한다.

야간의 시야를 확보하여 범죄자의 인상착의를 쉽게 파악할 수 있고, 지역 주민들의 범죄에 대한 두려움을 감소시킬 수 있는 적절한 조명등의 설치 및 유지 관리가 필요하다.
경제적인 여건 및 방범 효과를 고려하여 센서등으로 설치하는 것이 바람직하다.

상당수의 아파트가 옥외배관이 그대로 노출되어 있으며, 창문과 매우 가까워 범죄에 사용될 우려가 높다.
따라서, 옥외배관 방범용 돌침 커버를 설치하고 옥외배관 가까이 있는 창문의 경우에는 방범창을 설치하여야 한다.

3) 영역성

공유지와 사유지의 영역성을 명확히 구분하는 것은 해당 공간에 대한 소유감을 증진하고, 나아가 잠재적 범죄자들로 하여금 침입에 대한 부담감을 느끼게 할 수 있다. 따라서 실질적이거나 가상적인 경계를 만들어 해당 지역에 대한 거주자와 특정 목적을 가진 방문자들 간의 상호보완적인 영역을 구분하여야 한다.

<그림 10> 영역성 방안 제시

심리적으로 범죄자들의 범죄 행위를 위축시킬 수 있도록 다양한 감시장치를 설치할 필요가 있다.

쉽게 도난 사건이 발생할 수 있는 장소는 감시카메라 (CCTV) 등을 설치하고, 작동 중임을 인식할 수 있도록 표시판을 설치하여 범죄 행위를 위축시킬 수 있도록 해야 한다.

지역의 관리실 또는 안내시설을 보완하여 방문자가 쉽게 이용할 수 있도록 하여야 한다. 방문자들이 안내시설임을 쉽게 인지할 수 있도록 컬러나 디자인, 안내시설임을 표시해야 한다.

지역의 관리실 또는 안내시설을 보완하여 방문자가 쉽게 이용할 수 있도록 하여야 한다. 방문자들이 안내시설임을 쉽게 인지할 수 있도록 컬러나 디자인, 안내시설임을 표시해야 한다.

4) 장소의 이미지

장소의 이미지는 사람들에게 일정하게 부각되는 지역의 인상과 주변 환경을 말한다. 1982년 Wilson과 Kelling이 발표한 '깨진 유리창 이론'은 깨진 유리창 하나를 방치해 두면 그 지점을 중심으로 범죄가 확산되기 시작한다는 이론으로 사소한 무질서를 방치하면 큰 문제로 이어질 가능성이 커진다는 의미로, 깨진 유리창 하나가 그 지역에서는 무질서와 불법이 쉽게 허용된다고 인식하게 만든다.

현대 사회에서 주거 지역은 자신의 영역이라고 생각하고 관리인 또는 스스로가 유지 관리하여야 하지만, 아직 관리가 제대로 이루어지고 있지 않은 단지가 많다. 따라서 지역을 관리 감독을 할 수 있는 관리인이 필요하며 그에 맞는 방향을 설정하여야 한다.

아무렇게 방치된 시설물을 통제하고 정돈하여 지역 주민이 편리하게 사용할 수 있는 공간을 확보하는 것이 필요하다.
또한, 방문자가 주민의 시설물들을 함부로 사용하지 않도록 하기 위해 보안 유지가 필요하다.

무질서와 불법이 허용된다는 인식을 없애기 위해 주변의 사용하지 않는 시설을 정리하여 이미지를 개선해야 한다.
특히, 지역 주민들이 휴식을 취할 수 있거나, 운동을 할 수 있는 시설을 마련하면 자연적 감시도 강화할 수 있다.

Ⅴ 결론

이 연구는 최근 우리나라가 환경설계를 통한 범죄 예방(CPTED)의 실행을 통해 범죄를 예방할 수 있는 도시를 계획하고자 함에 따라, 현재 공동주택단지들의 환경설계 현황을 조사하였다. 이로부터 환경 설계상의 문제점을 파악하여 CPTED를 실제로 우리 도시에 적용하기에 앞서 현황을 바로 알고, 향후 개선방향을 제시하였다. 조사 대상지는 1980년대부터 현재까지 준공된 대구광역시 일대 아파트 단지 중 7곳을 선정하였으며 현장 조사를 하고 평가함에 있어 CPTED 설계평가표를 기준으로 하였다. CPTED 설계평가표를 토대로 단지별 설계지침 점수를 내보고 과거부터 현재까지의 변화 과정, 차후 개선해야 할 점 등을 살펴보았다.

사례 대상지 7곳의 아파트 단지를 현장 조사하고 분석한 결과는 다음과 같이 나타났다. 최근에 지어진 아파트 단지일수록 방범적인 측면의 환경설계가 잘 되어 있음을 알 수 있었고, 주로 단지 주출입구, 주동 출입구, 부대·복리시설, 조명·가로등, 주차장과 같은 물리적인 환경시설이 방범 환경설계 기준에 맞추어 많은 변화를 이루었다. 1990년대를 기점으로 단지 출입구, 주동 출입구, 경비실, 부대·복리시설이 눈에 띄게 개선되었으며 최근에 준공된 단지에서는 지하 주차장까지 CPTED 설계지침에 맞추어 많이 변화된 모습이었다. 또한 이전보다 단지의 영역성을 강화하는 방향으로 설계가 되어 있었고, 이 단지는 다른 사례 대상지와 달리 독단적으로 서울시에서 제정한 설계지침 적용 기준을 만족시키는 결과를 도출하였다.

그러나 공원과 녹지, 보·차도와 같은 조경이 중점으로 이루어지는 요소의 경우 준공 연도별 큰 차이점이나 변화를 보이지 않았다. 이러한 앞으로의 발전을 요하는 요소들과 서울시 CPTED 설계지침에는 나와 있으나 사례 대상지 공통으로 설계되지 않은 요소들에 좀 더 관심을 기울이고 단지를 계획할 때 적용하고자 한다면 방범적인 측면으로 한 단계 더 발전하는 주거단지를 만들 수 있을 것이다.

이 연구에서는 건설연도별 대상지의 방범 환경설계 정도 평가를 위한 기준으로 서울시에서 설정한 CPTED 설계평가표를 사용하였다. 서울시의 CPTED 설계평가표는 서울시 일대 단지를 평가하기 위한 것으로 이것이 전국적으로 사용될 수 있는가에 대한 검증은 거치지 않았다는 점, 그리고 대구광역시의 7개 아파트 단지만을 조사하였다는 대표성에서 이 연구는 한계를 가지고 있다.

■■■ 참 고 문 헌

강석진·이경훈. (2010). 범죄 위험도 평가를 위한 지표 및 평가방법 연구: 주거침입절도와 노상절도범죄를 중심으로. 「한국위기관리논집」, 6: 144-171.

경찰청. (2012). 「경찰백서」. 서울: 경찰청.

_____. (2011). 「범죄통계」. 서울: 경찰청.

김흥순. (2007). 도시설계를 통한 범죄예방의 의의와 한계. 「대한국토도시계획학회 정보지」, 303: 3-8.

대검찰청. (2012). 「범죄분석」. 서울: 대검찰청.

문정민·장독국. (2008). 범죄 예방을 위한 환경디자인에 관한 연구: 공간요인 분석을 중심으로. 「한국디자인포럼」, 19: 369-378.

박기범. (2009). 지역사회의 범죄예방을 위한 CPTED의 효과성 고찰. 「한국지방자치연구」, 11: 133-154.

박정은·강석진·이경훈. (2010). 아파트 단지에서 CPTED 구성요인과 범죄 및 불안감의 관계에 대한 연구. 「대한건축학회논문집」, 26: 103-112.

박현호. (2006). 한국적 환경설계를 통한 범죄예방(CPTED)의 제도적 고찰: 유럽의 사례를 통한 한국에의 적용을 중심으로. 「한국경찰연구」, 5: 113-160.

박현호·김영제. (2008). 지속가능한 도시발전을 위한 방범환경설계(CPTED)의 전략과 향후 과제. 「한국경호경비학회지」, 17: 173-193.

서울특별시. (2009). 「서울시 재정비촉진(뉴타운)사업 범죄예방 환경설계(CPTED) 지침」. 서울: 서울특별시.

이성우·조중구. (2006). 공간적, 환경적 요인이 범죄피해에 미치는 영향. 「서울도시연구」, 7: 57-76.

이유미. (2011). 범죄에 대한 거주자의 불안감과 범죄예방설계 평가기준. 「대한건축학회지」, 55(8): 44-47.

이은혜. (2008). 지구단위계획에서 환경설계를 통한 범죄예방기법 적용에 대한 연구: 지구단위계획 요소별 CPTED기법 유형화를 중심으로. 「석사학위논문」, 고려대학교 대학원.

최재은·정윤남·김세용. (2011). 범죄로부터 안전한 주거환경 조성을 위한 법·제도 개선방안 연구. 「대한건축학회논문집」, 27: 269-276.

한국토지주택공사. (2009). 「안전도시 개발을 위한 방재·방범계획 수립지침(안) 설정 및 시범 도시 적용에 관한 연구」. 서울: 한국토지주택공사.

한국형사정책연구원. (2011). 「범죄예방을 위한 환경설계의 제도화 방안」. 서울: 한국형사정책연구원.

한형수·유재인·함주영. (2009). 서울시 재정비촉진지구내 환경설계를 통한 범죄예방의 적용방안 실증분석: 목동아파트 입주민 의식조사를 중심으로. 「한국주거환경학회지」, 12: 175-198.

Brown. B. (1995). CCTV in Town Centres: Three Case Studies. Crime Detection and Prevention Series. London: Home Office.

Clarke. R. (1995). Situational Crime Prevention, Chicago. IL: University of Chicago Press.

Harris. C., P. Jones, D. Hillier, and D. Turner. (1998). CCTV Surveillance Systems in Town and City Centre Management. Property Management, 16(3): 160-165.

Jacobs. J. (2011). The Death and Life of Great American Cities. New York: Modern Library.

Rachel. A. (2000). An Evaluation of Secured by Design Housing within West Yorkshire, London: HomeOffice.

Ronald. C. & David Weisberg. (1994). Diffusion of Crime Control Benefits. New York: Criminal Justice Press.

Squires. P. (1998). An Evaluation of the Ilford Town Centre CCTV System. Brighton, UK: Health and Social Policy Research Centre.

시민 협력 치안

폴리스 틴, 폴리스 키즈 발대식

2021년 11월 26일, 대구시 민주시민 교육센터에서 어린이와 청소년들의 눈높이에서 지역 치안 문제를 발굴하고, 해결방안을 모색하는 아동, 청소년 그룹인 '폴리스 틴, 폴리스 키즈'가 발대식을 했다. 폴리스 틴, 키즈는 청소년들이 직접 생활 속에 치안 문제를 발굴하고, 자신의 눈높이에서 해결방안을 주도적으로 제시하는 온라인 정책 플랫폼을 구축하는 역할을 한다. 또한 정책 수요자인 청소년들이 직접 지역 사회의 치안 문제를 발굴하고, 해결 과정 전반을 주도하는 등 정부정책에 직접 참여할 수 있는 협의체이다.

'폴리스 틴, 폴리스 키즈'는 시민중심 자치경찰 네트워크 협의체의 아동, 청소년 그룹으로 2021년 7월 초등학생 3팀, 중고등학생 7팀으로 구성됐다. 이와 유사한 제도로 청소년 명예경찰제도가 있는데, 폴리스 틴, 폴리스 키즈는 청소년들의 눈높이에서 생활 속 치안 문제점을 발굴하고, 스스로 해결방안을 모색하는 생활 속 실험실(Living-Lab)활동에 나선다. 우리 사무국에 조현우 팀장을 비롯한 장영희 경감, 김태욱 경위 등이 고생을 많이 했다. 코로나19와 같은 상황이 없었으면 훨씬 더 활동이 자유롭고 활발했을 텐데 여러 가지 제약이 많아 아쉬웠다.

이날, 발대식 행사에서는 도원중학교와 경북여자상업고등학교 등 지난 4개월 동안 활동한 내용을 발표하는 시간을 가졌다.

이 가운데 동호초 학생 3명으로 구성된 KHI 팀은 학교 주변 인도에서 오토바이 사고 우려가 높다는 점을 관찰해 대안을 내놨다. 학생들은 "차도에서는 차들이 잘 비켜주지 않아 오토바이가 자유롭게 다니지 못하지만, 인도에서는 사람들이 잘 비켜줘서 오토바이가 쉽게 다닐 수 있기 때문에 음식점 배달 오토바이가 대부분 인도 주행을 하고 있다"라고 지적했다. 학생들은 "오토바이가 자주 다니는 인도 위에 화분이나 오토바이 인도 주행 금지판 같은 물건을 둠으로써 차도로 다니도록 유인해야 한다"라고 제시했다.

또한, 도원중학교 나르샤 팀은 '청소년의 눈높이 치안 문제'를 주제로 학교 주변 비행 장소에 대해 조사하고, 학생들의 안전한 귀가를 위해 필요한 안전시설물과 안전한 하굣길 노선도를 파악했다.

또한, 경북여자상업고등학교 세이프 팀은 '등·하굣길 인도와 도로의 구분 문제' 해결을 주제로 학생들의 무단횡단 이유와 개선을 위한 시설물, 학생들의 인식 개선방법을 연구한 결과를 발표했다.

'폴리스 틴, 폴리스 키즈'는 앞으로 청소년들이 제시한 참신한 치안 정책 아이디어를 관계기관과 협의하고 정책화해 나가기 위해 시작되었다. 나는 청소년들의 신선한 아이디어가 기존 치안 정책의 틀을 깨고 현장에 최대한 적용될 수 있을 것으로 기대하였다. 아울러 청소년들의 범죄 예방 및 경찰에 대한 인식, 그리고 안전한 사회 구축에도 많은 긍정적인 학습효과가 있을 것으로 기대하였다.

2기 폴리스 틴, 폴리스 키즈 발대식

2022년 4월 20일(수) 오후 4시, 대구시 자치경찰위원회 1층 회의실에서 제2기 폴리스 틴, 키즈 그룹 발대식을 가졌다. 2기 폴리스 틴, 키즈는 대구 신성초, 지묘초(초등 2개 팀), 강북중, 경신중, 용산중(중학교 3개 팀), 경북고, 경대사부고, 대구국제고, 신명고, 경북기계공고(고등학교 5개팀)를 선발하였다.

「제2기 폴리스 틴·키즈」 그룹 회원들은 팀별로 ▷나와 우리, 모두를 지키는 안전한 생활 ▷학교 앞 교통·안전사고 위험도 조사 탐구 ▷범죄 예방 환경설계(CPTED) ▷SNS 카카오인증 협박의 사례 및 대안 탐구 ▷통학 환경 취약에 따른 학교 교통환경 개선 ▷지역 치안 위험 요소 발굴과 개선 ▷모두가 안전한 교통, 안심할 수 있는 치안 정책 ▷안전하고 안심할 수 있는 등하굣길 만들기 ▷원동기 장치 자전거의 문제점과 개선방안 등 학교 주변의 치안 문제를 직접 발굴하고 대안을 모색하는 과정에서 학교전담경찰관(경찰청), 대구민주시민교육센터(교육청), 대구여성가족재단(시청)과의 협업을 경험하게 된다.

선발된 학생들은 생활 속에서 치안 문제를 제기하고, 생활 속 각종 치안 데이터를 확인하며, 틴, 키즈 주도로 자유토론과 함께 담당 경찰관의 코칭하에 여러 대안을 검토, 지방자치단체와 전문가 등 협업을 통한 정책화를 실시하는 과정을 가진다. 이들에게는 대구시 자치경찰위원회의 위촉장이 발급되고, <1365 자원봉사 포털> 연계 봉사활동이 인정되고, 학교 생활기록부에 기재된다.

이 프로그램은 배려와 소통의 학생 온라인 정책 플랫폼 구축으로 품격있는 인간을 양성하고, 교육 공동체 간 인권 존중 문화 조성으로 미래세대 치안 주체로의 성장을 기대하고자 기획되었다.

필자는 이 프로그램에 참여한 학생 중 상당수를 미래의 경찰관으로 다시 만날 것 같은 예감이 들었다. '거리의 판사', '거리의 심리학자'로서 만나길 소망한다.

우리가 만드는 치안정책, 더 안전한 사회

이제 본격적인 프로그램의 시작이다. 2022년 5월 14일(토) 오전 9시 대구여성가족재단 '공간 SISO'와 대회의실에서 시민중심 자치경찰 네트워크 협의체인 2기 폴리스 틴·키즈 그룹의 '안전체험활동(Safe Inside Safe Outside)'을 개최하고 학생들 눈높이에서 생활 속 치안 위험 요소를 발굴해 새로운 정책 아이디어로 연결하는 기회를 가졌다.

이날 '안전체험활동'에선 제2기 폴리스 틴·키즈 초·중·고(10개교 40명) 회원뿐만 아니라 대구시 자치경찰위원회, 대구시교육청, 대구여성가족재단 관계자와 담당 교사, 학부모 등이 참석한 가운데, 1부 '자치경찰 이해(60분)', 2부 '안전체험활동(60분)', 3부 '그룹별 토론활동(120분)'으로 구분해 4시간 동안 학교 밖 활동을 진행했다.

1부 '자치경찰 이해' 프로그램은 자치경찰 소개 동영상을 시작으로 범죄 예방과 자치경찰 이야기를 주제로 한 필자(대구시 자치경찰위원회 사무국장)의 눈높이 특강을 통해 학생들의 호기심을 자극했다. 나는 선녀와 나무꾼의 이야기를 시작으로 범죄의 개념, 범죄 예방의 중요성, 파출소와 지구대의 차이점, 경찰의 역할 등을 눈높이에 맞게 강의하였다. 나는 초등학생, 중학생, 고등학생들에게 다양한 강의를 해왔다. 이날은 그중에서도 가장 호응이 좋았다.

참가자의 이야기를 들어 보면, 강의를 들은 한유희 회원(지묘초, 6학년)은 "선녀와 나무꾼의 이야기에서 나무꾼이 선녀의 옷을 훔쳐 간 행동에 감금죄가 성립된다는 것에 놀랐어요"라고 말했고, 박요셉 회원(사대부고, 1학년)은 "깨진 유리창 이론의 사례를 통해 일상 속의 사소한 차이가 극단적인 범죄 결과를 불러올 수 있음을 깨닫는 계기가 되었어요"라고 밝혔다.

2부 '안전체험활동(Safe Inside Safe Outside)' 프로그램은 지난 3월 파견된 장학사에 의해 학생과 교육 현장의 의견은 물론 경찰과 시민 사회의 관점을 적극 반영해 대구시 자치경찰위원회, 대구시교육청, 대구시 경찰청(SPO), 대구여성가족재단의 유기적 협업으로 성사됐다.

이에 대구여성가족재단의 기획 전시 '안전이 젠더를 만나면'은 ▷ 공감과 연대, 안전한 대구를 만듭니다 ▷ 시민이 함께 만드는 안심 화장실 '초록화장실' ▷ 불법 촬영 예방 안심 거울 ▷ 이상 음원 감지 시스템 ▷ 도시철도를 평등하게 만드는 넛지 효과 등의 안전체험활동을 제공하여 생활 속 치안 위험 요소 발굴에 대한 학생들의 사고의 폭을 넓혀 주었다.

참가자 장희윤 회원(신성초, 6학년)은 "위급 상황 발생 시 안심 비상벨을 터치하면 연결된 직원과 대화할 수 있으며 경찰이 즉시 출동하는 초록화장실이 더 많이 생겼으면 좋겠어요"라고 말했고, 장종훈 회원(경신중, 2학년)은 "학교 미술 시간에 배운 넛지 디자인이 도시철도 객차 내 임산부 배려석과 쩍벌방지용스티커(바닥에도 좌석이 있습니다)에 적용되어 매너다리를 유지하게 하는 것이 매우 신선했어요"라고 밝혔다. 이병희 회원(경북고, 2학년)은 "에스컬레이터에 반사경을 설치하는 것만으로도 불법 촬영을 예방하는 효과를 낼 수 있다는 체험을 통해 학교 안팎의 작은 발상의 전환으로도 일상 속의 다양한 범죄를 예방할 수 있겠다는 확신을 갖게 되었어요"라고 말했다.

3부 '그룹별 도론활동' 프로그램은 팀별 치안 및 학교폭력 예방 주제와 관련한 세부 계획서 작성 후, 초·중·고 간 멘토-멘티 결성(신성초-국제고, 지묘초-경북고, 강북중-신명고, 경신중-사대부고, 용산중-경북기계공고)을 통해 팀별 토론 내용과 정보를 공유하고 서로의 장단점을 보완하는 등 학교급 간 공감과 연대를 강화했다.

참가자 이나연 회원(강북중, 1학년)은 "처음엔 교통사고 예방을 위한 팀별활동이 다소 어려웠지만 멘토 언니·오빠들의 도움으로 세부 계획을 완성하고 나니 뿌듯했어요"라고 말했고, 이유경 회원(국제고, 1학년)은 "동생들과 생각을 공유하는 과정에서 같은 현상도 다양한 시각으로 볼 수 있음을 알게 되었고 사회 문제에 대해 먼저 용기를 내어 바다로 뛰어드는 퍼스트 펭귄의 필요성을 깨달았어요"라고 밝혔다.

이 프로그램의 총감독은 이기헌 장학사이다. 이 프로그램에 참여한 우리 학생들이 안전체험(SISO) 및 초·중·고 멘토-멘티활동을 통해 사회적 변화와 참여를 선도하는 민주 시민의 역량을 가진 치안 주체로 성장할 수 있도록 돕고 있다.

학생들 눈높이에서 여름방학 특별 프로그램

새로운 프로그램을 준비했다. 학생들이 직접 참여하는 프로그램이다. 2022년 여름방학을 맞아 7월 22일(금) 오전 9시 대구민주시민교육센터 세담홀(2층)에서 2기 폴리스 틴·키즈 그룹의 '민주시민 교육 특별 프로그램'을 개최하고 학생들 눈높이에서 생활 속 치안 위험 요소를 발굴하여 새로운 정책 아이디어로 연결하는 다양한 체험활동을 마련했다.

이날 '민주시민 교육 전일제 특별 프로그램'에선 제2기 폴리스 틴·키즈 초·중·고(10개교 43명) 회원뿐만 아니라 대구시 자치경찰위원회, 대구시교육청 장학관, 대구민주시민교육센터의 장학사와 지도 교사, 학부모 등이 참석한 가운데, 1부 '생각 열기(50분)', 2부 '소셜리빙랩 활동(120분)', 3부 '모의국회 활동(120분)'으로 구분해 체계적인 학교 밖 치안활동을 진행했다.

1부 '생각 열기'는 아이스 브레이킹 게임을 통해 민주주의 가치에 관한 다양한 생각을 공유하는 기회를 제공하여 학생들의 공감 능력을 자극했다. 특히 '안전체험활동(5월 시청 연계)'에서 결성된 초·중·고 멘토−멘티를 활성화해, '그룹 리빙랩 활동(6월 경찰청 연계)'의 상호 피드백과 연계하는 등 학교급 간 공감과 협력을 한층 강화했다.

2부 '소셜 리빙랩 활동'은 세상을 바꾸는 아름다운 생활 실험으로 ▷무지개 식판 프로젝트(이해) ▷누구나 안전하게 이용할 수 있는 마을환경 만들기(도전) ▷소셜리빙랩 아이디어 박람회(공유) 등의 체험 활동을 통해 생활 속 치안 위험 요소 발굴에 대한 학생들의 호기심을 자극했다.

3부 '모의국회 활동'은 우리가 만드는 법안으로 ▷청소년 스마트폰 과의존 ▷공유형 키보드 방치 ▷마스크 환경 오염 등의 사회적 이슈를 선정하여 문제 해결을 위한 법안 제안과 심사는 물론, 본회의 진행 체험을 통해 학생들의 사회 치안 유지와 입법 과정 전반에 대한 인식을 제고했다.

모의국회 체험활동

대구시 교육청과 함께, GO GO !!!

대구시 자치경찰위원회 사무국에는 위원장 1명, 상임위원(사무국장) 1명, 대구시 공무원 20명, 대구경찰청 경찰관 10명으로 총 32명이 근무하고 있다. 여기에 학교폭력 및 청소년 문제를 보다 전문적으로 연구하고, 교육청과의 견고한 소통과 협력을 위해 대구교육청으로부터 장학사를 파견받았다. 대구시 자치경찰위원회는 2022년 3월 1일, 현장 중등교사 출신인 장학사를 1년간 파견받아 학교폭력과 청소년 범죄 등에 선제적으로 대응하기에 이르렀다. 이와 같은 결정은 평소 이 분야에 남다른 애정을 갖고 있는 강은희 대구시 교육감의 적극적인 협조 덕분이었다. 강은희 교육감은 국회의원과 여성가족부 장관을 지낸 교육전문가로 지역에서 많은 신망을 받는 인물이다.

이번 대구시 자치경찰위원회에 파견된 이기헌 장학사는 윤리 교사 출신으로 교육 및 청소년 관련 교육현장의 경험과 전문성을 바탕으로, 학교 안팎의 학생 안전 및 안심을 위한 치안 환경을 더욱 세밀하게 조성하고, 학생들이 민주시민으로서 지역 치안 문제에 대해 실험적인 해결방안을 주도적으로 제안할 수 있도록 지도한다.

▶ 학교폭력 예방 및 청소년 보호를 위한 학교전담경찰관(SPO) 확대 충원

대구 자치경찰위원회와 교육청은 학교폭력 안전 인프라 조성을 위해 학교전담경찰관의 배치(40명, 456교)를 확대하고, SPO의 학교폭력 예방과 청소년 보호 역량을 강화하기 위한 프로그램을 마련할 예정이다.

학교전담경찰관은 학교 주변 범죄 예방 환경설계(CPTED) 및 불법적인 카메라 촬영 등 디지털 성범죄를 예방 점검하고, 월 1회 개최되는 단위학교 '위기관리위원회'에 참여해 위기학생 다중 지원체제를 구축하는 등 청소년과 학교 맞춤형 치안 서비스를 제공한다.

▶ 시민중심 자치경찰 네트워크 협의체 '폴리스 틴(Teen), 키즈(Kids)' 활성화

대구시 교육청의 장학사 파견은 대구자치경찰위원회가 시행하고 있는 초중고 학생들을 중심으로 하는 '폴리스 틴·키즈' 활동에 교육적 성격을 강화하고, 학생 눈높이에 기초한 치안 성과를 달성하는 데 크게 기여할 것으로 예상된다.

특히 학교 현장의 청소년들이 학교 주변의 지역 치안 문제를 직접 발굴하고 대안을 정책화해 실시하는 과정에서, 교육전문가인 장학사는 각급 학교와 긴밀한 협력, 학생들의 비교과 활동 지원 등 학생 맞춤형 치안정책 수립 지원을 위한 마중물 역할을 수행할 예정이다.

▶ 대구민주시민교육센터와 연계한 다양한 소셜 리빙랩 활동 전개

대구자치경찰위원회는 교육청과 연계해 학생들이 지역 사회 학교와 청소년 위해(危害) 환경의 개선 및 문제해결을 위한 방안을 모색하는 과정에서 소셜 리빙랩(Living-Lab) 활동이 전개될 수 있도록 대구민주시민교육센터의 다양한 프로그램과 체험시설을 제공할 계획이다. 예컨대 '폴리스 틴·키즈' 활동과 연계해 청소년들이 자기 주변과 우리 지역의 치안 문제를 직접 탐색하고, 아이디어 박람회, 크라우드 펀딩, 모의 법정 등의 다양한 활동과 체험을 통해 민주시민 의식을 형성하는 기회를 제공하게 된다.

대구 중부 청소년 경찰학교, 인기 짱

자치경찰제가 출범하면서 시의회와 언론에서 대구시 관내 치안센터에 대한 활용 문제가 제시되기 시작하였다. 필자는 대구시 내 치안센터 중에서 다양하게 활용되고 있는 청소년 경찰학교를 알고 싶었다. 실제 현장을 알기 위해 필자는 현장업무에 능통한 장인수 경감과 이승일 경위와 함께 2022년 2월 23일(수) 오후 3시, 대구중부경찰서 관내 청소년 경찰학교를 방문하였다. 이는 대구경찰청에서 추천한 기관으로 우수한 기관 중 하나이다.

청소년 경찰학교는 2014년부터 유휴 치안센터를 리모델링하여 초, 중, 고등학생 등을 대상으로 학교폭력 역할극, 경찰 체험(과학수사, 장비), 심리상담 등 체험형 예방 교육을 실시한다. 대구는 2014년 6월에 중부 청소년 경찰학교(역전 치안센터), 2015년 9월에 수성 청소년 경찰학교(만촌1동 치안센터), 2017년 9월에 달서 청소년 경찰학교(상인3동 치안센터)를 개소하였고, 2020년 5월에 중부청소년 경찰학교 신청사로 이전하였다. 여기에는 범죄 예방 교육장, 시뮬레이션 사격장, 과학수사 체험장, 사이버 범죄 예방관, 경찰장구 체험장, 포토존 등을 갖추고 있어 학생들에게 인기가 높다.

원래 이런 교육장은 단순히 강의만 하는 교육시설보다는 여러 가지 체험을 할 수 있는 곳이 교육에 효과적이고 학생들의 관심을 끌 수 있다. 필자는 대학에서 중학생 진로체험 "경찰관이 되는 길"을 운영해 본 적이 있다. 처음에는 경찰 시험 합격하는 방법, 경찰 직업 소개 등으로 시작하였으나 학생들의 관심도 적고 흥미를 끌지 못했다. 그래서 실제로 중학생들을 대상으로 설문조사, 그리고 면담조사를 해 보았다. 그 결과, 실제로 중학생들이 체험할 수 있는 프로그램을 개발하는 것이 필요했다. 그래서 여러 차례 아이디어 회의를 하고 시행착오를 거듭해서 호신술, 경찰 복장을 하고 사진 촬영, 3단 봉 사용, 수갑 사용 프로그램을 운용하니 교육 만족도가 높았다. 역시 강의보다는 체험이 중요했다. 초등학생, 중학생 눈높이에 맞는 프로그램 개발이 중요하다.

중부 청소년 경찰학교는 최근에 만들어졌고, 다양한 시설을 갖추고 있으며, 특히 대구중부경찰서 여성청소년과 이태겸 경위의 멋진 강의와 안내가 인상적이었다. 코로나19라는 힘겨운 상황에서도 중부 청소년 경찰학교는 2021년 청소년 경찰학교 운영실적 1위를 기록하여 교육부장관상을 수상하였다.

| 외부전경 | 범죄예방교육장 | 시뮬레이션사격장 | 과학수사체험장 | 사이버범죄예방관 |

중부경찰서 청소년 경찰학교 현장점검

청소년 안전망, WEE 센터

2022년 4월 13일(수) 오전 10시, 대구시 동부교육지원청에 WEE 센터를 방문하였다. 서정숙 기획팀장과 성용철 경위, 그리고 대구교육청에서 파견 나온 이기헌 장학사와 함께 하였다. 원래는 자치경찰위 사무국 출범 때부터 방문 계획이 있었지만 계속 현안이 생겨서 미뤄 온 방문이었다. 필자는 WEE 센터는 서류로만 알았지 실상은 잘 몰랐다. 현장을 알아야 해답이 보이듯이 직접 방문하여 현장의 목소리를 들었다. 아침 일찍부터 서둘러서 출발했다.

급변하는 교육 상황에 따라 학생의 개인적 위기(범죄, 가출, 성, 폭력 등)·가정적 위기(빈곤, 부모의 이혼, 다문화가정 등)·교육적 위기(학습부진, 학업중단 등) 등 다양한 위기 상황에 놓인 학생을 대상으로 '진단−상담−치유' 지원을 위한 「학생 위기 상담·지원사업」이 필요하게 되었다. 학교에는 위 클래스 8,059개, 교육지원청에는 위 센터 206개소, 교육청에는 위 스쿨 15개교가 있다. 또한 가정의 문제로 인해 학업을 유지하기 어려운 학생들을 위한 가정형 위 센터 21개소, 고위기 학생에 대한 심층적인 지원을 위한 병원형 위 센터 13개소를 운영 중이다(2021년 8월 기준).

Wee 프로젝트는 2008년 학교폭력·학업중단 등 학교에서 발생하는 다양한 위기 요인들로부터 우리 모두(We)가 학생을 보호하고 건전한 교육(Education)을 통해 건강한 마음(Emotion)을 도모하기 위한 목적으로 시행되었다.

Wee 센터에서 Wee는 We + education 또는 We + emotion의 합성어다. 우리나라의 학교, 교육청, 지역 사회가 연계하여 학생들의 건강하고 즐거운 학교생활을 지원하는 3단계의 다중 통합 지원 서비스망이다. 2008년부터 학교에는 Wee 클래스, 지역 교육지원청에는 Wee센터, 시·도 교육청에는 Wee 스쿨이 있다.

1차 안전망
Wee 클래스

단위학교에 설치

학교에서 운영하는 Wee 클래스는 고민을 이야기할 수 있는 감성 소통 공간입니다. 학교생활에 어려움을 겪는 학생들이 즐겁게 학교생활을 할 수 있도록 언제나 열려있는 학생들의 쉼터입니다.

2차 안전망
Wee 센터

지역교육청 및 시·도교육청에 설치

Wee 센터는 전문상담교사를 비롯한 전문상담사, 임상심리사, 사회복지사 등 다양한 전문가들이 함께하는 멀티상담센터입니다. Wee 센터는 학생들이 경험하는 어려움을 지역 사회의 인적, 물적 인프라를 활용하여 진단-상담-치료를 서비스하는 원스톱 상담센터입니다.

3차 안전망
Wee 스쿨

시·도교육청에 설치된 장기위탁 교육기관

Wee 스쿨은 교육, 치유, 적응을 도와주는 장기위탁 교육기관입니다. Wee 스쿨은 전문가와 함께 잃어버린 꿈과 재능을 키워나가는 소수 정예의 장기위탁 교육기관으로 원적 학교 학적을 유지하는 감성과 실용 교육 중심의 학교 교육과 진로·직업 교육을 해줍니다.

학교 → 교육지원청 → 지역 사회의 긴밀한 협력으로 위기 상황에 노출된 학생에 대한 다중의 촘촘하고 종합적인 안전망을 구축·운영함으로써 학교 부적응 학생 해소 및 인적 자원의 유실을 방지하는 것이다. 이 센터에는 전문상담교사, 전문상담사, 임상심리사, 사회복지사 등으로 팀을 구성하여 '진단-상담-치료(치유)'가 가능한 원스톱 상담 및 치유 프로그램을 운영한다. 또한, 교육지원청 차원에서 학교, 전문 상담기관, 의료기관, 청소년기관 등 외부 전문기관과 긴밀한 연계망을 구축하여 청소년들을 위한 서비스를 제공한다.

필자가 방문한 동구교육지원청 WEE 센터에는 심리상담실, 요리치료실, 체험활동실, 모레 놀이치료실, 교육실 등 다양한 시설을 구비하고 있었고, 무엇보다 전문적이고 열정적인 상담 선생님들이 활동하고 있었다.

이날, 시설 견학에 앞서 티타임에서 정병우 교육장의 "앞으로 대구시 자치경찰위원회와 협업하여 우리 지역의 학교폭력, 청소년, 학교 밖 청소년 문제 등을 원활하게 논의하자"는 말씀이 있었다. 필자도 학교폭력, 청소년 문제에 관심이 많다. 이러한 시설도 시설이지만 학부모, 지역 사회의 관심과 투자가 무엇보다 절실함을 느낀다. 자치경찰이 시작된 지금부터라도 시청, 경찰청, 교육청, 지역 사회를 연계한 꼼꼼한 안전망을 만들어야겠다는 다짐을 해본다.

학교폭력의 실태와 대책
대구교통방송 오늘도 안전제일 2019년 6월 5일 인터뷰

1. 오늘은 어떤 내용으로 시작해 볼까요?

오늘은 초·중·고등학교 자녀를 둔 학부모님들이 늘 걱정하고 또 관심을 두고 있는 문제인 '학교폭력' 문제에 관해서 이야기해 보고자 한다.

2. 학교폭력에 대한 관심이 많은데요. 먼저 학교폭력 개념부터 정리해주시죠?

학교폭력 예방 및 대책에 관한 법률 제2조 제1호에서 학교폭력이란 학교 내외에서 학생을 대상으로 발생한 상해, 폭행, 감금, 협박, 약취·유인, 명예훼손·모욕, 공갈, 강요·강제적인 심부름 및 성폭력, 따돌림, 사이버 따돌림, 정보통신망을 이용한 음란·폭력 정보 등에 의하여 신체·정신 또는 재산상의 피해를 수반하는 행위를 말한다.

학교폭력을 따로 정의하는 이유는 절도나 흡연, 음주, 도박 등 여타의 청소년 범죄와는 달리 직접적인 피해자가 발생하기 때문이다. 집과 학교를 오가는 학생들에게는 학교생활이 일상의 큰 부분을 차지하게 되는데, 학교폭력은 하루에 8시간 이상 있어야 하는 곳을 지옥으로 만드는 아주 끔찍한 일이다.

3. 최근 학교폭력이 과거와는 좀 다른 양상이 있다고 들었습니다.

학교폭력은 초·중·고등학교 각급 학교에서 일어나고 있는 사안이다. 주로 초등학교 4~6학년이나 중학교가 발생 빈도가 높으며, 고등학교에서도 자주 일어난다. 최근의 동향부터 살펴보자면 1990년대 말기까진 주로 동네 불량배들이 선량한 학생들을 갈취하는 형태로, 소위 말하는 불량 서클 내지는 불량배가 그 주범이었다. 그러다가 1986~88년생이 중학교에 진학하는 2000년대 초반부터 연령이 중학생 정도로 내려갔다. 또한 이 시기를 기점으로 하여 대중 문화의 영향으로 일진, 짱 등의 용어가 정착되었다. 현재는 청소년기에 접어드는 초등학교 고학년 때부터 심해지기 시작했다. 점점 연령이 내려가고 그 양상이 잔혹해지는 것이 문제다. 최근 사회 문제화된 사건만 간추려보아도 인천 여고생 집단 폭행 사건을 비롯하여 부산 여중생 폭행 사건, 김해 여고생 살인 사건, 인천 초등생 살인 사건, 관악산 여고생 폭행 사건 등에 이르기까지 학교폭력 및 청소년 범죄는 날로 흉악해지고 있다.

4. 대구지역 학교폭력의 실태는 어떻습니까?

8년 전 물고문과 구타, 금품 갈취 등 같은 반 학우들의 상습 괴롭힘을 견디지 못한 대구 OO 중학교 2학년 학생이 스스로 목숨을 끊은 사건이 있었다. '대구 중학생 자살 사건'으로 명명된 이 사건은 사회에 큰 반향을 일으켰고, 학교전담경찰관(SPO) 배치, 학교폭력 실태조사 등 정부의 학교폭력 근절 대책 발표가 잇따랐다.

이러한 아픈 사건을 계기로 대구시 교육청이 꾸준하게 노력 한 결과, 대구 지역 초중학생들의 학교폭력 피해 응답률이 전국에서 최저 수준을 유지하는 것으로 나타났다.

대구 지역의 초4~고3 재학생 209,031명 중 95.8%인 200,175명이 실태조사에 참여한 결과, 피해 응답률은 전국 평균 1.3%보다 현저히 낮은 0.3%로 나타났으며, 지난해 조사와 비교하면 전국 평균 0.4%(2017년 0.9% → 2018년 1.3%) 증가를 보인 반면 대구 평균은 0.1%(2017년 0.2% → 2018년 0.3%) 소폭 증가했다. 또한 학교폭력 인식변화에 따라 학교폭력 피해 응답률이 0%로 학교폭력 제로인 학교는 206개교(초 113, 중 39, 고 46, 특수 8)로 2017년 1차 조사의 226개교(초 120, 중 67, 고 30, 특수 9)보다 20개교 감소했다.

대구 지역의 학교급별 피해 응답률은 초·중·고등학교가 각각 0.5%, 0.3%, 0.1%로, 전국 평균(초 2.8%, 중 0.7%, 고 0.4%)과 비교하면 매우 낮은 수준으로 나타났으며, 초등학교가 높은 이유는 경미한 사안도 적극적으로 신고하여 높게 나타난 것으로 보고 있다.

피해 유형별로는 언어폭력(34.8%), 집단따돌림(19.5%), 사이버 폭력(11.2%), 신체폭행(10.7%), 스토킹(9.6%) 등의 순서를 보였다. 아울러 학생 천 명당 피해 학생 수는 언어폭력(2.0명), 집단따돌림(1.1명), 사이버 폭력(0.6명), 신체폭행(0.6명), 스토킹(0.5명), 금품갈취(0.3명), 성폭력(0.3명), 강제 심부름(0.2명)의 순으로 나타났다.

학교폭력 피해 장소는 학생들이 주로 생활하는 교내(67.8%)에서 많이 발생했으며, 학교폭력 발생 시간은 학교 밖 활동 시간보다 등하교를 포함한 학교 내 교육활동 시간(73.8%)에 많이 발생했으며, 학교폭력 발생 시 가족(37.8%), 학교(25.1%), 친구나 선배(12.6%), 117센터 및 경찰서 등의 기관(3.2%)에 피해 사실을 알리는 것으로 응답해, 피해 학생 10명당 8명(81.9%) 이상이 신고를 하는 것으로 나타났다.

가해 이유로는 '상대방이 먼저 나를 괴롭혀서'가 23.7%로 가장 높았고, '장난으로'가 21.2%, '상대방의 행동이 마음에 안 들어서'가 18.7%, '화풀이 또는 스트레스 때문에'가 10.4%, '특별한 이유가 없다'가 9.1%, '다른 친구가 하니까'가 6.2% 등으로 나타났다.

5. 실제로 학교폭력의 유형도 다양하지요?

학교폭력의 가해 유형에는 상해, 폭행, 감금, 협박, 약취, 유인, 공갈, 금품갈취, 강요, 강제적 심부름, 따돌림, 정보통신망상의 음란, 폭력정보, 사이버 따돌림, 성폭력 등을 포함하는데, 각 가해 유형별로 증가추세를 볼 때, 주목할 만한 점은 성폭력 증가세가 두드러진다는 것이다. 학교폭력의 유형으로서 학생 간 성폭력이 증가하고 있다는 사실은 학교폭력대책자치위원회의 성폭력 심의 건수에서 나타난다. 동 위원회 성폭력 심의 건수는 2012년 652건, 2013년 878건, 2014년 1,429건, 2015년 1,842건으로 지난 4년 동안 약 3배 정도 증가했다.

또한, 최근 학교폭력이 점점 저연령화되고 사이버 폭력이 증가하고 있다. 최근 초등학교 6학년 아동이 다른 남학생의 ID를 도용해 피해 여학생에게 신체의 일부분을 보내라는 메시지를 보낸 것은 분명 사이버 성폭력에 해당한다고 볼 수 있다. 그러나 상당수 초등학생이 이런 행동을 성폭력보다는 장난으로 인식하는 경우가 많다.

6. 최근에는 사이버상에서 친구를 괴롭히는 사례가 많다고 하던데요. 그게 사실인 가요?

그렇다. 2018년 교육부가 발표한 '학교폭력 실태조사 결과'에 따르면 학교폭력을 경험한 5만 명의 초·중·고생 가운데 11%가 사이버 괴롭힘을 당한 것으로 나타난다. 이는 신체폭행을 당했다고 응답한 10%보다 높은 수치로, 학교폭력의 상당수가 사이버 공간에서 이뤄지고 있음을 알 수 있다. 사이버불링은 웹 사이트나 SNS, 카카오톡, 스마트폰 메신저 등을 이용해 사이버 공간에서 특정인을 집단적으로 따돌리거나 지속적으로 괴롭히는 형태로 나타난다. 특히 앱 메신저를 통해 단체 대화방으로 초대한 뒤 한꺼번에 퇴장하는 '방폭', 피해자를 자극한 후 일부러 문제를 일으키는 '플레이밍', 사이버 스토킹, 사이버 성폭력, 안티카페 등이 대표적이다. 하지만 최근에는 이 사이버불링의 유형이 더욱 교묘하게 진화되고 있다. 친구의 데이터를 빼앗아 쓰는 '와이파이(Wifi) 셔틀', 단체방에서 욕설 따위를 퍼부어 방을 나가고 나면 다시 초대해서 괴롭히는 '카톡 감옥', 기프티콘 결제를 강요하는 '기프티콘·이모티콘 셔틀'과 같은 신종 사이버불링이 생겨나고 있다.

7. 학교폭력이 발생하면 해당 학교에서는 어떻게 대응합니까?

학교폭력이 발생하여 학폭 대장에 신고가 접수되면 사안의 중대성을 따져 가해·피해 학생과 학부모가 화해하고 경미한 사안은 담임 해결 사안으로 마무리하지만, 그렇지 않을 경우는 학폭 전담 기구에서 사안 조사를 한 후 학폭위를 개최한다.

이를 흐름대로 정리해 보면, 학교폭력 발생→즉시 학교장 보고→가해, 피해 학생 학부모 즉시 연락→48시간 이내 학교폭력 유형 분류 후 즉각 조치(피해 학생 보호, 가해 학생 선도)→학폭 전담 기구 사안 조사, 보호자 면담, 사안 보고→필요시 긴급조치(피해 학생 보호, 가해 학생, 피해 학생 및 신고 학생에 대한 접촉, 보복 금지, 교내 봉사 등)→ 전담 기구 사안 조사(보호자 면담)→14일 이내 학폭위 개최(심의, 의결)→학교장 처분(조치 결과 서면 통보 및 교육청 보고)→사후지도(재발 방지 노력)이다.

8. 학교 밖 청소년도 증가추세라고 하던데요.

학교 밖 청소년은 초등학교나 중학교 재학 시 3개월 이상 결석했거나, 고교에서 자퇴 또는 제적·퇴학 처분을 받은 경우 '학교 밖 청소년'으로 분류된다.

학교 밖 청소년이 재학생을 대상으로 한 폭력도 학교폭력에 해당한다. 2017년 7월 발생한 '강릉 여고생 폭행 사건'의 경우, 가해 학생 6명 중 한 명을 제외하고 모두 학교에 다니지 않은 것으로 조사됐다. 2017년 9월 '부산 여중생 집단 폭행 사건'의 가해자 3명 역시 학교에 적을 두고는 있었지만 절도, 상해 등의 혐의로 보호관찰 중이거나 소년원 위탁 상태로 학교의 관리·감독에서 벗어난 상태였다. 학교 밖 청소년에 의한 학교폭력이 새로운 이슈로 등장했다.

경찰에 신고되거나 인계된 학교폭력 사안은 폭행, 상해, 금품갈취, 성폭력 등 상대적으로 무거운 학교폭력 사안들이 다수를 차지하고 있다. 주목할 점은 경찰에 검거된 학교폭력 가해자 중 학교 밖 청소년의 비중이 최근 40%에 이르고 있으며, 지난 5년 동안 증가추세에 있다는 점이다. 학교 밖 청소년은 학교폭력 사안에서뿐만 아니라 소년범죄에서도 주목해야 한다. 전체 소년범(만 14에서 18세) 중에서 학교 밖 창소년이 차지하는 비중은 늘고 있다. 가정과 학교로부터 이탈되어 관리와 보호의 사각지대에 놓여있는 학교 밖 청소년에 대한 보호와 지원정책이 효과적으로 추진되어야 학교폭력의 개선 효과가 나타날 것이다.

9. 학교폭력의 원인과 대책은?

학교폭력이 일어나는 원인은 매우 다양하다. 일일이 열거하기가 힘들다. 하지만 분명한 것은 학생들의 낮은 자존감을 들 수 있다. 아이의 자존감을 고양하기 위해 일차적으로는 올바른 가정교육이 선행되어야 한다. 가정에서 어려서부터 아이의 의견을 잘 수용해 주고 지지해 주는 양육 태도가 중요하다. 낮은 자존감과 열등감으로 타인을 공격함으로써 자신의 존재를 인정받으려는 태도를 보이는 경우가 종종 있기 때문이다.

학교폭력 가해자에 대한 단호한 처벌도 중요하지만 그에 못지않게 가해자들이 얼마만큼 학교폭력이 위험하고 크나큰 사회적인 문제를 일으키는지 그 심각성을 깨달을 수 있도록 가정, 학교, 사회가 삼위일체가 되어 지도해야 한다. 학교폭력 예방을 위한 의식 개선 캠페인과 교육 등을 위한 정부 차원의 노력도 중요하며, 모든 초·중·고등학교에 전문상담교사를 배치해 실질적인 상담과 심리치료가 이루어져야 한다.

10. 오늘 학교폭력 문제를 정리해 주시죠.

피해 학생의 징후로는 등교하길 거부, 몸에 상처가 있어 원인을 물어보면 넘어졌다는 이유를 대거나, 전화벨이 울려도 받지 않으려고 하거나, 물건이 필요하다며 과도한 용돈을 요구하는 행동이 될 수 있다.

가해 학생의 징후로는 화를 내며 반항하는 모습을 보이거나, 사주지 않은 고가의 물건을 가지고 있어 경위를 물으면 누군가 빌려주었다 하거나, 친구들과 어울리는 시간이 많아지면서 귀가를 늦게 하는 경우이다. 이런 징후가 나타난다면 부모가 먼저 흥분하며 꾸짖는 것보다 자녀와의 충분한 대화가 필요하다.

학교폭력을 당해왔던 학생은 성인이 된 이후에도 경우에 따라 커다란 후유증과 트라우마를 안게 되는 경우가 있다. 어린 시절 및 성장기에 이러한 일을 겪을수록 트라우마와 콤플렉스가 심해질 수도 있고, 평생 씻을 수 없는 기억으로 남을 수 있다.

실제로 소수이기는 하지만 일부 성인층 중에서는 과거의 학교폭력에 대한 심한 후유증과 경험 때문에 극도의 대인공포증이나 기피증을 안는 경우가 있고 심하면 사회에 나가려 하지도 않으려는 공포증에 시달리는 것으로도 알려졌다. 가정, 학교, 지역 사회 등 우리 모두의 관심이 중요하다.

(사)한국경비협회 대구경북지회 대강당에서 열린 대한학교폭력예방학회
동계학술대회에서 '학교폭력, 최근 이슈와 과제'라는 주제로 기조강연

시민 체감형 정책 발굴 및 추진
BBS 대구불교방송 라디오 아침세상 2022년 1월 17일 인터뷰

1. 자치경찰제가 2021년 7월 본격 시행됐죠. 오늘은 자치경찰 분야의 대표적인 전문가인 박동균 대구시 자치경찰위원회 상임위원 연결해 그간 활동 내용 등을 들어보도록 하겠습니다. 요즘 자치경찰위원회 근황부터 전해주시죠.

대구시 자치경찰위원회는 2021년 5월 20일부터 출범하여 7월 1일부터 공식적으로 활동에 들어갔습니다. 이제 시행된 지 7개월이 되었습니다. 저는 자치경찰, 경찰행정을 연구한 학자로서 지난 25년간의 연구 및 교육, 봉사활동을 바탕으로 대구한의대학교 경찰행정학과 교수직을 휴직하고, 대구형 자치경찰제를 만들기 위해 동분서주하고 있습니다. 특히, 대구시민들과 현장경찰을 수시로 방문하여 자치경찰제 설명회, 특강 및 소통 강화로 현장의 목소리를 열심히 듣고 있습니다. 현재 시행하는 자치경찰제의 주된 내용은 경찰의 사무를 국가경찰사무, 자치경찰사무, 수사사무로 구분하고, 생활안전, 여성·아동·청소년, 교통·경비 등의 자치경찰사무에 대해서는 기존의 경찰청장이 아닌 시·도 자치경찰위원회가 지휘·감독하는 것입니다. 구체적으로 자치경찰위원회가 자치경찰사무의 목표를 정하고 이에 대한 평가를 통해 개선책을 마련하게 되며, 인사, 예산, 감사 및 규칙 제정 등 대구경찰청이 수행하는 자치경찰사무에 관한 주요 정책을 결정하게 됩니다. 아울러, 자치경찰사무 담당 공무원에 대한 감찰·징계 요구와 중요 사건·사고와 현안에 대한 점검도 자치경찰위원회의 주요활동에 해당합니다. 무엇보다도 자치경찰제 도입의 가장 큰 목적인 지방행정과 치안행정의 연계를 통해 여성·아동·청소년·노인 등 안전취약계층을 위한 통합 지원체계를 마련하고 주민 밀착형 치안 서비스를 제공하고자 자치경찰위원회가 최선의 노력을 다하고 있습니다.

2. 자치경찰제가 시행된 지 벌써 7개월이 되었습니다. 어떤 변화가 있었다고 할 수 있을까요?

자치경찰의 주요 업무는 대구시민과 가장 밀접한 부분인 교통문제, 아동, 청소년, 여

성 등 사회적 약자 보호, 각종 범죄 예방과 생활안전 업무입니다. 비록 짧은 시간이 지났지만 대구시 자치경찰의 다양한 성과들이 나타나고 있습니다.

먼저 대구시 여성가족과와 협업으로 여성의 안전한 주거환경 조성을 위해 세이프-홈(Safe-Home) 지원사업입니다. 이 사업은 스마트폰을 통해 영상을 확인할 수 있는 스마트 초인종을 비롯해 휴대용 비상벨, 창문 잠금장치, 현관 보조키 등 안심 여성 4종 세트로 구성해 범죄에 취약한 여성 1인 가구를 대상으로 지원하는 것입니다. 여성들의 만족도가 높습니다. 잘 운영해서 문제점은 없는지 잘 살펴서 계속 보완할 것입니다.

또한 대구시 건강증진과 주관하에 시행되고 있는 고위험 정신질환자들의 응급입원 전담 의료기관 지정사업도 있습니다. 이 사업은 현장경찰관들의 야간 근무 중 최고의 애로사항을 해결하고자 만든 것으로, 경찰청의 우수사례로 타 시·도 자치경찰위원회의 벤치마킹 대상입니다. 자치경찰의 출범과 함께 대구시 자치경찰위원회도 대구도시공사와 MOU를 통해 셉테드 사업을 추진하고 있습니다. 취약계층의 생활안전 강화에 중점을 두고, 시민 주도형 환경적 범죄 예방사업을 전개하고 있으며, 범죄 예방 환경설계부터 시민이 주도하는 대구형 셉테드 모델로 발전시킬 계획입니다.

이러한 주요 성과 이외에도 대구 서부경찰서와 서구청의 협력으로 완성된 안심 정거장 사업, 수성경찰서의 지하철 안심 거울 설치, 안전한 주거환경 조성을 위한 대구 강북경찰서의 샛별로 사업 등 대구시민들의 안전을 위한 다양한 성과들이 있습니다.

3. 하지만 자치경찰제를 잘 체감하지 못 하겠다는 분들도 계시거든요. 이분들에게 도움이 될만한 조언을 부탁드립니다.

아직은 자치경찰제 실시 초기입니다. 대구시 자치경찰위원회는 작년 7월 1일부터 공식적으로 활동에 들어갔습니다.

현재 시행되고 있는 제도는 국가경찰이 국가경찰의 신분을 유지한 채 자치경찰제 업무를 수행하고 있습니다. 이른바 일원형 모델입니다. 따라서 시민들의 입장에 보았을 때는 크게 자치경찰제 출범을 체감하기는 어려울 것입니다. 하지만 현재 시행되고 있는 자치경찰제의 핵심은 주민자치행정과 경찰행정의 결합이라고 할 수 있습니다. 주민자치행정의 품속에 경찰이 들어온 것입니다. 시민들에게 더 신속하고 지역 특성에 맞는 치안 서비스를 제공하게 됩니다. 예를 들면, 지역 내 신호등이나 CCTV 설치 등의 시간과 절차가 간소화되는 것입니다. 이제 시작되었으니, 첫술에 배부를 수는 없을 것 같고,

좀 시간이 지나면서 자치경찰제가 자리를 잡을 것입니다. 향후 지금 일원형 자치경찰제가 갖는 한계들이 조금씩 수정되면서 보다 진일보한 대구형 자치경찰제 모형이 만들어질 것입니다.

4. 자치경찰 업무를 하면서 아쉬운 점이 있다면 어떤 것이 있을까요?

코로나19로 범죄 발생의 양상이 변하였습니다. 특히 가정폭력, 아동학대, 노인학대 등의 범죄가 증가하였습니다. 특히 가정폭력, 성폭력 등이 발생하면 신속한 출동, 가해자(범죄자)와 피해자의 분리가 중요합니다. 특히 가정폭력, 성폭력의 피해자 보호가 중요한데, 해바라기 센터의 역할이 중요합니다. 현재 대구시는 폭력 피해 여성을 위해서 위기 지원형 해바라기 센터와 피해 아동·청소년을 위한 아동형 해바라기 센터 2개소를 설치 운영하고 있습니다. 대구의료원에서 운영 중인 위기 지원형 해바라기 지원센터는 성폭력, 가정폭력, 그리고 성매매 피해자에 대해서 상담, 의료, 법률, 수사 지원을 365일 24시간 원스톱으로 지원하고 있습니다. 또한, 경북대병원에서 운영 중인 아동형 해바라기 센터는 19세 미만 성폭력 피해를 입은 아동·청소년과 지적장애인에 대해서 의학적, 심리적 진단과 치료, 사건 조사, 법률 지원, 사회적 지원 등을 원스톱으로 지원하고 있습니다.

현재 대구 해바라기 센터 방문객 수는 2019년 1,028명(전국 1위), 2020년 767명(전국 1위)으로 전국 최고 수준입니다. 피해자 보호를 최우선으로 하는 정책 방향에 따라 그 수요는 계속 증가할 것으로 예상됩니다. 아동폭력과 성폭력 등 피해자들에게 상담에서부터 치료, 법률, 수사까지 한 장소에서 원스톱 지원이 장기적으로 가능한 '통합형' 해바라기 센터의 추가 설치가 간절합니다. 대구시 여성가족과, 대구경찰청 여성청소년과, 그리고 대구시 자치경찰위원회의 공동 협업으로 억울한 여성과 아동을 돕기 위한 해바라기 센터 추가 유치에 모든 역량을 집중하고 있습니다.

제가 대구시 자치경찰위원회 상임위원(사무국장)으로 활동하면서 지역의 전문 의료기관에 해바라기 센터 유치를 위해 다양하게 노력하였지만, 여러 가지 이유(의사 부족, 공간적인 제약 등)로 지연되고 있습니다. 지역 의료기관의 적극적인 동참을 바랍니다. 해바라기 센터와 같은 사회적 약자를 위해 헌신하고 공익적인 사업을 수행하는 의료기관에 대한 인력 및 재정 지원 확대는 물론이고, 전국 병원평가에서도 사회적 기여와 같은 평가 항목에 대한 가점을 확대하여 사회적 약자들을 배려하는 의료기관에 대한 인센티브를 강화해야 합니다.

5. 앞으로 중점을 두고 추진하고 있는 분야는 무엇인지요?

76년 만에 실시되는 대구시 자치경찰제가 성공하려면 반드시 두 집단의 지지와 협력이 필요합니다. 하나는 대구시민이고, 또 다른 하나는 대구 현장경찰입니다.

제가 대구시 자치경찰위원회 상임위원을 맡으면서 지난 6개월간 지역 내 대학, 시민 경찰학교, 자율방범대 등 시민들에게 다가가서 특강(자치경찰제 설명회)을 가졌습니다. 지역 언론에 수십차례 자치경찰제의 의의와 중요성을 기고 홍보하고, 인터넷 블로그, SNS, 홈페이지 등을 이용해서 적극적인 홍보를 하고 있습니다. 매월 한 번 대구교통방송에 출연해서 자치경찰제 성과를 알기 쉽게 홍보하고, 시민들의 협조를 구하고 있습니다. 대구시민들을 대상으로 한 대구형 자치경찰 정책 제안 공모는 자치경찰제를 홍보함과 동시에 시민들의 의견을 듣는 창구였습니다. 많은 시민의 다양한 의견이 접수되었습니다. 착한 생활안전 포인트정책(생활안전), 어르신도 안전보장(교통안전), 심야안전 동행서비스(사회적 약자 보호)가 최우수 분야로 선정되었습니다. 올해는 시민들의 참여를 위한 보다 체계적인 홍보를 강화할 예정입니다. 대학생 SNS 홍보단을 운영하고, 그룹별 맞춤형 홍보, 시민들이 모여 있는 곳으로 직접 찾아가는 촘촘한 홍보를 계획하고 있습니다. 대구시의회에서도 많은 관심과 지원을 해주어 홍보 예산도 확보해 놓았습니다.

또한, 자치경찰제가 성공하려면 현장경찰관의 사기가 무엇보다 중요합니다. 이른바 현장경찰관의 자치경찰 수용력 제고를 위한 정책적 노력이 필수적입니다. 저는 틈틈이 현장경찰관과 만나서 현장의 목소리를 듣고 있습니다. 대구경찰청 직장협의회 대표들과 공식적인 간담회도 가졌습니다. 그들의 걱정, 애환, 바램을 들었습니다. 그 목소리가 울림으로 다가옵니다. 위험한 현장에서 근무하는 현장경찰이 신나게 일할 수 있도록 해야 합니다. 제가 좋아하는 말이 있습니다. "시민의 생명과 재산은 경찰이 지키고, 경찰의 생명과 재산은 국가가 지켜주어야 한다"라는 말입니다.

자치경찰제가 실시되고 있는 지금 현장경찰관의 맞춤형 복지 포인트, 건강진단 지원 등을 대구시 공무원과 비슷하게 지급하는 방안 등이 실현되길 바랍니다.

6. 자치경찰제는 시민들의 지지와 참여가 중요한데요. 끝으로 시민들에게 당부 말씀 전해 주시고, 인터뷰 마무리하겠습니다.

자치경찰제는 시민들의 적극적인 지지와 참여가 중요합니다. 그동안 시민은 치안의 보호 대상이었고, 그야말로 객체였습니다. 하지만 자치경찰제에서는 시민들이 적극적으로 치안행정에 참여해서 자신들의 의견을 제출하고, 동네 순찰 등 지역안전에 능동적으로 참여하는 공동체 치안이 중요합니다. 시민들이 중요한 것입니다. 시민들이 적극적으로 참여해서 치안 공동체를 만들고, 아동이나 노인, 여성 등 사회적 약자들을 위한 촘촘한 사회 안전망을 구축해야 합니다. 이를 위해서 대구시청, 경찰청, 교육청, 소방본부 등 유관기관 간의 치안 협력을 강화할 것입니다.

자율방범대

자치경찰제의 성공 조건으로 시민들의 참여와 지지가 중요하다. 그중에서도 시민들이 자율적으로 조직되어 경찰과 협력하여 지역의 범죄를 예방하는 데 중요한 단체가 자율방범대이다. 우리나라의 자율방범활동은 1963년경 지역 주민들이 범죄 피해를 스스로 막아보겠다는 의지와 부족한 경찰력의 공백을 메워서 내가 살고 있는 지역을 내 힘으로 지켜보겠다는 자율적인 노력으로부터 출발하였다.

자치경찰제가 출범하면서 자율방범대는 물론이고 시민명예경찰, 생활안전협의회, 모범운전자회, 녹색어머니회 등 주요 경찰 협력 단체의 역할이 보다 중요해졌다. 특히 자율방범대는 주민들이 그 지역의 지구대 및 파출소, 치안센터의 지역경찰과 협력하여 순찰활동을 하는 매우 중요한 조직이다.

주요 임무는 취약지역에 대한 순찰 및 현행범 체포 등 범죄 예방활동, 범죄 현장 및 용의자 발견 시 신고, 경찰관과 합동 근무 시 신고 출동, 관내 중요 행사 시 질서유지 및 기타 경찰 업무보조 등이다.

◢ 대구시 경찰 협력단체

('21. 9월 말 기준)

계	자율방범대	시민명예경찰	생활안전협의회	모범운전자회	녹색어머니회
7,807명	3,977명	621명	1,205명	2,004명	미구성 (코로나19)

※ (주요활동) 지구대·파출소 단위, 우범지역 순찰, 범죄신고·캠페인, 등·하굣길 안전활동 등 범죄 예방 순찰

어떤 모임에 보면 자치경찰과 자율방범대를 비슷하게 생각하는 분들도 있을 정도로 자율방범대의 위상도 대단하다. 특히 대구시 수성구의 고산3동 자율방범대는 대원들의 열의가 남다르고 소통 및 화합이 아주 좋은 모범 자율방범대이다.

이런 노력과 열성이 2019년에는 대구시 내 베스트 자율방범대로 선정되기도 하였다. 여기에는 전인 윤창도 대장, 배광호 대장은 물론 백승민 대장 등의 서번트 (servant) 리더십이 작용하였다.

필자는 고산 3동 자율방범대 자문위원으로 종종 범죄 예방, 자치경찰 등 대원들을 대상으로 한 특강이나 분기별로 대원들과 함께 합동순찰에 참여하여 봉사활동을 하였다. 자율방범대에 참석하는 대원들은 단순히 순찰만을 하는 것이 아니다. 평소 범죄 예방에 관심이 많기 때문에 우리 지역에 어디가 위험한지, 어디가 범죄에 취약한지, 어떻게 하면 우리 지역을 안전하게 할 수 있는지 많이 고민한다. 이런 고민이 소통을 통해서 지구 내 또는 행정복지센터에 전달되어 실제 치안 정책으로도 나타나게 된다.

또한, 자율방범대원들은 지역의 여론 주도층이기 때문에 지역 정치인들이 늘 관심을 갖고 있다. 따라서 지방의원들(구의원, 시의원)이 관심을 갖고 찾아오기 때문에 이들의 고민이 정책으로 이어지기가 쉽다. 이런 점에서 필자는 대구시 자치경찰위원회를 대표해서 자율방범대를 포함한 경찰협력단체에 많은 관심을 두고 소통하였다.

고산3동 자율방범대 초청 '자치경찰' 특강

대구수성경찰서는 11일 고산3동 자율방범대장 등 5명을 초청, 2019년 상반기 베스트 자율방범대 1위 포상 수여 행사를 갖고 인증패 전달과 함께 윤창도 대장에게 지방청장 감사장을, 박윤하 대원에게는 경찰서장 감사장을 수여하고 축하와 함께 그간의 노고에 감사의 뜻을 전했다고 밝혔다.

　　고산3동 자율방범대는 2002년부터 17년간 지역 주민을 위해 봉사해 왔으며 2017년부터는 윤창도 대장을 중심으로 43명이 적극적인 범죄 예방활동과 더불어 지역의 고인돌 문화축제 질서유지, 불우이웃돕기 기부금 전달 등 주민 친화적 활동성과가 입증되어 대구지역 165개 자율방범대 중 1위를 차지했다.

　　정상진 서장은 "수성구민들의 든든한 안전지킴이로 확고히 자리 잡은 자율방범대가 자부심과 긍지를 갖고 활동할 수 있도록 노력하겠다"라고 전했다(경상매일신문 2019. 6. 12).

대구시 자율방범연합회 대장연수

2022년 3월 26일(토) 오후 4시, 대구시 자율방범대장들이 모였다. 이날 행사에는 대구시 8개 구, 군의 자율방범대장을 비롯한 간부들이 모여 연수도 하고, 정보도 교환하고, 각 기관 단체에서 수여하는 시상식이 있는 날이다. 권영진 대구시장, 조재구 남구청장, 김대현 대구경찰청 생활안전과장이 내빈으로 참석하였다.

필자는 "알기 쉬운 자치경찰 이야기"라는 주제로 특강을 했다. 자치경찰의 개념과 역사, 특징, 도입 배경 등을 최대한 쉽게, 사례 중심으로 설명했다. 자치경찰제에서 자율방범대가 갖는 중요성을 강하게 피력하였다. 이런 특강이야말로 자치경찰제를 설명하는 좋은 기회이다. 너무나 아름다운 봄날 토요일, 내 개인 시간을 반납하고, 재능기부 특강을 마치고 받는 우레와 같은 박수, 그게 바로 행복이 아닐까?

대구시 자율방범대장 연수회, 자치경찰 특강

개 물림 사고 예방 프로젝트
'댕댕이와 함께하는 행복한 세상'

시민의 협력으로 해결할 수 있는 일상 속 치안 문제는 생각보다 많다. 우리 대구시는 그중 개 물림 사고 예방에도 집중해 보았다.

대구시 자치경찰위원회 주관으로 2022년 6월 8일(수) 오후 4시부터 수성못 상화동산에서 개 물림 사고 예방을 위한 교육 등을 실시했다.

최근 들어 반려동물과 관련한 인명 사고가 반복되면서 공공안전에 대한 우려와 함께 사회적 갈등이 지속됨에 따라 성숙한 반려동물 문화조성을 위한 행사이다. '댕댕이와 함께하는 행복한 세상'이라는 주제로 대구시 자치경찰위원회와 수성구청, 대구수의사협회, 반려동물 학과가 있는 지역 대학(대구한의대, 대구대, 수성대)과 협업했고, 개 물림 사고 예방을 위한 법규, 행동 지침, 의료교육과 반려견 리드줄 만들기 등의 부대행사로 2시간 정도를 진행했다. 대구 경찰청 과학수사대의 협조로 KCSI 차량과 경찰견 공개 행사, 반려동물 관련 시민 설문조사도 실시되었다.

이 행사는 치안행정과 지방행정 사이에 놓인 일상생활에서 흔히 발생하는 문제들을 시민들의 참여로 추진하는 데 의미가 깊다. 안전하고 안심할 수 있는 일상을 위해 '사소하지만 꼭 필요한', '사소하지만 특별한' 문제에 자치경찰위원회가 더욱 귀 기울일 예정이다.

경북일보

특별기고   2022년 06월 07일 화요일 018면 여론광장

개물림 사고없는 안전한 대구

매년 전국에서 발생하는 개물림 사고는 2,000건이 넘는다. 최히 아파트 등이 맞은 풍경과 애완물(5월)에서 8월)에 개물림 사고가 집중된다. 대구 지역의 경우를 보면, 2018년부터 지난해까지 4년 동안 지역에서 개물림으로 인한 병원 이송 건수는 262건이다. 최소 6일에 한 번씩 개에 물려 부상을 입는 사고가 발생하고 있다.

이처럼 개물림 사고가 늘어가면서 신고를 자주 받고 남이지는 사례까지 포함하면 훨씬 많은 개물림 사고가 있을 것으로 추정된다. 이렇게 반려동물로 인한 안전사고가 계속되면서 시민들의 불안이 높아지고 있고, 이에 대한 지역 사회의 경각심이 요구되는 상황이다.

이에 지난해 5월 19일, 강원도 양양으로 신혼여행 떠난 시민이 애완견 생후 6개월 된 반려견을 데리고 산책을 나갔다가 보자견의 흥산 개에게 손을 물려 반려견을 감싸고 저항하다 보니 더물리는 부분까지 공격했다. A씨의 아내는 손가락 절단 다리와 상처를 입고 병원치료를 받았고 현장에서 사고 후유증을 겪고 있다. 아들의 반려견도 곳곳에 상처를 입었다.

광병원, 애견 카페 등 반려동물 관련 산업이 호황을 누리고 있다.

개물림 사고는 반려동물 보유인구 증가와 실질적으로 급증하는 추세다. 개물림 사고의 가장 대표적인 사례는 입마개와 목줄을 채우지 않아 발생한다. 이 많은 입마개와 목줄만 잘라면 대부분의 개물림사고는 예방할 수 있다는 결론이다. 맹견의 경우에는 안전의 통제와 관리가 필수적이다. 개 물림 사고는 어린한 보호자의 규칙을 지키지 않는 안일한 태도에서 시작되기 때문이다. "우리 애(개)는 순해서 안 물어요." "입마개를 씌우지 않는 안 물어요." 라고 하는 견주의 안일한 인식은 바로잡아야 한다. 개가 달려들면 누구든지 무는 사고는 발생할 수 있다. 개가 달려들면 공격하기 위해 달려들어도 어도 불법행위가 될 수 있다. 반려동물을 만나면 멀찌시 뒤돌아서 도망가서는

안 된다고 교육한다. 갑자기 등을 보이고 뛰면 맹견을 자극해 수있기때문이다. 맹견과 접근했을때 우선 제자리에 멈춰선 시선 눈을 마주치지 말고 고개까지 돌리는 것이 최선이다. 또 개가 위협을 하면 개를 공격하는 행동을 보호하고, 나비깡을랭는 동물 본드를 목과 복부를 보호해야 한다. 가까이에서 학교에서도 이제 이런 교육은 필수수적이라고 생각한다.

시민의 안전을 위해 우리 사회에 세 운은 속에가 성숙도, 반려동물이 어느 누구가에겐 사랑스러운 가까이다. 하지만 적절한 관리와 책임이 따르지 않으면 불특정의 원인이 될 수 있다. 반 려동물을 반려견, 비반려인 모두가 서로를 배려하고 존중하는 것이 무엇보다 중요하다. 서울시 자치경찰위원회에서는 반려견 순찰대를, 대구시 자치경찰위원회에서는 개물림 사고로 없는 안전한 세상 기획 프로그램을 운영하고 있다.

출연: 박동균 상임위원

1. 이번 행사의 기획 의도는 무엇입니까?

우리 일상생활에서 흔히 발생하지만, 치안행정과 지방행정 사이에 놓인 회색지대에 있는 문제들에 대해 시민들과 함께하는 컬래버 프로젝트를 진행하여 문제 해결방안 모색

2. 행사를 통해 앞으로 기대하는 바는 무엇입니까?

이번 행사가 개 물림 사고 없는 안전한 대구를 만들기 위해 반려인과 비반려인 모두가 서로에게 배려와 존중을 보내는 계기가 되길 바라며, 대구 자치경찰위원회가 '반려견 안전'에 대한 공감대 확산의 발판을 마련해 기쁘게 생각함.

3. 여러 기관과의 협업이 가지는 의미는?

"사소하지만 꼭 필요한", "사소하지만 특별한" 우리 일상 속의 안전 문제들을 시민들의 참여로 추진하는 것은, "일상을 더 안전하게, 시민과 더 가까이"하고자 하는 자치경찰의 도입 취지와도 부합함.

특히, 이번 행사와 같이 개 물림 사고 예방을 위한 여러 기관과의 협업과 시민 참여는 최근의 가장 이슈되는 사업에 대해 우리 자치경찰위원회가 선제적으로 대응하고 있음을 시민들에게 알리는 좋은 기회라고 생각.

4. 많은 시민이 반려동물을 키우는 데 있어 가장 중요하게 여겨야 할 점은?

반려동물 1,500만 시대. 국민 4명 중 한 명은 반려동물과 함께한다는 의미. 반려동물이 사랑스러운 가족임은 분명한 사실이나 적절한 관리와 책임이 따르지 않는다면 누군가에게는 공포의 대상이자 불쾌함의 원인이 될 수 있음. 반려견이 사회 속에서 사람과 어울려 살 수 있도록 모두의 노력이 필요.

우수사례 : 서울시 자치경찰위원회 반려견 순찰대

　서울시 자치경찰위원회가 전국 최초로 반려견 순찰대를 시범 운영한다. 서울시 자치경찰위원회는 "주민이 반려견과 함께 산책을 하면서 지역 방범활동을 하는 순찰대 '해치 펫트롤'을 모집한다"라고 2022년 4월 11일 밝혔다. 서울시의 상징인 '해치(Haechi)'에 반려견(Pet)과 순찰대(Patrol)의 합성어를 붙여 만든 별칭이다.

서울시 자치경찰위원회는 반려견과 함께 산책하면서 범죄 상황
등에 대처하는 반려견 순찰대를 5월부터 시범 운영한다고 밝혔다.

　해치 펫트롤은 범죄 위험 요소를 발견하거나 위급한 상황이 벌어지면 경찰에 신고한다. 이외에도 시설물 파손이나 생활 불편사항을 발견해도 120다산콜센터에 전화한다. 반려동물을 키우는 '펫팸족(Pet＋Family)'이 늘면서 고안한 주민 참여형 치안 정책이다. 일본 도쿄 세타가야구의 세이조 경찰서에서 자원봉사활동으로 시작된 '멍멍 순찰대'에서 아이디어를 얻었다. 해치 펫트롤은 5월부터 두 달간 강동구에서 시범적으로 운영된다. 시는 우선 27일까지 강동구에 사는 반려인 100명을 모집한다. 주 3회 이상 반려견과 산책하면서 순찰대활동에 참여할 수 있으면 지원할 수 있다. 서울시 자치경찰위원회(gov.seoul.go.kr/apc/)와 강동구 홈페이지(www.gangdong.go.kr)를 통해 신청하면 된다. 강동구에 있는 유기동물 분양센터 '리본센터' 교육 수료자 및 유기견 입양자를 우선 선발한다.

　서울시는 시범 운영 후 사업 효과가 좋다고 판단되면 해치 펫트롤을 서울 전역으로 확대할 계획이다. 또 순찰 중 발견한 위험 요소나 건의 사항을 공유할 수 있도록 커뮤니티를 만들어 모니터링하고, 치안 정책에 반영할 예정이다. 김학배 서울시 자치경찰위원장은 "범죄 예방활동에 봉사하기를 원하는 반려인의 많은 참여를 당부한다"라고 말했다(동아일보, 2022. 4. 12).

개 물림 사고, 어떻게 할 것인가?
대구교통방송 2022년 8월 18일 인터뷰

1. 최근 울산의 한 아파트 단지에서 8살 초등생이 혼자 떠돌던 개에게 물려 심하게 다치는 안타까운 사고가 있었는데요. 요즘 이런 개 물림 사고가 언론을 통해 자주 보도되고 있습니다. 오늘은 반려동물 인구 1,500만 시대를 맞이해서 개 물림 사고의 실태와 대책에 대해 알아보는 시간 갖도록 하겠습니다. 요즘 곳곳에서 개 물림 사고가 정말 많이 발생하는 것 같아요.

네, 맞습니다. 지난 4월 광주의 한 공원 사거리에서 입마개를 하지 않고 목줄이 풀린 중형견 4마리가 길을 지나던 소형견을 물어 죽이고, 개 주인까지 다치게 한 사건도 있었고요. 또 5월 19일 강원도 양양에서 신혼여행 중인 부부가 생후 6개월 된 반려견을 데리고 산책을 나갔다가 보더콜리 종의 개에게 물리는 사고, 그리고 말씀해 주신 최근 울산의 한 아파트 단지에서 8세 초등생이 떠돌이 개에게 물리는 사고까지, 개 물림 사고가 눈에 띄게 자주 발생하고 있고 언론에 보도도 되고 있는데요. 정말 심각한 사회 문제로 떠오르고 있습니다.

2. 말씀해 주신 개 물림 사건들에 대해서 청취자분들도 이미 많이들 알고 계실 거 같은데요. 저도 뉴스로 접했는데 정말 너무 안타깝더라고요.

맞습니다. 이렇게 개 물림 사고를 당한 피해자들은 신체적인 부상과 후유증뿐만 아니라 불안감이나 트라우마 같은 정신적인 고통까지 이중으로 고통받는 정말 심각한 피해를 보게 되거든요.

3. 그렇죠. 이렇게 최근 심각한 사회 문제로 주목받고 있는 개 물림 사고 문제, 현재 얼마나 많이 발생하고 있나요?

네, 개 물림 사고는 반려동물 인구의 증가로 급증하고 있는데요. 앞에서 소개해 주실 때 반려동물 인구 1,500만 시대라고 말씀하셨잖아요? 국민 4명 중 1명은 반려동물과 함께하고 있다는 뜻인데요. 우선 전국적으로 최근 5년간 매년 평균 개 물림 사고가 2,000건이 넘고요. 특히 야외활동이 잦은 봄철과 여름철(5월에서 8월)은 개 물림 사고가 집중된 것으로 나타났습니다.

4. 정말 사고 건수가 많은데요. 그렇다면 우리 대구지역은 얼마나 많이 발생하나요?

우리 대구지역은, 2018년부터 지난해까지 4년 동안 지역에서 개 물림으로 인한 병원 이송 건수가 262건이나 되는데요. 평균 6일에 한 번꼴로 개에게 물려 상처를 입는 사고가 발생했다고 보시면 돼요. 실제로 개 물림 사고를 당했지만 신고하지 않고 넘어가는 사례까지 포함하면 훨씬 많은 개 물림 사고가 있을 것으로 추정되고요.

5. 그렇다면 이렇게 많은 개 물림 사고가 발생하는 원인은 어떤 것들이 있을까요?

개 물림 사고의 가장 대표적인 원인은 입마개와 목줄을 채우지 않아서 발생하는 것인데요. 이 말은 입마개와 목줄만 잘하면 대부분의 개 물림 사고를 예방할 수 있다는 뜻이기도 해요. 반려견이 사회 속에서 사람과 어울려 살기 위해서는 주인의 통제와 훈련이 필수인데, 개 물림 사고는 보호자가 이런 원칙을 지키지 않는 안일한 태도에서 비롯되는 것이죠.

(우리 아기는 안 물어요~ 주인들이 흔히 하는 말이잖아요?)

맞습니다. "우리 아기는 순해서 안 물어요." 입마개를 씌우지 않는 개 주인들이 자주 하는 말인데요. 개 주인들만의 생각일 수도 있는 것이죠. 그리고 설령 단순히 무는 행위를 하지 않더라도 개가 달려들거나 핥으려는 행위 역시 타인에게는 위협과 불쾌감을 줄 수 있거든요? 전문가들은 과거 누군가를 무는 시도를 했거나 물었다면 반드시 반려견의 입마개를 채우고 다녀야 한다고 강조해요.

6. 그렇다면 견주분들이 지켜야 할 의무들을 위반하게 됐을 때 받게 되는 처벌규정은 어떤 것들이 있는지 설명 부탁드릴게요.

우선 견주의 반려견 관리 소홀로 개 물림 사고가 발생해 타인이 다치게 되면 형법상 과실치상죄에 해당하여 5백만 원 이하의 벌금, 구류 또는 과료에 처할 수 있고요. 이와는 별개로 민사상의 책임도 발생할 수 있는데요. 또 동물보호법상으로도 반려견과 외출할 때는 목줄을 하지 않는 등 안전조치 의무를 위반하거나 맹견의 관리 규정을 어겨서 타인이 상해를 입게 되는 경우 처벌된다고 명시되어 있고, 그 처벌 수위는 2년 이하의 징역 또는 2천만 원 이하의 벌금형으로 정해져 있습니다.

7. 그렇군요. 물론 이런 처벌 규정들이 있지만 처벌 수위가 약하고, 문제점이 많다는 지적이 꾸준히 제기되고 있는 것 같더라고요?

그렇습니다. 최근 "반려견 물림 사고 견주 처벌 강화 및 안락사 실시"가 국민제안 상위 10위에 선정될 만큼 처벌강화의 목소리가 커지고 있는데요. 특히 현행 동물보호법에서 국내 반려견의 1% 정도 차지하는 맹견 5종만 외출 시 입마개 착용 대상으로 규정해 놓은 점이 많이 지적받고 있거든요? 최근 개 물림 사고 대부분이 입마개 착용 대상이 아닌 중·대형견들에 의해서 발생한 점과 대비되는 것이죠.

8. 그래서 동물보호법 적용도 어려운 경우가 많았군요. 해외의 사례는 어떤가요?

애견문화가 발달한 미국 같은 경우는 맹견을 견종으로 분류하지 않고 성향이나 행동으로 분류한다고 해요. 우리나라도 현실성 있게 맹견을 분류하는 기준 도입이 꼭 필요하다고 강조하고 싶습니다. 또 우리나라는 맹견을 제한 없이 키울 수 있는데 이 점도 한번 생각해 봐야 할 문제인데요. 해외 사례를 몇 가지 보면요, 영국 같은 경우는 맹견을 키우려면 반드시 정부의 허가를 받아야 하고요. 또 스위스에서는 반려견을 키우기 전 필기와 실기 시험을 모두 통과해야 한다고 해요. 우리나라도 우리 실정에 맞게 이런 제도들을 도입한다면 개 물림 사고 예방에도 큰 도움이 될 것으로 보고 있습니다.

9. 우리가 참고할 수 있는 해외 사례들이 정말 많은 거 같아요. 앞으로 우리나라도 우리 실정에 맞게 개 물림 사고 예방 관련 제도들이 마련되길 기대해 봐야겠습니다. 개 물림 사고가 발생할 수 있는 상황에서 대처요령이나 예방책도 함께 알아두면 정말 좋을 거 같아요.

중요한 점을 말씀해 주셨는데요. 반려견 전문가들의 설명에 따르면요, 길에서 사나운 개를 마주치게 되면 절대 뛰거나 뒤돌아서 도망가면 안 된다고 강조해요. 개의 공격 본능을 자극할 수 있기 때문인데요. 그리고 눈을 마주치지 않고 제자리에 멈춰 지나가기를 기다리는 게 최선의 방법이라고 해요. 그리고 이런 개 물림 사고 대처 요령을 체계적으로 학교, 직장에서 의무 교육한다면 혹시 있을 수 있는 사고에 대처하고 예방하는 데에 무엇보다 좋겠죠. 그리고 견주분들도 반려견 산책 시 목줄을 채우고 내 반려견이 맹견이 아니더라도 공격성이 강하다면 입마개를 씌우는 등 펫티켓을 지키는 성숙한 반려견 문화가 자리잡히는 것 또한 중요하다고 말씀드리고 싶어요.

10. 성숙한 반려견 문화 정착을 위해서 대구자치경찰위원회에서도 캠페인 활동을 하셨다고 들었어요.

네, 저희 대구자치경찰위원회에서도 지난 6월 8일에 개 물림 사고 예방 컬래버 프로젝트로서 "댕댕이와 함께 하는 안전한 세상"이라는 캠페인을 진행했는데요. 수성못 상화동산에서 개 물림 사고 예방을 위한 법규, 행동 지침 관련 교육, 시민 대상 설문조사도 진행했고요, 대구·경북지역 반려견 관련 학과가 있는 대학(대구한의대, 수성대, 대구대)이 함께한 다양한 반려견 체험활동, 대구경찰청 과학수사대 KCSI 차량과 경찰견 공개 같은 부대행사로 시민들의 큰 호응이 있었어요.

11. 결국 개 물림 사고 예방에서 가장 중요한 것은 반려인, 비반려인 모두 서로를 배려하는 문화가 자리 잡히는 것이잖아요?

그렇습니다. 이렇게 시민 친화적인 캠페인 활동 같은 것들이 시민들께 다가가기 좋은 방법이거든요. 앞으로도 대구시 자치경찰위원회는 반려견 문화 개선을 위해 끊임없이 고민할 거고요. 시민 여러분들도 반려인 비반려인 구분 없이 서로 배려하는 성숙한 반려견 문화 조성에 다 같이 동참해 주세요. 감사합니다.

민간 경비산업

필자는 1997년 교수 생활을 시작하면서부터 민간 경비산업에 대해 관심이 많았다. 사단법인 한국경비협회, 한국경호경비학회, 한국민간경비학회 등에서 민간 경비산업의 중요성에 대한 논문발표도 했고, 범죄 예방과 안전 사회 구축을 위해 민간 경비산업의 중요성과 경비업법의 개정 필요성과 방향에 관해 설명했다. 실제로 우리나라의 경비업법은 경비업을 발전시키려고 제정한 법이 아니라 경비업을 규제하는 법이라고 할 정도로 규제 위주의 법률이다. 현장을 고려한 법 개정이 필요하다. 필자는 경찰청에서 주관하는 경비지도사 자격증을 취득했다. 실제로 민간 경비론, 법학개론, 경비업법, 경호학 과목을 암기하고 공부해서 시험을 응시해서 합격했고, 시험 합격 후 44시간 법정교육도 받았다. 이후 교수 생활을 하면서 한국산업인력공단의 부름을 받아 경비지도사 시험 출제위원도 오랫동안 했다. 또한 한국경비협회에서 주관하는 신변보호사 자격증을 만드는 데 일조했고, 2014년에서는 한국민간경비학회장도 맡아 일했다. 이런 공로로 한국경비협회와 한국민간경비학회에서 공로상과 학술상 등을 받았다.

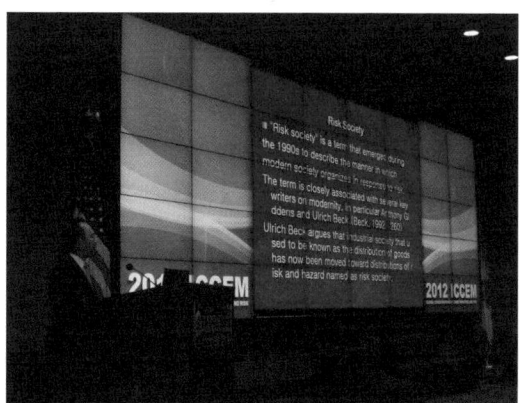

플로리다 주립대학 위기관리 학술대회에서 필자가 발표하는 모습

경찰과 민간 경비산업
경북일보 특별기고 (2016. 12. 1)

최근 사회 환경의 변화와 함께 개인 생활이 다양해지고 복잡해지면서 시민의 안전한 삶을 위협하는 다양한 위험 요인이 존재하고 있다. 이러한 위험 요인 중에서 매년 증가하고 지능화, 흉포화, 기동화되고 있는 범죄 문제는 심각한 사회 문제라고 할 수 있다. 이와 같은 범죄 문제에 대하여 강력하고 적실성 있는 국가적 대응이 필요하다. 그러기 위해서는 범죄 예방을 담당하는 경찰인력이 절실히 요구된다. 하지만 경찰인력의 증강은 다른 정부기관과의 형평성 등 예산 문제로 쉽게 해결할 수 있는 문제가 아니다. 영국이나 미국, 일본 등 주요 선진국들은 심각한 범죄 문제에 다양한 정책들을 활용하고 있다. 예를 들어, 환경설계를 통한 범죄 예방, 이웃 감시, 여러 범죄 예방 기관 간의 파트너십, 법집행조직과 민간 경비조직 간의 협력 등을 통해 부족한 경찰력의 한계를 극복하고 있다. 우리나라에서도 경찰과 민간 시민단체 간의 다양한 형태의 협력 치안이 이루어지고 있다. 그중에서도 민간 경비산업은 공경비의 부족한 부분을 보충해 주는 가장 중요한 역할을 수행하고 있다. 이와 같은 민간 경비산업은 국내외의 여러 성장 요인에 의해 발전하고 있다. 특히 경제발전과 주5일제 근무 확대에 따른 경비 대상물의 증가, 범죄 증가에 따른 불안 심리, 그리고 시민들의 안전욕구 증가 등을 들 수 있다. 아울러 민간 경비의 서비스 제공 형태로는 개인의 신변 보호에서부터 시설물의 안전관리, 경비·보안기기의 생산, 경비 자문 및 이벤트 등에 이르기까지 매우 다양하게 발전하고 있다. 그러나 민간 경비산업은 여러 문제점으로 인해 해결되어야 할 과제들이 많이 있다. 대표적인 것으로서 가장 긴밀한 동반자라고 할 수 있는 경찰과의 파트너십 부족이 그것이다. 미국과 같은 선진국들은 경찰과 민간 경비 상호 간에 발생하는 여러 문제를 양자가 서로 협조하며 다양한 방법을 통해 해결해 왔다. 특히 지방자치의 전통이 강하고 민간 경비의 역사가 오래된 국가들은 지역의 실정에 맞는 다양한 프로그램을 활용했으며, 여러 단계의 협의 기구를 적절하게 활용하여 서로 간의 현안 해결 및 이해증진을 위해 노력해 왔다. 이는 상호관계가 사회 안전망을 이루는 주체성을 가지고 시민의 안전욕구를 충족시키는 '동반자 관계'라는 기본 인식이 자리 잡고 있다는 것을 알 수 있다. 이제 우리나라의 경찰과 민간 경비의 관계도 파트너십의 관계로 나가야 할 것이다. 주기적인 합동회의 및 간담회, 공동 순찰 등 다양한 만남의 기회를 가져야 한다. 아울러, 국가안 전을 위해 필수적인 민간 경비산업의 활성화를 위해서는 무엇보다도 국가의 민간 경비 산업 육성을 위한 정책적 의지가 매우 중요하다. 이와 같은 정책적 의지를 입법화하여 우리나라의 민간 경비산업을 종합안전 서비스 산업으로 만들어야 한다. 현대사회는 U. Beck이 이야기하듯이, '위험사회'이다. 사회 모든 부분이 위험하고, 언제 어디서 무슨 사 고들이 발생할지 모른다. 미리미리 대비하는 지혜가 필요하다. 민간 경비는 다양한 위험 에 대비할 수 있는 효자산업이다.

경찰의 범죄 예방과 협력 치안

경북일보 특별기고 (2017. 7. 21)

지난 6월 24일 경남 창원시의 골프연습장에서 발생한 40대 주부 납치 살인 사건은 전 국민에게 충격을 준 끔찍한 범죄이다. 이런 범죄는 나도 범죄의 피해자가 될 수 있다는 공포감을 확산시켜 국민들의 불안감을 조성할 수 있다. 이와 같은 강력 범죄를 예방하기 위해서는 무엇보다 경찰의 역할이 매우 중요하다. 왜냐하면 경찰은 국민의 가장 가까운 곳에서 범죄를 예방하고, 범죄 및 위기 상황에 대응하는 '사회 안전지킴이' 기관이기 때문이다.

현대 국가에서 경찰은 주로 범죄에 대응하는 중요기관으로 공공안전을 확보하는 책임을 지고 있다. 최근 경찰의 업무는 그 영역이 상당히 광범위하면서도 동시에 영역별로 높은 전문성이 요구되는 특징이 있다. 또한 국민들의 삶의 질이 향상되면서 안전욕구가 증가하고, 치안 서비스에 대한 요구수준도 크게 높아지고 있다. 이에 따라 국민들은 과거에 비해 경찰에게 훨씬 더 많은 역할을 요구하고 있다. 실제로 범죄로 인한 결과는 국민의 생활에 광범위하게 영향을 미치고, 따라서 이와 같은 광범위한 범죄 피해의 비용을 감소시키고, 국민의 안전욕구를 충족시켜 주기 위한 경찰활동의 변화가 요구된다.

경찰은 국민에게 고도의 치안 서비스를 제공하는 형사사법기관이다. 경찰은 각종 위기 상황이 발생했을 때, 가장 먼저 현장에 도착하며, 최상의 커뮤니케이션 시스템, 모든 지역을 포괄하는 행정력이 있다. 각종 범죄와 위기 상황에 있어 경찰의 역할이 중요한 이유이다. 하지만 경찰 혼자만의 역량으로 각종 위기 상황에 대응할 수는 없다. 지역주민들과 지역의 유관기관과의 소통과 협조가 필수적이다.

영국이나 미국, 독일 등 주요 선진국의 현대 경찰활동을 보면, 지역 사회의 거의 모든 분야와 협력하여 범죄 발생을 예방하고, 범죄로부터의 피해를 최소화하는 것을 목표로 하는 이른바 '지역 사회 경찰활동(community policing)'으로 전환하고 있다. 따라서, 현대 경찰활동의 가장 바람직한 전략은 지역 사회로부터 여러 요구나 생각을 경청하는 것이며, 여기에는 경찰관의 도보 순찰, 지역 사회 조직화, 시민 친화적 접촉 강화 등이 포함된다.

이런 점에서 볼 때, 지난 7월 6일 대구수성경찰서의 범죄예방협의회 발족은 매우 의미 있는 일이다. 대구 수성경찰서는 서장을 중심으로 지역의 범죄 예방을 위해서 지역구 선출직 구의원 4명, 구청의 안전총괄과장과 도시디자인과장, 경찰행정학과 교수 등 범죄안전 전문가, 자율방범대와 시민명예경찰관 등 시민 대표들이 함께 모여 '범죄예방협의회'를 만들었다. 이 자리에서는 수성구 지역의 범죄 다발 지역 및 위험 지역에 대한 분석과 자문, CCTV 설치의 문제점 및 대책 마련, 기타 시민 공동 순찰 방법 등 지역의 안전에 대한 진지하고 의미 있는 논의가 이루어졌다. 여기서 도출된 사안들은 구체적으로 정책실행 가능성이 높다. 매우 중요하고 의미 있는 일이다.

경찰은 공식적으로 범죄 예방의 업무를 수행하지만 지역 사회의 모든 구성원의 적극적이고 능동적인 협력이 있어야 성공적인 협력 치안이 이루어질 수 있다. 모든 지역 주민이 범죄의 감시자가 될 때, 범죄 발생은 최소화될 수 있다. 또한, 지역에 있는 공원이나 도서관, 마을회관 등 건축물을 지을 때, 처음부터 범죄와 무질서, 위험 발생을 예방할 수 있는, 이른바 '환경설계를 통한 범죄 예방'이 중요하다. 아울러 경찰과 시민과의 공동 순찰, 지역의 위험 지역 개선에 관한 지방자치단체와 지방의회의 상호협력이 있을 때, 안전한 지역 사회 만들기가 가능하다. 이런 점에서 대구수성경찰서 범죄예방협의회의 우수사례는 다른 지역으로 확대되어야 한다.

초대 대구시 자경위 시민정책 네트워크 활동 시작

자치경찰제 성공의 열쇠는 시민 참여에 있다. 그 일환으로 대구시 자치경찰위원회는 지역 시민 사회 및 자원봉사 그룹과 긴밀한 협력을 바탕으로 '시민중심 네트워크 협의체' 구성을 완료했다. 그 출발점으로 2022년 3월 29일(화) 대구시 자치경찰위원회 1층 회의실에서 그룹별 1분기 정기회의를 개최하여 본격적인 활동에 들어갔다.

「지역 시민 사회」 및 「자원봉사」 그룹은 지역을 대표하는 15개 시민 사회단체와 15개 자원봉사 단체의 위원으로 구성된 총 30명으로 출범하였다. 이들은 일종의 정책개발 프로젝트팀으로 평소 일상생활 속에서 느끼던 치안 문제점을 직접 발굴하고, 그룹별 전문가의 눈높이에서 구체적 해결방안을 모색한다.

대구시 자치경찰위원회는 각 그룹 전문 위원이 제시한 참신한 치안 정책 아이디어에 대해 관계기관의 협업과 '소셜 리빙랩' 등 정책화 과정을 통해 보다 실효성 있는 정책으로 반영한다. 향후 발굴된 정책은 자치경찰위원회의 심의·의결을 거쳐 대구경찰청에서 실제로 시민들을 위한 맞춤형 치안 정책을 집행한다.

「지역 시민 사회」 그룹의 회장은 이재모 영남대학교 교수가 맡아 주셨다. 이재모 회장은 대한민국의 대표적인 사회복지 전문가로서 대구사회복지협의회장과 영남대학교 행정대학원을 지낸 지역의 존경받는 원로이다. 지역 시민 사회 그룹의 첫 회의는 '시민 참여 활성화 방안'을 안건으로 상정하여 퀴즈식 온라인 홍보, SNS를 활용한 시민 창구 챌린지, 시민 사회단체 포럼과 연계한 활성화 방안 등을 제시했다.

또한 「자원봉사」 그룹은 배광호 수성구 고산3동 주민자치위원장이 맡아 주었다. 배광호 위원장은 고산3동 자율방범대장을 비롯하여 지역에서 많은 봉사활동을 하는 CEO이다. 자원봉사 그룹의 첫 회의는 '사회적 약자 보호방안'을 안건으로 상정하여 초등학교 앞 횡단보도 안전보행 시스템(신호차단기), 어르신들을 위한 오르막길 안전봉 설치 등 다양한 보호방안을 제시했다.

「자원봉사」 그룹 배광호 회장과 함께

이재모 회장이 주재하는 「지역 시민 사회」 그룹의 '1분기 정기회의'

동성로 시민경찰대 합동 순찰

동성로 시민경찰대는 2021년 12월 12일에 회사원, 자영업자, 전문직, 자원봉사자 등으로 구성된 시민 봉사단체이다. 대구시 내 동성로는 대구시의 대표적인 번화가로 술집 등 유흥업소 시설이 많아 치안 수요가 많은 지역이다. 특히 야간에는 음주폭력이 많이 발생하는 지역이다. 클럽 골목 등 경찰이 신경 써야 할 곳이 많다.

2022년 2월 23일(수) 오후 7시 30분, 대구시 중구 동성로 내 골목길에서 동성로 시민경찰대와 합동 순찰을 하였다. 이 합동 순찰은 자치경찰제의 궁금증을 해소하고, 민경 협력 치안을 위해 동성로 시민경찰대와 함께 대구의 번화가인 동성로 일대를 순찰한 것이다. 합동 순찰을 한 이날은 날씨가 무척 추웠다. 추운 날씨에도 불구하고, 대구중부경찰서 박은영 생활안전계장과 팀장 등 경찰관, 동성로 시민경찰대 장문기 대장, 홍성춘 사무국장 등 10여 명의 대원, 자치경찰위원회 김광년 경위 등이 참석했다.

이날 행사에는 동성로 시민경찰대에서 자체 제작한 호루라기 기념품을 시민들에게 배포하였다. 순찰 루트는 동성로 유흥가 부근 골목길을 중심으로 이루어졌고, 최근에 범죄 환경이 개선된 안심 구역을 설명하면서 이루어졌다. 이날, 필자는 앞으로도 시민 참여와 목소리를 반영한 자치경찰 정책 수립, 협력 치안을 위해 시민 경찰, 자율방범대 등과 합동 순찰을 약속했다.

동성로 시민경찰대와 합동 순찰 도중 필자가 셉테드 등 설명(2022. 2)

치안도 배달이 되나요?
경북일보 특별기고 (2022. 1. 24)

자치경찰제가 시행된 지 7개월이 지났다. 자치경찰은 아동, 청소년, 여성 등 사회적 약자 보호, 교통지도·단속 및 질서 유지, 범죄 예방과 생활안전 업무 등 우리 생활의 가장 가까운 곳에서 시민의 안전을 지키는 업무를 수행하고 있다. 2021년, 창경 이래 76년 만에 실시되는 자치경찰제에 대해 시행 초기 언론이 뜨거운 관심을 가졌지만 지금은 별 관심이 없는 듯해 아쉽다.

자치경찰제는 이제 첫발을 내디뎠을 뿐이다. 자치경찰제가 성공하려면 시민들이 치안 관련 정책 결정 과정에 참여해서 자신들의 의견을 말하고, 정책 시행 과정에 능동적으로 참여하는 공동체 치안이 중요하다. 대구시 자치경찰위원회는 지난 7개월간 지역 내 대학, 시민 경찰학교, 자율방범대, YWCA, 여성가족재단, 학회 등 시민들에게 다가가서 자치경찰제 설명회 및 특강을 가졌다. 지역 언론에 자치경찰제의 의의와 중요성을 기고하고, 인터넷 블로그, SNS, 시청 홈페이지, 전광판 등을 이용해서 적극적인 홍보활동을 했다.

필자는 월 1회 대구교통방송에 출연해서 자치경찰제 성과를 알기 쉽게 설명하고, 시민들의 협조를 구하고 있다. 우선은 시민들이 관심을 가지도록 자치경찰을 알리는 홍보가 중요하다. 홍보 과정에서 만난 지역의 신문·방송 기자들은 이렇게 질문한다. "자치경찰제가 시행된 이후 가장 큰 대구시 치안 정책의 변화는 무엇인가요?", "다른 지방자치단체와는 다른 대구만의 특징적인 치안 정책은 무엇인가요?" 참 중요하고, 날카로운 질문이다. 자치경찰제의 가장 큰 장점은 자치행정과 치안행정을 결합한 통합적 업무 수행이 가능해진다는 것이다. 대구시의 우수한 인력, 재원, 행정 시스템과 대구경찰청, 특히 생활안전과, 여성청소년과, 교통과의 자치부가 잘 협업해서 시민안전 협력 시스템을 만드는 것이다. 대구시 자치경찰위원회도 이 점에 특히 중점을 두고 있으며, 다양한 성과들이 나타나고 있다.

작년 연말 시민들을 대상으로 한 대구형 자치경찰 정책 제안 공모는 자치경찰제를 홍보함과 동시에 시민들의 의견을 듣는 창구였다. 많은 시민의 다양한 의견이 접수되었다. 생활안전과 관련된 시민들의 활동 시에 포인트를 적립한 후 현금화해 주는 '착한 생활안전 포인트 정책', 배달 라이더를 통한 지역 순찰 및 범죄 예방활동(치안도 배달이 되나요?), 자율방범대와 명예경찰인력 등을 활용한 심야 어두운 길 안심 동행 서비스, 횡단보도 가로수 옆과 교통섬에 장수 의자 설치(어르신도 안전보장), 도심에 위치한 치안센터를 야간에 저소득층 공부방으로 활용하는 방안, 어두운 골목길 양 끝에 볼록거울 설치 등이 우수과제로 선정되었다. 선정된 과제들은 경찰청 및 시청 관련 부서와 협의해서 실제 정책화 여부를 검토 중이다.

올해는 시민들의 더욱 많은 참여를 위해 더욱 체계적으로 홍보와 소통을 강화할 예정이다. 대학생 SNS 홍보단을 운영하고, 그룹별 맞춤형 홍보, 시민들이 모여 있는 곳으로 직접 찾아가는 촘촘한 홍보를 계획하고 있다. 자치경찰제의 성공은 결국 시민에 달려 있다.

아직 자치경찰제에 대한 대구시민들의 체감도는 낮은 편이다. 이것은 전국적으로 비슷하다. 서울과 대전이 다르지 않고, 부산과 대구가 다르지 않다. 자치경찰이 국가경찰과 분리되어 운영되는 것이 아닌 국가경찰의 신분으로 자치경찰 업무를 수행하는 일원형 자치경찰 모형이다 보니 나름의 한계가 있다. 혹자는 이 제도를 '무늬만 자치경찰제'라고 폄하하기도 한다. 하지만 시민들이 변화를 느끼지 못한다는 것은 다른 의미로 제도의 변화에도 불구하고 여전히 치안은 안정적이라는 의미라고 생각한다. 제도만을 탓할 수는 없다. 어떤 제도든 첫술에 배부를 수는 없는 법이니까. 시민들의 참신한 치안 관련 의견들을 반영하고, 제도가 시행되면서 나타나는 오류를 수정하면서 대구형 자치경찰제가 자리를 잡을 것이다. 다시 강조하건대, 시민들의 관심과 참여가 중요하다.

2022년 01월 24일 월요일 018면 여론광장

특별기고

박동균
대구광역시
자치경찰위원회
상임위원

치안도 배달이 되나요?

자치경찰제가 시행된 지 7개월이 지났다. 자치경찰은 아동, 청소년, 여성 등 사회적 약자 보호, 교통지도·단속 및 질서 유지, 범죄예방과 생활안전 업무 등 우리 생활의 가장 가까운 곳에서 시민의 안전을 지키는 업무를 수행하고 있다. 2021년, 창경이래 76년 만에 실시되는 자치경찰제에 대해 시행 초기 언론이 뜨거운 관심을 가졌지만 지금은 별 관심이 없는 듯해 아쉽다.

자치경찰제는 이제 첫발을 내디뎠을 뿐이다. 자치경찰제가 성공하려면 시민들이 치안 관련 정책 결정 과정에 참여해서 자신들의 의견을 말하고, 정책 시행 과정에 능동적으로 참여하는 공동체 치안이 중요하다.

대구시 자치경찰위원회는 지난 7개월간 지역 내 대학, 시민경찰학교, 자율방범대, 여성가족재단, 학회 등 시민들에게 다가가서 자치경찰제 설명회 및 특강을 가졌다. 지역 언론에 자치경찰제의 의의와 중요성을 기고하고, 인터넷 블로그, SNS, 시청 홈페이지, 전광판 등을 이용해 적극적인 홍보활동을 했다.

필자는 월 1회 대구교통방송에 출연해서 자치경찰제 성과를 알기 쉽게 설명하고, 시민들의 협조를 구하고 있다. 우선은 시민들이 관심을 가지도록 자치경찰을 알리는 홍보가 중요하다. 홍보 과정에서 만난 지역의 신문·방송 기자들은 이렇게 질문한다. "자치경찰제가 시행된 이후 가장 큰 대구시 치안 정책의 변화는 무엇인가요?", "다른 지방자치단체와는 다른 대구만의 특징적인 치안 정책은 무엇인가요?" 참 중요하고, 날카로운 질문이다.

자치경찰제의 가장 큰 장점은 자치행정과 치안행정을 결합한 통합적 업무 수행이 가능해진다는 것이다. 대구시의 우수한 인력, 재원, 행정 시스템과 대구경찰청, 특히 생활안전과, 여성청소년과, 교통과의 자치부가 잘 협업해서 시민 안전 협력 시스템을 만드는 것이다. 대구시 자치경찰위원회도 이 점에 특히 중점을 두고 있으며, 다양한 성과들이 나타나고 있다.

작년 연말 시민들을 대상으로 한 대구형 자치경찰 정책 제안 공모는 자치경찰제를 홍보함과 동시에 시민들의 의견을 듣는 창구였다. 많은 시민들의 다양한 의견이 접수되었다. 생활안전과 관련된 시민들의 활동 시에 포인트를 적립한 후 현금화해주는 '작한 생활안전 포인트 정책', 배달 라이더를 통한 지역순찰 및 범죄예방 활동(치안도 배달이 되나요?) 자율방범대와 명예경찰 인력 등을 활용한 심야 안심 동행 서비스, 횡단보도 가로수 옆과 교통섬에 장수 의자 설치 등이 우수과

제로 선정되었다. 선정된 과제들은 경찰청 및 시청 관련 부서와 협의해서 실제 정책화 여부를 검토 중에 있다.

아직 자치경찰제에 대한 대구시민들의 체감도는 낮은 편이다. 이것은 전국적으로 비슷하다. 자치경찰이 국가경찰과 분리되어 운영되는 것이 아닌 국가경찰의 신분으로 자치경찰 업무를 수행하는 일원형 자치경찰 모형이다 보니 나름의 한계가 있다.

혹자는 이 제도를 '무늬만 자치경찰제'라고 폄하하기도 한다. 하지만 시민들이 변화를 느끼지 못한다는 것은 다른 의미로 제도의 변화에도 불구하고 여전히 치안은 안정적이라는 의미라고 생각한다. 제도만을 탓할 수는 없는 법이니까. 시민들의 참신한 치안 관련 의견들을 반영하고, 제도가 시행되면서 나타나는 오류를 수정하면서 대구형 자치경찰제가 자리를 잡을 것이다. 다시 강조하건대, 시민들의 관심과 참여가 중요하다.

감사[監査]와 감사[感謝]

국정감사, 대학교수만 하라는 법이 있나?

2021년 10월 13일 대구시, 대구경찰청 국정감사가 예정되어 있었다.

공직을 맡은 후 처음 받는 국정감사이다. 대구시 기획조정실을 중심으로 국회 예상 질문을 만들고, 답변자료를 작성하고, 수차례 회의를 했다. 시장, 부시장, 기획조정실장을 중심으로 예행연습도 했다.

대구시 자치경찰위원회는 대구시 국정감사와 대구경찰청 국정감사 두 군데 참석해서 답변해야 한다. 창경 이후 76년 만에 실시되는 자치경찰제도에 대해서 국회의원들의 관심이 높을 것이다. 나름대로 최선을 다해서 예상 질문을 만들고, 답안을 만들어 연습했다. 특히 언론보도 내용 중 부정적인 내용, 시민단체의 성명서, 감사 지적 사항, 의원 요구 사항 등을 중심으로 정리했다. 대략 20개 정도로 압축할 수 있었고, 잘 정리했다.

국정감사 전날 여의도 국회의사당 앞 호텔에 도착해서 숙박을 하고, 아침 일찍 권영진 시장을 비롯한 실/국장들이 최종 모의연습을 했다. 다들 긴장했지만 권영진 시장은 익숙한 탓인지 전혀 긴장하지 않고, 최종 점검을 마쳤다.

이날 대구시 국정감사에서는 취수원 다변화, 통합신공항 이전, 대구시청 신청사 건립 등에 대한 질의도 이어졌다. 또 지자체 부채규모 증가, 청년인구 유출, 북구 이슬람사원 건립 마찰, 칠성시장 개 시장 폐지 등도 논의됐다.

이어 진행된 대구경찰청 국정감사에서 학교폭력과 관련해 학교전담경찰관 부족과 전국에서 청렴도가 바닥인 점이 지적됐다.

국회 행정안전위원회 소속 더불어민주당 양기대 의원(경기광명을)이 대구경찰청으로부터 제출받은 '학교전담경찰관 현황'에 따르면 지난 8월 대구경찰의 SPO는 38명이다. 이는 정원 49명에 비해 11명이 적은 70% 수준이라고 설명했다.

실제 지난 6월 소년범의 재범률은 전국 평균 31.0%이다. 하지만 대구는 34.2%로 나타났다. 이런 상황에서 대구경찰청 SPO는 2018년 44명, 2019년 48명, 2020년 44명이었다.

최근 대구 북구에서 극단적 선택을 한 고교생이 생전 학력폭력에 시달렸다는 의혹이 제기됐다. 양 의원은 "청소년 문제 및 신종범죄 유형에 적절하게 대응할 수 있는 학교전담경찰관의 역할이 중요하다"며 "학교폭력은 이유여하를 막론하고 철저하게 막아야 하며, 부족한 SPO에 대한 대책을 마련해야 한다"라고 강조했다. 또 양 의원은 지난해 실시한 대구경찰청 외부청렴도 평가 결과 8.77점으로 받은 것도 지적했다. 대구경찰청은 2019년 외부청렴도 평가는 9.20으로 전국 18개 지방경찰청 중 7위를 차지했다. 하지만 2020년에는 끝에서 2번째로 밀려났다. 양 의원은 "삼화식품 사건 관련 경찰관이 수사기밀을 유출한 것이 부정적 여론을 형성한 것으로 보이며, 대구지검 부장검사 강제추행 관련 부실수사로 인해 외부청렴도 평가가 낮은 이유다"라고 꼬집었다(더 팩트, 2021. 10. 13).

대구시 자치경찰위원회에 대한 질문은 거의 없었다. 국민의힘 김형동 의원은 "대구 자치경찰위원회 위원을 꼭 대학교수만 하라는 법이 있나"라고 지적했다. 대구 자치경찰위원 7명 중 교수가 6명인 것을 꼬집은 것이다. 늘 언론에서 단골 메뉴로 지적한 것이었다. 특별한 답변을 요구한 것은 아니었다.

예상외로 더불어민주당 임호선 국회의원이 "대구시 자치경찰위원회 박동균 상임위원의 신문 기고 등 다양하고 선제적인 홍보활동을 다른 시도 자치경찰위원회에서도 벤치마킹했으면 한다"는 응원 말씀을 해 주었다. 보통 국정감사에서는 없는 감사한 말씀이다. 임호선 의원은 경찰청 기획조정관, 차장 출신으로 경찰과 대한민국 안전에 대해 누구보다 전문적인 식견을 가진 베스트 국회의원이다. 경찰청 재직 중에도 많은 칼럼과 전문적인 에세이를 펴낸 시인이자 문학가이기도 하다.

국정감사장에서 답변하고 있는 권영진 대구시장

대구시 의회 행정사무감사

대구시 자치경찰위원회 상임위원을 맡은 후 가장 어색한 것 중 하나가 바로 '민방위복' 착용이다. 노란색의 잠바. TV에서 재난 상황 시에 장관이나 고위공직자들이 주로 입고 나오는 그 옷이다. 지금은 익숙해졌지만 그때는 참 어색했다. 특히 민방위복을 입고, 시의회 출석하는 날은 많이 긴장했다. 교수 시절 자문이나 회의 때문에 왔던 시의회가 아니다. 이제는 필자가 맡은 업무를 시민의 관점에서 점검받고, 감사받는 입장이 된 것이다. 그래도 난 새로운 경험에 대한 묘한 호기심이 있었다. 드디어 2021년 11월 17일(수) 오전 10시 대구시의회 행정사무감사가 있는 날이다.

대구시 자치경찰위원회는 기획행정위원회 소속이다. 기행위는 윤영애 위원장을 비롯한 윤기배의원, 김지만 의원, 강민구 의원, 임태상 의원, 정천락 의원 등 총 6명의 의원으로 구성되어 있다.

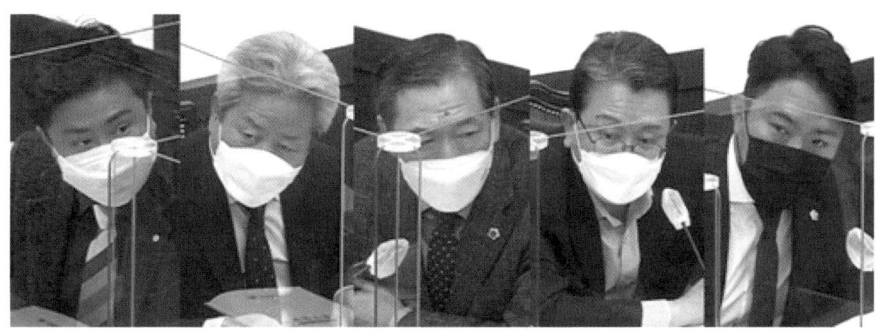

(왼쪽부터) 김지만, 임태상, 정천락, 강민구, 윤기배 대구시의원(2021. 11. 16)
(사진 평화뉴스 김영화 기자)

이날 대구시의원들의 지적 사항은 첫째, 자치경찰제에 대한 대시민 홍보 강화 필요(윤기배 의원, 임태상 의원), 둘째, 의회와의 간담회 등 적극 소통 및 업무공유(윤영애 위원장, 정천락 의원), 셋째, 위원장의 업무와 관계없는 잦은 출장 등 지적, 충실한 업무수행 당부(김지만 의원), 넷째, 자치경찰위원회의 실질적인 임용권 행사 당부(강민구 의원), 다섯째, 자치경찰사무 직무 관련성이 있는 협력 단체(예를 들어, 자율방범대)에 대한 사무 이관 필요성 검토 등이었다.

필자는 행정사무감사 이후 11월 19일(금) 오전 9시 20문 위원회 회의실에서 과장, 팀장들과 함께 행정사무감사에 대한 의원들의 지적 사항을 점검하고, 향후 대응방안을 논의하는 "2021 행정사무감사 결과 공유와 리뷰" 자리를 가졌다. 향후 시의회와의 소통강화 및 적극적 업무공유, 자율방범대 업무 이관 검토, 행정사무감사 시정 요구 및 건의 사항 접수 및 조치 결과를 제출할 것으로 의견을 모았다.

이 행정사무감사를 준비하기 위해서 많은 시간 동안 예상 질문을 만들고, 이에 대한 답변을 만들고, 수정하고 전 직원들이 합심해서 대구시 자치경찰위원회 첫 행정사무감사를 마치게 되었다.

어려운 예산, 결산 공부를 하다

교수직을 하다가 3년 임기의 지방정무직 공무원이 되고 나서, 여러 가지 생소한 업무환경을 접하게 된다. 그중에서도 가장 힘든 부분이 시의회 출석, 보고, 답변 등이다. 아마도 국가직 공무원인 경우, 가장 힘들고 어렵고 중요한 업무가 국회 국정감사일 것이다. 장관직을 맡고 나서, 국정감사장에서 땀을 뻘뻘 흘리는 장관의 모습을 보면 알 수 있다. 필자는 지방직이다 보니, 국정감사는 2년에 한 번 있다. 천만다행이다. 하지만 대구시의회 행정사무감사와 예산결산 심사, 추경 예산결산 심사 등은 1년에도 여러 번 시의회에 출석해야 한다. 그중에서도 가장 힘든 부분이 예산과 결산이다. 이는 전국 18개 자치경찰위원회 위원장이나 사무국장의 공통된 사항일 것이다. 물론 공무원 출신 위원장이나 국장인 경우는 경험이 많기 때문에 예외일 것이다.

솔직히 필자는 학부, 석사, 박사 모두 행정학을 전공했다. 하지만 주전공이 아니기 때문에 큰 관심을 두지 않았고, 학점 이수에만 신경을 썼다. 대학 시절에 재무행정론, 행정사무감사론, 지방행정학, 재정학 등의 교과목을 배웠다. 하지만 필자는 숫자와는 친하지도, 흥미도 갖지 않았다. 하지만 공무원이 되고 나서는 진짜 공부를 해야 했다. 그래서 정말 실제 업무에 필요한 '살아있는' 공부를 다시 했다. 밤을 새워 공부했고, 잘 모르는 부분은 직원들에게 물어보면서 아주 기초적인 용어부터 시작해서 하나씩 익혀 나갔다. 특별회계, 기금, 보통교부세, 특별교부세, 국고보조금, 균형발전 특별회계보조금, 전환사업비, 경상이전, 자본지출, 내부거래, 순 세계 잉여금 등. 조금씩 눈을 떴다.

위원장을 누구로? 감사규칙 제정

하나의 조직을 이끌어 가는 데는 당근(carrot)과 채찍(stick)이 필요하다. 당근은 승진이나 복지 등의 혜택을 말하고, 채찍은 징계를 의미한다. 말을 잘 달리게 하는 데에서 유래한 말이다.

일을 열심히 하고 성과를 내는 직원들에게는 당근을 주고, 비리나 범죄를 저지른 직원에게는 채찍을 들어야 한다.

특히, 새로 만들어진 대구시 자치경찰위원회도 출범하면서 감사 및 징계 규정을 만들어야 했다.

많은 시간을 투입하여 우리 사무국 김수균 감사팀장을 중심으로 이승일 경위, 김현규 주임 등이 다른 시·도 자치경찰위원회 및 경찰청, 검찰청, 법무부, 행정안전부 등 다양한 규정 및 자료를 수합하여 나름 최고의 규정(안)을 만들었다. 하지만 납득하기 이려운 이유로 준비된 규정이 위원회 회의에서 보류된 이후 직원들의 사기가 말이 아니었다. 또다시 준비해서 드디어 2021년 12월 28일 대구시 자치경찰위원회 회의에서 많은 시간 토론 끝에 '대구시 자치경찰위원회 자치경찰사무감사 및 징계 등 요구에 관한 규칙'이 의결되었다.

주요 쟁점은 하나이다. 감사처분심의 위원장과 면책심사위원장을 누구로 하느냐이다. 다른 시·도 자치경찰위원회의 대부분이 사무국장(상임위원)을 위원장으로 하고 있다. 하지만 일부 위원이 위원장을 총경인 자치경찰정책과장으로 하자는 의견이 있었지만 참석한 대부분의 위원들은 사무국을 총괄하고, 자치경찰위원회에 출석하여 위원들의 의지를 잘 알고 있는 사무국장(상임위원)이 적임자라는 의견이었다. 결국 투표까지 가서 심의, 의결되었다. 특히 우리 위원회에서는 중복감사의 방지와 적극행정의 면책 조항을 중시하였다.

자치경찰 업무를 수행하는 데 있어서 중복감사를 방지하고, 열심히 근무하다가 사소한 실수를 한 직원들에 대해서는 관대한 처분을 하자는 취지이다. 이 규정은 다른 시·도 자치경찰위원회에서도 많이 벤치마킹하고 있다.

한 번도 가보지 않은 길, 시행착오가 있겠지만 창경 이래 자치경찰 제도가 생기면서 하나씩 만들어가는 규정은 이런 과정을 통해서 생겼다. 우리 위원 7명 중 6명이 대학교수(4명이 경찰행정학과 교수, 2명이 법학전공 교수)이다. 최고의 규정이 만들어지고 있다.

내용 요약

대구광역시 자치경찰위원회 자치경찰사무감사 및 징계 등 요구에 관한 규칙

(제정) 2021. 12. 28.

제3조(감사대상기관) ① 이 규정은 다음 각 호의 기관(이하 "감사대상기관"이라 한다)을 대상으로 실시하는 자치경찰사무감사에 적용한다.

1. 위원회 사무국
2. 대구경찰청 및 그 소속기관

제7조(중복감사 방지) ① 위원회는 중복감사를 방지하고 국가경찰사무와 자치경찰사무의 감사가 유기적으로 연계되고 균형이 이루어지도록 대구경찰청과 상호 협조하여야 한다.

② 위원회는 감사대상기관의 수감부담을 줄이고 감사 업무의 효율화를 위해 대구경찰청과 같은 기간 동안 함께 감사를 실시할 수 있다.

제17조(감사처분심의회) ① 위원회는 다음 각 호에 관한 사항을 객관적이고 공정하게 처리하기 위하여 5인 이상 7인 이하의 위원장 및 위원으로 구성된 감사처분심의회를 설치·운영할 수 있다.

1. 제16조에 따른 감사결과 처리에 관련한 사항
2. 제20조 감사결과조치에 대한 재심의 신청 등에 관련한 사항
3. 감사결과 공개에 관련한 사항

② 감사처분심의회 위원장은 사무국장이 되고, 위원은 사무국장이 외부전문가 1인 이

상을 포함하여 자치경찰사무를 담당하는 공무원들로 감사처분심의회를 구성한다. 단, 위원은 특정 성(性)이 1인 이상 포함되어야 한다.

제3절 적극행정 면책제도

제23조(적극행정에 대한 면책) 자체감사를 받는 사람이 불합리한 규제의 개선 등 공공의 이익을 위하여 업무를 적극적으로 처리한 결과에 대하여 고의나 중대한 과실이 없는 경우에는 징계 요구 또는 문책 요구 등 책임을 묻지 아니한다.

제24조(적극행정에 대한 면책의 기준) ① 위원회의 감사를 받는 사람 (이하 "감사대상자"라 한다)이 적극행정 면책을 받기 위해서는 다음 각 호의 요건을 모두 갖추어야 한다.

1. 감사대상자의 업무처리가 불합리한 규제의 개선, 공익사업의 추진 등 공공의 이익을 위한 것일 것
2. 감사대상자가 대상 업무를 적극적으로 처리한 결과일 것
3. 감사대상자의 행위에 고의나 중대한 과실이 없을 것

② 제1항제3호의 요건을 적용하는 경우 감사대상자는 다음 각 호의 요건을 모두 갖추어 업무를 처리한 것으로 인정되는 경우에는 그 행위에 고의나 중대한 과실이 없는 경우에 해당하는 것으로 추정한다.

1. 감사대상자와 대상 업무 사이에 사적인 이해관계가 없을 것
2. 대상 업무를 처리하면서 중대한 절차상의 하자가 없었을 것

제25조(면책심사위원회) ① 면책심사위원회는 위원장 및 위원을 포함하여 5인 이상 7인 이하로 구성한다.

② 면책심사위원회 위원장은 사무국장이 되고, 위원은 사무국장이 외부전문가 1인 이상을 포함하여 자치경찰사무를 담당하는 공무원들로 면책심사위원회를 구성한다. 단, 위원은 특정 성(性)이 1인 이상 포함되어야 한다.

정답은 없다. 정답은 누구도 알고 있지 않다.
시행착오를 거치면서 하나씩 오류를 수정하고, 보다 완전해질 것이다.
그 험난한 과정을 거쳐 대구형 자치경찰제 모델이 만들어질 것이다.

공직생활의 다짐

염일방일(拈一放一)

하나를 쥐고 있는 상태에서 또 하나를 쥐려고 하면 이미 손에 쥐고 있는 것까지 모두 잃게 된다는 고사이다. 염일방일의 고사는 중국 송나라 때 정치가였던 사마광의 어린 시절에 있었던 일 때문에 전해진 것이다. 어느 날 큰 물독에 빠진 어린아이가 빠졌는데 이 아이들 구출하기 위해서 주변의 어른들은 사다리와 밧줄을 가져왔지만 여의찮아 그 아이는 허우적거리며 죽을 지경이 되었다. 이때 사마광이 돌멩이를 가져와 장독을 깨트려서 아이를 구해 냈다. 고귀한 생명을 구하기 위해서는 장독쯤은 깨트려 버려도 되는 작은 것에 불과하다는 생각을 한 것이다. 큰 것을 얻기 위해서는 작은 것을 버리는 지혜가 필요하다는 교훈을 준다.

필자는 대학교수 25년을 하다가 공직 생활을 시작하였다. 시간과 공간 등 비교적 자유로운 분위기 속에서 연구와 교육, 봉사활동을 한 필자로서는 정례화된 회의, 출퇴근, 출장 등이 익숙하지 않았다. 하지만 철저하게 지켰다. 게다가 교수직을 하면서 수행했던 많은 봉사활동, 자문위원도 사직하였다. 아쉽지만 당연히 그렇게 사임하는 것이 맞았다.

2021 자치경찰 출범 이후 첫 경찰의 날

대구 자치경찰위 상임위원(사무국장)을 맡으면서 그동안 열과 성을 다해서 열심히 했던

경찰청(본청) 성과 평가 분과위원장

대구경찰청 수사심의위원장

경북경찰청 징계위원회 위원

경북경찰청 교통사고 심의위원

경북경찰청 교통행정 처분심의위원

대구교정청 행정심판위원국가고시 출제위원

교육부, 행정안전부, 한국연구재단 평가위원

대구여성가족재단 이사 등 많은 직을 스스로 내려놓았다.

공정하고 홀가분한 마음으로 자치경찰위 업무에 충실하기 위해서이다.

경찰청(본청)에서는 그동안의 노고를 인정하여 오늘 제76회 경찰의 날을 맞이하여 대통령 표창을 수여받게 되었다.

자치경찰제 초기 격무에도 소신 있고 당당하게 업무에 임하자.

2021. 10. 21. 필자의 일기장에서

대구시 자치경찰위원회 첫해(2021년) 성과

1. 자치경찰위원회 출범 및 운영

▨ 자치경찰위원회 출범 및 사무기구 구성

- ◖ 자치경찰위원회 위원 구성 및 운영 조례* 제정 추진('21. 2. ~ 5월)
    - * 대구광역시 자치경찰사무와 자치경찰위원회 조직 및 운영 등에 관한 조례
      ('21. 5. 10 시행)
- ◖ 사무국 조직(1국 2과 6팀) 및 인력 구성(26명*) 완료('21. 5. 10)
    - * 인력 충원 : (1차-5.10) 26명(정무직 2, 일반직 14, 경찰 10) → (2차-7.29) 31명(일반
      직 5 증)
- ◖ 위원장·위원(6명) 임명 및 출범식 개최('21. 5. 20)
- ◖ 위원회 제1차 회의 개최 및 상임위원 선정·의결('21. 5. 24)

▨ 자치경찰위원회 회의 운영

- ◖ 회의 운영과 관련한 세부 사항을 위원회 규칙으로 제정('21. 6. 25)
    - - 회의 소집 및 진행, 의안 제출 및 의결방식, 위원의 제척·기피·회피 등
- ◖ 정기회의(7회) 및 임시회의(16회) 개최(총 86개 안건 처리)
    - - 자치경찰사무 수행 및 위원회 운영 관련 보고(31건)
    - - 경찰 공무원 인사발령 및 시책·제규정 등 의결(55건)

【 제2차 회의('21.6.9, 정기) 】　　【 제9차 회의('21.8.24, 임시) 】　　【 제17차 회의('21.11.10, 정기) 】

■ 자치경찰위원회 사무국 직원역량 강화

❖ 자치경찰제 이해도·청렴도 제고 및 市·警 직원 간 소통을 위한 '직원 역량강화 워크숍(교육)' 개최(5회)

❖ '21년도 주요 추진실적 점검 및 '22년도 발전방향 모색을 위한 '2021년 성과공유회' 개최('21.12.31)

2. 자치경찰 지휘·감독체계 마련

■ 임용권 행사 범위 마련 및 인사 협의

❖ 자치경찰사무의 추진 동력 확보를 위해 관리자급 전보권과 즉시성이 요구되지 않는 임용권은 자치경찰위원회가 직접 행사

- 경정·경감의 전보 / 경정 이하에 대한 파견·직권 휴직 / 경사·경장으로의 승진
  ※ '21. 12월 말 기준 : 19명(승진 10, 전보 5, 직권휴직 4)

❖ 다만, 현장지휘관 책임제 구현을 위해 경위 이하의 전보와 즉시 조치가 필요한 임용권은 대구경찰청장에게 위임

- 경위 이하 전보/의원휴직·복직·직위해제/징계(징계위원회 결정에 따라 발령)

❖ 대구경찰청장 임용 협의(1회), 지구대장·파출소장 보직 대상자에 대한 의견제시*(2회) 및 보통승진심사위원회 위원추천**(4회)

* 의견제시 : 경찰서에서 제출한 보직 대상자(3배수) 대한 적합·부적합 의견 통지
** 위원추천 : 보통승진심사위원회 개최 시 대상자의 상위계급 경찰관 중 2명 추천

■ 자치경찰사무 지휘·감독체계 구축

❖ 효율적이고 신속한 지휘·감독을 위해 대구경찰청장에게 위임되는 자치경찰사무 지휘·감독권의 범위·절차를 위원회 규칙으로 제정·시행('21.7월)

❖ 경찰서의 자치경찰사무 수행에 대한 성과 평가 실시(개인·기관, '21.11월)

- 경찰청 '치안 종합성과 평가'와 연계하여 자치경찰사무 성과지표 수립·평가

❖ '21년도 대구경찰청 종합사무감사 참여('21.6.~7월, 5개 경찰서) 및 자치경찰사무 감사 및 징계 등 요구에 관한 규칙 제정('21.12월)

☑ 자치경찰 업무유공자 포상

◐ 자치경찰제도의 수용성 제고를 위해 자치경찰 업무유공자에 대한 위원회 표창 규정 제정('21.10월) 및 포상 시행

 - 2021년도 포상 인원 : 총 388명(표창장 371, 상장 15, 감사장 2)

3. 자치경찰제 선도 모델 구축

☑ 시민밀착형 치안 시책 개발 추진

◐ 시민중심의 자치경찰 네트워크 협의체 운영

 - 아동·청소년 그룹('21.7월), 지역 시민 사회·자원봉사 그룹('21.11월) 구성·운영

 - 「시민중심 자치경찰 네트워크 협의체 설치 및 운영에 관한 규정」제정('21.10월)

◐ 여성 1인 가구 안전을 위한 세이프-홈(Safe-Home) 지원사업

 - 대구지역 여성 1인 가구 대상 안심 여성 4종 세트 지원(762가구, 총 2억 원)

  * 스마트 초인종, 휴대용 비상벨, 창문 잠금장치, 현관 보조키

◐ 지역 특성을 반영한 생활 속 시민 아이디어 공모('21. 9. ~ 12월)

 - 치안 정책에 대한 공감대 형성 및 홍보 효과 제고('22년도 정책 반영 추진)

  * (생활안전) 착한 생활안전 포인트 정책 (사회적 약자 보호) 심야안전 동행서비스 등

☑ 자치행정·치안행정 연계·협력 사업 추진

◐ '자치경찰委-대구도시公' 업무협약 및 범죄 예방(CPTED) 환경 개선('21.7.~12월)

 - 매입임대주택 범죄 예방 시설물 보강(남구·달서구 지역 36개 동 399세대, 총 2억 원 규모)

| △CCTV(10개 동/72개) | △LED디밍 조명(9개 동/66개) | △배관커버(18 개동) |
| △CCTV 안내 표지판 | △조경정리 | |

◐ 고도정신질환자 응급입원 전담병원 지정(건강증진과 연계)

 - 자·타해 위험이 높은 자살시도자 및 정신질환자에 대해 상시 응급입원이 가능한 '정신응급 입원병상' 지정·운영('21.10월~, 2개소 2병상)

◐ 구·군-경찰서 연계·협력 사업 지원(서구, 수성구, 달서구 등)

 - 스마트 안심 버스 승강장 설치, 지하철 안심 거울 설치, 안전한 우리 동네 만들기 사업 등

■ 자치경찰제 발전방안 모색

◐ '전국 자치경찰 시행 100일 기념 컨퍼런스' 개최('21. 10. 7)

- 대구자치경찰委·자치분권委·시도자치경찰위원회장協 공동 주최

- 자치경찰제 발전방안 모색 컨퍼런스, 시도자치경찰위원장協 1차 회의 개최

◐ '대구시 자치경찰, 100일의 성과와 과제' 특별기획 세미나 개최('21.10.20)

- 대구시 자치경찰의 성과 공유·홍보 및 향후 발전방안 논의

- 자치경찰위원, 대구경찰청, 대학교수, 언론인, 시민·협력단체 등 참여

4. 대외 협력·소통 및 대시민 홍보

■ 전국 시·도 자치경찰위원회 협력체계 구축

◐ 전국 시·도 자치경찰위원장협의회 출범('21.8월) 및 현안 공동 대응

- 자치분권委, 행안부, 경찰청 등 중앙정부와 국회 대상 현안·제도 개선 건의

- 행안부 자치경찰 주민체감사업 특별교부세('21년 1억 원) 및 위원회 운영경비 지원 국고보조금('22년 7.4억 원) 확보

◐ 전국 시·도 자치경찰위원회 사무국장 원탁회의 개최('21.12월)

- 시·도별 우수사례 공유 및 경찰청 참여 주요 현안·협력사항 논의 등

■ 실무협의회 구성·운영 및 치안 현장과의 소통

◐ 국가경찰·자치경찰사무의 협력·조정 및 자치경찰사무 관련 연계·협력을 위한 실무협의회 구성·운영('21.7월~)

- 자치경찰사무·운영 조례 제10조에 따라 실무협의회 운영세칙 제정('21.7월)

- 대구시, 대구경찰청, 대구교육청 자치경찰사무 관련 부서장으로 구성(15명)

- 정기(격월 1회) 및 임시회의(필요시) 개최('21년 4회 개최, 12개 안건 협의)

◐ 자치경찰제 성공적 안착을 위해 10개 경찰서 현장을 방문하여 치안 현장의 다양한 의견 및 애로사항 청취('21.6월, 11월)

■ 다양한 홍보활동 전개로 시민 관심도 제고

◐ 자치경찰 시책 관련 언론보도 및 소식지, 전광판, SNS 등 온·오프라인 매체 활용 홍보를 통해 시민들의 자치경찰제에 대한 이해도 증진

- 대구시 공식 유튜브, 전광판, 동대구역 및 도시철도 안내판 등 홍보
- TBN 대구교통방송 대구매거진 프로그램 참여('21.8월~, 월 1회)

대구시 자치경찰 홍보영상(유튜브)

◐ 대학, 경찰서 시민 경찰학교 등 '알기 쉬운 자치경찰제' 설명회(7회)
  - 수성대·대구과학대, 경찰서 시민 경찰학교, 자율방범대(순찰 토크) 등
◐ 자치경찰위원회 홈페이지 구축('21.6월) 및 CI 개발('21.8월)을 통해 자치경찰제
  도 및 주요 시책 홍보에 활용

대통령 표창 수상

대구경찰청(청장 김진표)은 2021년 10월 21일 오전 대구경찰청 대강당에서 '제76주년 경찰의 날' 기념식 행사를 열었다.

이날 기념식은 '국민을 안전하게, 법집행은 공정하게, 대한민국 경찰입니다'를 슬로건으로 국민의례와 홍보영상물 상영, 유공자 포상, 국무총리 축사 대독, 청장 인사말, 자치경찰위원장 인사말 순으로 진행됐다.

제76주년 경찰의 날을 기념해 박동균 대구시 자치경찰위원회 상임위원이 대통령 표창장을 수상했다.

특히 이날 박동균 대구시 자치경찰위원회 상임위원(사무국장)이 대통령 표창을 수상했다. 이는 치안행정과 자치경찰 분야의 국내 대표적인 전문가로서 20여 년간 대구한의대 경찰행정학과 교수를 역임하면서 경찰행정 분야의 연구 업적과 다양한 정책대안 제시 등을 인정받은 것이다.

박동균 상임위원은 "20여 년간의 연구를 기초로 초대 대구형 자치경찰 모델을 만드는 데 최선을 다한 것을 인정받아 영광스럽다"며, "앞으로 시민의 안전을 위해 어떻게 기여할지에 중점을 두고 안전한 대구 만들기에 시민 의견을 모으겠다"라고 소감을 밝혔다(매일신문, 2021. 10. 21).

대통령 표창장 수상

서서히 자치경찰 성과가 나타나, 공동체 중심 예방치안 활성화

    자치경찰제가 출범한 이후 여러 홍보활동 및 소통으로 성과가 나타나기 시작하였다. 특히, 대구시 관내 10개 경찰서의 공동체 중심의 예방활동이 활성화되기 시작하였다.

    대구 중부경찰서는 동성로를 중심으로 클럽골목 등 유흥업소가 밀집되어 있고, 백화점, 금은방 등이 집결해 있는 치안 수요가 많은 경찰서이다. 코로나 19가 거의 종료되어 가는 시점에서 2022년 4월 18일 사회적 거리두기 전면해제 후 첫 주말인 4월 22일 밤 11시 주한미군과 합동으로 외국인 범죄 취약지역인 로데오거리 야간 합동 순찰을 실시했다. 합동 순찰은 사회적 거리두기 정부지침이 모두 해제되면서 로데오거리 내 치안 수요가 급증할 것으로 예상, 주한미군에 의한 음주소란·폭력 등 사건 사고가 발생하지 않도록 중부경찰과 주한미군 헌병대가 함께 참여했다. 특히 로데오거리로 외출·외박 나온 주한미군들의 복무기강 및 의무위반 행위를 집중 점검하였으며, 주요 외국인 출입업소 11개소를 가시적 순찰하며 SOFA 사건 등 범죄 예방에 만전을 기했다. 앞으로 중부경찰서는 '위드 코로나'를 맞이하여 주한미군과 긴밀한 협력체계를 구축, 매월 1~2회 로데오거리 미군 합동 순찰을 지속적으로 실시하는 등 외사 기초 치안 확립에 총력을 기울일 예정이다(경상매일신문, 2022. 4. 25).

    또한, 대구 중부경찰서에서는 금은방 절도 예방활동의 일환으로 SNS(카카오채널, 대구중부경찰 금음방 안전지킴이)를 통한 업주 연락망을 구축하고, 주얼리특구·서문시장 등 관내 347개소의 금은방을 대상 "절도 예방 미니배너·CCTV 작동　중 경고스티커" 등 가시적 홍보물 배포로 치안현안을 고려한 맞춤형 경찰활동을 전개했다. 이러한 맞춤형 치안활동의 결과로, 서문시장 일원에서 상습적으로 손님을 가장 금은방 절도를 일삼던 피의자를 업주가 발견하여 112 신고를 통해 검거한 사례가 있었다. 연이은 금은방 소액 절도 발생으로, 중부서 생활안전계에서 "SNS를 통한 범죄 수법 및 피의자 인상착의 공유,　현장 방범진단 시 인접 금은방 방문·홍보" 등을 통해 업주들이 피의자 인상착의를 정확하게 숙지할 수 있었고, 덕분에 피의자가 가발을 착용하고 인근 금은방을 재방문했음에도 불구 인상착의를 알아보고 신속하게 112 신고가 이루어졌다.

또한, 이희석 서장이 중심이 된 대구 강북경찰서는 자치경찰제 본격 시행과 함께 공동체 중심 예방 치안 활성화를 위하여 강북경찰서 시민명예경찰이 함께 '강북C GO! GO! GO!' 프로젝트를 운영한다.

'강북C GO! GO! GO!' 프로젝트는 "강북C(Citizen Police: 시민경찰) 순찰하Go! 제안하Go! 개선하Go!"의 뜻으로 강북경찰서 시민경찰 1, 2, 3, 4기 수료생들과 함께 공동체 치안 활성화 및 범죄 예방 분위기 조성을 위하여 기획한 것으로, 합동 순찰 뿐만 아니라 지역 치안을 위하여 시민경찰이 참여할 수 있는 치안활동방안을 모색, 지역 주민인 시민경찰이 직접 치안 파트너로 참여하여 도시 공간속에 취약점을 발굴, 치안 문제를 개선해 나가는 것으로 추진 중이다.

2022년 1월을 시작으로 현재까지 매월 활동을 하고 있으며, 순찰활동으로 미작동 보안등, 로고젝트 위치 이동 및 조도가 낮은 지역에 대한 방범시설물 설치 추진 등 지역 치안을 위해서 맹활약 중이다.

대구강북경찰서는 이 같은 시민경찰의 합동 순찰과 더불어 지역 사회 참여 유도를 위한 카카오톡 채널을 개설하여 지역 주민과의 쌍방향 소통활동도 추진 중이다.

'대구강북경찰서 생활안전계' 카카오 채널은 별다른 가입 절차 없이 QR코드를 통하거나 카카오톡 '검색' 기능을 통해 채널을 추가할 수 있으며, 생활밀접형 치안정보를 제공할 뿐만 아니라 지역 치안에 대한 의견을 개진할 수 있도록 하는 등 주민의 적극적인 참여를 유도한다.

카카오 채널은 지역 주민 누구나 가입 가능하므로 많은 주민들의 참여를 바라며 시민경찰 합동 순찰과 함께 공동체 중심 예방 치안 활성화에 도움이 될 것을 기대된다(경상매일신문, 2022. 5. 10).

자치경찰 출범 1주년 기념식

2022년 5월 19일 오전 10시, 대구시 자치경찰위원회 출범(2021년 5월 20일) 1주년을 맞아 자치경찰사무수행 유공 공무원에 대한 표창수여와 자치경찰위원회 차담회를 개최하였다. 이날 행사는 권영진 시장을 비롯한 대구시 자치경찰위원, 사무국 전 직원들이 참석하였다. 이날 표창은 대구시장 표창장 2명, 경찰청장 표창 2명, 대구경찰청장 표창 1명, 대구 자치경찰위원회 표창 3명이다.

이날 참석해서 시상을 한 권영진 시장은 자치경찰위원회 출범 1주년을 축하하고, 평소 자치경찰위원회의 독립성을 위해 "지원은 하되, 간섭은 하지 않는다"라는 원칙을 역설하면서 사무국 직원들을 격려하였다.

시상식 후 단체, 개별 기념 촬영은 자연스럽게 이루어졌고, 새로운 시작을 기원하는 직원들의 깜짝 이벤트가 있었다.

권영진 시장은 자치경찰을 사랑하고 존중하는 존경받는 인물이다. 이런 분이 자치경찰 초기에 민선 대구시장으로 재직한다는 것은 우리에게는 큰 행운이다.

출범 1주년 기념식(전체 직원과 함께)

출범 1주년 기념식(권영진 시장과 함께)

위원장 1주년 기념식 후 사직서 제출

대구시 자치경찰위원회 출범 1주년 행사를 잘 마치고 난 오후, 갑자기 총무팀 김경훈 주무관이 필자의 집무실로 들어왔다. 지치경찰위원장이 사직서를 제출했다는 소식을 가지고 들어왔다. 경북대학교 양선숙 비상임위원도 사직서를 제출했다고 했다. 많이 당황했다. 과장, 팀장, 직원들 중 어느 누구도 위원장의 사직 의사나 이유를 모르고 있었다. 결국 사직서는 수리되었다.

몇몇 신문에서 자치경찰위원장의 사직 기사를 보도했다. 하지만 정확한 사직 이유는 알 수 없었다. 양선숙 경북대 법학전문대학원 교수는 학교보직 수행으로 사직서를 제출하였다. 양교수는 법학전문대학원 원장으로 취임하면서 학교보직이 워낙 중하고, 바빠서 위원들에게 양해를 구하고 사직하였다.

6월 1일 자로, 자경위원장 직무 대행으로

필자는 6월 1일 자로 대구시 자치경찰위원회 직무 대행으로 업무를 시작하였다. 큰 걱정은 하지 않는다. 우리 위원회에는 최고의 전문가들이 포진해 있다. 1년간 잘 해왔다. 그들을 믿고 있다. 잘할 수 있다.

대구신문 정은빈 기자가 "지금 위기 상황이 아닌가요?"라고 질문했다. 필자는 "위기상황이 아니다. 아쉽지만 운영에는 자신있다"라고 대답했고, 한편으로는 새로운 기회라고 생각했다.

2022년 6월 1일, 홍준표 시장이 당선되었다. 새로운 대구시장 인수위원회가 6월 7일 출범하였고, 우리 사무국에서는 인수위에 보고할 자료를 작성하였다. 우리 자경위 사무국 직원들은 예전과 같이 열심히 근무하고 있다.

대구신문

2022년 06월 01일 수요일 007면 사회

대구 자치경찰위원장 직무대리 체제 전환

위원장 사임·地選 시기 등 겹쳐
7월 중순까지 공석 유지 전망
박동균 상임위원 당분간 대행
신임 임명은 차기 시장 취임 이후

박동균 상임위원

최철영 초대 위원장

양선숙 위원

대구시 자치경찰위원회가 상임위원 직무대리 체제로 전환한다. 자치경찰위원장 사임과 지방선거 시기가 겹치면서 신임 위원장 임명은 차기 대구시장 취임 이후로 미뤄지게 됐다.

시 자치경찰위원회(이하 자경위)에 따르면 박동균 상임위원 겸 사무국장은 6월 1일부터 새 위원장이 임명될 때까지 위원장 직무를 대행한다. 위원장이 직무를 수행할 수 없을 때 상임위원, 위원 중 연장자순으로 대행하도록 규정한 경찰

법에 따라서다.

지난해 초대 위원장으로 임명된 최철영 위원장은 지난 5월 19일 전국 위원장 가운데 처음으로 사직서를 제출했다. 자치경찰위원장은 2급 상당 정무직으로 임기 3년이 보장된 자리지만 최 위원장은 '일신상의 이유'로 1년 만에 직을 내려놨다. 사표는 5월 31일 수리됐다.

양선숙 위원도 같은 날 사직하면서 자

자 사임을 결심한 것으로 전해졌다.

위원장 자리는 오는 7월 중순까지 공석을 유지할 전망이다. 자치경찰위원 임명권을 가진 대구시장은 6·1 지방선거를 통해 새로 선출된다. 자경위는 대구시장직 인수위원회에 결원 등 현안을 보고할 예정이다. 이어 7월 1일 새 시장 임기 시작에 따라 위원 추천·임명 절차도 진행될 것으로 보인다.

시·도지사는 자격을 갖춘 사람 가운데

경위는 당분간 '5인 체제'로 움직이게 됐다. 양위원은 지난 3월 경북대 법학전문대학원장 발령으로 자치경찰위원 역할에 집중하기 힘들어지

위원추천위원회 등이 추천하는 사람을 위원으로 임명하며, 위원 중 1명을 위원장으로 임명해야 한다. 결원이 생겼을 때는 지체 없이 결원된 위원을 추천한 추천권자에게 다시 추천을 요청하게 돼 있다.

자경위를 잠시 이끌게 된 박동균 상임위원은 안정적으로 운영할 의지를 내비치면서, 위원장 공백으로 인한 조직력 약화 등 일각의 우려를 일축했다.

박 상임위원은 "자경위는 경찰행정에 대한 심의·의결 기구라서 긴급성이 없고, 사항들을 심도 있게 논의해 민주적으로 결정하면 된다"라면서 "7명이면 더 좋겠지만 5명도 그동안 함께 일을 해왔고, 1년 동안 운영한 노하우가 있으니 어려움은 없을 것"이라고 말했다.

정은빈기자 silverbin@idaegu.co.kr

전라북도 자치경찰위원회가 방문했다

2021년 10월 28일 전라북도 자치경찰위원회 사무국 직원들이 우리 사무국을 방문하였다. 서로 정보공유 차원의 방문이었다. 전라북도는 2021년 국회 행정안전위원회 국정감사 때 같이 했기 때문에 무척 가까워졌다. 특히 전라북도 자치경찰위원회 방춘원 사무국장님은 경찰 업무는 물론이고 행정 능력이나 소통, 리더십 등 많은 점에서 존경받는 인물이다.

전라북도 자경위 방문

경상북도 자치경찰위원회를 가다

2022년 4월 28일(목) 경상북도 자치경찰위원회 서진교 국장 초청으로 안동을 방문하였다. 경상북도는 이순동 위원장의 온화한 리더십으로 위원 간의 소통과 단합이 매우 잘 되는 모범적이고 우수한 위원회로 평가되고 있다.

특히 경상북도 자치경찰위원회 이순동 위원장은 제22회 사법시험(사법연수원 12기)에 합격해 대구지방법원 대구고등법원 판사, 대법원 재판연구관 등 13년 동안 법관직을 수행해 왔으며, 변호사를 거쳐 2010년부터는 영남대학교 법학전문대학원에서 후학을 양성한 존경받는 교육자이다. 한편, 서진교 상임위원(사무국장)은 경찰대학을 졸업하고, 대구와 경북경찰청에서 30여 년간 근무하였으며, 수성경찰서장 등 수사와 경무 등 주요 보직을 거친 경찰행정전문가이다. 또한 경상북도 자치경찰위원회는 출범 초기부터 근무한 오수헌 경감의 역할이 크다. 경북경찰청 인사담장을 지낸 오수헌 경감은 위원회 초기부터 자치경찰의 틀을 만들기 위해 주야를 불문하고, 동분서주한 자타 공인 대한민국 최고의 경찰관이다.

경상북도 자치경찰위원회는 경북경찰청의 24개 경찰서의 자치경찰 업무를 지휘 감독하는데, 내가 방문했을 때는 경북 자치경찰 대학생 앰배서더를 한창 모집할 때였다. 이 사업은 대학생과의 소통과 공감을 통한 창의적인 경북형 자치경찰제를 홍보하고, 청년층의 시각에서 치안 서비스를 분석, 정책개발 참여의 기회를 제공하기 위한 것이다.

대구 경북권에 소재한 대학생들을 개인 또는 팀으로 선발해서 자치경찰제를 알리는 다양한 미션 홍보 콘텐츠 기획 및 제작, SNS를 통한 경북 자치경찰 온라인 홍보, 경북형 자치경찰 치안 수요 조사 및 정책 아이디어 개발 등의 활동을 한다. 이들에게는 앰배서더 위촉장이 수여되고, 활동 증서 및 홍보 굿즈, 취재 지원비가 지급되며, 우수자에게는 표창이 수여된다.

아울러, 경상북도 자치경찰위원회에서는 "범죄 없는 안전한 경북 만들기" 홍보 및 캠페인을 지역민방인 TBC를 중심으로 진행하고 있었다.

이순동 위원장은 "사소한 무질서를 방치하면 큰 문제로 이어질 가능성이 있음을 보여주는 깨진 유리창 이론에 근거해서 범죄 유발 환경을 조기에 차단할 필요가 있다. 검찰청 범죄 분석 통계에 따르면, 1년 중 5월이 범죄가 가장 많이 발생하는 시기로 범죄율 감소를 위한 도민 의식이 필요하다"라고 이야기하면서 경상북도 도청 신도시 내 홍보 현수막(6개소) 및 홍보 전단 배부, TBC 캠페인(4월 25일부터 5월 31일, 1일 3회 이상 송출) 등 대대적인 홍보를 계획하였다.

경북자치경찰위원회 방문

이와 같은 경상북도 자치경찰위원회의 계획은 이순동 위원장과 서진교 상임위원(사무국장)을 비롯한 사무국 직원들의 많은 회의와 토론, 자문교수단의 자문 및 조건 등이 결합한 우수한 사례로 평가받는다. 경북 자치경찰위원회 출장을 다녀오는 길에 나와 동행한 장인수 경감은 "대구 자경위도 더욱 분발해야겠습니다. 우수한 사례는 직원들과 공유하고, 대구 시민안전에 도움이 될 수 있는 프로그램을 기획하겠습니다"라고 했다.

그렇다. 아무도 가보지 않은 길, 묵묵히 함께 가자! 파이팅!

맨 우측 이순동 경북 자경위 위원장, 맨 좌측 서진교 사무국장,
필자의 우측은 대구 자경위 장인수 경감

전국 자경위 상임위원 라운드 테이블

드디어 전국 자치경찰협의회 상임위원(사무국장)들이 모였다. 그전에는 코로나 19 때문에 주로 화상회의를 했고, 4월에 전국 자경위 지역별 대표회의를 시작으로 2022년 5월 4일(수) 전국 자경위 상임위원(사무국장)들이 모였다.

이날 라운드 테이블 회의는 전적으로 전국 자경위 상임위원 협의회 대표(회장)인 김성섭 회장의 헌신이 빛났다. 또한 김성섭 회장을 보좌하며 전국 자경위 상임위원 모임을 이끌어 가고 있는 총무 역할을 하고 있는 황문규 경남 상임위원의 역할도 컸다.

이날 라운드 테이블은 회의도 회의지만 워크숍의 성격도 가진 의미 있는 모임이었다. 전국 자경위의 우수한 정책 사례 공유, 자치경찰 출범 1주년 행사 공유, 서울 자치경찰위원회의 예산확보방안 등은 아주 유용한 프로그램이었다.

특히 자치경찰위원회 "우리 동네" 주요 사업은 벤치마킹하는 데 중요한 정보가 되었다. 서울 반려견 순찰대(반려견과의 일상적 산책활동과 방범 순찰활동을 접목해서 주민이 참여하는 지역 사회 경찰활동 정책을 마련), 부산의 자치경찰 치안 리빙랩(전국 최초로 리빙랩 개념을 자치경찰에 접목, 삶의 현장 중심으로 치안 문제를 발굴하여 해결책을 제시), 광주의 메타버스 기반 어린이 교통안전 교육 프로그램 개발, 대전의 지하철 역사 내 화장실 불법 촬영 통합 시스템 구축, 경기 남부의 교통약자 보행지도 분석지도 활용, 안전진단 계획 수립, 경기 북부의 행복마을 관리소 협력을 통한 도민 밀착 치안 서비스 제공, 강원도의 보행자안전 스마트 알림 서비스 구축, 원주 봉산동 우물마을 골목길 반딧불 사업(낙후된 취약지역에 대한 범죄 예방 인프라 구축), 충북의 주민 참여형 거버넌스 완성을 위한 경찰서별 자치경찰 치안협의체 구성, 농촌지역 범죄 예방을 위한 이동형 CCTV 보급, 충남의 자치경찰활동 사진 공모전, 전남의 섬 지역 상시 순찰 및 신속 대응치안 드론사업, 경남의 보행안전 확보를 위한 횡단보도 안심 등불사업, 제주의 보행 약자 개선 특화사업 등 다양한 정책들이 소개되었다. 지역별로 상임위원이 발표하고, 토론하는 방식으로 매우 유익한 시간이었다.

또한, 서울 자경위에서 준비한 맛있는 오찬(시청 부근 달개비 레스토랑)과 덕수궁 문화 투어는 또 다른 감동을 주었다. 이날 문화투어는 김성섭 서울 상임위원의 문화해설로 이루어졌으며, 많은 시간 동안 본인이 공부한 내용을 특유의 구수한 화법으로 멋지게 진행되었다.

한 명의 결석도 없이 전원 참석한 이번 모임은 모든 상임위원이 기대한 것이다.

사실 전국 자경위 상임위원들은 사무국장을 겸직하며, 아무도 걸어보지 않은 길을 자치단체와 시·도 경찰청에서 파견 나온 경찰관 등 사무국 직원들을 이끌고, 조정하고, 성과를 내야 하는 중요한 위치에 있다. 이날 만나서 식사하고 차를 마시며, 또한 회의를 통해서 각 시·도 자경위의 애환을 이야기하고, 발전방안을 논의하면서 동지(同志)로서의 느낌을 받았다.

전국 시·도 자치경찰위원회 사무국장 원탁회의(2022. 5. 4)

영남권 시도자경위 상임위원 원탁회의

2022년 5월 24일 화요일 오전 10시, 부산시 자치경찰위원회 사무국에서 영남권 자치경찰위원회 상임위원들이 모였다. 부산, 대구, 경북, 경남, 울산 상임위원 5명이다.

10시에 모여 부산 자경위 정용환 위원장과 티타임을 하고, 부산시 예산팀장의 2022년 예산편성 현황 및 23년 추진계획 브리핑과 복지팀장의 자치경찰 후생복지 추진경과 및 계획 등의 브리핑을 받았다. 이후 상임위원들의 논의가 있었다.

2022년 부산 자치경찰위의 주요 사업은

1. 부산 자치경찰 치안 리빙랩(수요자, 현장 중심 문제해결 방법론인 리빙랩을 자치경찰에 접목)

2. 관광경찰대 PM(개인용 운송수단) 도입

3. 112 순찰차 3단 빌트인 장비함 제작

4. 스토킹 피해자 지원 해결책 협의회 운영

5. 행복한 家 희망드림 프로젝트

6. 청소년 경찰학교 프로그램 운영 지원

7. 아동학대 예방 상시 대응체계 구축

8. 사회적 약자 보호 전담경찰관 현장 물품 구입

9. 교통약자 스마트 경고 시스템 구축

10. 교통경찰 재해재난 대응 보호장비 지원

11. 사고 위험 터널구간 단속 장비 구축

12. 교통관리 집중지역 교통 인력 거점센터 운영 등이다.

부산 자경위의 브리핑 이후 전국 자치경찰위의 상임위원들의 토론이 이어졌다.

전국 자경위의 복지포인트 현황 및 범위, 향후 가능한 복지 후생 프로그램, 해외연수 프로그램 등이다. 특히 부산의 후생 프로그램 중 단연 우수한 것은 '휴양시설 사용료 지원'이다. 전체 5천만 원의 예산인데, 부족한 경찰 휴양시설의 보완책으로 전국 최초로 휴양시설(호텔, 펜션 등) 사용료를 250명에게 지원해 주는 것이다.

1인당 20만 원씩 250명을 선발하는데, 2,257명이 신청해서 9:1의 경쟁률을 기록하였다. 부산 경찰에서도 많은 인기를 얻은 후생 복지 프로그램이다. 당장 대구도 도입해야겠다.

회의를 마치고, 박노면 부산 자경위 상임위원이 준비한 오찬은 바닷장어와 꼼장어였다. 맛있는 점심을 먹고, 부산 자치경찰위 사무국 직원들과 함께한 오륙도, 이기대 관광은 이번 원탁회의의 하이라이트였다. 다음 회의는 울산이다. 대구에서할 때는 어떻게 준비해야 하나? 벌써부터 걱정이다.

영남권 상임위원 원탁회의

자치경찰이 묻고, 프로파일러가 답하다.

2022년 5월 26일(목) 오전 9시, 대구시 자치경찰위원회는 '프로파일러 권일용 교수'를 초청하여 시민안전을 위해 자치경찰의 역할과 전문성에 대해 논의하는 의미 있는 시간을 가졌다.

권일용 교수는 대한민국의 형사 출신 경찰이자, 국내 1호 프로파일러이다. 1989년 형사기동대 순경 공채로 경찰이 되어 1993년부터 현장 감식 요원 겸 형사로서 일해 왔다. 원래 범행 현장에서 지문을 채취하는 업무를 맡았는데, 범인이 증거를 인멸하거나 범행 현장을 훼손하는 등 지문 채취와 증거 수집이 어려웠다고 한다. 이에 지문과 증거를 찾기 위해 자연스레 범인의 심리에 대해 연구하게 되었고, 경찰 내부에서도 그 능력을 인정받아 자연스럽게 프로파일러의 길을 걷게 되면서 우리나라 1세대 프로파일러로 불린다.

이날 행사는 대구시에서 목요일 아침마다 전문가를 초청해 진행되는 '아침생각' 특강에 자치경찰위원회가 요청해 특별히 마련된 자리이다.

권일용 교수의 강연은 '새로운 방식에 대한 인식의 변화'라는 주제로 진행됐으며, 프로파일러의 개념, 역할, 특징 등을 강의했다. 권 교수는 강의 중에서 "범죄자 1,000명 중 죄를 뉘우쳐서 자백하는 경우는 거의 없다. 결정적인 증거를 제시하면, 그들이 자백하는 판단의 기준을 바꾸는 것"이라고 말했다. 또한 범죄 수사를 할 때, 대상자의 특성을 빨리 파악하는 것이 중요하다고 했다.

강의 후에, 대구시 자치경찰위원회와 만남의 자리에서는 최근 발생하는 범죄 사례와 이에 대처해야 할 자치경찰의 역할에 대한 실용적이고 현실적인 정보에 초점을 맞추어 진행됐다. 또한 권 교수의 저서 사인회 및 기념 촬영이 이어졌다.

권일용 교수는 프로파일러라는 다소 생소한 하지만 중요한 일을 꾸준하게 한 우물만 판 전문가이다. 특유의 겸손함과 입담으로 대한민국 범죄 예방과 안전을 위해 일하고 있다. 종종 초대해서 좋은 이야기를 듣기로 약속하고 서울행 KTX를 탔다.

대구신문

'국내 1호 프로파일러' 권일용 교수, 대구서 특강

자치경찰 역할·전문성 논의

범죄 사례·대처 사항 조언

'국내 1호 프로파일러' 권일용 교수가 대구시 자치경찰위원회와 만나 자치경찰의 역할과 전문성에 대해 논의했다.

대구시 자치경찰위원회는 26일 오전 권일용 동국대 경찰행정학과 겸임교수 초청 특강을 진행했다고 밝혔다. 목요일 아침마다 전문가를 초청해 '아침생각' 특강을 진행하는 대구시에 자치경찰위원회가 요청해 마련된 자리다.

권 교수는 이날 '새로운 방식에 대한 인식의 변화'라는 주제로 강연했으며, 자치경찰위원회와 만나 최근 발생하는 범죄 사례와 이에 대처해야 할 자치경찰의 역할에 대해 조언했다.

정은빈기자 silverbin@idaegu.co.kr

'국내 1호 프로파일러' 권일용 동국대 경찰행정학과 겸임교수가 26일 오전 대구시 자치경찰위원회를 찾아 특강을 진행했다.

자치경찰위원회 제공

가는 사람, 오는 사람

2022년 1월, 승진과 전보 등 며칠간 어수선한 날의 연속이었다. 우리 대구시 자치경찰위원회에서는 경찰 공무원 중 2명이 승진 후보(5배수)에 올랐다. 나름대로 기대가 컸다. 초기 신설된 자치경찰위원회니 1명 정도는 승진시켜 주겠지 하는 기대감이 사실 있었다. 필자도 나름 입부조(홍보)를 했지만 2015년(경위 승진, 경감 승진)이라는 기준에 막혀 둘 다 승진하지 못했다. 이때는 2014년이 주력이었으니 이들이 만약 승진했다면 이른바 '1년 먼저 승진(발탁 승진)'이었다. 경찰에서는 1년 먼저 승진하면 발탁승진, 제때 하면 적정, 1년 이상 늦게 하면 구제라고 표현한다. 누구보다 그들 2명의 실망이 컸다.

아쉽지만 대구시 공무원 중 막내인 한지예 주임이 8급으로 승진해서 우리들의 아쉬움을 달랬다. 한지예 주임은 내가 공직을 시작할 때, 부속실에서 많은 도움을 준 국립대 사범대 출신이다. 충분히 교직에서 학생들을 가르칠 좋은 선생님이 될 수 있는데도 불구하고, 대구시 공직에서 많은 재능과 기량을 발휘하는 실력자이다.

바로 이 시점에 답답한 일이 생겼다, 대구시 자치경찰위원회 중 파견된 경찰관들에 대한 복귀기간의 불명확, 정원화(化) 등 경찰청, 행정안전부, 인사혁신처 등 많은 혼란이 있었다. 초기 자치경찰위원회의 실정을 안다면, 이런 일은 없었을 것이다. 탁상행정인 것이다.

이런 난맥상은 우리 위원회에 파견 나온 경찰관들에게 직접적인 영향을 미쳤다. 경찰관들의 사기가 바닥에 떨어진 것이다. 이런 현상은 비단 대구시의 문제만이 아니라 17개 시·도 자치경찰위원회도 마찬가지다.

우리 대구 자치경찰위원회에서는 파견 경찰관 10명 중 5명이 복귀하였다. 정우달 인사팀장이 대구경찰청 감사계장으로, 조현우 정책TF팀장이 대구경찰청 경리계장으로, 장영희 경감이 대구경찰청 생활안전과로, 주경희 경위가 수성경찰서 교통과로, 김현욱 경위가 대구경찰청 기획계로 발령이 났다.

대구시 공무원은 김진경 주임이 대구·경북 상생위원회로, 김현규 주임이 대구시의회로 발령이 났다. 그나마 다행인 것은 7명 모두가 자신들이 원하는 보직으로 갔다는 것이다.

아무도 가보지 않은 미지의 혼란스러운 자치경찰 현장에서 같이 동고동락했던 직원들을 보내는 마음은 참으로 아팠다. 사무국을 책임지고 있는 사무국장으로 내 역량 부족으로 생각했다. 며칠간 잠을 못 잤다. 하지만 필자가 그들이 좋다고 그들을 잡을 수만은 없었다. 이곳에서 승진을 하고, 마음껏 그들의 역량을 펼칠 수 있도록 하는 것은 나만의 힘으로 되는 것이 아니기 때문이다.

필자가 할 수 있는 최선은 그들이 원하는 보직으로 갈 수 있도록 도와주는 것이라고 생각했다. 내가 할 수 있는 최선을 다해 도와주었고, 그것으로 위안을 삼았다.

참고로 우리 대구시 자치경찰위원회 초기 설립 멤버이면서 많은 역할을 했던 김순태 정책과장(총경)은 경북 고령경찰서장으로 발령이 나서 눈부신 치안활동을 하고 있다.

가는 사람이 있으면, 또 오는 사람이 있기 마련이다.

20대 대통령선거 후보에게 건의하다

"자치경찰제의 완성을 촉구합니다"

전국 18개 자치경찰위원회가 20대 대선 후보들에게 자치경찰 인사권과 재정권 실질화 등 정책 공약들을 건의했다.

전국시도자치경찰위원장협의회는 2022년 2월 10일 오전 11시 서울시 중구 프레스센터에서 기자회견을 열고, "지난해 7월 자치경찰제가 전면 시행됐지만 국가경찰 중심의 일원화 모델이라 한계가 있다"며 주민맞춤형 자치경찰제 시행을 위한 3개 분야 4개 과제를 발표했다.

골자는 자치경찰사무 개념 명확화, 인사권 실질화와 자치경찰 교부세 신설을 통한 자경위 기능 현실화, 국가경찰과 자치경찰의 이원화 등이다.

세부적으로는 자치경찰사무를 지방자치법상 자치사무에 명시해 제도의 근간을 확립하고, 핵심 치안인력인 지구대와 파출소에 대한 임용권을 확보하며, 자치경찰교부세와 자치경찰특별회계를 신설하고 자치경찰 관련 과태료와 범칙금은 지방자치단체에 이관하는 방안 등이 담겼다.

특히 인사권과 관련해서는 자치경찰 승진 정원을 별도로 확보해 경정과 총경 승진 추천권을 부여하는 내용이 포함됐고, 재원 계획 중 자치경찰교부세는 주세(연간 약 3조원)의 약 5~10%를 세입으로 하는 방안을 검토해야 한다고 주장했다.

협의회는 18개 시·도자치경찰위원회 위원장들이 참여한 협의기구로 지난해 8월 25일 출범했으며, 자치경찰제도 발전을 위한 공동 현안 대응 및 협력 연결망 형성을 목적으로 구성됐다.

협의회는 "국가경찰에 의한 '관리' 중심의 획일적 치안행정체계에서 벗어나, 지역별 치안행정체계로 변화한 것은 기념비적인 성과"라면서도 "국가경찰과 자치경찰간 역할 재분배를 통해 지역 치안의 효율성을 극대화하고 경찰의 책임성을 제고해야 한다"라고 강조했다(연합뉴스, 2022. 2. 10).

전국시도자치경찰위원장협의회 제20대 대통령선거 정책공약 건의문(원문) 자치경찰제의 완성을 촉구합니다

- ☾ 2021년 7월 1일, 대한민국 경찰 창설 76년 만에 지역별 맞춤형 치안활동을 수행하는 자치경찰제가 출범하였습니다.

- ☾ 국가경찰에 의한 '관리' 중심의 획일적 치안행정체계에서 벗어나, 주민의 참여와 지역 실정을 반영하는 지역별 치안행정체계로 내딛게 된 것은, 도입 그 자체만으로 대한민국 지방자치 역사의 기념비적인 성과입니다.

- ☾ 시행 초기임에도 불구하고, 지역별로 차별화된 경찰 서비스가 전개되고, 치안행정에 대한 주민 참여가 활성화 되고 있는 것은 '왜 자치경찰제인가'를 더욱 명확히 하고 있습니다.

- ☾ 그러나 현재의 자치경찰제는 과도기적 상황입니다. 이른바 '국가경찰 중심의 일원화 모델'인 현행 자치경찰제에 대해 '자치경찰사무는 있으나 자치경찰은 없는 자치경찰제'라는 비판이 있습니다. 기존 국가경찰이 수행하던 사무 일부를 자치경찰사무로 명명한 정도에 불과하기 때문입니다.

– 무엇보다도, 자치경찰사무의 법적 성격이 모호합니다.

자치경찰사무가 지방자치법상 자치사무에 명시되지 않아 자치경찰사무에 대한 경비 부담 및 최종적인 책임귀속 주체에 대한 논란이 있습니다. 자칫, 법적 분쟁으로 비화할 경우 자치경찰제의 근간이 흔들릴 가능성도 배제하기 어렵습니다.

- 또한, 자치경찰사무를 기존 국가경찰이 수행함에 따라 발생하는 인사·조직 운영상의 제약이 있습니다.

- 아울러, 국가사무의 지방이양 및 재정분권 시행에 따라 '23년 이후 전액 시·도 예산으로 자치경찰사무를 운영하게 되면, 시·도 재정력 차이로 인한 치안품질 격차 발생이 우려됩니다.

☾ 이러한 제약과 우려를 극복하고, 자치경찰의 정체성 및 책임성을 확보하기 위해서는 차기 대통령 임기 내에 「국가경찰-자치경찰 이원화」 모델을 도입함이 바람직합니다.

☾ 다만, 제도 도입이 1년도 채 지나지 않은 현 시점에서는 이원화 모델로 가는 중간 단계로 「자치경찰위원회의 기능 실질화」 가 우선되어야 할 것입니다.

① 지방자치법상 지자체 사무범위에 자치경찰사무를 명시

② 자치경찰사무 담당 경찰 공무원에 대한 인사권 실질화

③ 자치경찰교부세 신설 등 자치경찰제 운영의 안정적 재원 확보 수반

☾ 국가경찰과 자치경찰 간 역할 재배분은 자치분권 2.0 시대에 지역 치안의 효율성 극대화와 경찰의 책임성 제고를 위해 꼭 필요한 일입니다.

☾ 범죄로부터 더욱 안전한 대한민국이 될 수 있도록 자치경찰제의 완성을 실현해 주실 것을 촉구합니다.

「전국시도자치경찰위원장협의회」 현황

○ 구성목적 : 지자체 상호 간 교류와 협력을 통해 자치경찰제의 발전 도모와 공동의 문제를 협의
○ 구성일자 : 2021. 8. 25.(수) ※전국 18개 시도자치경찰위원장 회의(대전)
○ 회원/임원 : 전국시도자치경찰위원장 / 회장(1), 부회장(4, 권역별 각 1명), 감사(1)
○ 그간 주요활동
- 「자치경찰제의 성공적 안착을 위한 공동결의문」 채택('21. 8. 25)
- 행안부장관, 경찰청장, 자치분권위원장 간담회 추진 등 주요 현안 수시 건의
- 국회 행정안전위원회 간담회, 예결위원장 면담 등 자치경찰제 재원 확보 추진
- 자치경찰 운영 지원 예산(130억 원), 시책사업 특별교부세(20억) 확보
- 자치경찰위원회 파견 공무원 근무성적평정제도 개선 등 위원회 권한 실질화 도모

일 잘하는 경찰
경북일보 특별기고 (2022. 3. 28)

20대 대통령 선거에서 윤석열 후보가 당선되었다. 윤 당선자는 새로운 정부는 일 잘하는 정부, 실력과 능력을 겸비한 정부가 되어야 한다고 강조하고 있다. 몇 해 전부터 한국행정학회에서 강조하고 있는 '일 잘하는 정부' 이야기라서 무척 반갑다. 일 잘하는 정부는 국민을 잘살게 하고, 국민을 행복하게 하는 정부다. 그러면 필자가 관심을 두고 있는 안전한 사회 만들기에 중추적인 역할을 하는 '일 잘하는 경찰'은 무엇인가를 생각해 본다.

먼저 경찰의 가장 큰 사명은 무엇일까? 그것은 바로 '국민안전'이라고 할 수 있겠다. 국민이 안전하기 위해서는 무엇보다 경찰의 역할이 중요하다. 왜냐하면 경찰은 국민의 가장 가까운 곳에서 범죄를 예방하고, 범죄 및 위기 상황에 대응하는 '사회 안전지킴이' 기관이기 때문이다.

이러한 경찰활동의 패러다임도 조금씩 진화하고 있다. 과거의 경찰활동은 단순히 범죄인지와 범인 검거 역량을 향상해 발생한 범죄를 신속하게 해결하는 것을 목표로 했다. 하지만 현대 경찰의 활동을 보면, 지역 사회의 거의 모든 분야와 협력하여 범죄 발생을 예방하고, 범죄로부터의 피해를 최소화하는 것을 목표로 하는 이른바 '지역 사회 경찰활동'으로 전환하고 있다. 따라서, 현대 경찰활동의 가장 바람직한 전략은 지역 사회로부터 여러 요구나 생각을 경청하는 것이다. 여기에는 경찰관의 도보 순찰과 봉사, 지역 사회 조직화, 시민 친화적 접촉강화 등이 포함된다. 즉 경찰이 단순히 '범죄에 대한 투사(fighter)'를 넘어서 넓은 의미의 '사회 문제 해결자'로서의 개념으로 확대되었다고 할 수 있다. 따라서, 일 잘하는 경찰은 이제 멀티 플레이어가 되어야 한다.

또한, 일 잘하는 경찰은 국민의 인권을 최대한 보호해야 한다. 경찰은 업무의 성격상 국민의 인권과 연관된 업무가 많다. 수사, 유치장 관리, 음주와 마약 단속과 경호경비 등 전반에 걸쳐 국민의 인권을 최대한 보호할 수 있는 시스템을 정비해야 한다. 아무리 강조해도 지나치지 않는다. 인권경찰이야말로 일 잘하는 경찰이다.

현재 경찰인력이 주요 선진국에 비하면 부족한 편이다. 지구대나 파출소는 늘 인원이 부족해서 휴가나 병가가 제한적으로 이루어지고, 전문성 향상을 위한 교육을 받아야 함에도 제대로 교육을 받을 수가 없는 실정이다. 경찰인력의 합리적 증원이 필요하며, 늘어나는 경찰력을 지구대와 파출소 등 외근경찰, 여성·청소년 관련 인력으로 배치, 보강해야 할 것이다. 일 잘하는 경찰은 현장을 중시한다. 모든 문제는 현장에 답이 있다.

끝으로, 일 잘하는 경찰은 사회적 약자 보호에 중점을 둔다. 현재 아동, 여성, 장애인, 어르신 등 사회적 약자들을 대상으로 하는 폭력의 증가는 전 세계적으로 증가세이다. 코로나19 감염병 확산과정에서 발생하는 두려움과 불확실성은 다양한 형태의 폭력을 유발할 수 있는 요인이 되기 때문에 그 어느 때보다도 사회적 약자에 대한 관심과 지원이 필요한 때이다. 아동과 여성, 노인과 장애인 등 사회적 약자들은 온전하게 스스로를 보호하기 어렵다. 주위의 도움이 절실히 필요하다. 지역 주민 안전지킴이인 경찰이 더 신경을 써야 할 부분이다. 특히 사회적 약자를 대상으로 한 범죄는 피해자 보호가 중요하다. 피해자를 가해자로부터 완벽하게 분리하고, 철저한 수사를 통해 가해자를 엄벌해야 한다. 사회적 약자 보호는 경찰만의 힘으로 해결할 수 있는 일이 아니다. 지방자치단체, 기업체, 시민단체, 의료기관, 대학 등 지역의 모든 유관 단체가 합심하여 촘촘한 사회 안전망을 만들어야 한다.

2021년 7월부터 시행되고 있는 자치경찰제가 사회적 약자 보호를 위한 치안 행정과 주민자치행정을 아우르는 좋은 기회가 될 것이다. 새로운 정부의 출범과 함께 '일을 더욱 잘하는 경찰'을 기대해 본다.

자치경찰제 개선 국회 토론회

2022년 3월 30일(수) 오후 2시, 국회의원회관에서 대한민국 시도지사협의회가 주관하고, 국회 행정안전위원회와 전국시도지사협의회, 전국시도자치경찰위원장협의회, 한국지방자치경찰학회가 공동주최하는 <자치경찰제 개선 국회 토론회>가 개최되었다. 이 세미나는 2021년 7월부터 시행 중이나 자치경찰사무의 국가경찰 수행으로 시·도 예산 지원 한계, 시·도 자치경찰위원회의 사무국 경찰 전산 시스템 접근 불가, 국비 지원 부족 등 지역 현장에서는 애로사항이 존재하는 것이 사실이다. 이런 점에서 자치경찰제는 과도기적 모형으로서 지속적인 개선과 보완이 요구된다. 이런 맥락에서 이번 국회 토론회가 개최되었다.

기조 강연에 나선 이형규 전북자치경찰위원회 위원장은 현행 자치경찰제의 제도적 한계와 논란·문제점을 강도 높게 지적했다. 또, 진정한 자치경찰제 실현을 위한 제도 개선 과제를 역설했다.

이 위원장은 △지방자치법 등 관련 법령 개정 △자치경찰법 제정 △자치경찰위원회의 지위 및 역할 강화 △자치경찰 재정 확보방안 마련 △주민 참여 고취 차원의 법적 지원 근거 마련 등을 건의했다.

이상훈 대전대 교수는 발표문에서 '경찰권의 효율적 분산과 민주적 통제 가치를 중심으로 자치경찰제의 발전을 위한 입법적 개선 과제'를 설명했다. 황문규 경남자치경찰위원회 사무국장 등 다수 토론자는 자치경찰제의 정책·입법적 개선 과제에 대해 깊이 있는 논의를 펼쳤다.

송하진 전국시도지사협의회 회장은 개회사에서 "자치경찰제 도입은 자치분권의 역할이 중앙에서 지방으로 전환되는 핵심축"이라며, "지방자치 발전의 이정표를 제시하는 매우 의미 있는 성과라고 할 수 있다"라고 말했다.

필자는 지정 토론자로 참여하여 자치경찰제의 현황과 방향에 대하여 발표하였다.

지역 현장에서 바라보는 자치경찰제
2022. 3. 30. 자치경찰제 개선 국회토론회 토론원고

1. 자치경찰제의 시행

우리나라에 자치경찰제도가 공식적으로 실시된 지도 이제 10개월이 되어간다. 원래 시민들이 기대했던 이원형 모델(국가경찰과 자치경찰의 분리)이 아닌 일원형 모델(국가경찰의 신분으로 자치경찰 업무수행)로 출발하게 되었다. 일부에서는 '무늬만 자치경찰제', '한 지붕 세 가족'이라는 비아냥 소리도 들린다. 하지만 필자는 일단은 자치경찰제가 출발했다는데 의미를 두고 싶다. 이전 정부에서 수많은 논의 속에 물거품이 된 적이 많았던 경험이 있다. 아무리 좋은 제도나 정책이라도 실제로 시행되지 않고 사무실 캐비넷에 들어가는 자치경찰제는 무의미하다. '先시행, 後보완.' 이제 시작이다.

2. 처음부터 차근차근 - 대구시 자치경찰의 성과

여기서는 필자가 일하고 있는 대구광역시 자치경찰의 사례를 소개한다.

대구시와 대구경찰청에서는 자치경찰제 준비단이 조직되어 자치경찰제를 수개월

간 준비했다. 지난해 5월 20일 출범해서, 시범 실시 후에 작년 7월 1일부터 공식적으로 활동한 것이다. 대구시민과 가장 밀접한 부분인 아동, 청소년, 여성 등 사회적 약자 보호, 교통, 범죄 예방과 생활안전 업무가 자치경찰의 업무다. 1945년 대한민국 경찰 창설 후 76년 만에 처음으로 실시되는 자치경찰제이기 때문에 모든 것을 새로 만들어야 한다.

2021년 5월 20일 비가 많이 내리던 날, 대구시청 별관 113동 자치경찰위원회에서의 자치경찰위원 임명식, 현판 제막식을 시작으로 5월 24일 제1차 회의에서 필자가 상임위원(사무국장)으로 선출되었다. 그 이후 대구시 관내 10개 경찰서 치안 현장을 방문하여 현장경찰관들과 소통하였고, 홈페이지와 CI, 각종 규정과 지침, 프로그램들을 새로 만들었다. 필자는 사무국 직원들의 역량 강화를 위해 워크숍을 3차례(자치경찰제의 이해, 범죄예방과 셉테드, 경찰 인사행정의 전반) 실시하였다. 홍보 동영상 제작, 주민 설명회(특강), 각종 신문 칼럼, 교통방송 매월 1회 출연, SNS 등으로 자치경찰 홍보에 주력하였다. 대구시, 대구경찰청, 대구교육청, 대구소방본부의 안전 담당 과장들로 구성된 실무협의회를 만들어 토론하고, 정보를 교환하고, 심도 있는 정책논의를 진행하였다.

대구시 자치경찰의 몇 가지 성과가 나타나기 시작하였다.

첫째, 대구시 건강증진과와 협업하여 자살 기도자나 정신질환자들의 응급입원 전담 의료기관을 지정하였다. 이는 현장경찰관들의 가장 큰 애로사항이었다. 112 신고 출동으로 경찰이 출동했을 때, 고위험 정신질환자를 피해자로부터 분리해서 병원에 입원시켜야 한다. 하지만 병원에서 응급입원을 거부할 경우, 경찰관서에서 계속 보호해야 하는데 자해나 행패, 소란 등으로 경찰력이 낭비되고 다른 긴급출동이 지연되는 등 전체적인 치안력의 약화를 초래하게 된다. 추경예산 7천 4백만 원을 투입하고 적극적인 홍보를 통해서, 경찰 응급입원 전용 3개 병원 4개 병상을 확보했다. 이는 결국 대구시민을 위한 성과이다.

둘째, 여성 1인 가구가 늘고 있고, 여성들을 대상으로 한 범죄가 증가하고 있다. 이에 대구시 여성가족과와 협업으로 '세이프-홈(Safe-Home) 지원사업'을 추진하고 있다. 이 사업은 스마트폰을 통해 영상을 확인할 수 있는 스마트 초인종을 비롯해 문 열림 센서, 창문 잠금장치, 현관 보조키 등 안심 여성 4종 세트로 구성해 범죄에 취약한 여성 1인 가구를 대상으로 지원하는 것이다. 공모를 통해 8개 구·군에 예산을 배정한 후 원룸, 전월세, 매입임대주택 등 주거환경이 낙후된 지역을 우선적으로 지원하였다. 여성 안전환경개선사업을 자치경찰위원회가 직접 추진하는 것은 전국 최초이다. 힘들지만 보람이 크다.

또한, 일선 경찰서와 구청 단위에서도 성과가 나타나고 있다. 달서경찰서는 2021년 7월 3주간 달서구민 1,029명을 대상으로 설문조사를 실시해서 '주민 참여, 가장 안전한 우리 동네 만들기' 사업 221개를 선정해서 지자체, 교육청, 기관, 단체 등 지역 사회와 함께 자치경찰제 1호 사업으로 추진하고 있다. 수성경찰서는 수성구청, 수성구의회와 협업하여 지하철 내 안심 거울을 설치하였다. 이는 지하철 에스컬레이터에 안심 거울을 설치해서 불법 촬영을 예방하는 것이다. 대구서부경찰서는 서구청과 협업하여 학생들의 등하굣길에 발생할 수 있는 성범죄 상황을 손쉽게 신고하고 위치를 확인할 수 있는 '스마트 안심 버스 승강장'을 설치했다. 이외에도 유무형의 성과가 나타나고 있다.

대구시는 그동안 많은 노력과 연구 끝에 '스마트 도시 인증'이라는 커다란 성과를 거두었다. 스마트 도시와 자치경찰제도의 결합은 대구시민의 안전 향상에 기폭제가 될 것이다.

대구시의 인구통계, 지형/기상 정보 등 공공 데이터는 물론이고, 각종 범죄와 교통 정보 등 치안 데이터에 CCTV 등 실시간 데이터까지 치안 관련 각종 자료를 수집과 동시에 치안 빅 데이터로 저장해 활용 가능하도록 지원하는 치안 빅 데이터 공통 기반 플랫폼을 생각해 볼 수 있다. 이러한 치안 빅 데이터를 기초로 해서 분석된 범죄 발생 등 치안 정보는 다시 대구시 내 각 지구대와 파출소로 보내 순찰 경로를 편성하는 데 사용하거나, 범죄 조직, 계좌추적, 통신 관계도 등에 대한 입체적 분석 결과를 제시해 범인을 추적/체포할 수 있다. 또한, 112 긴급신고 등으로 중요 사건 발생이 인지되면, 즉시 신고 지역 인근 전과자와 전자발찌 착용자 등 유력한 용의자의 자료가 조회되고, 인근 CCTV 등을 이용해 범인의 이동경로 분석, 범죄 상황별 최적의 대응 방침이 출동경찰관들에게 실시간으로 전달된다. 그리고 현장활동에도 역시 첨단기술이 적용될 수 있다. 예를 들어 드론을 탑재한 순찰차 등 신기술을 지속적으로 도입하고, 영상 자동분석 시스템을 동원한 빠른 검거활동으로 시민들의 범죄에 대한 불안감을 해소할 수 있다. 무엇보다 스마트 도시는 다양한 정보 분석을 토대로 각종 교통사고의 예방과 교통 소통의 원활화에 획기적인 발전이 예상된다.

3. 향후 과제

자치경찰은 주민자치행정과 경찰행정을 잘 연계할 수 있는 장점이 있다. 지역 주민들의 의견을 반영하고, 그들이 능동적으로 참여해서 한국형 자치경찰제 모델을 만들어 나가야 한다. 앞으로 한국형 자치경찰제는 초기 시행 과정에서 오류를 수정하고, 법률적, 제도적 보완과 개선이 있어야 한다.

첫째, 국가경찰과 자치경찰을 이원화하여야 한다. 국가경찰의 신분으로 자치경찰 업무를 수행하는 지금의 일원화 모형은 한계가 있다. 시도경찰청장은 사무에 따라 각각 경찰청장, 국가수사본부장, 자치경찰위원회의 지휘를 받아 업무혼선이 불가피하다. 또한 자치경찰위원회가 자치경찰사무에 대한 집행기능이 없고 심의·의결만 가능하기 때문에 사무처리에 대한 직접적인 감독권 행사에 많은 제약이 있다. 무엇보다도 '자치경찰관'이 따로 존재하지 않아 자치경찰제도의 시행에도 불구하고 시민들이 변화를 체감하기가 어렵다. 따라서 자치경찰은 지방자치단체 소속으로 해야 한다. 필자는 이 문제는 시간의 문제이지, 향후 이원화 방향으로 갈 것으로 기대한다. 이원화하면 향후 자치경찰의 모집과 선발, 승진과 전보, 재정 문제는 자동으로 해결될 것이다.

둘째, 파출소와 지구대 소속을 자치경찰부로 조정해야 한다. 파출소와 지구대는 대표적인 현장경찰이다. 시민들의 가장 가까운 곳에서 시민의 생명과 재산을 보호한다. 위기 상황 시 가장 먼저 출동한다. 그리고 지역 주민과 가장 많이 접촉한다. 이처럼 치안 현장 최일선에서 자치경찰사무를 수행하는 파출소와 지구대의 업무관할이 112 치안종합상황실로 되어 있어 자치경찰위원회의 지휘·감독권이 미치지 않는 것은 분명한 제도적 모순이다. 주민 친화적인 치안행정 서비스를 제공하기 위한 자치경찰제 시행의 취지에 맞게 파출소와 지구대를 자치경찰부 소속으로 하는 것이 지극히 바람직하다.

셋째, 자치경찰제의 지속가능한 발전을 위해서는 시민과 현장경찰관들의 목소리를 들어야 한다. 필자는 강조한다. "자치경찰의 성공은 시민과 현장경찰관에게 달려 있다." 시민들의 지지와 협조, 참여를 이끌어내 시민이 치안의 주체가 되는 공동체 치안이 자치경찰제의 핵심이다. 또한 실제 현장에서 일하는 현장경찰관들의 목소리를 경청해야 한다. 아무리 좋은 정책이라도 현장과 괴리되어 있다면 실패하기 마련이다. 그들이 신나게 일할 수 있도록 여건을 조성해야 한다. 국민의 생명과 재산은 경찰이 지키고, 경찰의 생명과 재산은 국가가 지켜 주어야 한다.

아무도 가보지 않은 길, 훌륭한 농부는 밭을 탓하지 않는다. 모든 시·도 자치경찰위원회, 현장경찰관들에게 아낌없는 박수를 보낸다. 앞으로 자치경찰은 계속 발전할 것이다.

인권으로 경찰을 혁신하다

필자가 대학을 다니던 1980년대는 청소년들에게 경찰이라는 직업이 별로 인기가 없었다. 또한 경찰이라는 직업이 사회에서 존경을 받거나 친숙하고 가까운 존재도 아니었다. 아버지가 경찰이면, 학교에 제출하는 가정환경 조사서에 아버지 직업에 경찰 공무원이라고 적지 않고, 그냥 공무원으로 적는 학생들도 많았다. 그때는 그런 시절이었다.

시간이 흘러 2022년 4월 현재, 경찰은 청소년들이 가장 선망하는 직업군의 하나가 되었다. 초등학교, 중학교, 고등학교 학생들을 대상으로 조사한 직업 선호도 조사를 보면, 경찰이라는 직업이 10,000여 개의 직업 중에 10위권 안에 포진되어 있다. 실제로 전국의 400여 개 대학 중에 100개가 넘는 대학에 경찰행정학과가 개설되어 있고, 대구·경북에도 주요 대학에 경찰행정학과가 개설되어 인기학과로 자리매김하고 있다. 실제로 대구·경북에는 경북대를 빼고는 거의 모든 대학에 경찰행정학과가 있다. 영남대, 계명대, 대구가톨릭대, 대구한의대, 대구대, 경일대, 위덕대, 경운대, 동국대학교 경주캠퍼스 등 주요 대학은 물론 2년제 대학에도 경찰행정학과가 많이 개설되어 있다.

필자가 근무하는 대구한의대학교에도 한의학과, 간호학과 다음으로 경찰행정학과가 문과에서 가장 인기가 높다. 문과에서는 가장 인기가 있다.

이렇듯 경찰은 청소년들은 물론이고 시민들에게 친숙하고, 시민의 가장 가까운 곳에서 그들의 생명과 재산을 보호하는 '사회 안전지킴이'가 되었다.

필자는 오랜 기간 동안 경찰의 뼈를 깎는 혁신 작업을 지켜봐 왔고, 학자로서 같이 동참했다. 특히, 경찰 혁신의 주요한 키워드(key words)인 인권, 청렴, 소통, 공정, 신뢰 등과 같은 시민 친화적 인권경찰활동에 관하여 많은 진전이 있었다.

과거의 경찰활동은 단순히 범죄인지와 범인 검거 역량을 향상해 발생한 범죄를 신속하게 해결하는 것을 목표로 했다. 하지만 현대 경찰은 지역 사회의 거의 모든 분야와 협력하여 범죄 발생을 예방하고, 범죄로부터의 피해를 최소화하는 것을 목표로 한다. 현대 경찰활동의 가장 바람직한 전략은 지역 사회로부터 여러 요구나 생각을 경청하는 것이다. 이제 경찰을 '거리의 판사', '거리의 심리학자'라고 표현하기도 한다.

경찰은 업무의 성격상 국민의 인권과 연관된 업무가 많다. 수사, 유치장 관리, 음주와 마약 단속과 경호 경비 등 전반에 걸쳐 국민의 인권을 최대한 보호할 수 있는 시스템을 정비해야 한다. 인권경찰이야말로 경찰활동의 최고 가치이다.

우리나라에 자치경찰제도가 공식적으로 실시된 지도 이제 10개월이 되어간다. 작년 7월 1일 자치경찰이 공식적으로 출범할 때, 언론 및 시민 사회단체에서 자치경찰의 '시민인권 보호'를 많이 강조했다. 올바른 방향이다.

자치경찰이 담당하는 주요 업무가 주로 생활안전, 교통, 여성청소년 등 지역 사회 안전 및 사회적 약자 보호이다. 인권을 중시하는 자치경찰은 보다 더 사회적 약자를 보호하는 데 중점을 두어야 한다. 현재 아동, 여성, 장애인, 어르신 등 사회적 약자들을 대상으로 하는 폭력은 전 세계적으로 증가세이다. 코로나19 감염병 확산 과정에서 발생하는 두려움과 불확실성은 다양한 형태의 폭력을 유발할 수 있는 요인이 되기 때문에 그 어느 때보다도 사회적 약자에 대한 관심과 지원이 필요하다. 보다 촘촘하고 안전한 사회적 약자 보호 시스템 정비가 요구된다.

또한, 인권을 중시하는 자치경찰은 지역 주민과 소통하고 공감하는 경찰이다. 지역 주민의 목소리를 경청하고, 응답하는 믿음직한 경찰이어야 한다.

경찰은 제복을 입고, 위험한 현장을 순찰하고, 지령받은 위험한 사건 현장에 신속하게 출동하고, 범죄를 진압하고 수사한다. 최대한 경찰 업무역량을 업그레이드시켜야 한다. 그러한 업무역량(내공)은 많은 경험과 공부, 노력에서 나온다. 개정되는 법령과 최신 판례는 물론이고, 범인 제압과 체포술, 사격 등 많다. 끊임없이 공부하고, 연습해야 긴박하고 위험한 현장에서 자신감이 생기고, 위험에 처한 시민을 보호할 수 있다. 범죄를 저지른 악당에게는 무섭고 강한 경찰, 하지만 일반 시민들과 피해자들에게는 따뜻한 경찰이 바로 인권경찰이다. 시민에게 사랑받고 존경받는 경찰을 기대한다.

필자는 경북경찰청 인권위원으로 활동했다. 경찰청 성과평가위원으로 활동할 때는 피해자보호과와 인권보호과를 평가했다. 오히려 인권에 대해 많은 공부를 한

섬이다. 필자는 경찰인재개발원, 경찰서 등으로 돌아다니며 '경찰과 인권', '수사와 인권', '자치경찰과 인권'이라는 주제로 경찰관을 대상으로 특강을 많이 했다.

경북일보

2022년 04월 19일 화요일 018면 여론광장

특별기고

인권경찰, 자치경찰

박동균
대구광역시
자치경찰위원회
상임위원

필자가 대학을 다니던 1980년대는 청소년들에게 경찰이라는 직업이 별로 인기가 없었다. 또한 경찰이라는 직업이 사회에서 존경을 받거나 친숙하고 가까운 존재도 아니었다. 그때는 그런 시절이었다. 시간이 흘러 2022년 4월 현재, 경찰은 청소년들이 가장 선망하는 직업군의 하나가 되었다. 초·중·고 학생들을 대상으로 조사한 직업 선호도 조사를 보면, 경찰이라는 직업이 1만여 개의 직업 중에 10위권 안에 포진돼 있다. 실제로 전국의 400여 개 대학 중에 100개가 넘는 대학에 경찰행정학과가 개설되어 있고 대구·경북에도 주요 대학에 경찰행정학과가 개설되어 인기 학과로

자리매김하고 있다. 이렇듯 경찰청소년들은 물론이고 시민들에게 친숙하고, 시민의 가장 가까운 곳에서 그들의 생명과 재산을 보호하는 '사회 안전 지킴이'가 되었다.

필자는 오랜 기간 동안 경찰의 뼈를 깎는 혁신 작업을 지켜봐 왔고, 학자로서 같이 동참했다.

특히, 경찰 혁신의 주요한 키 워드(key words)인 인권, 청렴, 소통, 공정, 신뢰 등과 같은 시민친화적 인권경찰 활동에 관하여 많은 진전이 있었다.

과거의 경찰 활동은 단순히 범죄인지와 범인 검거 역량을 향상시켜 발생한 범죄를 신속하게 해결하는 것을 목표로 했다. 하지만 현대 경찰의 활동을 보면, 지역사회의 거의 모든 분야와 협력하여 범죄 발생을 예방하고, 범죄로부터의 피해를 최소화하는 것을 목표로 하는 이른바 '지역사회 경찰활동'으로 전환하고 있다. 따라서 현대 경찰활동의 가장 바람직한 전략

은 지역사회로부터 여러 요구나 생각을 경청하는 것이다. 여기에는 경찰관의 도보순찰과 봉사, 지역사회 조직화, 시민친화적 접촉강화 등이 포함된다. 즉 경찰이 단순히 '범죄에 대한 투사(fighter)'를 넘어서 넓은 의미의 '사회문제 해결자'로서의 개념으로 확대되었다고 할 수 있다. 이제 경찰을 '거리의 판사', '거리의 심리학자'라고 표현하기도 한다.

우리나라에 자치경찰 제도가 공식적으로 실시된 지도 이제 10개월이 되어간다. 작년 7월 1일 자치경찰이 공식적으로 출범할 때, 언론 및 시민사회 단체에서 자치경찰의 '시민 인권 보호'를 많이 강조했다.

올바른 방향이다. 자치경찰이 담당하는 주요 업무가 주로 생활안전, 교통, 여성·청소년 등 지역사회 안전 및 사회적 약자 보호가 주요 업무이다. 인권을 중시하는 자치경찰은 보다 더 사회적 약자를 보호하는 데 중점을 둬야 한다. 현재 아동, 여성, 장애인, 어

르신 등 사회적 약자들을 대상으로 하는 폭력의 증가는 전 세계적으로 증가세이다. 코로나19 감염병 확산과정에서 발생하는 두려움과 불확실성은 다양한 형태의 폭력을 유발할 수 있는 요인이 되기 때문에 그 어느 때보다도 사회적 약자에 대한 관심과 지원이 필요한 때이다. 보다 촘촘하고 안전한 사회적 약자보호 시스템 정비가 요구된다.

경찰은 제복을 입고, 위험한 현장을 순찰하고, 지령받은 위험한 사건 현장에 신속하게 출동하고, 범죄를 진압하고 수사한다. 최대한 경찰 업무역량을 업그레이드시켜야 한다. 끊임없이 공부하고, 연습해야 긴박하고 위험한 현장에서 자신감이 생기고, 위험에 처한 시민을 보호할 수 있다. 범죄를 저지른 악당에게는 무섭고 강한 경찰, 하지만 일반시민들과 피해자들에게는 따뜻한 경찰이 바로 인권경찰이다. 시민에게 사랑받고 존경받는 경찰을 기대한다.

윤석열 정부에 바란다 (위기관리)

세상에 재난이나 테러 등 위기가 발생하지 않는 국가는 없다. 국가마다 지역마다 여러 가지 형태의 위기가 발생한다. 미국 동부의 산불, 서부의 허리케인, 일본의 지진 등 다양하다.

우리나라도 태풍, 산불, 감염병, 가스폭발 등 실로 다양한 재난 등 위기 상황이 발생한다. 우리나라는 과거 부실한 위기관리로 인해 엄청난 국가적 혼란을 겪었다.

1990년대 발생한 서울 아현동, 대구 상인동 가스폭발 사고, 성수대교 붕괴 사고, 삼풍백화점 붕괴 사고는 물론이고, 대구 지하철 화재사고 등 실로 가슴 아픈 사고들이 많았다.

2014년 4월, 304명의 아까운 생명을 잃은 세월호 참사로 인해 대한민국은 많은 것을 잃었다. 2015년에는 신종 감염병인 메르스 사태로 인해 16,752명이 격리되고, 186명의 확진자 중에서 38명이 사망했다. 2016년에는 경주에서 여러 차례 지진이 발생했고, 남부지방에 큰 피해를 입힌 태풍 차바, AI, 구제역 등이 연이어 발생하였다. 이처럼 각종 재난과 사고 등 위기 발생으로 인해 우리 사회가 휘청거렸다. 그래서 국가 위기관리가 중요한 것이다.

새로 출범하는 윤석열 정부는 '일 잘하는 정부'를 표방하고 있다. 그럼 '일 잘하는 위기관리'를 하려면 어떻게 해야 하는가?

첫째, 코로나19의 사례를 보자. 코로나19 발생 초기에 중국발 입국 통제 등 초동 대응의 실패를 우리 정부 위기 대응의 가장 큰 문제점으로 지적할 수 있다. 감염원이 거기 있었고, 거기서 계속 병원체들이 들어왔다. 입국을 막아야 하는 것이 당연하다. 하지만 우리의 현실은 이른바 '창문을 열어놓고 모기 잡는' 형국이었다. 다음에 또 이런 일이 발생한다면 반드시 고쳐야 할 부분이다. 이는 국가에 대한 신뢰 문제이다. 위기관리 업무는 정치가 아니라 과학으로 풀어야 한다. 위기관리는 정치인이 아니라 전문가에 의해 수행되어야 한다. 위기는 정상적인 상황을 넘어서는 극히 예외적인 상황이다. 위기 상황은 돌발적이고 가변적이고 긴급하다. 따라서, 이 업무는 고도의 전문성과 내공을 가진 사람에 의해 노련하게 수행되어야 한다. 아마추어는 이 업무를 감당할 수 없다.

둘째, 위기는 평상시의 일상적인 역량으로는 그 해결이 곤란하다. 관련된 기관 간의 협력과 지원 시스템이 무엇보다 필수적이다. 그런 이유 때문에 이를 조정하고 통합할 수 있는 컨트롤 타워가 매우 중요하다. 지역의 작은 위기는 시장이나 군수가, 위기의 경중에 따라서 해당 부처 장관이나 국무총리가 컨트롤 타워의 장이 되어야 한다. 비교적 큰 위기 상황인 북한 미사일 발사와 핵 위협 등 한반도 위기 상황에 대해서는 청와대가 컨트롤 타워가 되어야 한다. 사전에 컨트롤 타워를 정해 놓고, 유관 부처들이 모여 치밀하게 대응 매뉴얼을 작성한 후 반복적인 훈련과 연습을 해야 한다. 경찰도 마찬가지다. 여러 위기(범죄) 상황을 가정하여 평상시에 체포술, 테이저건, 사격술을 연마해야 한다. 이른바 위기 상황 시에는 현장 대응력이 중요하다.

셋째, 위기관리는 반드시 비용이 수반된다. 돈이 들어갈 수밖에 없다. 위험한 교량, 붕괴할 듯한 축대는 반드시 철거 후 새로 제작해야 한다. 우리나라는 그동안 재난 예방보다는 복구에 많은 예산을 사용했다. 이제는 그 생각을 바꾸어야 한다. 재난복구에 앞서 예방에 많은 정책적 관심과 예산을 투여해야 한다.

넷째, 위기관리는 초동대응이 중요하다. 골든 타임 말이다. 초동대응에 실패하면 더 큰 위기 상황이 온다. 소화기로 끌 수 있는 불을 소방차가 끌 수 없는 상황이 초래된다. 불과 얼마 전 세월호와 메르스 사태 때 배운 중요한 원칙이다.

우리 속담에 '소 잃고 외양간 고친다'는 말이 있다. 이 말을 조금 고치고 싶다. '소 잃어도, 괜찮으니 다음을 위해 반드시 외양간을 고쳐야 한다'고 말이다. 사고가 터지고, 위기 상황이 종료되면, 그냥 미봉책이나 임기응변, 관련된 몇 명 처벌하는 선에서 끝나서는 안 된다. 국민의 안전을 지키는 것이야말로 국가의 최고과제이다. 그게 국민이 신뢰하는 '일 잘하는 정부'이다.

특별기고

윤석열 정부의 위기관리

박동균
대구광역시
자치경찰위원회
상임위원

최근 강원도와 대구 가창 등지에서 발생한 크고 작은 산불로 인해 많은 피해를 입었다. 또한 코로나19가 아직도 진행 중이다.

세상에 위기가 발생하지 않는 국가는 없다. 국가마다 지역마다 여러 가지 형태의 위기가 발생한다. 태풍, 지진이나 산불, 감염병, 가스폭발 등 실로 다양한 위기상황이 발생한다. 우리나라는 과거 부실한 위기관리로 인해 엄청난 국가적 혼란을 겪었다. 2014년 4월, 304명의 아까운 생명을 잃은 세월호 참사로 인해 대한민국은 실로 많

은 것을 잃었다. 2015년에는 신종 감염병인 메르스 사태로 인해 1만6752명이 격리되고, 186명의 확진자 중에서 38명이 사망했다. 2016년에는 경주에서 여러 차례 지진이 발생했고, 남부지방에 큰 피해를 입힌 태풍 차바, AI, 구제역 등이 연이어 발생하였다. 이처럼 각종 재난과 사고 등 위기 발생으로 인해 우리 사회가 휘청거렸다. 그래서 국가 위기관리가 중요한 것이다.

새로 출범하는 윤석열 정부는 '일 잘하는 정부'를 표방하고 있다. 그럼 '일 잘하는 위기관리'를 하려면 어떻게 해야 하는가?

첫째, 코로나19의 사례를 보자. 코로나19 발생 초기에 중국발 입국 통제 등 초동대응의 실패를 우리 정부 위기 대응의 가장 큰 문제점으로 지적할 수 있다. 감염원이 거기 있었고, 거기서 계속 병원체들이 들어왔다. 입국을 막아야 하는 것이 당연하다. 하지만 우리의 현실은 이른바 '창문을 열어놓고 모기 잡는' 형국이었다. 다음에 또 이

런 일이 발생한다면 반드시 고쳐야 할 부분이다. 이는 국가에 대한 신뢰 문제이다. 위기관리 업무는 정치가 아니라 과학으로 풀어야 한다. 위기관리는 정치인이 아니라 전문가에 의해 수행되어야 한다. 위기는 정상적인 상황을 넘어서는 극히 예외적인 상황이다. 위기 상황은 돌발적이고 가변적이고 긴급하다. 따라서, 이 업무는 고도의 전문성과 내공을 가진 사람에 의해 노련하게 수행되어야 한다. 아마추어는 이 업무를 감당할 수 없다.

둘째, 위기는 평상시의 일상적인 역량으로는 그 해결이 곤란하다. 관련된 기관들 간의 협력과 지원 시스템이 무엇보다 필수적이다. 그런 이유 때문에 이를 조정하고 통합할 수 있는 콘트롤타워가 매우 중요하다. 지역의 작은 위기는 시장이나 군수가, 위기의 경중에 따라서 해당 부처 장관이나 국무총리가 콘트롤타워의 장이 되어야 한다. 비교적 큰 위기상황인 북한 미사일 발사와 핵 위협 등 한반도 위기상황에 대

해서는 청와대가 콘트롤타워가 되어야 한다. 사전에 콘트롤타워를 정해 놓고, 유관부처들이 모여 치밀하게 대응 매뉴얼을 작성한 후 반복적인 훈련과 연습을 해야 한다.

셋째, 위기관리는 초동대응이 중요하다. 골든타임 말이다. 초동대응에 실패하면 더 큰 위기 상황이 온다. 소화기로 끌 수 있는 불을 소방차가 끌 수 없는 상황이 초래된다. 불과 얼마 전 세월호와 메르스 사태 때 배운 중요한 원칙이다.

우리 속담에 '소 잃고 외양간 고친다'는 말이 있다. 이 말을 조금 고치고 싶다. '소 잃어도, 괜찮으니 다음을 위해 반드시 외양간을 고쳐야 한다'고 말이다. 사고가 터지고, 위기상황이 종료되면, 그냥 미봉책이나 임기응변, 관련된 몇 명 처벌하는 선에서 끝나서는 안 된다. 국민의 안전을 지키는 것이야말로 국가의 최고과제이다. 그게 국민이 신뢰하는 '일 잘하는 정부'이다.

대통령 인수위, 자치경찰권 강화 기대

2022년 5월 6일(금) 전국 18개 시도자치경찰위원장의 협의체인 전국시도자치경찰위원장협의회(회장 경남자치경찰위원장 김현태)는 입장문을 통해 제20대 대통령직인수위원회 지역균형발전특별위원회(위원장 김병준)의 '국가경찰로부터 이원화된 자치경찰제 실시 검토' 방침에 대해 환영한다는 입장을 내놓았다.

인수위원회는 지난 4월 27일 '지역균형발전 비전 대국민 발표'에서 제1대 국정과제로 지방분권 강화를 선언하고, 그 실행방안으로 '자치경찰권 강화'를 제시한 바 있다.

인수위는 자치경찰권 강화를 위한 세부 실행방안으로 ▲ 국가경찰로부터 이원화된 자치경찰제를 통해 자치경찰사무 집행 ▲ 기초단위 자치경찰 시범사업 실시 검토 등을 제시했다.

이에 대해 협의회는 입장문을 통해 "현행 국가경찰 중심의 일원적 자치경찰제는 '자치경찰사무는 있으나, 자치경찰은 없다'는 비판을 받고 있다"며, "이러한 제도의 한계를 극복하기 위해 인수위가 제시한 이원적 자치경찰제는 진정한 자치경찰제로 발전 가능한 방안이라고 평가하고, 그 실현을 기대한다"라고 밝혔다.

덧붙여, 협의회는 '이원적 자치경찰제'를 완성하기 위한 단초로, 지구대 및 파출소 소속 부서의 정상화(현 112 종합상황실 소속 → 생활안전 소속으로 환원)를 경찰청장에게 공개 건의했다.

지구대 및 파출소는 지역 사회 치안 서비스 제공의 핵심 기구임에도 불구하고 112 신고에 대한 사후 대응 중심으로 운영되는 112 종합상황실 소속으로 되어 있어, 사전 범죄 예방활동이나 지역 주민과의 협력이 강조되는 자치경찰제의 취지를 구현하기 위해 자치경찰부 내 생활안전 소속으로 환원되어야 한다는 필요성이 지속 제기되어 왔다(국제뉴스, 2022. 5. 6).

퀀텀 점프를 위한 사무국 역량강화 워크숍

대구시 자치경찰위원회는 2022년 5월 12일 '대구시 자치경찰위원회 퀀텀 점프*를 위한 역량강화 워크숍'을 개최했다.

*퀀텀 점프(Quantum Jump) : 비약적 발전을 이르는 경제학 용어

이번 워크숍은 자치경찰위원회가 출범(2021. 5. 20)한 지 1주년을 맞은 시점에서 자치경찰제도의 안착 단계를 넘어서서 새롭게 도약하기 위한 자치경찰 정책 아이디어 발굴을 위해 마련됐다.

워크숍을 주재한 박동균 자치경찰위원회 상임위원(사무국장)은 "자치경찰위원회는 경찰 역사 76년 만에 실시된 '자치경찰제'라는 아무도 가보지 않은 길을 가고 있다"며, "18개 시도 자치경찰위원회에서 실시하는 우수한 사례와 주요 선진국의 정책을 벤치마킹해 지역 실정에 맞는 시민안전정책을 만들어가는 데 최선을 다하겠다"라고 말했다.

한편 대구시 자치경찰위원회는 지난해 5월 20일 출범해 시민의 생활과 가장 밀접한 생활안전, 여성.청소년, 교통 등의 자치경찰사무에 대한 지휘. 감독 역할을 수행하고 있다(대구 세계 타임즈, 한성국 기자).

이와 같은, 많은 노력에도 불구하고 지역 언론의 반응은 차가웠다. 하지만 더욱 분발하라는 채찍으로 알고 전진, 전진해야 한다. 제일 중요한 것은 시민안전이다. 자치경찰이 실시되면서 시민안전이 좋아져야 한다. 그게 중요하다.

필자가 진행하는 퀀텀 워크숍

영남일보

2022년 05월 16일 월요일 012면 사회

"일부 성과 있지만 기존 치안정책과 비슷"

대구자치경찰총 출범 1년 엇갈리는 평가

위원회, 세이프홈 지원·지하철역 안심거울 등 효과있다 자평
시행 이전 방향과 다를 바 없고 업무범위 추상적…줄서기 우려도

대구시자치경찰위원회 출범과 함께 대구자치경찰 시범 운영이 실시된 지 1년을 맞은 가운데, 자치경찰에 대한 안팎의 평가가 엇갈린다.

자치경찰제는 검경수사권 조정에 따라 비대해진 경찰 권한을 줄이고 지방분권을 활성화하려는 취지로 시행됐으며, 1945년 경찰 창설 이후 76년 만에 맞는 가장 큰 변화로 일컬어진다. 자치경찰은 주민 생활과 밀접한 분야를 맡는다. 범죄예방 활동, 아동·청소년·여성 보호, 교통지도·단속 및 교통질서 유지 등이 이에 해당된다. 자치경찰 사무는 시·도자치경찰위원회의 지휘·감독을 받는다.

대구에서도 지난해 5월20일 대구시자치경찰위원회가 출범했으며, 이후 자치경찰제는 시범 운영을 거쳐 지난해 7월부터 대구 등 전국에서 본격 시행되고 있다.

1년을 맞는 대구자치경찰위원회는 그간 일부 성과가 있었다고 자평했다. 지난해 10월 '자치경찰 출범 100일 성과와 과제'를 주제로 열린 세미나에서 대구자치경찰위는 △여성 1인가구 안전을 위한 '세이프-홈(Safe-Home) 지원 △매입임대주택 셉테드(CPTED) 협력 △고위험 정신질환자 응급입원 전담 의료기관 지정 △불법촬영 예방을 위한 지하철 역사 내 안심거울 설치 등을 주요 성과로 제시했다.

하지만 자치경찰 시행 전후 제기돼온 각종 우려는 여전하다. 자치경찰 시행 초반 일각에선 자치경찰 업무가 지나치게 추상적이고 기존 치안 정책과 큰 차이가 없다는 지적이 있었다. 사회적 약자 보호, 생활밀착형 치안 등은 자치경찰제 시행 전에도 경찰이 추진해 온 정책 방향이기 때문이다.

지역의 한 경찰관은 "예전보다 상급자(자치경찰위)가 더 늘어난 것 같긴 하지만, 자치경찰 이후 변화상을 아직까지 크게 느끼지 못하겠다"며 "시간이 좀 더 지나야 구체적인 평가를 할 수 있을 것"이라고 했다.

또한 자치경찰위가 경찰에 대한 일부 평가 업무를 담당하게 되면서, 이에 따른 '줄서기' 가능성도 우려되는 부분이다.

지역 대학 경찰행정학과 한 교수는 "자치경찰제가 경찰 조직의 폐쇄성을 일부 탈피시켰다는 긍정적 측면도 있지만 태생적인 한계만큼 어려 남은 과제도 있다"며 "이미 새로운 제도(자치경찰)가 시행됐으니 되돌리기는 어렵고, 지난 1년간 도출된 문제점을 보완해 나가야 한다. 또 자치경찰위의 경우 스스로 균형 시스템을 갖춰야 한다"고 말했다.

노진실기자 know@yeongnam.com

대구 자치경찰위 출범 1년, 지역 밀착형 사업 성과

경찰 창설 76년 만의 가장 큰 변화로 꼽히는 '자치경찰제'가 대구지역에 도입된 지 1년을 맞는다. 그 동안 주민 밀착형 사업들을 발굴하는 성과를 냈지만, 제도의 인지도를 높이기에는 다소 부족했다는 평가가 나온다. 시도지사 소속 자치경찰위원회가 자치경찰을 지휘·감독하도록 한 조직체계가 형식적인 수준에 머물러 있다는 지적도 계속된다. 대구시 자치경찰위원회(이하 자경위)는 지난해 5월 20일 출범 이후 △고위험 정신질환자 응급입원 전담 의료기관 지정 △스마트 안심 버스 승강장 설치 등 7개 주요 사업을 추진했다고 밝혔다.

1호 사업으로 도입한 시민중심 자치경찰 네트워크 협의체 '폴리스 틴', '폴리스 키즈'에는 팀별 3~5명의 청소년이 총 10개 팀에서 참여하고 있다. 학교폭력·교통 등 지역 치안에 관련된 문제를 찾아 토론하고 대안을 제안하는 역할을 한다. 지난해 7~12월 1기에 이이 올해 4~11월 2기가 활동을 이어가고 있다

안전우려계층 주거환경 개선은 가시적 결과물이다. 대구자경위는 지난해 7월부터 대구도시공사와 남구·달서구 등의 매입임대주택을 대상으로 범죄 예방 환경개선(CPTED) 사업을, 지난해 9월부터 여성 등 1인 가구에 '4종 안심 세트'를 지원하는 '세이프-홈 지원사업'을 시행하고 있다.

박동균 대구자경위 사무국장은 "아무도 가보지 않은 길을 가면서 규정과 정책을 만들어 가는 과정이 상당히 보람 있다"라면서도 "현재 국가경찰이 자치경찰 업무를 보고 있어서 사실상 '자치경찰관 없는 자치경찰'인 상황이다. 승진·징계 심사위원회가 경찰청에 구성되기 때문에 자경위에 실질적인 권한이 없다는 인사상 한계가 있고, 이 때문에 조직을 컨트롤하기도 쉽지 않다"라고 설명했다.

전국 시·도자치경찰위원장협의회는 제도 시행 직후부터 자치경찰 실질화를 위해 자치경찰과 국가경찰의 이원화가 필요하다고 강조해 왔다. 지난달에야 대통령직인수위원회가 '지역균형발전 15개 국정과제'의 주요 실천과제로 자치경찰 인사·지휘권의 시도

지사 이양을 제시하면서 실현 가능성이 높아진 상황이다.

인지도 문제도 앞으로 풀어야 할 과제 가운데 하나다. 박 사무국장은 "도시철도와 각종 전광판·현수막으로 자치경찰을 홍보하고, 자율방범대·시민단체 강의 등 찾아가는 홍보활동도 지속할 계획이다. 시민들에게 쉽게 다가갈 수 있는 자치경찰이 되도록 노력하겠다"라고 말했다(대구신문, 2022. 5. 19).

새 정부 치안 정책 입법공청회, 좌장으로 참여

2022년 5월 26일(목) 오후 2시 국회에서 이명수 국회의원이 주최하고 한국치안행정학회와 경찰직장협의회 공동주관으로 「국민을 위한 새정부 치안 정책 입법공청회」가 열렸다.

필자는 전체 좌장으로 참여했다. 발표는 배재대 김은기 교수의 "경찰수사의 민주성과 전문성 확보방안", 지정 토론에는 김삼수 서울 양천경찰서 직장협의회장, 이은애 국가수사본부 총경, 손병호 변호사, 참여연대 최재혁 간사가 참여했다.

두 번째 발표는 김태석 선문대 교수의 "탐정 제도의 법제화에 대한 쟁점 논의", 지정토론에는 장남익 구리경찰서 직장협의회장, 임경우 국가수사본부 총경, 최순호 서울디지털대학 교수, 박수현 경운대학교 교수가 참여했다.

이날 공청회에는 전국의 경찰직장협의회 회장단과 한국치안행정학회 교수들, 경찰청 관계자 등이 참석하여 뜨거운 관심을 보였다. 이날 공청회는 6월 1일 지방선거를 앞두고 개최되는 바람에 많은 국회의원이 참석하지는 못했다. 하지만 정의당 이은주 국회의원이 참석해서 힘을 보태주기로 약속했다.

2020년, 국민의 권익을 보호하고 탐정업의 올바른 정착과 활성화를 위해 「탐정업 관리에 관한 법률」을 대표 발의하여 현재 국회에 계류 중이다. 하루빨리 탐정제도에 대한 법제화를 통해 각종 범죄를 비롯한 사건·사고에 대한 공권력의 보완적 역할을 수행할 수 있도록 해야 한다. 아울러 경찰의 늘어나는 수사 업무에 맞추어 수사인력 및 예산의 지원이 필수적이다.

끝으로, 제20대 윤석열 정부 출범과 발맞추어 경찰이 국민에게 신뢰받고 올바른 수사를 펼쳐 나가기 위해서는 「국민을 위한 새정부 치안 정책 입법공청회」에서 논의되는 내용을 국정과제에 반영하는 등 경찰수사의 공정성·책임성·전문성을 강화해야 할 것이다.

새 정부 치안 정책 입법공청회

자치경찰제 '선시행, 후보완' 이제 진정한 시작

BBS 대구불교방송 라디오 아침세상 2022년 6월 9일 인터뷰

1. 자치경찰위원회가 출범한 지 1년을 지나고 있습니다. 박동균 대구시 자치경찰위원회 위원장 직무 대행 연결해 1년간의 성과와 과제 등을 짚어봅니다. 대구시 자치경찰위원회가 작년 5월 말에 출범했습니다. 1년간 자치경찰위원회 상임위원으로 활동하시면서 느낀 소회부터 전해주시죠.

저는 교수 재직 25년간 자치경찰과 범죄 예방에 관련된 많은 논문과 칼럼, 방송, 강연, 자문, 연구용역 등을 해왔는데요. 한 번도 실시해 보지 않은 초기 대구형 자치경찰제를 외부에서 학자로서 자문하기보다는 실제로 내 손으로 만들어 보고 싶다는 간절함과 학자적 사명감으로 제1회 자치경찰위원회 회의에서 상임위원으로 선임되었습니다.

2021년 5월 20일 비가 많이 내리던 날, 대구시청 별관 113동 자치경찰위원회에서의 자치경찰위원 임명식, 현판 제막식을 시작으로 대구시 관내 10개 경찰서 치안 현장을 방문하여 현장경찰관들과 소통하였고, 홈페이지와 CI, 각종 규정과 지침들을 새로 만늘었습니다. 사무국 직원들의 역량 강화를 위해 워크숍도 4차례 개최하였고 주민 설명회(특강), 각종 신문 칼럼, 방송 출연, SNS 및 영상 홍보 등 자치경찰 홍보 또한 주력하였습니다. 또한 대구시, 대구경찰청, 대구교육청, 대구소방본부의 안전담당 과장들로 구성된 실무협의회를 만들어 토론하고 심도 있는 정책논의를 진행해 왔습니다.

우리나라에 자치경찰제도가 공식적으로 실시된 지도 이제 1년이 지났는데요. 원래 시민들이 기대했던 이원형 모델(국가경찰과 자치경찰의 분리)이 아닌 일원형 모델(국가경찰의 신분으로 자치경찰 업무수행)로 출발하게 되었습니다. 일부에서는 '무늬만 자치경찰제', '한 지붕 세 가족'이라는 비아냥 소리도 들리지만 저는 일단은 자치경찰제가 출발했다는 점에 의미를 두고 싶습니다. 아무리 좋은 제도나 정책이라도 실제로 시행되지 않고 캐비닛 속에 잠들어있다면 무의미한 거거든요. '先시행, 後보완'. 이제 진정한 시작입니다.

2. 지난 1년간 어떤 부분들이 달라졌는지 정리해볼까요?

지난 1년간 대구자치경찰은 쉴새 없이 달려왔는데요. 우선 다양한 시민 밀착형 치안 시책들을 발굴한 점을 먼저 말씀드리고 싶습니다.

1호 사업으로 도입한 "시민중심 자치경찰 네트워크 협의체 운영" 사업은 지역 시민 그룹, 자원봉사 그룹, 폴리스 틴·키즈 그룹으로 구성하여 각기 다른 분야의 시민이 단순한 경찰서비스의 대상이 아닌 양방향 소통을 통해 정책결정의 중심이 될 수 있는 환경을 조성하였습니다.

또한 지난해 8월부터 주거침입 등 범죄에 취약한 여성 1인 가구에 '4종 안심 세트(스마트초인종, 문열림센서, 창문잠금장치, 현관보조키)'를 지원하는 '세이프-홈 지원사업', 지난해 7월부터 대구도시공사와 MOU를 체결하여 범죄에 취약한 매입임대주택을 대상으로 하는 범죄 예방 환경개선(CPTED) 사업, 고위험 자살시도자 및 정신질환자가 상시 응급입원이 가능한 「고위험 정신질환자 응급입원 전담 의료기관 지정 사업」 등 시민분들이 체감할 수 있는 다양한 사업들을 시행하였으며 좋은 성과를 거두었다고 평가하고 싶습니다.

3. 이 가운데 가장 큰 성과는 무엇을 꼽고 싶으신지요?

앞서 말씀드린 주요 성과들 중에 하나만 꼽기엔 모두 나름의 의미가 있어서 너무 어려운 질문을 주신 거 같은데요. 그래도 여러 성과들 중에 하나 꼽아보자면 시민중심 자치경찰 네트워크 협의체 운영의 한 부분 중 '폴리스 틴·키즈' 활동을 꼽고 싶습니다. 팀별 3~5명의 청소년이 총 10개 팀으로 구성해서 학교폭력·교통 등 지역 치안에 관련된 문제를 찾아 토론하고 대안을 제시하는 활동을 통해 미래세대 치안 주체로의 성장을 견인할 수 있는 우수한 사업이라 평가하고 싶습니다. 지난해 7~12월 1기 활동에 이어서 올해도 지난 4월, 2기 발대식을 시작으로 11월까지 활동을 이어나갈 예정입니다. 지난 5월 14일에는 대구여성가족재단에서 안전체험활동과 연계해서 그룹 토론활동을 진행했는데 참여 학생들의 참여도 너무 좋고 반응이 정말 뜨거웠거든요? 앞으로도 팀별 체험·실증활동 등 여러 활동이 남아있는데, 11월 수료식까지 유종의 미를 거둘 수 있도록 최선을 다하겠습니다.

4. 시행 초기부터 독립성을 확보하고, 업무의 효율성을 끌어올리기 위해 국가경찰과 자치경찰의 이원화가 필요하다는 주장이 제기됐는데요. 1년 정도 시간이 지났는데 아직 변화의 움직임은 없는지요?

아주 중요한 점을 짚어주셨는데요. 현재 자치경찰제는 국가경찰의 신분으로 자치경찰 업무를 수행하고 있어서 사실상 '자치경찰관이 없는 자치경찰제', '무늬만 자치경찰제'인 상황입니다. 승진·징계 심사위원회가 경찰청에 구성되기 때문에 자치경찰위원회에 실질적인 권한이 없다는 인사상 한계가 분명하고요. 이 때문에 자치경찰의 업무의 효율성·독립성 등의 문제는 여전한 상황입니다.

전국 시·도자치경찰위원장협의회는 제도 시행 직후부터 자치경찰 실질화를 위해 자치경찰과 국가경찰의 이원화가 필요하다고 강조해왔거든요. 지난 4월에야 비로소 대통령직인수위원회가 '지역균형발전 15개 국정과제'의 주요 실천과제 중에 '자치경찰권 강화'를 내세웠는데요. 주요 내용으로 국가경찰로부터 이원화된 자치경찰제를 통한 시·도소속의 자치경찰이 자치경찰사무를 집행, 시도지사가 지휘권과 인사권을 행사한다는 내용이 포함되어서 앞으로의 실현 가능성이 높아진 상황입니다.

5. 앞으로의 과제, 어떤 것들이 있을까요?

우선 앞서 말씀드렸던 국가경찰과 자치경찰의 이원화라는 큰 숙제를 해결하는 것이 중요하다고 말씀드리고 싶어요. 자치경찰 이원화가 되면 자치단체 소속으로 자치경찰이 운영되기 때문에 자치단체의 행정력과 자치경찰의 치안 역량의 결합으로 종합 행정력을 높일 수 있고요. 또 자치단체별로 자치경찰 운영에 대한 주민들의 의견이나 요구사항 반영이 활성화되면서 주민들의 눈높이와 지역별 특성에 맞는 맞춤형 치안 서비스를 제공할 수 있기 때문에 국가경찰과 자치경찰의 이원화는 꼭 필요하다고 할 수 있겠습니다.

또한 현재 진행 중인 기존 정책들의 부족한 점은 보완하고 잘된 점은 더 발전시켜서 나갈 예정이고요. 앞으로도 새로운 다양한 정책 발굴을 통해서 시민들이 체감할 수 있는 자치경찰활동을 이어나갈 예정입니다.

그리고 아직까지 자치경찰제 시행에 대해 잘 모르시는 분들이 많거든요? 자치경찰제 인지도 개선 또한 앞으로 풀어야 할 과제 중 하나입니다. 시민들이 자치경찰제에 대해 체감할 수 있도록 현재 도시철도와 각종 전광판·현수막 등을 활용하여 자치경찰을 홍보하고 있고, 시민분들께 좀 더 친숙하게 다갈 수 있는 다양한 매체를 활용한 홍보활동 또한 해 나갈 예정입니다.

6. 제도 정착을 위해선 시민들의 관심과 참여가 매우 중요한데요. 여전히 자치경찰제에 대한 이해가 부족하고, 어떻게 참여해야 할 지 모르겠다는 시민들이 적지 않습니다. 시민들이 어떻게 참여할 수 있는지 듣고, 인터뷰 마무리하겠습니다.

자치경찰제의 성공은 시민들의 적극적인 지지와 참여에 달려있다고 해도 과언이 아닌데요. 그동안 시민은 치안의 보호 대상이었고, 그야말로 객체였습니다. 하지만 자치경찰제에서는 시민들이 적극적으로 치안행정에 참여해서 자신들의 의견을 제시하고, 동네 순찰 등 지역안전에 능동적으로 참여하는 공동체 치안이 중요합니다. 대구자치경찰위원회는 지난해부터 지역 내 대학, 시민 경찰학교, 자율방범대 등 시민들에게 찾아가는 특강(자치경찰제 설명회)을 해오고 있는데요. 또 지역 언론에 수시로 자치경찰제의 의의와 중요성을 기고 홍보하고, 인터넷 블로그, SNS, 홈페이지 등을 활용한 홍보활동도 하고 있습니다.

그 외에도 매월 한 번 대구교통방송에 출연해서 자치경찰제를 알기 쉽게 홍보하여 시민들의 참여와 협조를 구하고 있고, 또 지난해에 이어 올해도 4~5월에 대구시민들을 대상으로 하는 대구형 자치경찰 정책제안 공모를 진행했는데요. 많은 시민의 의견이 접수되었고 자치경찰제의 홍보와 동시에 다양한 의견을 듣는 창구 역할을 하고 있습니다. 앞으로도 시민들의 참여를 위한 보다 체계적이고 다양한 활동을 이어나갈 예정입니다. 대구자치경찰은 늘 시민들과 가장 가까운 곳에서, 시민들의 목소리에 귀 기울이는 안전지킴이로 거듭나겠습니다. 많은 관심과 참여, 지지를 부탁드리겠습니다. 감사합니다.

저자 약력

대구한의대학교 경찰행정학과 박동균(朴 烔 均)

서울 대광고등학교 졸업, 동국대학교 행정학과 졸업

동국대학교 행정학박사

현 대구한의대학교 경찰행정학과 교수(대외협력실장)

현 한국행정학회 공공안전행정연구회 회장

현 경북경찰청 손실보상심의 위원장

현 해양경찰청 인권위원

현 경산시 공직자 윤리위원장, 인사위원

1기 대구광역시 자치경찰위원회 상임위원 겸 사무국장

경찰청 성과평가위원(인사·경무 분과위원장) 역임

대구지방교정청 행정심판위원 역임

대구경찰청 수사이의심사위원장 역임

대구경찰청 시민감찰위원회 부위원장, 징계위원 역임

경북경찰청 누리캅스 회장 역임

대구한의대학교 대외협력처장, 산학연구처장, 산학협력단장, 기린봉사단장 역임

행정자치부 책임운영기관평가 위원 역임

국무조정실 정부업무 평가위원 역임

경북경찰청 인권위원 역임

대통령 소속 지방자치발전위원회 자문위원 역임

대통령 소속 지방자치발전위원회 자치경찰 분과 TF 위원 역임

Florida State University, visiting scholar 역임

한국치안행정학회 회장 역임

한국민간경비학회 회장 역임

사단법인 대한지방자치학회 회장 역임

사단법인 국가위기관리학회 회장 역임

한국경찰연구학회장 역임

(사) 한국지방자치학회 부회장 겸 자치경찰 특별위원장 역임

교육부 대학구조개혁 평가위원 역임

교육부 대학구조개혁 컨설팅위원 역임

BK21 평가선정위원 역임

CK(대학특성화) 평가선정위원 역임

CK(대학특성화) 컨설팅위원 역임

대통령 표창

행정안전부장관 표창

법무부장관 표창

K행정학, 박영사 (공저)

전환기 지방자치론, 청목출판사 (공저)

새 경찰학개론, 우공출판사 (공저)

자치경찰, 범죄 예방, 치안행정과 관련된 수십 편의 논문, 칼럼 등

자치경찰 에세이 1권

초판발행	2024년 7월 10일
지은이	박동균
펴낸이	안종만·안상준
편 집	박세연
기획/마케팅	장규식
표지디자인	BEN STORY
제 작	고철민·김원표
펴낸곳	(주) 박영사
	서울특별시 금천구 가산디지털2로 53, 210호(가산동, 한라시그마밸리)
	등록 1959.3.11. 제300-1959-1호(倫)
전 화	02)733-6771
f a x	02)736-4818
e-mail	pys@pybook.co.kr
homepage	www.pybook.co.kr
ISBN	979-11-303-2029-8 93350

* 파본은 구입하신 곳에서 교환해 드립니다. 본서의 무단복제행위를 금합니다.

정 가	34,000원